中国社会科学院创新工程学术出版资助项目

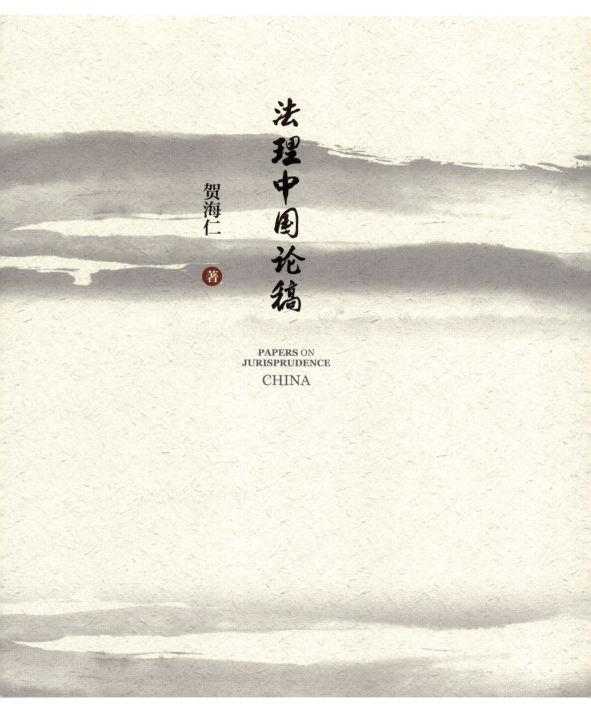

法理中国论稿

贺海仁 著

PAPERS ON
JURISPRUDENCE
CHINA

社会科学文献出版社
SOCIAL SCIENCES ACADEMIC PRESS (CHINA)

代　序

　　近代社会以来，在中西方国家能力的巨大差距面前，一个令中国知识分子和政治家不解的现象是，提倡个人主义的西方社会何以屡屡战胜或胜过以集体主义为圭臬的中国？坚守个人主义的西方社会为什么在集体能力上强于大一统的中国？按照历史学家的观察，十八世纪八十年代前后是中国衰落的转折点，从此之后的近一百七十年，中国在世人面前展示的是积弱积贫的"东亚病夫"和"东方专制主义"的形象。在大致同一时期，在美国革命和法国大革命的影响下，欧美主要国家逐渐强盛起来。新中国成立特别是改革开放以来，中国形象随着国家实力增强而在国际社会中获得了大幅度改善和提升，一跃成为世界发展中国家的翘楚，即使不实的"中国威胁论"话语背后也透露出中国打造成功国家形象的历史性成就。

　　强国家能力在现代化过程中具有隐而不宣的功能，这一功能是按照再公共化的共和国建构逻辑展开的，欧美的国家实践在过去二百五十年中以隐蔽方式遵循了这种建构逻辑。根据托克维尔在十九世纪五十年代的研究结论，当时的欧洲国家和美国显示了国家权力增强的趋势。《论美国的民主》（下卷）第四部分集中讨论的一个主题，是民主国家的建立和发展必然导致中央集权："促使美国人走向中央集权的所有一般倾向和长期趋势，在欧洲的各个民主国家都有。"这是托克维尔民主悖论中最令人深思的命题，它几乎没有限定地告诉人们，凡是民主国家，都会走向中央集权式的国家权力集中时代。这个命题颠覆了人们对民主功能的一般理解。托克维尔关于民主国家趋向中央集权的结论是在十七、十八世纪的社会想象背景下产生的，对个人自由和权利的保障与建立民主国家的中央集权制形成了两条并行不悖的路线。民主导致了现代性的中央集权国家，但中央集权国家不必是民主国家，其间的差异在于紧随前者的是现代性的国家权力分工和制约体系。

现代国家的政府作为有限政府，除了包含权力法定、政府任期制等内容外，还指向国家和政府的权力应受制度性的制约。除非是纯粹的无政府主义者，不同的思想家对国家拥有何种权力有不同的认识。洛克不希望将所有的权力都委托或赋予国家，不过，即使这种有限的国家权力也表明，国家拥有的是垄断性的权力。孟德斯鸠、霍布斯、洛克、卢梭、康德等西方古典法哲学家都没有否认国家的职能，他们有关国家哲学的论题阐明了国家权力的来源，论证了国家权力的制约问题。国家权力的范围和边界是一个问题，对给定的国家权力的有效制约是另外一个问题。对国家权力的制约建立在国家有权的基础上，国家无权就不存在对国家权力的制约问题。国家权力的纵向分权（中央和地方权力的划分）和国家权力的横向分权（立法权、行政权和司法权）都指向国家权力行使的科学化和艺术化，然而，无论纵向分权还是横向分权体现的都是国家权力被垄断的方式，而没有否认国家权力被垄断的合法性和事实。

随着现代化进程的逐渐展开，在国家的消极功能和积极功能之间越来越难以划出一条清晰的界限。自十九世纪四十年代至今，西方国家的权力在发挥消极功能的同时拓展了越来越多的积极功能。托克维尔在十九世纪五十年代的观察和研究结论没有过时。哈耶克观察到"中央政府不仅成了几乎所有国家的典型政府样式，而且还一步一步地把越来越多的活动纳入到了它的排他性权力的范围之内"。在不信任国家和政府的思潮中，国家权力不仅未能缩小，反而有扩大的趋势。此外，共和与民主的理论争论未能消除源于人民的国家权力集中和扩大的历史趋势。通过民主的方式集中国家权力，在集中的国家权力前提下发挥国家的职能，俨然形成了一个现代性社会发展的有效规律。

任何国家都有与其目的相匹配的职责，一个国家如果履行了其职责，就是称职的国家。在汉语中，才能与职责相称是谓称职。在英语中，称职（competent）含义中还包含了"有能力的"或"能干的"意思，而其反义词是"不称职的"或"无能的"。传统国家和现代国家的称职标准存在巨大差异。按照顾炎武的解释，一个称职的传统国家需要满足下列要求："土地辟，田野治，树木蕃，沟洫修，城郭固，仓廪实，学校兴，盗贼屏，戎器完，而其大者则人民乐业而已。"顾炎武心目中理想的国家是政府能够有效发挥国家的基础性权力，最大限度满足人民安居乐业的诉求。不过，传统国家的社会成员的基本福利（养老、疾病医治、基础教育、残疾照护等）主要由家庭或家族承担，这些最为古老且最为稳定的"非政府组织"肩负起了维系基本社会成员生存的全部或大部分职责，而国家在这方面只有道德或辅助的责任，正如托克维尔在十九世纪五十年代所看到的："在古代欧洲，几乎所有的慈善事业都由私人或团体掌握；而在今天，所有的慈善事业都或多或少地依存于国家，在某些国家全由国家管理。向饥饿者施舍面包，救济和收容病残，安排无业者就业，几乎全由国家办理。国家成了一切灾难的几乎唯一的救济者。"这种状况有增无减，至二十一世纪，根据世界银行的标准，一个称职的现代国家应当发挥最简功能、中等功能和积极功能三方面功能。

重新认识国家的功能，一方面需要注重传统国家与现代国家之间的连续性，挖掘它们在发挥国家的基础性权力中共性的一面；另一方面则应当看到现代国家权力在扩展的同时所受到的必要的制度性约束。现代国家只有拥有与其职责相称的职权才能满足民众日益增长的物质文化需求，但如果缺乏与这种权力增长相适应的权力制约制度，称职的现代国家就无从谈起。国家能力的缺失不仅在于国家不能有效履行其基础性的国家权力，更不能发挥国家的第四种权力。失败国家显示的是软弱国家形象，它无力阻止地方势力侵蚀国家资源，不能提供基本的公共秩序和有质量的基础设施，无法满足与国家的经济发展水平相适应的民生和福利需求。成功国家做到了其国家职责与其职权相称，失败国家则相反。有职无权、有权无责以及职权失调都会导致国家失败的后果，同时，一个称职的国家还是一个有能力的国家。总之，在人民主权论的思想指导下，世界上绝大多数国家都拥有宪法和法律赋予的国家基础性权力以及必要的国家的第四种权力，而缺乏对国家的这些权力的民主科学有效制约是国家失败的重要成因。

现代国家是被建构出来的政治共同体，在建构之时依据的是纯粹的意志，还是特定的文化、宗教、经济和战争等因素不妨碍对国家被建构的判断，这同时也是国家与社会相区别的重要因素之一。民族国家凸显了特定民族和社会的政治状况，强化了基于历史、语言、民族、血缘、地理等因素的同一性，但民族国家更具有建构或想象的性质。在人民主权的理念之下，作为特定国家的公民形成了基于法律的身份同一性。民族国家在国家与公民之间形成了直接的权利和义务关系。在消除横亘于国家与其公民或臣民之间的权力掮客阶层、抑制政治权力家族化等方面，民族国家与郡县制国家具有异曲同工的效果。不过，郡县制国家在对最高权力的限制以及在国家权力的纵向分权和横向分权等方面都缺乏应有的制度性制约设计。

从养儿防老到"养国"防老的观念转变，预示着国家哲学的转变。从有义务解决其社会成员衣食住行、生老病死等民生福利角度看，现代国家恢复了中国传统社会政府"父母官"的形象。现代国家充当守夜人角色已经不能满足工业化、城市化和全球化的未来社会需求。贝克认为,当代社会的特征是"我怕",有别于"我饿"的传统社会。恐惧之人和挨饿之人都是受害者最为典型的形象,而不同时代都有因社会的缺陷而产生的受害者。从受害者的角度出发,现代国家需要建立强大的执行国家职责的制度体系,并在社会保障、民族平等、无过错责任、刑事被害人救济、法律援助、公益诉讼、劳动保护、消费者权益、慈善行为等具体法律制度领域中体现受害者或弱者立法论的精神。二十世纪八十年代以后,伴随着经济全球化和世界多极化等世界性大问题的出现,粮食安全、资源短缺、气候变化、网络攻击、人口爆炸、环境污染、疾病流行、跨国犯罪等全球非传统安全问题层出不穷,对国际秩序和人类生存都构成了严峻挑战,其关照性地指向普遍或特定身份的受害者,催生了人类命运共同体意识的现实性和危机感。

西方学术界从苏格拉底对话开始形成了讨论国家哲学且一以贯之的学术谱系,亚里士多德的《政治学》、马基雅维利的《君主论》、霍布斯的《利维坦》、卢梭的《社会契约论》、黑格尔的《法哲学原理》和罗尔斯的《正义论》等都可据上而"接着讲"。中国国家源远流长,因其独特的国家制度在人类国家制度史上独树一帜。中国古代文论以"原"作为探讨事物根本和事物之道的词语,如韩愈的"五原论"、黄宗羲的"三原论"。原国论是为国家正名的学问,回答国家是什么、国家应当是什么以及国家何以成为国家等基础性命题。中国古代文论鲜有直接论证像"原国"之类的著作,概因君国同构,从君之道中可以推导出国之道,从而妨碍了理性主义思维在国家治理中占据的主导地位。

法理中国命题是中国走向现代化过程中具有的正当性、合法性和妥当性的国家制度思维体系。近代以来,中国国家制度不断面临危机和挑战,经过政治实验、内战和革命最终定型于中华人民共和国的国家制度。中华人民共和国国家制度是现代化的产物,建构和完善契合现代性的国家制度是中华民族的未竟事业。依国情和社会文化属性,中国国家制度不可西化,也不必西化,但这并不意味着无须现代化。人们不必在西化与现代化之间画等号。新时代中国现代化的重要目标之一是致力于国家治理体系和国家治理能力现代化,国家治理体系和国家治理能力现代化是国家制度现代化的精确表达,它无疑拓展了四个现代化(工业、农业、国防和科学技术现代化)的外延,在"两个文明"(物质文明和精神文明)之外确立了制度文明,成为解决新时代社会主要矛盾的内在推动力。

目录
CONTENTS

第一章

论法家的规矩

中国是人类社会最早建立成文法律体系的国家之一，也是最早用文字系统表达法理学的国家。春秋战国时代，在天下大乱、礼崩乐坏的乱世背景下，重建社会秩序、道德秩序和政治秩序成就了诸子百家的智识和思想。先有无序的社会和政治现实，后有诸子百家著书立说的成就。无序和治乱是诸子百家共同拥有的时代问题意识。按照近代政治思想的叙述逻辑，这一时代问题的解决方案是如何从战争状态走向社会状态。规矩是中国文化语境中描述社会状态的特有关键词，对人、社会和国家定规立制形成了具有中国文化特色的社会和国家秩序。诸子百家皆讲规矩，法家的规矩尤为特殊且自成体系。法家的规矩是指国法体系，其适用于作为政治共同体的国家，开创了中国人在国家领域中讲规矩的系统理论。法家的规矩只有在国家层面才具有重要性，也才能发挥法的有效性。对法家的规矩的评价存在不同的标准，只有借助于一种政治科学的方法论才能给予法家公允的历史定位。

一　治乱与国家

从自然状态走向社会状态是古今中外一切政治和法律哲学共同探讨的主题。霍布斯认为，自然状态就是"一切人对一切人的战争"，自然状态指向任何意义上的战争状态。霍布斯撰写《利维坦》的时代是英格兰土崩瓦解、内战频仍的时代。由战争带来的对人、民族之生存的毁灭性灾难是霍布斯提出自然状态的真实的历史背景。列奥·施特劳斯指出："霍布斯在极端情形的基础上建立起了他的全部道德和政治学说；他的自然状态理论所依据的经验是内战时期的经历。正是在极端情况下，当社会结构完全被摧垮时，一切社会秩序最终所必须依托的稳定根基就呈现在人们眼前了：那就是对于暴力的恐惧这一人类生活中最强大的力量。"① 从自然状态走向社会状态是脱离战争状态的过程，是重新确立规则、消弭人们对暴力的恐惧的过程，国家的建立和存在正是社会状态得以确立和存续的显著标志。

自然状态自有其"规矩"。自然状态的规范是丛林法则，丛林法则展示的是力量的逻辑，是暴力的逻辑。强凌弱、众欺寡是力量和暴力的必然结果。霍布斯的政治哲学的全部要义就在于如何通过国家消弭、控制和约束由暴力产生的恐惧。然而，国家的产生没有从根本上消灭暴力，利维坦展示了更为强大的暴力形象。作为国家的利维坦的目的在于用合法的暴力制止和消灭非法的暴力，为此开启了"以暴制暴"的合法性暴力的历史运动。合法性暴力的逻辑是定规立制—强制实施—暴力制裁。人人被剥夺了在自然状态下任意行使暴力的自然权利，国家作为暴力的垄断者是唯一能够行使暴力的主体。垄断暴力是韦伯国家观的核心内容，恩格斯从历史唯物主义的角度论证了国家产生的必然性和正当性，为了不使冲突的各方面在如同自然状态的争斗中同归于尽，就要建构一个来自社会各种力量但又超越于其的力量，这个力量正是国家本身。归根结底，国家成为超越社会的力量的原因在于国家合法垄断了暴力。

按照霍布斯对国家起源类型的划分，国家分为按约建立的国家和按力建立的国家，前者形成了政治契约论，后者则是成王败寇的理论叙述。无论是按约建立的国家还是按力建立的国家，当它们在建立国家之后是否完成了其立国之初的承诺和目的，都显示了其垄断合法的暴力权的特性。事实上，只要承认国家的存在，哪怕只是赋予国家发挥最低限度的国家职权，如古典自由主义所倡导的那样，只是发挥守夜人的职责，国家在最低限度的意义上也需要拥有对全社会的暴力垄断权。国家暴力垄断权旁落他人，或被其他社会主体分享，则国家意义上的秩序就会名存实亡。国家学就其实质而言，乃是一个特定的政治共同体合法垄断和行使暴力的学问和艺术，这一特性既适用于传统国家，也适用于现代国家。区别在于，现代国家对国家合法行使暴力权实施了更多的外部制约机制，迫使国家不滥用国家垄断的暴力权。

以上颇为简单的理论铺垫使我们认识到，国家存在的必要性首先在于治乱。乱世的表现形式各异，但其根源在于暴力权的分散、不统一和不集中。春秋战国时期是乱世。《史记》："《春秋》之中，弑君三十六，亡国五十二，诸侯奔走不得保其社稷者不可胜数……臣弑君，子弑父，非一旦一夕之故也，

---

① 〔美〕列奥·施特劳斯：《自然权利与历史》，彭刚译，三联书店，2006，第200页。

其渐久矣。"《春秋正义序》:"下陵上替,内叛外侵,九域骚然,三纲遂绝。"这是礼崩乐坏的真实写照。臣弑君、子弑父分别显示了政治秩序和社会秩序的全面崩溃,社会重新陷入了人与人战争的自然状态。周道衰废,周天子无力制止各国的暴行,规则不明,各国也无力制止民众之间的私斗。民众的私斗则是征伐权在民间的体现,各国之间的征伐是私斗在国家层面的体现。私斗首先而且最终展示了暴力的力量。私斗以私力和己力作为依据,一人一力,一人一规,标准各异;一国一力,一国一规,各有不同。

毋庸置疑,争斗构成了春秋战国时期的基本状况。有争才有斗,争斗之间是力量和暴力的较量,乱争乱斗造成的局面就是乱世。荀子曰:"人生而有欲,欲而不得,则不能无求。求而无度量分界,则不能不争;争则乱,乱则穷。"① 韩非子进一步阐述了欲与乱的关系,人有欲,则计会乱;计会乱,而有欲甚;有欲甚,则邪心胜;邪心胜,则事经绝;事经绝,则祸难生。由是观之,祸难生于邪心,邪心诱于可欲。可欲之类,进则教良民为奸,退则令善人有祸。奸起,则上侵弱君;祸至,则民人多伤。然则可欲之类,上侵弱君而下伤人民。夫上侵弱君而下伤人民者,大罪也。故曰:"祸莫大于可欲。"② 治乱世形成了两种截然相反的政治哲学。不同的政治哲学都认为,人们相互争斗的根源在于"人欲",故所谓截然相反的政治哲学就分为"灭人欲"和"控制人欲"两种理论预设。道家、宋明理学乃至后儒的部分言论以"灭人欲"作为其理论基础,不过,儒家总体上不否认人欲的存在,与法家控制人欲的方法论相比,儒家试图通过自我制约的方法控制人欲,而法家以外部制约的方法控制人欲。法家承认人欲的正当性,希望通过理性的方法将人欲控制在一定的范围之内。

人欲是人与人之间、国与国之间争斗的根源。人欲体现在利、权力和名誉三个方面,对不同时代和同一时代的不同人而言,其对利、权力和名誉的追求和侧重点各有不同。商人言利、政治家言权力、知识分子言名誉,这一切都构成了人欲的不同侧面。如果人欲不可泯灭也不能泯灭,源于不同人欲的争斗将是人类永恒的命题。其关键在于争斗的方法问题。乱世的争斗是乱斗,盛世的争斗是有序的争斗。历史进步主义显示的法则是,争斗从暴力的争斗走向非暴力的争斗。暴力的争斗有犯罪、战争、起义和恐怖活动等,非暴力的争斗是竞争、谈判、协商、诉讼和仲裁等。人欲—争斗—暴力争斗与人欲—争斗—非暴

---

① 《荀子·礼论》。
② 《韩非子·解老》。

力争斗构成了截然对立的政治哲学的行进路线图。儒家与法家之争皆源于争斗哲学。通过内控和自我约束的方法将争斗限制在一定范围之内，乃至消灭争斗本身是儒家的理想。反求诸己是儒家倡导实施内控的基本方法，其标准在于仁义礼智信，在于理，在于道。

"汉家自有制度"一语道出了历代王朝实施外儒内法或儒法合流的杂道实质，而从司马迁、朱熹和黄宗羲的言论中还可以挖掘出儒家无用的论调。在司马迁或其上的时代，儒家无用论就作为一种现象而被提出。司马迁秉承"不虚美、不掩恶"的史家品质，指认儒者"博而寡要，劳而少功，是以其事难尽从"。① 秦昭公在与荀子的对话中提出"儒无益于人之国"的命题。无论荀子对儒家的辩护获得了怎样的赞许，至少"儒无益于人之国"的断语在当时的历史背景下并非空穴来风，前述司马迁说儒者"寡要""少功"即一例。荀子说秦国无儒，但具有讽刺意义的是，儒者出身的李斯和韩非子是以法家身份入秦或事秦的，这当然是需要另行讨论的问题。汉初，陆贾与汉高祖的对话，是以力建国（"居马上得之"）的又一例证，分歧在于"可以马上治之乎？"陆贾提出"行仁义，法先贤"的治国之道。且不论汉朝是否接纳了陆贾的建议，从南宋巨儒朱熹的发言中，就可以知道"千五百年之间……其间虽或不无小康，而尧、舜、三王、周公、孔子所传之道，未尝一日得行于天地之间也"。② 至明末清初，黄宗羲又言"后世之君，欲以如父如天之空名禁人之窥伺者，皆不便于其言，至废孟子而不立，非导源于小儒乎！"③

基于人性善的基本判断，儒家极力推荐人的自我判断、自我完善和自我约束的内修功夫，这种仰仗于自我认知和自我建构的学说旨在免除外在的指引和约束。这种自我约束的内在机制一旦失灵，对人生意义、价值的追求和对善的高扬就会失去根基和原有的动力。注重家庭建设的儒家视国为家的一种扩展形式，家本身是一种伦理关系的体现，儒家眼中缺少的是国家作为政治共同体的真实存在，虽然这并不意味着以儒家的方法治国不可欲。作为一种理想方法，以人人为尧舜的天下治平方案造就了一个无讼的世界，从根本上避免了人与人之间的争斗。不过，从儒家的角度看，法是一种不得不存在的事物。儒家或言法是治之末，或干脆宣告缘饰说的正当性，后者导致了在对礼的阐述中，特别是在强调人行为的强制性规范方面很难划分礼与法之间的

---

① 《史记·太史公自序》。
② 《朱文公文集》（卷三十六）"答陈同甫"，四部丛刊初编缩本，第579页，转引自余英时《中国思想的现代诠释》，江苏人民出版社，2003，第76页。
③ 《明夷待访录·原君》。

界限。荀子的言说体现了"既……，又……"的语言结构，这种礼法并重说抬升了法在治国理政中的地位。荀子论礼更像一位法家在言说，把《荀子·礼论》开篇语中的礼换作法也成立。① 事实上，汉以后引礼入法的政治实践更多地体现了制定法技术的发展，起实际政治功能的是法而不是礼。

无政府主义不是否定一切规则，它自身也遵循被认为需要和适当的规则。无政府主义反对一切来自自我规范以外的强制，尤其反对通过国家和政府的权力干预自然而然形成的规则。儒家的学说接近于无政府主义的基本理念。在国家的建设和治理问题上，儒家轻视、贬黜和排除国家的强制性规范，导致儒家治国有规则而无规矩。自我约束固然是一种规范，但是还不能称其为规矩。真实意义上的规范是一种外部力量，这种力量作为一种合法性强制力量将人与人之间的争斗控制在一定范围内，而不至于使所有人因为私斗而最终同归于尽。此外，司马迁认为儒家"难尽从"，是因为"六艺经传以千万数，累世不能通其学，当年不能究其礼"。② 儒家的规矩繁杂不一，鸿儒亦不能"通其学""究其礼"。这个判断为本章提出儒家治国无规矩说提供了一个证据。昂格尔认为，礼不是公共的明确的规则，"实际上，它们根本就不是规则"，相反，它们"多少是心照不宣的模范行为模式……作为［人们］尝试参与社会关系经验的一部分而流传下来……当完全被系统阐述时，它们是作为道德的轶事"。③

不过，"儒无益于国"只是儒家治国无规矩说的一个体现，但不能说儒家百无一用，儒家于治国无用不等于儒家对修身、齐家乃至平天下无益。儒无益于国不等于儒无益于家、社会和天下。儒家学说对于社会的治理具有不可或缺的历史和现实意义。《论语》一书中，仁字凡六十六处见，虽没有两处解释相同，但显示了儒家利他主义的至善价值观。孟子主推义，但孟子之义未成为脱离孔子的仁论体系，义作为一种实现仁的方法补充和完善了仁。仁与义以自我规制为其精神指向，其目的不是己，而是更为远大的家、国家或天下的目标。仁与义皆导向"德"，而"德者，内也。得者，外也"。④ 然而，对人性的充分信任不能保证人人可以自德，一旦内德不德，则需要外得为之补充。我们可以通过董仲舒体系化仁义论看到仁义的自得之意。董仲舒说：

① 日本学者田中耕太郎就有这样的困惑，他说："如果把引文中的'礼'字换成'法'字，不就成为法的起源论吗？"转引自韩育东《日本近世新法家研究》，中华书局，2003，第307页。
② 《史记·太史公自序》。
③ 参见〔美〕昂格尔《现代社会中的法律》，吴玉章、周汉华译，译林出版社，2001。
④ 《韩非子·解老》。

"仁之法在爱人，不在爱我；义之法在正我，不在正人。我不自正，虽能正人，弗予为义；人不被其爱，虽厚自爱，不予为仁。"又说："仁谓往，义谓来，仁大远，义大近。爱在人谓之仁，义在我谓之义。仁主人，义主我也。故曰仁者人也，义者我也，此之谓也。君子求仁义之别，以纪人我之间。然后辨乎内外之分，而著于顺逆之处也。"① 由此可见，在处理"内德"与"外得"的关系上，儒家显示了其治国的理性思维和理性方法。

二　作为隐喻的法家规矩

　　法家言法因时不同，其在三代称刑、在春秋战国多称法、在秦汉之后多称律。② 刑、法、律可以互训，如《尔雅·释诂》，"刑，法也"，"律，法也"。《说文》："法，刑也。"《唐律疏议·名例》："法，亦律也。"刑、法、律在名称上或有所指，但也有相通之处，即它们都是成文的行为规范，是在国家范围内普遍适用的规矩。法家对法的隐喻是度量衡，以度量衡喻显示了法家头脑中的法的基本性能。在此，我们首先揭示法家关于法与度量衡的论述，然后讨论作为隐喻的度量衡的意义。作为隐喻的度量衡对于法家而言呈现了理想类型的世俗秩序。

　　法度在三代便已成词，此后遂在汉语世界中成为法律的同义语，至今不衰。《虞书·大禹谟》："儆戒无虞，罔失法度。"《管子·中匡》："今言仁义，则必以三王为法度，不识其故何也？"《论语·尧曰》："谨权量，审法度，修废官，四方之政行焉。"刑、法、律虽可互训，但在"法"之后加"度"合成"法度"使中国传统法律观具有了客观、统一和公平的含义。《汉书·律历志第一上》："审法度。"颜师古注："法度，丈尺也。"《虞书》曰："乃同律度量衡，所以齐远近立民信。"因此，法度一词兼有法、律、刑等含义，但又超越了法、律、刑等本义，而具有了本章所论述的法的规矩说的要旨。

　　《汉书·律历志第一上》系统地界定和解释了度量衡权的本义和附义。首先，度量衡权各有其本义。（1）"度者，分、寸、尺、丈、引也，所以度长短也。……夫度者，别于分，忖于寸，蒦于尺，张于丈，信（伸）于引。引者，信（伸）天下也，职在内官，廷尉掌之。"（2）"量者，龠、合、升、斗、斛也，所以量多少也。……夫量者，跃于龠，合于合，登于升，聚于斗，角于

斛也。职在太仓，大司农掌之。"（3）"衡权者：衡，平也；权，重也。衡所以任权而均物平轻重也。其道如底，以见准之正，绳之直，左旋见规，右折见矩。"班固尤其重视权衡的作用，提出了著名的规矩"五则说"："权与物钧（均）而生衡，衡运生规，规圜（圆）生矩，矩方生绳，绳直生准，准正则平衡而钧（均）权矣，是为五则。规者，所以规圜（圆）器械，令得其类也。矩者，矩方器械，令不失其形也。规矩相须，阴阳位序，圜（圆）方乃成。准者，所以揆平取正也；绳者，上下端直，经纬四通也。准绳连体，权衡合德，百工繇（由）焉，以定法式。辅弼执玉，以翼天子。"在这里，"规矩""准绳""揆平取正"等词语跃然纸上。规圆矩方意味着对事物的归类之后的成型（形）安排，有类才有形，这已经具有了现代科学先分后合的逻辑思维的萌芽。

其次，度量衡的引申义随概念界定呼之欲出，但无不契合"齐远近立民信"之意。其曰："知（智）者谋，谋者重，故为权也。……礼者齐，齐者平，故为衡也。……义者成，成者方，故为矩也。……木曲直。仁者生，生者圜（圆），故为规也。……信者诚，诚者直，故为绳也。"其结论是，"……同律，审度，嘉量，平衡，均权，正准，直绳，立于五则，备数和声，以利兆民，贞天下于一，同海内之归。凡律、度、量、衡用铜者，名自名也，所以同天下，齐风俗也"。班固用度量衡解释仁义礼智信，突出了礼的整齐划一的功能，有出"礼度"概念之嫌，是否也可以说儒家规矩论同样成立呢？上面已经谈到，儒家不是不讲规矩，但儒家的规矩在于引导人生和人生的价值，其适用范围小到个体修身，大到天下治理，皆以自我约束为圭臬。儒家唯独在国家治理方面乏有其力，这也正是法家异军突起的重要缘由。值得一提的是，孔子在《论语》中有两次使用规矩，只有一次的含义指向行为规范。孔子说："……七十而从心所欲，不逾矩。"年长者随心所欲的界限在于"不逾矩"。朱熹承程子之说，将"不逾矩"解释为法度："矩，法度之器，所以为方者也。随其心之所欲，而自不过于法度，安而行之，不勉而中也。"[①] 由此看来，规矩的含义在宋代以后向法靠拢，虽然不能说因此可以将规范等同于法。

儒法之争，在主体上是礼治和法治或人治和法治之争，正如瞿同祖指出的，其实质在于差别性行为规范和同一性行为规范之争。采用何种行为规范

---

① 《四书集注》。

是主体，用德化或用刑罚的力量推行某种行为规范，则是次要的问题。① 班固
对"礼度"的解释大异于礼的通说。"礼者为异"②"礼者辩异"③"礼别异"④。
"故人之所以为人者……以其有辨也……故人道莫不有辨，辨莫大于分，分莫
大于礼。"⑤ 礼的本质性规定在于别、分和异，言说"礼者齐"否定了礼的差
异性规定。班固以度量衡喻礼混淆了与以度量衡喻法之间的界限，令人以为
法与礼同。史家揭露了秦汉之后儒家法家化的思想倾向，礼的自我实现的运
行机制在国家和政治领域中越来越难以发挥其应有的效力。在时代大趋势面
前，以礼入法的政治实践强化了法才有的价值。将礼的规范转化为法的组成
部分本无可厚非，但解释者仍然以礼作为治国的思想和方略，其情形如同孔
颖达对《左氏》解释者方法论的批评"……然杂取《公羊》《谷梁》以释
《左氏》，此乃以冠双屦，将丝综麻，方凿圆枘，其可入乎？"⑥

以度量衡喻法恰恰是法家的本色。法家诸子以度量衡喻法的言论随处可见，
自不能一一列举。本章采取提要钩玄的方式，运用一个整体观念来阐释度量衡
在法家思想中的意义。管子曰："尺寸也，绳墨也，规矩也，衡石也，斗斛也，
角量也，谓之法。"⑦ 商鞅曰："先王县权衡，立尺寸，而至今法之，其分明也。
夫释权衡而断轻重，废尺寸而意长短，虽察，商贾不用，为其不必也。""夫倍
法度而任私议，皆不知类者也。"⑧ 韩非子曰："巧匠目意中绳，然必先以规矩
为度；上智捷举中事，必以先王之法为比。故绳直而枉木斲，准夷而高科削，
权衡县而重益轻，斗石设而多益少。故以法治国，举措而已矣。法不阿贵，绳
不挠曲。法之所加，智者弗能辞，勇者弗敢争。刑过不避大臣，赏善不遗匹
夫。"⑨ 在这些重要的先秦法家代表人物的言论中，人们发现了班固在《汉书·
律历志第一上》中有关度量衡的描述。就先秦法家之子上述言论来看，我们今
天表达法律之特性的某些要素在法语言结构中依然存在。

隐喻之所以在历史话语中具有特殊的功用，不仅在于它的组织知识的能
力，重要的是作为转义的隐喻如何组织和重塑知识。安克斯密特指出，隐喻

① 瞿同祖：《瞿同祖法学论著集》，中国政法大学出版社，1998，第359页。
② 《礼记·乐记》。
③ 《礼记·乐记》。
④ 《荀子·礼论》。
⑤ 《荀子·非相》。
⑥ 《春秋正义序》。
⑦ 《管子·七法》。
⑧ 《商君书·修权》。
⑨ 《韩非子·有度》。

"提出了关于实在的一种历史的或政治的观点或视角。……隐喻为无论是政治理论家或者政治家提供了这样的用武之地"①。隐喻是被精心选择和使用的，选择何种事物作为比喻的对象表达了作者对眼下所要论证的事物的态度和立场。对于中国古代知识分子而言，隐喻就是一种论证方式，乃至是一种思维方式。如果说当今的学者也借用隐喻组织语言和知识，那么先秦乃至中国传统社会的知识人几乎普遍选择使用隐喻，其中法家喻法为度量衡是一个突出的例子。如果说非韩论是中国传统批评文化的主流，支持该主流的语言和知识，就如余英时所指出的那样，"一向笼罩在一层道德判断的浓雾之中"②，但从隐喻的角度讨论先秦法家的思想或有意想不到的反转效果。

第一，所有度量衡都具有整齐划一的功能，在日常行为中，真正使用度量衡的人恰恰是那些被称为"治于人"的"农、工、商"阶层。儒家对"治人者"和"治于人"的严格区分奠定了礼的差序格局的社会论基础，然而，一旦作为客观法则的度量衡应当适用于所有人，乃至包括治人者阶层，就会出现一种新的政治哲学和新的思考方式。在统一的度量衡面前，君王也要遵守而不能违反。通过解说"千治而一乱"论题，韩非子提出了治理者中主说。韩非子说："使中主守法术、拙匠守规矩尺寸，则万不失矣。"③韩非子将"中主"与"拙匠"并列并没有提升工匠的地位，却使"中主"与"拙匠"共用一个行为规则。被史家归为执行法家路线的诸葛亮，号召治国者以工匠的技艺原理治国："故治国者，圆不失规，方不失矩，本不失末，为政不失其道。"④当然，由此不能推导出君民平等观的现代性观点，也难以得出通过法律约束统治者的命题，其作用或削弱了作为"伦理先锋队"（史华兹语）的统治者存在的理由。孔子反对法的公开："民在鼎矣，何以尊贵？贵何业之守？"⑤与此相反，韩非子在对法与术的对比性讨论中，反复强调法公布于众的重要性。"法莫如显，而术不欲见。"⑥他反驳管子："管子犹曰：'言于室，满室，言于堂，满堂'，非法术之言也。"⑦作为法的一个基本特性，法的公开性至少在民众反抗自救时增加了一个合法的技巧和斗争的凭借。

---

① 〔荷兰〕安克斯密特：《托克维尔与民主的崇高性》，载〔法〕雷蒙·阿隆等《托克维尔与民主精神》，陆象淦等译，社会科学文献出版社，2008，第94页。

② 余英时：《士与中国文化》，上海人民出版社，2003，第159页。

③ 《韩非子·用人》。

④ 诸葛亮：《便宜十六策·治乱》。

⑤ 《左传》。

⑥ 《韩非子·难三》。

⑦ 《韩非子·难三》。

第二，决定工匠行为的度量衡展示的是技艺，而技艺本身是以物自身为目的呈现的规则。在古希腊，技艺代表着与某种制作形式相关的知识或方法。虽然人工制品依赖于人的活动，但是技艺所蕴含的知识不以意见或目的为转移，制造出的东西的目的在技艺所规定的范围内分担着这种目的性。① 通过技艺展示和再现物赋予了制作者行为准则，这与把技术当作纯粹的工具主义论是有出入的，后者的一个理论基础源于韦伯对理性所做的"实质理性"和"形式理性"的区分，形式理性关注的是方法的有效性，并不包含善的内在关联性。工匠之技艺不是纯粹的技术，而是展现的模式，然而，如果缺乏物之本质的存在假定，技艺就是纯粹的工具。任何自然之物都有其存在的目的和理由，衡量物的存在使度量衡本身成为与物等同的物，具有了物之理和内在之善。法家对物之理做出了自己的解释："短长、大小、方圆、坚脆、轻重、白黑之谓理。理定而物易割也。……故欲成方圆而随其规矩，则万事之功形矣。"② 通过规矩使万物显形、成形，就遵守了技艺之道，其理论旨趣接近于古希腊的技艺观。

第三，度量衡营造了一个来自自然又不同于自然的统一的人间秩序。毋庸置疑，用来衡量事物性质、数量、长短、轻重等的度量衡都是人造的，统一度量衡本身就体现了较强的人的意志。在某种程度上，统一的度量衡本身就是被作为基本规范的行为体系而发挥效用的。史华兹认为，法的早期喻义与木匠的矩尺、规及瓦工的铅垂线等紧密联系，从这个含义出发，人们很容易从中引申出的词义是"复制、模仿或依照某物塑造自己"，进而在更为宽泛的引申义中指明"制度"或"体系"之类的复杂关系网络。③ 难点在于，由谁来统一度量衡，或者说，由谁来制定一个社会和国家的基本规范。法家度量衡的隐喻同时显示了如下的悖论，即君主统一并监督执行度量衡，是否会导致君主破坏制作好的度量衡？换句话说，度量衡的制作者和依据统一的度量衡制作产品的工匠之间有没有共同的法则？这个问题需要通过度量衡自身是否稳定不变的命题来回答。

韩非子身为荀子的高足，喜刑名之术，其论著全然刑名之学，这已经是令人诧异的事件了。司马迁将"老庄申韩"并列作传，加之韩非子又有两篇解读老子的著作，更有法家学说的渊源来自道家的意味。道家提出无为之治，

---

① 关于古希腊技艺观念的讨论，参见〔加拿大〕安德鲁·芬博格《海德格尔与马尔库塞：历史的灾难与救赎》，文成伟译，上海社会科学出版社，2010。
② 《韩非子·解老》。
③ 〔美〕本明杰·史华兹：《古代中国的思想世界》，程钢译，江苏人民出版社，2004，第321页。

却无反对任何规则的意思。道家之规矩合自然之道，所谓"人法地、地法天、天法道，道法自然"。虽然今人不能将老子之道贸然解释为自然规律，但像自然规律那样处事行事则是其题中应有之义。自然规则之非人化、客观化和常态化预示了作为度量衡的法的稳定性和超然的内生性。在《韩非子·解老》一文中，韩非子通过老子"治大国如烹小鲜"的说法阐述了法家处理守法与变法的关系，倘若法律能够像度量衡那样保持稳定，就不会发生下面的乱象："烹小鲜而数挠之，则贼其泽；治大国而数变法，则民苦之。是以有道之君贵静，不重变法。"①

第四，明分职不得相逾越。《史记·太史公自序》："法家不别亲疏，不殊贵贱，一断于法，则亲亲尊尊之恩绝矣。可以行一时之计，而不可长用也，故曰'严而少恩'。若尊主卑臣，明分职不得相逾越，虽百家弗能改也。"韩非子被认为是等同于马基雅维利式的法家代表人物。在一系列"帝王术"的论述背后，韩非子反对君主任法，与其说主张君主不欲为，实不能；"夫为人主而身察百官，则日不足，力不给"②，君王对百官的监督，离开了明确职责的法律，就会失去方向，陷入混乱。在一段文字中，韩非子提出"故矫上之失，诘下之邪，治乱决缪，绌羡齐非，一民之轨，莫如法"。③ 这里我们不能犯以辞害意的错误，以为"矫上之失"的表达包含了通过法律监督和纠正君主的过错的意思。在君主制下，令虽自君出，但不意味着君与臣没有职责上的划分。伴随官僚体制而形成的官职在赋予不同等级的官僚责任的同时，形成了最初的国家权力分工制度。

权力分立建立在权力分工的基础上，从权力分立到分工后的权力相互制约还须等待其他条件的出现。"君臣职责不相逾越"所透露出的一个重要信息，"正君臣上下之分"，不仅在于"君"与"臣"之间应当或必须有权力上的分工，臣与臣之间应当或必须有权力上的分工，重要的是君臣职责"不相逾越"。人们当然找不到有哪一个朝代颁行了"君臣职责法"，可以推测的是，立法者是君，执法者则是各级官员。历代的典章制度中有大量的关于僭越的禁止性规定以及最为严厉的"犯上"的处罚性规定，却鲜有对"上犯下"的规定和记载，以及如果以上犯下所可能产生的法律或道德风险。因此，当商鞅意识到"法之不行，自上犯之"的同时，也指明了在君主制下"无使法必

---

① 《韩非子·解老》。

② 《韩非子·有度》。

③ 《韩非子·有度》。

行之法"① 的悖论性制度缺陷。

综上所述，法家论治理，先论法，其次论规矩，再次论度量衡，最后论及理和道。法、规矩、度量衡、理和道形成了法家政治哲学的基本内涵。韩非子是法家的集大成者，故韩非子的规矩观最具代表性。法家讲规矩虽然不是从韩非子开始的，但韩非子是规矩说体系化的第一人。一般认为，韩非子的法学观集商鞅之法论、申不害之术论和慎到之势论于一身，这种判断自然无误。然而，韩非子作为法家集大成者的贡献主要还在于韩非子为法家的主张提供了本体论意义上的理据。借助于黄老思想，韩非子试图为法寻找最终的正当性根据。在法家看来，仅有法的合法性命题是不够的，法之所以成为一种正当的因素，乃在于法作为一种规矩而存在，作为规矩的法立基于作为度量衡的法，作为度量衡的法遵循了事物之理，最终则切合了道和自然。儒法关于治国理政方法论的争议体现了它们在有效性或合法性上的争议，隐藏在这种表面性争论背后的则是秩序的正当性问题。

三 政治科学视角下的法家规矩论

诸子百家皆讲规矩，这是我们认识中国传统文化的重要线索，例如，墨子说，"轮匠执其规矩，以度天下之方圆"②，孟子说，"离娄之明，公输子之巧，不以规矩，不能成方员"。③ 诸子百家高扬规矩对于人生、社会和国家的建构价值，然而，诸子百家对规矩的讲法不同，对规矩的性质、作用和目的有不同的认识。上面已经涉及儒家治国无规矩说，主要基于法家对规矩的重新定义和判断。此规矩非彼规矩，法家的规矩在于其正当性、普遍适用性、公开性、外在强制性和理性。其正当性使作为法律的规矩与黑社会的规矩相区分；其普遍适用性使作为法律的规矩与作为习俗的规矩相区分；其公开性使作为法律的规矩与作为潜规则的规矩相区分；其外在强制性使作为法律的规矩与儒家的内控式的自我规矩相区分；其理性使作为法律的规矩与道家的自然规律式的规矩相区分。

法家的学说是关于国家的学说，这就意味着，法家的言说是针对国家和为了国家而产生的思想及其方法论。这个立论决定了法家是从国家的视角展开其论述的。视角是一种方法论，也是一种思维方式存在的前提。关于思维

---

① 《商君书·画策》。
② 《墨子·天志上》。
③ 《孟子·离娄上》。

方式的重要性，维特根斯坦说，"一旦新的思维方式被建立起来，许多旧的问题就会消失。确实，这些问题会变得难以理解。因为，这些问题与我们表达我们自己的方式一同发展。如果我们自己选择了一种新的表达方式，这些旧的问题就会与旧外衣一同被遗弃"。① 有什么样的视角，就有与其相适应的思维方式和表达方式，思维方式从根本上讲是由视角决定的。这或许可以解释，为什么对于同一事物，对于同一人而言，在不同的时期却存在不同的认识和评判，更不要说，不同人对同一事物所产生的不同观点和结论。因循守旧者之所以视新事物、新观点为洪水猛兽或大逆不道，实在于未能更新其原有的视角，其视角未随着时代的变化而改变。

什么是视角呢？视角与观点、立场和意识形态的区别在哪里呢？为什么视角不仅能够决定观点、立场和意识形态，也最终能够决定人的思维方式呢？视角主义表达的是一种相对主义意义上的知识论，它否认有一种唯一的观察客观、普遍实在的"视角"。激进的视角主义者，如尼采，将会导致虚无主义的怀疑论。较为温和的视角主义者试图在冲突的社会中调节现象和本质的关系，产生"重叠共识"的多元主义认识论，以此对抗纯粹的现象主义。作为理想主义的重叠共识建立在视角多元论的基础上。尽管从承认视角主义到主张视角重叠还需要提供学理上的进一步理由，但视角主义的合理性存在已经呼之欲出。从神或圣人的视角观察人间社会和人的行为迥然不同于科学的方法，这是传统社会和现代社会的一个显著性差异。科学主义的思维方式弥散于近现代以来的政治哲学之中。以霍布斯为代表的近现代政治哲学家借用了自然科学的原理，认为人能够通过像自然科学那样的方法观察人性，确立人的法则。人的科学被纳入自然科学的范畴之内。人的七情六欲、喜怒哀乐等都是自然的反应，可观察、可分析和可实证。人性既不是恶的，也不是善的，而是非恶非善的。科学的视角摆脱了一切先验论的合理存在，这一过程被韦伯概括为祛魅的历史性成就。作为一种视角主义的重要体现，科学主义打破了传统社会与现代社会之间的承袭关系，改变了人们对事物、社会和国家的认知和表达方式。

法家是视角主义的典型代表。法家从国家的视角出发讨论国家的性质和作用，以国治国、依法治国的命题揭示了法家规矩论的核心要素之间的关系，即法与国之间的同构同生关系。法的全部意义在于体现国家并维护国家作为政治共同体的独立存在。法家没有忽视家庭和天下的存在，从秦始皇巡视全

---

① 〔英〕维特根斯坦：《文化和价值》，黄正东等译，译林出版社，2014，第67页。

国时的石刻铭文、封禅语录中均可以发现秦帝国在官方话语中并不抵触道德的力量。① 商鞅、韩非子等法家诸子同样熟知儒家的思想，前者提供的德治方案在与秦孝公的第一次会谈中就呈现了，而作为荀子高足，韩非子自然对儒家学说了然于胸。法家诸子开创了讨论国家哲学的新的表达方式，中断了儒家关于国家起源的古老表达，这一成就乃是通过对家庭、国家和天下三领域的相对分离说来完成的。

在《韩非子·解老》中，韩非子解释了老子"以身观身，以家观家，以邦观邦，以天下观天下"的论述，"修之身，其德乃真""修之家，其德有余""修之乡，其德乃长""修之邦，其德乃丰""修之天下，其德乃普"。② 身、家、国和天下各有其理，因而各有其德。韩非子显然赞赏老子的"四观"。"四观"论与其说表达了一种观点和立场，不如说确立了观察不同事物的视角。身、家、国和天下被认为是存在的不同实体，每一个实体均受制于不同的法则。每一个法则的有效性建立在被社会学家称为场域的范畴之内。儒家的修、齐、治、平的路线是线性的，法家的修、齐、治、平是立体的，后者形成了一个以分而合的治理结构系统，组成该系统的要素均有其相对的独立性。立体结构下的修、齐、治、平方案不必以修身作为齐、治、平的出发点和衡量标准，修、齐、治、平各有其规则的自洽性。

不同场域下的规则相互间僭越导致了每一个场域自身规则的紊乱和无序。管子一针见血地指出："以家为乡，乡不可为也；以乡为国，国不可为也；以国为天下，天下不可为也。以家为家，以乡为乡，以国为国，以天下为天下。"老子、管子和韩非子共同表达了治理领域的相对自治性。反对以家治乡、以乡治国、以国治天下，就是反对用习俗的规则代替乡的规则而治理乡，用乡的规则代替国法而治国，用国法代替天下的道德而治理天下。规则的越位所导致的后果之一就有可能是家不家、乡不乡、国不国、天下非天下。霍布斯注意到："善于治家和善于治国并不是程度不同的两种慎虑，而是两种不同的事情；正如小于原物、等于原物和大于原物的绘画不是程度不同的艺术一样。"③ 自然，规则的越位还有可能表现在相反的路线上，即用天下的规则治理国家，用国家的规则治理乡和家。正确的路线乃是使不同的规则各司其职，各守其分，即以家为家，以乡为乡，以国为国，以天下为天下，相互之

① 统一六国之后，秦始皇多次外出巡游，树碑立传，其中"行至云梦，望祀虞舜于九疑山"和"上会稽，祭大禹"等行为至少表明秦帝国未完全否定圣王值得仿效的功能。
② 《韩非子·解老》。
③ 〔英〕霍布斯：《利维坦》，黎思复等译，商务印书馆，1985，第53页。

间不僭越，以共同从事对人的治理的事业。这一点提示我们注意，法律是治国的工具，但法律不是治家的工具，也不是治天下的工具。不能有效区分人的行为活动的具体领域和范围，就无法正确处理规则共治和分治的关系。

中国传统法律规范既不缺乏家法家规、乡规民约，也不缺乏国法，更不缺乏天下的规则，但两个方面使不同的治理规则相互之间发生了越位、僭越和混乱的包容。一是用家法治理国家，行走的乃是修、齐、治、平的路线；这种情况导致了梁启超所说的"反国家主义"或"超国家主义"的文化意识和思维定式。他说："中国人则自有文化以来，始终未尝认国家为人类最高团体。其政治论常以全人类为其对象，故目的在平天下，而国家不过与家族同为组成'天下'之一阶段。政治之为物，绝不认为专为全人类中某一区域某一部分人之利益而存在。其向外对抗之观念甚微薄，故向内之特别团结，亦不甚感其必要。就此点论，谓中国人不好组织国家也可，谓其不能组织国家也亦可。无论为不好或不能，要之国家主义与吾人夙不相习，则甚章章也。"①不论是"反国家主义"还是"超国家主义"都产生了轻视乃至蔑视国家的局面，从而也导致了人们轻视、蔑视法律和法治的局面。二是用天下的规则治理国家，刻画了圣人治国的道德形象。天下规则因时代和社会不同而有所差异，但以诸如"己所不欲，勿施于人"等通用的黄金法则"平天下"，需要借助于人的自觉、自立和自我完善等内在法则。正如法家的中人论所显示的，尧舜禹千年而一遇，重要的是，作为中人之人都具有阿伦特所言的"平庸的恶"。以圣人的视角立身处世固然可以提升人的精神格局，弘扬大公无私的士人精神，却也可能导致"尧舜满街走"的乌托邦想象，以虚妄代替良知，以私学僭越规则。

以国治国的视角描述了国家治理的内在规律。既然国是与家、天下相对应而不是性质相同的事物，以国为国中的前一个"国"字就不同于后一个"国"字。前一个"国"字专指国家，即一般意义上的国家，也是具备了国家要素的政治共同体，而不论这一政治共同体在性质上是否同时也体现了现代民族国家的特性。后一个"国"字则指不同的、具体的国家。从这个意义上，以国治国的论点就不仅具有方法论意义，也确立了治理国家的新的理论起点。就研究中国而言，以国治国的论点一方面排除了"以中国治理中国"的可能性，也否弃了"以外国治理中国"的可能性，因为这两种可能性都会导致用特殊国家而不是一般国家的视角治理中国的问题。以国家为视角不能

___

① 梁启超：《先秦政治思想史》，浙江人民出版社，1998，第5页。

等同于国家主义，以致出现斯科特批评的全知全能意义上的国家至上论。对人类共同体的不同区分和相互关系的协调运用既保证了具体共同体的相对独立性，又表达了一般共同体的合理存在。

以国为国的视角确立了国家与法律的同构性特征。法律需要国家为其提供来源和保障，国家也需要法律确定标准和秩序。按照凯尔森的观点，国家是法律体系的人格化，国家与法律系统具有同一性，法律体系是否有效也就意味着国家治理是否有效，因此，国家治理的有效性是国家治理科学的标志。以科学的方法治理国家，就是要建立健全与国家同构的法律体系，并且使该法律体系保持它的内部同一性。就当下中国的法治实践而言，至少以 1997 年为起点，途经 2014 年党的十八届四中全会决议的再次巩固和加强，正在迅速崛起的中国毫无迟疑地确立了迈向法治国家的航标。一旦宣布实施依法治国的方略，它就凸显了在国家领域社会治理事业中法律规则的重要性和有效性，表达了国家与法律体系同质的性质。依法治国不会取消、遏制其他治理规则在建构和谐社会中的功能。不同规则之间的共治和不同规则的分治总是相辅相成、相互支援的。当我们说不以法律治家或平天下，不是忽视习俗、伦理和道德规则等社会规范的作用，而是要更好地把握不同的规则在人的治理事业中的位置和功能。相信在国家领域内也只有在国家领域内，法律作为治理国家的工具才能凸显它的价值，这也是科学治国的题中应有之义。

四　结语

研读法家诸子的作品，令人印象深刻的是工匠之道。无论是法家还是其他各家学派的立论和言说都是一家之论，而不能支撑百科全书式知识的完备性学说。在春秋战国时期，庄子敏锐地捕捉到了在大变动时期社会观念的多元化，这种多元化局面通过"道术将为天下裂"的学术分歧而表现。庄子一方面批评百家"天下多得一察焉以自好。譬如耳目鼻口，皆有所明，不能相通"，另一方面肯定了百家各自具有的正功效，"犹百家众技也，皆有所长，时有所用"。[1] 法家学说作为一家之言，同样有其"自好"、"所长"和"所用"的特点。法家学说中充斥着体现工匠规律之道的比喻性言论。先秦法家将法喻为规矩、绳墨，看到的是法律的类似于自然法则的属性。工匠手艺只有符合事物的原理才能成就物本身，工匠手艺建立在符合物之本性的基础上。

---

[1] 《庄子·天下》。

法与道、自然的本体论解释过于抽象，一个更具细微化的解释应当是，法家从自然规律的合道性角度赋予法律道化品质。

先秦法家诸子通过对规矩的阐述，开发出来一套自成体系的政治哲学。治国者如同工匠，但工匠不必是治国者，这是先秦法家治国论的基本要义。依据隐喻的法则推导出作为理想类型的治国者工匠说是先秦法家未明确表达的含义。将治国者等同于工匠的理念只有来到现代社会中才能成立。对法家规范说的讨论不妨碍以隐喻的方式追踪工匠精神，这种精神包含了客观、稳定、普遍适用、精致和合乎物之理的要素，尽管治国者应当具有工匠精神不等于治国者就具有工匠精神。立法者作为工匠，其使命在于民主、科学、规范地依照基本规范定规立制；执法者作为工匠，其使命在于严格、精准、高效地执行法律；司法者作为工匠，其使命在于通过适用法律，在程序正义的前提下实现精密司法正义。

第二章

中华民族共同体的法理

一 问题的提出

平等是当代民族身份认同的核心价值取向。问一个少数民族成员是否受到歧视、被谁歧视以及如何被歧视是一件冒险的事情，至少是一个政治不正确的提问。对于少数民族存在不存在歧视问题应当借助少数民族的视角，这个视角不仅是作为集体的少数民族视角，而且是作为少数民族个体成员的当事人视角。受歧视感在其深处源于当事人的实践感。"所谓'实践感'是先于认知的。"① 虽然受歧视感不是一个可以界定的科学概念——它针对的是一个人的主观判断和情感，每一个主体的"受歧视感"程度不尽相同——但受歧视感是感同身受的真实存在。

受歧视感不仅是结果也是原因，一旦形成就会成为影响、调整和支配行为者重新看待社会关系的主观因素。毋庸置疑，受歧视感在"作为民族的代表人"和"具有民族身份的个体"之间存在较大的差异②，二者之间不必然呈现一一对应的关系，重要的是对受歧视感真实性的质疑不必与受歧视感的

---

① 〔法〕皮埃尔·布迪厄、〔美〕华康德：《实践与反思》，李猛等译，中央编译出版社，1998，第23页。

② 1989年《心灵史》初版之后，张承志在其早期作品中的个人英雄主义情结向给某一民族代言的"领袖欲"转化。2010年修改后的《心灵史》为哲合忍耶教徒的"抗争史"设定了时间域，淡化了唯美主义式的暴力倾向，但对试图以宗教性弥补中国主流传统文化超越性不足的意图依然充满了争议。正如王晓华的评论，从原始族类社会向阶级社会转化，从阶级社会向自由个性社会（个体普遍成为个体，社会完全落实到个体层面，人类成为马克思所说的自由人的联合体）转化是一个不可逆转的历史规律。"张承志想成为哲合忍耶人民的代理人，尽管可能有良好的愿望，但其结果却不是拯救，而是拯救的反面。"见王晓华《虔诚的建构意向与落后的文化抉择》，《中国青年研究》1996年第5期。

自然权利相提并论。①

新中国成立至今，法律和民族政策持之以恒地倡导民族团结和民族平等。作为少数民族成员的个体表达不同于作为集体的少数民族的表达，后者作为一个实体的存在是整体、全部和唯一的存在。就民族性而言，作为集体的少数民族与作为个体的少数民族成员之间无本质上的冲突，人们当然知道，只有把少数民族的身份视为唯一的规定性存在，这种无冲突的局面才能成立。然而，在过去、现在以及可以预见到的将来，任何具体的人都具有身份上的多样性，一旦一个具体的人不是用民族的身份与其他人交往，民族身份就不再成为一个统领的旗帜。

场域概念与马克思提出的人是社会关系总和的认识在性质上具有同一性。作为阐释社会关系的实践性概念，场域深化了在特定关系束下行动者的角色及其主导规则。② 以民族身份作为唯一的交往工具标示了特定的人的存在及其关系场域，因此，要维持民族场域和谐，就需要不断显现和强化同一个民族身份。不同民族身份的人之间形成的场域是超越民族关系的场域，在这个场域中，民族身份没有消失，但已不是支配不同民族成员的首要身份。民族场域是具有私域性质且较为封闭的场域，除非不同民族成员之间老死不相往来，闭关自守，需要创设一个让不同民族成员都能够自由进入并平等对待的普遍场域。

对人的多重身份在不同实践场域的误置、错用或压制消解了不同场域的规则。在民族国家范畴内讨论民族问题预先设置了单一民族的独特性和有效性，除非解构民族国家概念，否则民族问题将长久地成为非单一民族国家心中的痛。解决民族问题就要超越民族问题，超越民族问题就要确立新的思维方式。解决中国的民族问题，不仅要消灭大汉族主义，也要解构汉族以及其他民族在公共领域中的显性存在。现代法治国没有消解民族作为社会实体的独立存在，作为一种新的思维方式的成就，现代法治国在公共领域确立了自身的合法性存在。只有在公共领域中，由不同民族成员共同认可的身份才能

---

① 列宁指出，作为少数民族的人"没有比对平等感，对破坏这种平等更敏感的了，哪怕是自己的无产者同志出于无心或由于开玩笑而破坏这种平等"。中共中央马克思、恩格斯、列宁、斯大林著作编译局编译《关于民族或"自治化"问题》，载《列宁全集》（第43卷），人民出版社，1989。

② 布迪厄指出，"一个场域由附着于某种权力（或资本）形式的各种位置间的一系列客观历史关系所构成，而惯习则由'积淀'于个人身体内的一系列历史的关系所构成，其形式是知觉、评判和行动的各种身心图式"。〔法〕皮埃尔·布迪厄、〔美〕华康德：《实践与反思》，李猛等译，中央编译出版社，1998，第17页。

体现出其单一性和纯粹性，以落实人人平等的现代理念。

二 内与外：民族与中华民族

知识社会学确立了民族描述、民族识别和民族分类的科学话语体系。一旦这种知识学进入政治领域，民族就如涉入政治领域的其他事务在建构的同时也被建构。在东方主义视野中，人类社会学成为以西方白人为中心的学术谱系和认知系统，白人是一个具有清晰界限的纯粹民族，非白人则是另外一个什么民族，形成了西方社会对待民族问题乃至人类问题的独特思维方式，西方历史上野蛮人和文明人的分类叙事为民族对立和冲突提供了最早的意识形态框架。① 用民族视角审视民族问题就是用一个民族的特殊标准衡量其他民族，被楔入政治领域的民族身份成为衡量民族关系正当性的法则，开启了身份认同的政治学难题。

民族身份论提示了单一身份论或纯粹身份论的重要性和有效性。用民族身份认识和建构人际关系就会忽视、遮蔽人的身份及其交往的多样性，从而设置不存在乃至虚假的实践场域。从民族到民族主义，从民族主义到极端民族主义形成了一条关于民族关系正常与非正常的直线。虽然民族是民族主义的出发点，民族主义是极端民族主义的出发点，但这两个出发点产生的结果迥然不同。极端民族主义要求纯粹、单一的身份存在，不加区别地将其他民族视为其存在和发展的障碍。"整体而言，种族主义和反犹主义并未跨越民族界限，而是在民族界限之内现身的。"② 民族主义离极端民族主义只有一步之遥，除非民族主义从其诞生之日起就静止不动，一旦有合适的气候和土壤，源于民族主义的极端民族主义就会爆发。在民族主义与极端民族主义之间划出明确清晰的界限异常困难，认为克制的民族主义是正当的，而极端民族主义则是非正当的。选择性认识往往受制于立场、意识形态和主观偏好等外部性因素的有力支配。

近代以来，民族、民族主义与主权国家的结合及其相互阐释是民族国家理论的一个显性主题，民族只有在国家主权范围内才具有合法性。"'民族'的建立跟当代基于特定领土而创生的主权国家（modern territorial state）是息息相关的，若我们不将领土主权跟'民族'或'民族性'放在一起讨论，所

---

① 相关讨论参见贺海仁《法人民说》，中国社会科学出版社，2013。

② 〔美〕本尼迪克特·安德森：《想象的共同体：民族主义的起源与散布》，吴叡人译，上海人民出版社，2003，第177页。

谓的'民族国家'（nation state）将会变得毫无意义。"① 按照这种理解，民族国家作为复合词，其重点在于国家而非民族。相反，一种笔者称为的单一民族国家理论将重点放在民族而非国家，从而不断显示这种民族国家理论才具有的内外分际的认知逻辑：（1）有意识地标示出我者的独特存在，寻求只有本民族才有的历史意识；（2）提炼出"非我族类"的他者存在形象，"非我族类"不必是天敌，但无疑是"其心必异"的非我概念。从历史进步的法则看，阶级斗争、反殖民运动和反霸权主义是第二次世界大战前后弱小国家争取民族独立和民族解放的有效旗帜，发挥了历史发展的正能量。然而，民族解放的历史使命完成后，对主权国家内部治理面临民族理论内在的双刃剑难题，民族意识的长久积淀在这里和这时显露出自伤其身的一面。② 族群民族化、民族国家化对于单一民族国家而言预示着进化论意义上的发展与进步，但对那些在历史上统一的多民族国家就显得力不从心。

族群是一个事实上的存在，民族是被建构的产物。按照安东尼·史密斯的观点，"民族"与"族群"不是同一概念，族群有家乡的地域观念，却无领土要求。③ 回归故里、释放乡愁和保卫家乡等地域性观念不必以拥有主权为前提。把"民族"与"族群"相混淆是将社会学政治化，进而将民族关系政治化。在想象的民族共同体隐喻之下，同一族群的人虽然不必是一个民族的成员，不同族群的人却有可能成为同一个民族的成员，族群民族化可能消解了族群的合理存在。

首次使用"中华民族"概念的梁启超无疑受到了民族国家理论的影响。④在《论中国学术思想变迁之大势》一文中，梁启超写道，"上古时代，我中华民族之有四海思想者厥惟齐，故于其间产生两种观念焉，一曰国家观，二曰世界观"。⑤ 其后在《历史上中国民族之观察》一文中，梁启超明确地定义了中华民族之所指，"今之中华民族，即普遍俗称所谓汉族者"，它是"我中国

① 〔英〕霍布斯鲍姆：《民族与民族主义》，李金梅译，上海人民出版社，2006，第8页。
② 有关民族主义双刃剑效应的讨论，参见罗新《走出民族主义史学》，《文化纵横》2015年8月。
③ 〔英〕安东尼·史密斯：《民族主义：理论、意识形态、历史》，叶江译，上海人民出版社，2006，第12—13页。
④ 在语义学意义上，把源自外文的"nation-state"翻译为"民族国家"或许会丢掉"nation"一词所包含的"公民""人民"等现代性政治学内涵的一面。《想象的共同体》的译者吴叡人认为，"nation"指涉的是一种理想化的"人民全体"或"公民全体"的概念，如果把"nation"译为"国族"将丧失这个概念的核心内涵，也就是尊崇"人民"的意识形态。参见吴叡人《认同的重量：〈想象的共同体〉导读》，载〔美〕本尼迪克特·安德森《想象的共同体：民族主义的起源与散布》，吴叡人译，上海人民出版社，2003，"导读"第18页。
⑤ 梁启超：《论中国学术思想变迁之大势》，上海古籍出版社，2006，第23页。

主族，即所谓炎黄遗族"。问题不在于梁启超是否把中华民族等同于汉族，也不在于中华民族作为"主族"与其他作为"次族"民族相互组成的社会文化秩序。受制于民族国家理论，以自我命名的方式吁求中华民族的独立存在无疑是一个深明大义的自觉行为，在特定的历史语境中，中华民族概念标示了汉民族对满族的独立存在，在面对西方列强时又显示了作为人类民族学意义上的国家观。

费孝通在《中华民族的多元一体格局》一文中指出："民族名称的一般规律是从'他称'转为'自称'……秦人或汉人自认为秦人或汉人都是出于别人对他们称作秦人或汉人。"[①]"他称"和"自称"的辩证法阐明了"他者"和"我者"关于民族实体内外统一性的正当性问题。对"他称"的接受或不接受是特定族群自我认可的自由行为，拒绝蔑称或侮辱性的称呼乃是这一自由行为的重要表征。然而，在由"自称"到"他称"的转化过程中，"自称"的有效性受制于他人的承认。他人的认可虽不能取消自称的自在行为，却有可能减弱自称的效果。民族认同，正如任何其他身份认同逻辑，都面临自我认同和他人认同一致性的效力问题。

新中国成立之后，我国实施了多次有计划的民族识别工程。[②] 民族识别既有国家认可已有民族的一面，也有从"自称"为某一民族到期待国家或他人承认的一面。1953年全国第一次人口普查时，自报登记的民族名称达到400多个。[③] 自称并渴望成为一个民族具有复杂的历史和现实动因，然而，缺乏"他称"，"自称"一个民族虽无不当，却表现了明显的建构色彩。百余年来，中国境内的民族从"五族共和"到"56个民族是一家"显示了民族识别中"发现民族"与"建构民族"之间的张力。在民族识别工作中，"自称"、"他称"与"国家承认"不存在一一对应的关系。

在我国共和国历史开启前后，一些学者启用中华民族的概念似乎违背了费孝通所言的用民族称谓命名的一般规律，即先有"他称"后有"自称"的过程。如果认识到中国近代社会"亡国灭种"危机的沉重背景，就可以理解中华民族概念首先是体现和维护主权国家概念的救亡行动，这也解释了费孝通把"中华民族"的性质与范围等同于"中国国家"的认识，"国家和民族是两个不同的又有联系的概念。我这样划定是出于方便和避免牵涉现实的政

---

① 费孝通：《中华民族的多元一体格局》，中央民族大学出版社，2018，第22页。
② 新中国成立以来有关我国民族识别的实践和理论，参见施联朱《民族识别与民族研究文集》，中央民族大学出版社，2009。
③ 费孝通：《论人类学与文化自觉》，华夏出版社，2004，第155页。

治争论。同时从宏观上看，这两个范围基本上或大体上可以说是一致的"。①
中华民族作为一个整体概念与其说是一个国族概念，不如说是对作为政治国
家的共和国统一体的表达名称。安德森指出："在第二次世界大战后发生的每
一次成功的革命，如中华人民共和国、越南社会主义共和国等，都是用民族
来自我界定的；通过这样的做法，这些革命扎实地根植于一个从革命前的过
去继承而来的领土与社会空间之间。"② 对于中华民族的倡导者而言，与其将
其称为中国的民族主义者，不如称为中国共和主义者更为妥当。中华民族
"一元多流说"和"多元一体论"的争论显示了中华民族概念形成和定型过
程中的复杂性，作为一个现代政治统一体概念，"在逻辑上或事实上，'多元
一体'论却已经显示出了相对更强的历史解释力度和现实说服力"。③

　　近代以来，在摆脱外来侵犯和压迫的反殖民运动中，民族运动、民族解
放和民族独立等名称成为在世界范围内反对帝国主义、殖民主义和压迫阶级
的合法性诉求。葛兆光把中国民族主义的起源提早至宋代，除了其他一些需
要考察的因素，其理据在于，宋代不断受到辽夏的侵扰，一种在历史上从未
有过的针对"汉文明"的危机意识产生了，这是"'敌国外患'逼出来的问
题，如果不存在这些'对手'，或者'对手'不足以使自己国家的存在意义
有任何疑问，这些问题是不必要那么严重地提出来，那么郑重地来讨论的"。④
以外患作为基本理由同样适用于十九世纪中叶以后的中国，只不过这时的外
患主要是"船坚炮利"的西洋国家以及"脱亚入欧"的东洋国家。使用和阐
释中华民族概念的早期学者，无论他们之间有什么分歧，自觉地把中华民族
作为与"西方列强"并列的概念显示了"内外分际"的思维方式，这也是典
型的民族国家思维方式。

　　在民族识别问题上，自我认同和他者认同的统一固然重要，但将国族共
同体等同于国家共同体需要借助于民族理论以外的资源。国家承认和民族承
认是两个有关联却性质不同的概念。从国际法角度看，国家承认基于一个国
家实体以主权宣示其存在的合法性，无论该国家之内的民族是单一民族还是
多民族。换言之，国家承认不必同时以承认社会学意义上的民族为前提。从

---

① 费孝通：《中华民族的多元一体格局》，中央民族大学出版社，2018，第 17 页。
② 〔美〕本尼迪克特·安德森：《想象的共同体：民族主义的起源与散布》，吴叡人译，上海人
　 民出版社，2003，第 2 页。
③ 黄兴涛：《民族自觉与符号认同："中华民族"观念萌生与确立的历史考察》，《中国社会科学
　 评论》2002 年 2 月创刊号。
④ 葛兆光：《宅兹中国：重建有关"中国"的历史论述》，中华书局，2011，第 43 页。

纯粹法学的观点看，"除了国家的法学概念以外，没有什么国家的社会学概念，这样一种国家的双重概念，在逻辑上是不可能的，即使不讲其他理由，同一对象也不能有一个以上的概念"。[1] 二十世纪以来，外国对中华民国和中华人民共和国的承认都是基于现代国际法原理的国家承认，而不是基于民族人类学的民族承认。当中华民族共同体与中国共和国共同体同时出现时，除非中华民族与中国共和国指向同一内容，作为"自称"的中华民族要获得其他国家和民族的"他称"就没有像国家承认那样直接、便利和规范。

与国家承认和民族承认相对应的是国家认同和民族认同，国家承认不必导致民族认同，民族认同也不必导致国家认同。以中华民族作为统一的动员符号抵御外患同时达到了团结境内各民族的效果，一旦外患的因素消失或不再作为主要的环境因素，用民族关系作为处理国内关系的统一性的符号就显得捉襟见肘，民族国家理论的双刃剑效应就会显现。"民族—国家"的国族主义民族国家理论，带有一种引起民族间矛盾甚至战争的危险性。[2] 究其缘由，民族国家理论产生了"内与外"的分际逻辑，这种分际是设定性的产物，而不可能是自然而然形成的"人以群分"的社会状态。决定民族身份的是独特的血缘、语言、习俗及其文化等综合因素，寻求这些民族独特性的冲动反过来又强化了这些因素，丢失了不同民族之间已有的或应有的共性。就近代中国而言，不论是狭隘的汉民族主义还是具有包容性的中华民族主义，其成长皆同步伴随非汉人群体民族主义的成长，但也不乏少数民族地区追求独立、建立本民族之民族国家的例子。[3] 越是强调民族的独特性就越可能使不同民族从已有的熟悉状态步入陌生状态乃至敌对状态，自然不排除政治上的民族建国运动。

"内与外"的思维方式替代了"远与近"的人际关系属性，以民族方式思考民族就是用一个潜在的具象化的民族看待其他民族，这或许就是局内人主义的观察视角。一个事物有价值并非一定要建立在其他事物无价值或非价值的基础上。排除政治和意识形态的立场，在传统的知识社会学领域，局内人主义不仅把某一群体视为独特的和有价值的，重要的是提示了该群体的道德优越性。从典型的局内人信条的角度看，每个群体都助长了它自己的自尊

---

① 〔奥〕凯尔森：《法与国家的一般理论》，沈宗灵译，中国大百科全书出版社，1996，第 212 页。
② 王铭铭：《民族与国家：从吴文藻的早期论述出发（1926）》，载王铭铭主编《民族、文明与新世界：20 世纪前期的中国叙述》，世界图书出版公司，2010，第 54 页。
③ 参见吴启讷《中华民族宗族论与中华民国的边疆自治实践》，《领导者》2014 年第 4 期。

心和虚荣心，都夸口说自己的优势，都吹捧自己的神，而且都轻视局外人。①
美化内群体的倾向并非一定导致种族中心主义或对陌生人的恐惧，但的确使
人们注意到内外之间的某种对立或区隔，其显示的基本思维逻辑是，群体内
的团结和一致是对陌生人的"排外"的结果。在方法论上，群体认同和种族
识别不是揭示了该群体的某些一致性和本质性特点，而是运用了怎样将某些
社会成员（尤其是陌生人）疏离和排斥的"排外"法则。"排外"法则以某
些社会成员不拥有先赋地位和先赋身份为依据（例如不拥有某些方面的知识
或信仰，或不是某类人等），从而导致某种身份的单一性和纯粹性。实际情况
正如默顿所指出的那样，社会结构的关键事实是个人所拥有的并不是单一的
某个地位而是一个地位集，这是一组不同的相互关联的地位，他们相互作用
影响着个人的行为和他们的视角，从而他们通常同时作为局内人和局外人彼
此对应。②

三　远与近：无民族与中华民族

民族的思维方式替代了中国传统社会家的思维方式，改变了人际关系认
知性质。民族概念不是解释中国传统人际关系的有效工具。在近代之前，无
论民族国家还是民族概念对中国社会而言既是陌生的，也是不可理解的。③ 一
部中国传统文化史就是一部中国家庭史，中国传统文化用来解释人际关系的
思维方式建立在家天下的隐喻之下。家的思维方式将人与人之间的关系视为
有差别的人与人之间的关系。传统的主流文化不忌讳人与人之间的差异，认
为只有人与人之间存在某种差别才能形成一个和谐的社会。费孝通提出的
"差序格局"是对中国传统主流文化的精确定位，这个差异格局被认为造就了
一个超稳定的社会结构。

因在家庭中的角色不同，人与人之间形成了远与近的泛亲朋关系。"远
人"与"近人"都是人，只因与己的距离不同而形成差异。从自然禀赋的角
度看，人与人之间的差异既不是一种需要弥补的缺陷，也不是一种需要纠正
的错误。作为家庭成员被视为自然禀赋的一个显现，更为重要的是，"远人"

---

① 〔美〕R. K. 默顿：《科学社会学》（上册），鲁旭东等译，商务印书馆，2003，第147—148 页。
② 〔美〕R. K. 默顿：《科学社会学》（上册），鲁旭东等译，商务印书馆，2003，第156—157 页。
③ 把"汉人"与"汉族"区别对待不仅显示了对待现代民族理论的不同态度，也为甄别历史上
中国人际关系性质提供了新的视角，有关认识和讨论参见李大龙《古代汉人不是汉族?》，腾
讯网，http://cul. qq. com/a/20150828/254684. htm，2015 年 8 月 31 日。

可以转化为"近人",为此成就了作为家庭单位既封闭又开放的包容性格局。

"远"与"近"是可以相互转化的概念。判断远近的标准是礼,这就意味着,不是地域远近而是循规的准确度决定了人与人之间的距离。孟子斥责杨墨为禽兽基于对礼仪的坚守。一个远在天边的人的"夷人"可以是"近人",居住在"华夏的人"则可以是"远人"。即使对于有血缘关系的人而言,也需要在五服制度下产生"远与近"标准性分际。不是所有人都具有可以厘清的血缘关系,"有朋自远方来","远方"不是一个令人产生恐惧和不安的地方,"远方"正是产生朋友的地方。许倬云对中国历史上的内外分际的研究表明,由儒家主导的中国传统文化意在开拓一个人类社会的共同体,光天化日之下,只有同一人文的伦理秩序,"其社会关系圈,遂是由己及人、由亲及疏的同心圆,一层一层,有不同性质的人间伦理。这一社会关系圈,投射于中国对于与四邻的关系,遂是理想中'近者悦、远者来'(《论语·子路》)的'向化',没有绝对的'他者',只有相对的'我人'"。①

人以群分,物以类聚。传统中国社会对待正当性"群分"的方式是家而不是民族或主要不是民族。人因家而群,也因家而分。任何人都是具体的人,这个具体的人主要是指作为家庭成员的人。从家庭可以推导出家族,从家族可以推导出氏族乃至国家。在家国一体化的隐喻下,一国之人是更大家庭的成员。家庭及其家庭成员身份是超越其他身份的元概念,任何一个具体的人归属于特定的家庭和家族。文化上的家天下观念表达的是天下一家的理想类型。作为一种世界观,家的思维方式的主要功用不在于是否有效地接纳了陌生人,而是不再把他者视为陌生人。赵汀阳说:"在天下一家的理想影响下,在中国的意识里不存在'异端意识',于是,中国所设定的与'他者'(the others)的关系在本质上不是敌对关系,其他民族和宗教共同体都不是需要征服的对象。"② 如果说中国社会也存在内外分际的意识,那么内外表达的是远近、亲疏关系及其程度,正如玛格利特用"厚关系"和"薄关系"表达人际关系一样。③ 以"己"为中心的"同心圆波"固然可以越推越远、越推越薄,但不会因此使"远水"或"薄水"蜕变为"非水"。

中华民族的历史起源和汉族的历史起源是两个不同的命题,前者是一个复合的多民族中国概念,后者是以单一视角显现的"汉族中国"。用民族概念

---

① 许倬云:《我者和他者:中国历史上的内外分际》,三联书店,2010,第20页。
② 赵汀阳:《天下体系:世界制度哲学导论》,江苏人民出版社,2005,第77页。
③ 关于人际关系"厚"和"薄"的分类及其所指,参见〔以色列〕玛格利特《记忆的伦理》,贺海仁译,清华大学出版社,2015。

回溯式（一种被称为"后设观察"的方法）地审视中国传统社会，看到的是一个个民族，而非一个个家庭，用这种"一切历史都是当代史"的功利主义历史观来处理中国民族问题不仅是错误的，也是有害的。作为民族类型学意义上的中华民族是不存在的，不存在所有中国人都能归属的单一民族身份。中华民族是一个民族概念，更是一个家庭概念。"回族同胞""藏族同胞""蒙古族兄弟""五十六个民族是一家"等约定俗成的日常表达都显现了中华民族作为大家庭的思想质地。家的思维方式超越了民族概念，更不要说去论证民族存在的正当性。同其他自称或被称的民族实体一样，中华民族被设想为一种深刻的平等的兄弟之情和同志之爱。

中华民族的概念与其说表达了"一个民族"，不如说表达了"无民族"，其实质在于倡导不同民族之间的平等地位，而不在于重新建构一个新民族。《宪法》规定："在维护民族团结的斗争中，要反对大民族主义，主要是大汉族主义，也要反对地方民族主义。"宪法指认的大民族主义主要是指大汉族主义。迄今为止，学术界对大汉族主义的认识和反思还没有出现系统性的学理，这与一种潜移默化的汉族文化优越论和文化同化主义思潮具有千丝万缕的联系。

政治儒学在中国的兴起表达了一部分当代知识分子对中国传统文化的高度重视和对自由主义哲学的反思。然而，一旦中国传统文化与民族主义的话题产生关联，对中国当代民族主义的表述就透露出令人不安的大民族主义成色。在《政治儒学——当代儒学的转向、特质与发展》一书中，蒋庆批判了被他称为的"无根的民族主义"，进而对三民主义下的民族主义提出质疑，"一个在个人生命上归宗基督的民族主义者，在对待民族生命与民族精神上（中华民族的民族生命与民族精神已经历史地决定由儒家传统来代表）必然会打许多折扣，因为他的整个生命都交给了耶稣基督，他就不可能再全心全意地信奉儒家传统"。[1] 按照这种逻辑，信奉伊斯兰教、佛教、道教或天主教的中国公民同样都可能是无根的民族主义者。情况恰恰相反，一个信奉伊斯兰教、佛教、道教或天主教的中国公民恰恰是"有根"的民族主义者，其根是具有相对独立历史和传承的伊斯兰文化、佛教文化、道教或天主教文化，而不是偏激的政治儒学家心目中的根。

一种片面的中华民族观有可能消解多民族并存的局面，尤其应当警惕用汉文化同化其他民族文化的学术策略。"归化"和"同化"都将导致一种认

---

[1]　蒋庆：《政治儒学——当代儒学的转向、特质与发展》，三联书店，2003，第400页。

同或遵循非我文化的效果。归化是一种自觉行为，同化则可能包含了强迫的因素。历史上蒙古族和满族作为非汉族统治中国的实践表明，传统儒家文化受到了统治者的认可或接受，但把这个历史事实作为儒家文化是中国传统文化单一形式的结论是不成立的。外族统治者选择汉语和儒家文化是不自觉继承还是出于方便或策略上考量仍有较大的讨论空间。从其强硬的一面看，儒家国家化的倡导者忽视了中国民族文化多样性的基本事实，从而试图用单一的儒家文化规制或同化少数民族文化，以确立汉民族尊奉的儒家文化。中国境内的少数民族成员可以尊重儒家文化，但并非一定要以儒家文化的规范指导其生活实践。在任何情况下，内在超越性（此岸的修身）都无法统摄和规定外在超越性（彼岸的想象）。藏传佛教对于藏族，伊斯兰教对于回族都是具有决定意义的生活准则，就其精神生活而言，这些生活准则是第一位并且是难以动摇的。不同文化或宗教在某些行为规范上的相通或相同不能全然导致行为人混同使用文化或宗教的效果，尊重其他文化和宗教的举动不以放弃自我文化和宗教的指引为前提。

中华民族论与单一民族论毫无共同之处。借用索绪尔所指和能指的概念，中华民族所指的是多元一体的国族共同体，其能指的则是作为主权国家的公民共同体。一旦中华民族能指显示功用，它就脱离了民族人类学方法论而进入具有个体意义的公民和人权话语系统当中。在方法论与思维方式的关系之间，不是方法论带来了思维方式的转化，而是思维方式决定了方法论的转化，在这个意义上，"重叠视角"或"视域融合"无不是思维方式转化的成就。现代民族人类学没有去政治化，在现代公民和人权话语思维方式下民族人类学面临重新政治化的过程，对民族的抽象关怀让位于对个体人的具体关怀，而中华民族单一论和多元论的讨论转入公民权和人权之间既对立又统一的语境，预示无民族概念作为论证的前提出现在当代中国的民族政治话语体系之中。

作为家庭隐喻的中华民族、作为共和国指代的中华民族与作为民族人类学意义上的中华民族形成了三种话语表达。对这三种意义上的中华民族的不同解说展现了传统文化、共和国机理和民族理论之间的关联和内在紧张关系。拟制的家庭关系是扩展的熟人关系的再现，它遵从的是由"远"至"近"的逻辑。"内外分际"民族关系在极端情况下就会呈现马丁·布伯所谓的"我与他"的关系，"他"是客体，是可以由"我"按照自己意愿塑造和改变的标的对象。① "我们"与"他们"的分际否定了人们之间的熟人关系，为熟人关系

---

① 参见〔德〕马丁·布伯《我与你》，陈维刚译，三联书店，2002。

陌生化以及陌生关系敌对化提供了可能性。与作为具有温情色彩的大家庭概念相比，民族概念（在最富有想象力的情况下）也无法生产出像"天下一家""四海之内皆兄弟"等抱负性能指。民族概念有限性，正如本尼迪克特·安德森所指出的那样，"没有任何一个民族会把自己想象为等同于全人类。……即使最富于救世主精神的民族主义者也不会像这些基督徒一样地梦想有朝一日，全人类都会成为他们民族的一员"。①

四　中国语境下的超民族共同体

民族问题的核心是平等对待问题。民族成员之间的平等既包括形式平等，也包括实质平等。恩格斯指出，在资产阶级革命过程中，"一切人，或至少是一个国家的一切公民，或一个社会的一切成员，都应当有平等的政治地位和社会地位。……这种要求就很自然地获得了普遍的、超出个别国家范围的性质，而自由和平等也很自然地被宣布为人权"。② 现代国家通过宪法法律体系预设了人的公民身份，作为公民的人在法律的范围内享有平等参与公共生活的权利，营造了超越民族概念的更高形式的无民族概念，设定了基于公民身份的人际关系的场域，进入该场域的任何人以公民身份再现和再生产具有规定性的人与人之间的关系。公民关系是一种建立在法律强制力基础上的法律关系，有别于关于忠诚的伦理关系、关于互利的经济关系以及关于善的道德关系，但也宣示了不同实践场域的自治秩序。

在不同民族成员之间形成的婚姻家庭关系之中，基于忠诚和背叛的家庭伦理是首要的决定标准。善于经商的回族成员在向非回族社会成员提供物美价廉的商品时是以商人身份出现的，遵循了市场经济的法则。维吾尔族烤肉串大叔阿里木向包括汉族学生在内的贫困学生捐款，以及清真西道堂第五代教长敏生光先生为舟曲洪灾捐款 5 万元，无不是从人的最为基本的善心出发而启动的道德意识。家人、市场人和道德人以不同的主体身份在多元化场域发生效力。

家庭成员概念始终是一个经典的熟人概念。在今天，我们习惯于并理所当然地把少数民族成员称为具有家庭关系的"同胞"，如回族同胞、藏族同胞等。工业化、市场化和全球化的发展没有消解以家庭成员身份作为处理人际

---

① 〔美〕本尼迪克特·安德森：《想象的共同体：民族主义的起源与散布》，吴叡人译，上海人民出版社，2003，第6—7页。
② 《马克思恩格斯选集》（第 3 卷），人民出版社，1972，第 143—145 页。

关系的信念，在全球意义上重塑人与家庭成员身份代表了一种新的人类思维方式，它抵制的是冷冰冰的陌生人关系，抗拒的是以消灭为指向的敌我关系。人权意识是关于人类平等的人类意识，在把这种普遍的人类意识转化为制度设计时，人权概念不仅未抛弃家庭成员意识，而且重塑了新的熟人关系。《世界人权宣言》第1条规定："人人生而自由，在尊严和权利上一律平等。他们赋有理性和良心，并应以兄弟关系的精神相对待。""兄弟关系精神"是一个家的理念，是一幅以全球为背景的人类家庭结构图景。在人权的话语体系之下，家庭观念重新成为衡量人与人关系和谐状态的法则。具有伦理意义的现代人权观超越了民族、宗族、性别、政治、语言、文化等限制而成为一个超文化、超国家的新的意识形态，至少如霍布斯鲍姆指认的那样，"在未来的历史中，我们将看到民族国家和族群语言团体，如何在新兴的超民族主义重建全球的过程中，被淘汰或整合到跨国的世界体系中"。① "兄弟关系精神"奠定了人权的社会基础，人权是规范化的新熟人关系。把伦理和道德的人权概念转化为具有可操作性的实践概念是公民权，这既是中国国家现代化意识的发展结果，也是战后国际新秩序及其规则在中国的具体呈现。

（一）公民标示与民族成员身份

众所周知，具有同一民族身份的人并非一定是同一国家的公民，有公民身份的人也并非属于同一民族。在很长的历史阶段中，具有民族身份的人生活在不知公民身份为何物的状态之中，正如具有家庭身份的人生活在不知民族身份为何物的状态之中。宪法规定具有中国国籍的人是享有平等权利和义务的公民。在宪法视野中，没有民族成员身份，只有公民身份。公民身份是主权国家之下的法律概念，它来源于法律的平等授权，与其他任何身份无源头上的关联。公民身份使具有国籍的人获得了进入公共领域的资格，为了能够获得这项资格，标示人的特殊存在的民族、种族、性别、职业、家庭出身、宗教信仰、教育程度、财产状况等都需要被遮蔽。遮蔽不是取消，而是在公共领域中不再呈现。此外，民族身份识别的自主权始终是存在的，人们有权借助于保持中立的民族人类学及其科学方法，以体现特定人或特定民族成员的自我存在方式，从而实现人的公民身份和人的民族身份在客观权利和主观权利上的统一。

---

① 〔英〕霍布斯鲍姆：《民族与民族主义》，李金梅译，上海人民出版社，2006，第183页。

　　科学与政治或法律分设了对待民族身份功用的不同视角。1953 年中共中央在讨论《关于过去几年内党在少数民族中进行工作的主要经验总结》（下称《经验总结》）时，毛泽东同志指明要区别对待民族识别的方法论后果，"科学的分析是可以的，但政治上不要去区分哪个是民族，哪个是部族或部落"。我国的民族识别工作一直以来都是在科学分析的基础上进行的，迄今为止获得了较大的成就，但把具有科学性质的民族识别工程作为在政治上或法律上区分不同人的民族身份标准则为民族身份政治化提供了基础。随着改革开放的深入以及市场经济的深度发展，越来越引发质疑的是作为公民的中国人的居民身份登记制度。

　　《中华人民共和国居民身份证条例》第 3 条规定："居民身份证登记项目包括姓名、性别、民族、出生日期、住址。"该条例是关于"居民身份"而非"公民身份"的法律文件。居民身份证制度规定了特定的社会成员在特定地域范围内生产和生活的状况，确定了一个相对单一和封闭的社会共同体。在居民身份证登记项目中，"民族"与"住址"相互依存，它预示着一个身份被固定在一个特定的地域中而不会发生变动，在这种限制性规定下，一旦作为民族的人从其法定的"住址"中走出来，就如同脱域的事务而变得可疑。

　　在流动的现代性背景下，不同的社会成员不再囿于固定的地域范围，而是在更广泛的超地区和超国家范围内交往。居民概念再也担当不了农业社会和计划经济时代所赋予的重任。如同世界上绝大多数国家的通常做法，居民身份证不需将民族身份或住址作为公民身份登记的固定项目。《中华人民共和国居民身份证条例》与 1958 年颁布并实施至今的《中华人民共和国户口登记条例》是一致的，因此，需要修改的不仅是居民身份证法律规定，取消居民身份证登记项目中的民族和住址的要素，制定符合时代发展要求的新《中华人民共和国居民身份证条例》，而且应当修改《中华人民共和国户口登记条例》的某些规定和内容。

　　以国家的视角将人群分类、编码和管理，体现了国家权力在运行法则上的统一性和权威性要求。对于民族识别而言，将汉族以外的人总体上视为"少数民族"，进而在少数民族之间做出技术上的区分并没有逃脱这种权力运行的一般规律。然而，现代国家的权力运行法以平等的公民权利为指向，它拒绝对种族、肤色、性别、语言、宗教、政治或其他见解、国籍或社会出身、财产、出生或其他身份等（《世界人权宣言》第 2 条）做出区别。一种民族识别理论认为，为了实现民族间的实质平等，平衡事实上的差距，民族身份固定化、清晰化是必要的，"'民族识别'就是这样一个为了'读懂'少数民族社会而推行的重大工程"。① 对少数民族的帮扶和优惠政策是基于法律规定而由国家承担的义务，它指向的是少数民族落后的经济状况，更准确地说，它指向的是作为"穷人穷地"的少数民族成员和地区，以实现全国各族人民的共同发展和共同繁荣。② 构建小康社会乃是作为执政党改革开放的国家工程，从普惠的法则和角度面向所有需要脱贫致富的中国公民。让少数民族脱困不必以识别被帮扶对象是不是少数民族为前提，作为"穷人"的汉族个体成员享有被国家帮扶的同等权利。社会保障制度确立了统一的"帮扶"权利和义务关系，在国家与所有公民之间建立了实质平等的法律框架。

（二）人民代表和爱国宗教人士

在当今中国社会，谁是特定民族的代表？谁能代表特定的民族？进一步的追问是，谁是汉族的代表？谁是不同的少数民族的代表？如果把代表人看成具体的个体或具体的少数人群体，这一问题就变得异常棘手。除了抽象的文化或宗教代表人，如儒家之孔子、佛教之释迦牟尼、伊斯兰教之穆罕默德、基督教之耶稣等，究竟由谁来代表和统摄特定民族的整体利益和价值观？在公民权的意义上，人民代表是特定的具体的人，是享有平等的选举权和被选举权的公民，他们经过民主程序而成为区域的代表人或代言人。同其他人民代表一样，具有民族身份的人民代表代表的是选区内所有的选民，而不仅是选区内特定的同一民族公民。不是只有男人才能代表男人，不是只有农民才能代表农民，也不是只有少数民族才能代表少数民族。在国家制度结构设计中，民族区域自治的实践强化了区域自治而非民族自治的国家自治制度，体现了国家中心主义视野下的中央与地方关系的普遍法则③，这种国家治理结构既有别于传统中国"中央"与"边缘"的封建朝贡体系，也与"联邦"与"州"分权关系的联邦制度拉开了距离。

---

① 梁永佳：《争论民族问题首先要解释现状》，凤凰网，http://news.ifeng.com/a/20150707/44119628_0.shtml?_share=weixin，2015 年 7 月 10 日。

② 《宪法》序言规定："国家尽一切努力，促进全国各民族的共同繁荣。"《宪法》第 4 条规定："国家根据各少数民族的特点和需要，帮助各少数民族地区加速经济和文化的发展。"《宪法》第 45 条规定："中华人民共和国公民在年老、疾病或者丧失劳动能力的情况下，有从国家和社会获得物质帮助的权利。国家发展为公民享受这些权利所需要的社会保险、社会救济和医疗卫生事业。"《社会保险法》第 2 条规定："国家建立基本养老保险、基本医疗保险、工伤保险、失业保险、生育保险等社会保险制度，保障公民在年老、疾病、工伤、失业、生育等情况下依法从国家和社会获得物质帮助的权利。"

③ 关凯：《内与外：民族区域自治实践的中国语境》，《清华大学学报》（哲学社会科学版）2015年第 1 期。

　　民族区域自治下的人民代表大会制度是中国根本政治制度的组成部分。在中国特定的代表语境中，爱国宗教人士指在实践和历史上具有影响力的特定宗教的代表人物，是统一战线政策重要的争取力量和团结对象。上面提到的《经验总结》指出："少数民族中与人民有联系的上层人物和宗教人物，一般在本民族群众中有一定的威望和影响，群众多多少少把他们看成自己的和本民族的代表，团结了他们，就有利于进行群众工作，从而有利于稳步地解决民族问题和社会问题。"这是过渡时期的党的民族政策语言，适应了新中国成立之初复杂的社会政治状况。新中国成立六十多年后，特别是在改革开放之后，随着民主法治建设的发展，有威望和影响的"宗教人物"依然存在，但已经不是享有特权的"上层人物"。

　　从人民代表角度看待爱国宗教人士，需要依法发挥作为少数民族代表的爱国宗教人士在爱国统一战线中的作用。"宗教与社会主义相适应"首先是指爱国宗教人士或"宗教界人士"与社会主义法律体系相适应，爱国宗教人士也是指爱法宗教人士，法律的普遍规则保障了作为公民的宗教界人士、信教群众与不信教群众的平等的权利和义务。[①] 政协委员界别代表功能的划分形成了具有中国特色的社会主义政治协商制度。《中国人民政治协商会议章程》规定："中国人民政治协商会议全国委员会由中国共产党、各民主党派、无党派人士、人民团体、各少数民族和各界的代表，香港特别行政区同胞、澳门特别行政区同胞、台湾同胞和归国侨胞的代表以及特别邀请的人士组成，设若干界别。""各少数民族代表"以制度化方式出现在具有宪法惯例性质的政协章程之中。不同于各级人大代表的区域性代表功能，具有民族身份的人作为政协委员，其代表的则是具体民族。虽然爱国宗教人士或宗教界人士通过政协参政议政将不会使宗教政治化，但易于（不是必然）赋予具有少数民族身份的政协委员"宗教领袖"或"少数民族领袖"的身份。

　　在当下中国，除了法律和执政党，会有哪个组织或个人公开声称代表了一个具体民族呢？按照韦伯的表达，卡里斯玛权威的衰退是与现代国家理性主义

---

① 西道堂组织章程规定教长的产生与交替实行"选贤"的非世袭推选原则，"其职权领导全体教民，遵守国家法令，以尽国民义务；遵守本堂宗旨，以尽教民责任；掌握本道堂一切社会活动事宜"。自觉接受法律的指引与教规并行不悖。被张承志称为"一个实现了的乌托邦"和"伊斯兰共产主义"的西道堂现任教长，"以县伊协的名义，多次邀请州、县有关领导和单位负责人，给民族宗教界人士举办法制学习班，讲解国家的法律法规知识，以增强穆斯林群众的法制观念和守法意识，引导群众在法律法规容许的范围内从事宗教和商贸活动"。参见康春英《对中国伊斯兰教西道堂的最新调查和思考：兼谈宗教参与和谐社会建构的具体形式和实现方式》，《西北民族大学学报》2009年第1期。

同时产生的。"卡里斯玛支配者的权力基础在于被支配者对其个人使命之纯粹事实上的'承认'。此种承认,不管是较为积极的或较为被动的,乃是源自于信仰的归依,归依于那不寻常的、前所未闻的、异于一切规则与传统的——因此也就被视为神圣的——换言之,那产生于危机与狂热的。"① 在现代社会,卡里斯玛权威没有因公共权威的建构而完全消失,形式各异的卡里斯玛权威在私人领域中仍具有不可小觑的影响力,尤其是卡里斯玛权威与封建的家父长制结合在一起时,它就似乎具有了天然的正当性。值得重视的是,把宗教机构、神职人员和宗教教义吸引到"正确的方向"的做法令人称赞,也要防止增强某些神职人员在非宗教事务领域的发言权,避免他们在世俗领域享有超越法律的权威性,不恰当地使他们成为某一特定民族的潜在代表人。在检讨西方国家处理所谓的"伊斯兰教恐怖主义"方案时,阿玛蒂亚·森指出了以宗教为中心而形成的制度性政策的弊端,例如"政府将与穆斯林领导人在下一阶段举行会谈,计划巩固联合阵线"等做法。宗教的单一分类给予了各宗教内部上层人员强势的话语权,降低了人们在其适当领域内(包括同一国家的公民身份)所拥有的非宗教价值的重要性。②

随着以人权和公民权为标示的政治公共领域的重建,宗教退回到了界限分明的私人领域,还原了其固有的在彼岸世界的合理性而不再染指政治公共领域。在现代性的政治话语之下,政教合一失去了其合理性,也缺乏合法性。我国宪法规定公民有信教的自由,也有不信教的自由,从根本大法的角度赋予公民选择、加入和退出特定宗教的自由和权利。现代国家在处理宗教问题时,没有因政治公共领域的重建而有意消灭宗教,也没有把"宗教是鸦片"作为普遍的批评意识而加以推广。宗教信仰不再是封建迷信或群众愚昧的表现——例如,"文革"中强迫神职人员还俗、毁坏寺庙等行为被视为一种体现革命精神的无神论。信教作为纯粹的个人事务受到国家法律和他人的尊重,只要国家消极地对待信教人员,而不是干预信教人员信教行为,就体现了法律之下的自由宗教观。国法既反对不同信教人员之间、非信教人员与信教人员之间相互干预,也反对信教人员及其领袖将其信仰政治化或再次介入公共领域。具有民族身份的社会成员首先是"国家的人",受到国法的平等保护。遵循国家现代化的治理规则,国家与作为个体的公民之间建立了"直通车"式的权利与义务关系,横亘于国家与公民之间的中介组织(包括历史上不断

① 〔德〕韦伯:《支配社会学》,康乐等译,广西师范大学出版社,2004,第269页。

② 参见〔印〕阿玛蒂亚·森《身份与暴力:命运的幻象》,李风华等译,中国人民大学出版社,2009,第67页。

出现的掮客阶层）成为从属的力量，在这种制度安排之下，民族自决的政治要求转化为作为公民个体的民族选择，避免了因集体自决的裹挟性而妨碍公民个体行使公民自决权。

（三）单一的民族政策与统一的法律规范

在我国民族和民族区域治理的政治语境中，民族政策是使用率较高的用语。民族政策主要包括以下几方面的内容：（1）坚持民族平等团结；（2）民族区域自治；（3）发展少数民族地区经济文化事业；（4）培养少数民族干部；（5）发展少数民族科技文化卫生等事业；（6）使用和发展少数民族语言文字；（7）尊重少数民族风俗习惯；（8）尊重和保护少数民族宗教信仰自由。经过新中国成立六十多年的国家民族政策实践，以上内容体现在由宪法、民族区域自治法、少数民族区域自治法规等组成的法律体系之中。具有中国特色的民族区域自治法律体系形成，对少数民族地区的治理进入有法可依的历史阶段，使用民族政策或宗教政策虽无不当，但宪法和民族区域自治法应是体现民族政策的首要用语。

2014年12月22日中共中央、国务院《关于加强和改进新形势下民族工作的意见》指出，要依法妥善处理涉及民族因素的问题，坚持在法律范围内、法治轨道上处理涉及民族因素的问题，不能把涉及少数民族群众的民事和刑事问题归结为民族问题，不能把发生在民族地区的一般矛盾纠纷简单归结为民族问题。把刑事、民事问题和一般矛盾"民族化"具有复杂的历史和文化因素。单一的民族政策无视不同民族中的公民因素，过分强调不同民族的差异，割裂了不同民族之中个体之间的多样性交往。

少数民族成员的身份具有多样性，既有作为民族的成员身份，也有法律上的公民身份和社会上的职业身份等。多样化身份使少数民族成员与其他成员一样产生了多重的权利义务关系，由民族身份产生的权利义务关系只是社会关系的一个方面。将少数民族成员的多重身份简单化为民族身份是单一的民族政策的一个重要特征。单一的民族关系和宗教身份体现了不同民族的合法性存在，也容易产生狭隘的民族主义观念，为各种分裂主义者提供借口。在中华人民共和国领土范围内，所有的土地都属于包括少数民族在内的人民，不存在"藏区"或"非藏区"的划分，正如不能把蒙古族人或回族人占一定比例的内蒙古自治区称为"蒙区"或"回区"，也不能把汉族人占多数的地方称为"汉区"。民族团结是一个集合概念，它强调的是不同民族在整体上的和谐相处，然而，民族是由一个个具体公民构成的，民族之间的交往不妨碍民族下的公民作为个体形式的多样化交往。民族团结只有建立在不同民族之间公民团结基础上才能成立，也才能体现民族团结精神。对民族的整体尊重不能确保对每一个具体的民族成员的尊重，但对每一个具体的民族成员的尊重则会成就对民族的整体尊重。

在依法治国作为治国方略的国家，一切事务和行为均在法律之下和法律之内。构建法治中国的一个重要目的就是要树立宪法和法律权威，使宪法和法律成为国家范围内普遍遵循的最高权威，如同在其他公共领域，宪法和法律在民族区域内是高于宗教权威、文化权威的最高权威。党的民族政策和宗教政策经过立法程序成为具有法律约束力的规范体系是衡量我国治理能力及其现代化水平的重要标志。法律相对于政策而言更具有普遍性、规范性和稳定性，民族政策和宗教政策只有作为对少数民族事务法律的载体或实施方案才具有自洽性。在民族区域自治法律体系形成的历史背景下，指导少数民族区域自治的工作座谈会或政策性文件应成为保障宪法和法律实施的重要方法，不应在宪法法律体系之外另外形成一套治理少数民族地区的规范体系。在法律未依照程序修改的情况下，任何民族政策和宗教政策都不能突破法律或违反法律，不在"法律之上"或"法律之外"推行片面或单一的民族政策。

五　结语

在民族国家理论的视野下，无论单一民族论还是多民族论都是民族国家理论下的分立学说，形异实同，共同指向规范意义上的民族主义。经过百余年的阐释、发展和传播，中华民族概念已成为影响深远的思想观念和政治用语。虽然现行宪法没有关于中华民族的规定性表述，但不妨碍中华民族作为一个表达国家认同的政治实体的有效性和规范性。进一步规范民族主义是不够的，改变认定和解释民族关系的思维方式至关重要。有民族国度、无民族国度和超民族国度形成了认识现代民族问题的有效工具。一种思维方式由一系列相关的概念和术语构成。重申人的身份多样性与尊重人的民族身份并不矛盾，强调人的公民身份的统一性与表达人身份多样性同样不存在矛盾。新时代的精神要求在人权和公民权的伦理和规范的双重标准下处理"和而不同"的尊严政治，虽然这仍然是有待完成的历史使命。

第三章

论执政关键词

　　政治承诺的产生、履行和监督制度是推进现代民主政治的基本路径，也是执政党依法执政的重要体现。执政关键词简明表达了政治承诺的性质、方向和精神。任何国家的执政党都有与其政治承诺相对应的执政关键词。新中国成立以来，作为执政党的中国共产党在不同历史阶段和政治环境中提出了不同的执政关键词，成为领导社会主义建设和改革开放事业中国方案的重要组成部分。对新中国成立以来不同历史时期特别是改革开放之后执政关键词的梳理，有助于揭示我国治国理政方式的发展轨迹，探求国家哲学的内在理路和方向性选择。党的十八大以来，新一届的中央领导继承了改革开放以来党的政治承诺的主要精神，创造性地提出了新的执政关键词，为小康之后的中国的执政规律奠定了坚实的基础和方向性的指引。政治承诺是一个值得开发的概念，也是建立中国政治哲学的逻辑起点。

一　执政关键词的内涵

　　执政关键词是执政党在执政期间提出的履行其政治承诺的短语、简缩语或口号，即执政关键词是政治承诺的重要组成部分。执政党以及同一执政党在不同执政时期都有与其政党宗旨相适应的政治承诺，也有与表达该政治承诺相关的执政关键词。执政关键词或承载于党章中，或体现于党的其他规范性文件中，以简明的话语承载了执政党在执政期间的执政理念、路线和方案。执政关键词应当具备下列形式要件：（1）可用短句或短语概括并准确表达执政党在特定时期具体的路线、方针和政策；（2）与前一个执政时期的执政关键词有区分，可体现当届执政时期的执政理念；（3）易于被公众理解、掌握和传播；（4）与施政关键词做有效区分，后者主要是为实施执政关键词产生的较为具体的词语、短句或短语。虽然还有其他描述执政关键词的因素，但上述四个方面大致可以满足本书对执政关键词的讨论。

中国共产党在其党章中表达了实现共产主义的最高政治承诺或总体承诺和实现社会主义初级阶段目标的中短期政治承诺或具体承诺。就中短期政治承诺或具体承诺而言，新中国成立后中国共产党的政治承诺以党的路线、方针和政策这一总体术语予以呈现。党的路线、方针和政策是形成执政关键词的渊源和基础，在并非严格的意义上，党的路线、方针和政策对应于党的执政原则、执政关键词和施政关键词。中国共产党在历史上既曾有过以"左"倾路线或右倾路线作为党的执政原则，也更多地以既反"左"又反右的正确路线作为执政原则。党的十八大确立了"既不走老路，也不走邪路"的执政原则。"四个全面"是执政党在 2012 年后一段时期的执政关键词，"依法执政、依宪执政"等则是较为具体的施政关键词之一。执政关键词是政党作为执政党而非革命党或在野党治国理政的话语体现，党的执政权体现了党的领导权，但党的执政权不能等同于党的领导权。执政权具有国家权力的属性，是一种特殊类型的国家权力。党的领导权通过转化为党的执政权而产生国家权力的效果。因此，要理解执政关键词，就应当指认国家权力的特性，并通过这个维度认识和理解执政关键词的性质和正确性。

现代政治是政党掌握国家权力的政党政治，政党政治确立了政党行为的合宪原则、为人民服务的权利原则和履行其政治义务的法治原则，为此在总体上奠定了现代国家正当性得以确立的同意政治原则。现代政治同意论是现代性的重要成果，但现代性不等同于西方性，在现代性生成过程中，非西方国家的文化和思想资源也做出了不可磨灭的贡献。阿玛蒂亚·森指出："在西方成长起来的思想和知识近几百年来深刻改变了当代世界，但是我们很难把它看作是一种纯而又纯的由西方孕育的产物。"[1] 把现代性的成就不假思索地拱手让与西方国家是不明智的。以人民主权论为核心要素的政治同意论是关于现代性生成和发展的理论体系，讨论国家现代化治理方案不能回避这一重要的理论资源。十七、十八世纪以来，经西方一些改革家和理论家的提倡和创新性发挥，政治同意论成为证成现代国家合法性的思想资源。政治同意论在其发轫和形成之时受到罗马法的民事契约论的影响，采纳了自然科学特别是物理和数学中的假设—实验—证伪或证实的思维方法，被称为现代权利科

---

① 〔印〕阿玛蒂亚·森：《身份与暴力：命运的幻象》，李风华等译，中国人民大学出版社，2009，第 49 页。

学鼻祖的霍布斯是近现代社会科学领域的"牛顿"。科学研究中的"猜想"是一种接下来需要通过理性方法研究事物缘由的引子，体现了理性的怀疑精神以及用于实验的科学假设，与由妄想、幻象组成的玄学具有本质上的差异，也与中国传统社会学术传统的"心上的见解"方法区分开来。①

所谓同意政治，是指现代国家权力来自人民授权的政治理论和实践。社会科学中的科学假设方法成就了近代社会科学家的"自然状态"理论以及当代社会科学如罗尔斯的"无知之幕"理论。政治同意论假设，人在自然状态下具有与其人性和理性相符合的自然权利，为了保证每一个人的自然权利不被侵害或剥夺，需要每一个人将其一部分权利或全部权利转让给国家，由国家通过法律的方式确保每一个人的自由和权利。这个假设命题试图论证国家权力既不是天赋的，也不是神授的，而是通过人民相互间以及人民与统治者之间的双重社会契约受让而来。福山说："社会契约论者，如霍布斯、洛克、卢梭，一开始并不想提国家如何出现的实证。相反，他们只是试图弄清政府的合法性。"② 拥有自然权利的社会成员订立契约，承诺平等或均质地"放弃"一部分自然权利，使国家作为代表人拥有统治人民的权力。人民放弃权利与国家获得统治权具有前因后果的转呈关系，提供了国家的合法性基础，激发了对一种国家和政治理论的社会想象。毋庸置疑，任何国家都不是按照政治契约理论家的设想构建出来的，但并不妨碍对现代国家合法性论证时关于自然状态的解释传统。诺齐克指出："对政治领域的自然状态解释是关于该领域的基本潜在解释，即使它是不正确的，也拥有较大的解释能力和解释力量。通过了解国家如何能够产生出来，即使它不是以那种方式产生出来的，我们也能学到许多东西。"③ 政治同意理论在其发展初期重在发挥它的否定性价值，否定宗教权威和神权政治对人和市场的束缚力量，迎合了不以人的意志为转移和逆转的社会发展趋势。

在《政治经济学批判·导言》中，马克思批评了孤立的个人的自然主义观念，指出："卢梭的通过契约来建立天生独立的主体之间的相互关系和联系

---

① 梁漱溟说："讲学说理要讲到神乎其神，诡秘不可以理论，才算能事。"梁漱溟批评中国传统学术只有术而无学，就统治原理而言，科学之流风与艺术之味趣是区分作为法治的"科学化"和作为人治的"艺术化"的重要因素。见梁漱溟《东西文化及其哲学》，商务印书馆，1999，第34—42页。
② 〔美〕福山：《政治秩序的起源：从前人类时代到法国大革命》，毛俊杰译，广西师范大学出版社，2012，第81页。
③ 〔美〕诺齐克：《无政府、国家与乌托邦》，姚大志译，中国社会科学出版社，2008，第9页。

的社会契约论，也不是奠定在这种自然主义的基础上的。"① 马克思从历史唯物主义立场出发，批判了资本主义国家政治契约的非历史性和虚伪性，但并没有否认以无产阶级为代表的广大人民群众在取得政权后国家权力赋权的契约性质。人民当家作主的历史实践包括人民直接以各种途径参与国家、社会、文化和经济等事务，也包括委派代表代为参与国家事务和国家治理。在社会主义历史上，巴黎公社和人民代表大会制度是人民参政议政的两种历史形式，就后者而言，其运行法则和机理无不建立在政治同意的框架范围内，离开了这一点，就无法理解社会主义国家的本质特征和历史使命。政治同意论有效整合了人们对整合新社会的意愿，回应了市场经济、民族国家和市民社会的社会想象，开启了个体人之间建构新的和谐和团结关系的愿景。先有社会现实和实践，后有对社会理论的概括和总结，政治同意论与其说是理论家的想象，不如说通过拟制的方法体现了现代性的成就和社会理想。倘若没有深入人心的具有公共意见的社会想象作为中介，理论的猫头鹰即使在黎明之前也不会飞动。

　　中华人民共和国成立以后，共同纲领及四部宪法以宪法法律的形式确认了人民主权原则，宣示了国家的一切权力来自人民、依靠人民和为了人民（Of the people, by the people, for the people）的法人民说。法人民说是理解我国作为现代国家和政府行为的出发点和前提，也是衡量执政关键词正确与否的重要标准。在我国几千年的历史发展中，法人民说既不是具体的执政经验，也不被主流的政治哲学支持。虽然"得民心""民视""民听"等传统政治论理话语呈现了为民做主的面向，但其着力点在于国家权力应当是什么，鲜有对国家权力来源和性质的专门讨论。仁者高位论消解了君权神授观，却未能就仁者的权力来源做出完整、系统的交代。十九世纪末二十世纪初，在国家步入现代性社会之际，法人民说逐渐被学人和政治家借鉴和掌握，但对法人民说所造就的"形"——共和体制采取简单的拿来主义，缺乏对共和制度背后的原理的仔细考量。共和国实践将法人民说作为前提和条件，在政治表达和国家政策中无一不肯定法人民说，但缺乏法人民说的系统学说和理论资源。倘若不陷入败寇胜王的强盗逻辑或复辟被历史消解的天命论，就不因否定了一个非人民当家作主的权力实践而自动生成后继者的合法性资源。主流的国家政治哲学反对国家权力或执政权力的"天赋说""神授说"，更不用说早已

① 《马克思恩格斯选集》（第 2 卷），人民出版社，1971，第 6 页。

过气的"天命说"。人民民主专政的国体性质表达了我国共和国历史的连续性，以代表制方式确认了中国共产党作为执政党的合法性。"枪杆子里面出政权"是政体的更替方式，"打江山"是替/为人们获得被窃取的国家权力，使国家权力重回人民的怀抱。"枪杆子里面出政权"或"打江山"表达了人民同意或认可执政党执政的赋权意愿，是人民对执政党从其建党时期所做出的一系列承诺的追认和承认行为。代表制是代理制的特殊形式。共产党执政是"历史的选择、人民的选择"的政治表述是典型的代表制的正当话语。这种双重代议民主制描述了中国特色社会主义民主政治。

认真、严肃对待中共合法性命题有助于加强和完善党的领导，开辟治国理政的正当性资源。中华人民共和国成立后，执政的中国共产党同样面临合法性问题。在许多人看来，只要共产党取得了政权，就天然具备了领导国家和社会的执政资格。如果要谈论合法性，也只是资本主义国家执政党存在的问题。2015 年 9 月 11 日，"学习大国"微信号发布了《王岐山：中共合法性源自于历史　是人民的选择》一文，这是近年来为数不多的讨论中共作为执政党的合法性的文章，也是国家领导人直面政治合法性命题的初步尝试。"东欧剧变、苏共败亡的教训，给人们上了深刻的一课，'应然'的理论设定并不等于'实然'的客观事实，共产党也可能面临执政合法性资源的流失与枯竭，直至丧失执政地位。"① "合法性的基础是同意。当合法性受到侵蚀时，政治权力的行使或者政府的统治就会陷入危机。"② 因此，问题的核心不在于不同的民主政治制度是否属于同意政治的范畴，而是同意的表现形式如何展现，这取决于不同国家的国情和具体的历史发展阶段。如果说代理政治是选民根据特定法则的事前授权行为，那么，代表政治是人民在事后或事中对执政党的持续的认可和追认行为。无论代理政治还是代表政治都是同意政治的表现形式。代理政治的要素是民意，代表政治的核心是民心，民意和民心共同表达了人民的"同意"作为政治合法性的基础和前景。"民意"侧重于表达代理制民主的赋权要素，具有规范意义，"民心"侧重于表达代表制民主的赋权要素，具有道德和伦理意义，民心作为同意的表达形式是中国传统社会政治合法性的核心，但民心的表达和实践行为同样属于政治契约的组成部分，只不过这

---

① 《王岐山：中共合法性源自于历史　是人民的选择》，学习大国，中国网，http://www.china.com.cn/guoqing/2015 - 09/11/content_36562944.htm，2015 年 9 月 14 日。

② 《王岐山首论中共"合法性"》，学习大国，中国网，http://www.china.com.cn/guoqing/2015 - 09/11/content_36562944.htm，2015 年 9 月 14 日。

是有待进一步挖掘的看不见的政治理论资源。① 作为政治承诺重要表现形式的执政关键词的落实程度也决定了党和国家的政治伦理、信誉和形象。政府的信誉，总体上来说就是要实践政府对所治理的民众的总体诺言，能否在日常的管理和政府活动中实现政府的诺言，是判断政府有没有信誉的最基本的因素。②

二 新中国成立后主要执政关键词的考察和发展

中国共产党在其党章及党的规范性文件中确定了执政的政治承诺，以规范的方式集合了全党同志的共同意志和利益。新中国成立六十多年来，基于历史条件、政治形势和政治领导人的自我创造等方面的差异，执政路线或遵循或偏离了党的政治承诺，也决定了不同执政关键词的性质和方向。对新中国成立以来主要执政关键词的梳理和解读有助于考察党在不同时期治国理政方式的异同，但重在趋同而不是辨异，以确立中国特色社会主义的同意政治理论。

（一）过渡时期的总路线与联合政府（1949—1956 年）

1953 年 12 月，中共中央批准了《为动员一切力量把我国建设成为一个伟大的社会主义国家而斗争——关于党在过渡时期总路线的学习和宣传提纲》，标志着总路线的形成。总路线的基本内容是："从中华人民共和国成立，到社会主义改造基本完成，这是一个过渡时期。党在这个过渡时期的总路线和总任务，是要在一个相当长的时期内，逐步实现国家的社会主义工业化，并逐步实现国家对农业、对手工业和对资本主义工商业的社会主义改造。"以"一化三改"为内容的"这条路线是照耀我们各项工作的灯塔，各项工作离开它，就要犯右倾或'左'倾的错误。"对于总路线的内容和特点，毛泽东形象地把"一化"比作鸟的"主体"，把"三改"比作鸟的"两翼"，认为两者只有同时并举，鸟才能展翅飞翔。1954 年 2 月中共七届四中全会通过决议，正式批准了过渡时期的总路线，1954 年颁布的我国第一部宪法在序言中确认了总路

---

① 汪辉先生提出的"代表性断裂"主要指向的是以阶级为中心的传统政治的瓦解，表现为政治形式与社会形式之间的脱节。参见汪辉《两种新穷人及其未来：阶级政治的衰落、再形成与新穷人的尊严政治》，《开放时代》2014 年第 6 期。赵汀阳提出"民心"作为中国政治合法性的依据，从某些方面与具有实质民主的"回应性政府"的民主观相契合，强化了非代理民主政治的重要性和有效性。参见赵汀阳《天下体系：世界制度哲学导论》，江苏人民出版社，2005。

② 《王沪宁 22 年前的"政治日记"写了啥?》，"政事儿"（微信 ID：gcxxjgzh），新浪网，http://news. sina. com. cn/c/2016 – 05 – 15/doc-ifxsephn2443906. shtml，2016 年 5 月 16 日。

线作为过渡时期全体人民的意志行动指南。[①]

过渡时期的概念源于列宁在十月革命后苏联特殊时期的施政政策，利用资本主义经济发展社会主义经济，进而消灭非公有制经济，确立无产阶级专政的经济基础。新中国成立伊始，对社会主义制度的构想日渐成熟，但在如何建设社会主义的问题上缺乏经验。总路线的实质在于在过渡时期通过消灭生产资料私有制，使生产资料的社会主义公有制成为国家的唯一经济基础。列宁关于过渡时期的论述为探索中的中国共产党和中国人民提供了几乎可以移植的方案。从新民主主义到社会主义没有直通车，连接新民主主义和社会主义的是不可逾越的过渡阶段。过渡阶段不是社会主义阶段，仍然属于新民主主义阶段，但必然是要向社会主义前行的阶段。在过渡时期话语之下，一切非公有制经济具有存在和发展的合法性，但这种合法性是必然要被消灭的起临时作用的工具合法性。过渡时期体现了多元经济并存的局面，公有制经济逐渐提高了其在经济结构中的比重，这与其他非公有制经济的比重下降是一致的，直到所有非公有制经济全部被改造为公有制经济。

毋庸置疑，对未来社会的理想设计源于共产主义的宏大思维，也浸染了中国传统社会对大同社会的理想成分。一旦这种乐观的群聚思维弥漫于社会各个方面，缺乏的就不是实现目标的方法，而是目标设计是否完美的能力问题。例如，执行过渡时期的计划的时间不断缩短，准备用十五年完成的社会主义改造，用五年时间就完成了。在这种乐观的理性主义的氛围支配下，以后出现的跑步进入共产主义倡议就不会显得突兀。

应当看到，与变化中的多元经济结构相对应的是以政治协商为基础的联合政府机制。具有浓厚设计意味的新中国成立大纲出自日益赢得民心的中国共产党，但没有民主党派乃至大多数民众的内心支持和拥护，过渡时期的总路线就不会出台并且在以后得到惊人的顺利推行。中国共产党在政治生活中发挥了中坚和领导作用，但在中国人民政治协商会议第一届全体会议中的代表组成中，中共代表人数不过半，还不能在具有临时性质的最高国家权力机构中占有"多数席位"，需与其他党派、社会团体的代表共同组阁并共同行使国家权力。总之，过渡时期的总路线确定了特殊历史时期在政治、经济和社会建设等方面的临时性、预备性，不仅多种经济并存是过渡性的，具有联合政府性质的国家政权组织也是过渡性的。

[①] 1954 年宪法几乎重复了党对过渡时期总路线的表达："从中华人民共和国成立到社会主义社会建成，这是一个过渡时期。国家在过渡时期的总任务是逐步实现国家的社会主义工业化，逐步完成对农业、手工业和资本主义工商业的社会主义改造。"

（二）多快好省地建设社会主义：社会主义公有制度的确立（1956—1957年）

全面建设社会主义是1956年党的八大提出的执政关键词，是基本完成社会主义改造后全社会的行动指南。1958年9月党的八大二次会议指出党在这一时期的总路线是加快建设社会主义，迅速地把国家建设成为一个伟大的社会主义国家，提出了"鼓足干劲，力争上游，多快好省地建设社会主义"的施政方针。虽然"鼓足干劲，力争上游，多快好省地建设社会主义"是在反右斗争扩大化开始时期提出的，但全面建设社会主义的总的路线方面并没有发生根本性的转变，从属于全面建设社会主义总路线。社会主义是实现共产主义的一个阶段，如果共产主义是党的最终的政治承诺，社会主义建设就是阶段性的政治承诺，而全面建设社会主义就顺理成章地成为这一时期党的执政关键词。

全面建设社会主义的总路线建立在国家所有和农民集体所有的公有制经济基础之上，是落实过渡时期总路线的必然结果。重要的是，全面建设社会主义总路线是在社会主义改造完成后对社会主要矛盾所做出的定位和判断，宣告了资产阶级和无产阶级的斗争因社会主义改造的全面完成而终结，从此之后，以公有制为主体的社会主义经济制度和对社会矛盾的判断成为政治安定、经济繁荣与否的主线，也是衡量一系列党的路线、方针和政策的基本标准。经济制度和社会矛盾是相辅相成的两个概念，前者是经过社会主义改造后形成的客观事实，对这一客观事实的原则把控和灵活适用成就了不同时期的国家政策和法律制度，而灵活性的高低又取决于对社会矛盾的主观判断。当人民内部矛盾成为第一或主要矛盾的时候，灵活适用经济制度的实用主义行为就会显现。八大以后的实践证明，对社会主义公有制经济只要做出经营层面上的灵活处理，如在改革开放初期实施的"两权分离"制度，就足以让社会拥有有限的必要的活力和生机。然而，正如邓小平在1982年9月党的十二大开幕词中指出："八大的路线是正确的。但是，由于当时党对于全面建设社会主义的思想准备不足，八大提出的路线和许多正确意见没有能够在实践中坚持下去。八大以后，我们取得了社会主义建设的许多成就，同时也遭到了严重挫折。"[①]

（三）"以阶级斗争为纲"与敌我政治观（1957—1976年）

1957年10月，在反右斗争扩大化的影响下，毛泽东在党的八届三中全会

---

① 《邓小平文选》（第3卷），人民出版社，1993，第2页。

上提出，无产阶级和资产阶级的矛盾，社会主义道路和资本主义道路的矛盾，仍然是当前我国社会的主要矛盾。"以阶级斗争为纲"的执政措施的具体体现就是在无产阶级专政下继续革命，并在"文化大革命"运动中达到高潮。1975年1月7日四届人大全体会议通过了修改后的《中华人民共和国宪法》。七五宪法在序言中写道："社会主义社会是一个相当长的历史阶段。在这个历史阶段中，始终存在着阶级、阶级矛盾和阶级斗争，存在着社会主义同资本主义两条道路的斗争，存在着资本主义复辟的危险性，存在着帝国主义、社会帝国主义进行颠覆和侵略的威胁。这些矛盾，只能靠无产阶级专政下继续革命的理论和实践来解决。""以阶级斗争为纲"的执政关键词被赋予了宪法地位，具有了法律上的约束力，这一结果既是对反右以来党的极左路线的确认和巩固，也强化了党的这一错误路线的法律化效果，以至于作为国家意志而适用于全国。

"以阶级斗争为纲"的路线延续了战争时期的敌我政治观，它以被消灭的资产阶级为假想敌人掀起了新中国成立以来最大的一次政治革命运动。假想敌人既指观念上的敌人，也包括制造出来的敌人。前者是对一个存在过的敌人的想象和记忆，也被称为哲学上的敌人，源于恐惧心理所导致的不安全感。把病因归结于敌人，就可以通过手术式的休克疗法予以治疗，也会免于寻找自身原因的烦恼从而自我免责。哲学上的敌人不是天敌，后者作为生物链的合理存在既不负有伦理责任，也免去了道德责任。然而，哲学上的敌人绝不是只存在于观念、话语和理论等精神领域，要让所指的敌人成为能指的对象，需要的是在现实社会中把已经存在的人树立为敌人，那些被认为具有资产阶级观念、言论、思想的人都可以成为敌人或准敌人，更不用说具有资产阶级行动的人了。

上层建筑对经济基础具有反作用力，它会阻碍或妨碍经济基础的发展，但这种解释只有在经济基础和与之相适应的上层建筑的矛盾体内才能成立。需要追问的是，在社会主义经济制度已经全面建成之际，为什么经济基础决定上层建筑的规律在这里失去了解释力？这个问题也同样适用于对生产力低下和生产关系先进的矛盾判断。按照唯物主义者的正统解释，有什么样的生产力就有什么样与之相适应的生产关系，有什么样的经济基础就有什么样与之相适应的上层建筑，但在这一时期，这个重要的原理反其道而行之，观念似乎成为社会的主因，哪怕这一观念只在短时间内有效。

（四）"两个凡是"与"文化大革命"的结束（1976—1978年）

1976年10月在粉碎"四人帮"反党集团后，中国共产党在1977年8月召开了中国共产党第十一次全国代表大会，华国锋代表中央委员会做了政治报告，宣告"文化大革命"结束，提出在二十世纪内把我国建设成为伟大的社会主义现代化强国的奋斗目标。然而，该政治报告肯定了"无产阶级专政下继续革命的理论"作为十一大路线的基本内容，继续错误地认定"四人帮"推行的是一条"极右的反革命的修正主义路线"。为了继续贯彻和推行"无产阶级专政下继续革命的理论"，以华国锋为代表的党内部分干部提出了著名的"两个凡是"主张："凡是毛主席做出的决策，我们都坚决维护，凡是毛主席的指示，我们都始终不渝地遵循。"1978 年 3 月第五届全国人民代表大会第一次会议通过的修改后的《中华人民共和国宪法》的序言载明了含有"两个凡是"内容的执政方针，如"坚持无产阶级专政下继续革命，开展阶级斗争、生产斗争和科学实验三大革命运动……""我们要坚持无产阶级对资产阶级的斗争，坚持社会主义道路对资本主义道路的斗争，反对修正主义，防止资本主义复辟"等错误内容。

"两个凡是"是在毛泽东逝世后党和国家领导人提出的执政关键词，它延续了 1958 年以来党对政治和社会形势的错误判断，推迟了我国改革开放的进程。邓小平指出："'两个凡是'的观点就是想原封不动地把毛泽东同志晚年的错误思想坚持下去。"① 1978 年 12 月党的十一届三中全会胜利召开，全会批判和否定了"两个凡是"的错误方针，评价了关于真理标准问题的讨论，指出实践是检验真理的唯一标准是党的思想路线的根本原则，重新确立了马克思主义的实事求是的思想路线，为结束"文革"、开启新的历史时代奠定了思想基础。

（五）"一个中心，两个基本点"：小康社会作为总路线（1978—1997 年）

"一个中心，两个基本点"是十一届三中全会以来，党的第二代集体领导人确定的执政方针和政策的核心关键词。"一个中心，两个基本点"是不可分割的统一体，"四项基本原则"是立国之本，为现代化建设提供政治保证，"改革开放"是方式方法，为现代化建设提供动力，它们共同服务于经济建设这个中心，这是全党全国工作的中心，也是党在社会主义市场经济初级阶段的核心。从逻辑上演绎推论，两个基本点应当在总体上服务于一个中心这个目的，一个中心成为衡量两个基本点合法性的重要标准。回顾历史，四项基

---

① 《邓小平文选》（第 2 卷），人民出版社，1994，第 298 页。

本原则的主要内容存在于以往的社会主义建设的政治实践活动中，它既是建党之本，也是立国之本。经济建设的内容在党的八大中通过阐释生产力和生产关系的矛盾理论就显露，与以往党在不同历史阶段的政治承诺不同的是，"一个中心，两个基本点"将经济建设作为中心任务加以提炼和概括，超越了党的八大的笼统提法，更为重要的是，在如何完成经济建设这一中心工作时提出了改革开放的战略思路和规划。

改革开放作为总体性概念赋予了如何建设社会主义的新方法和内容，以至于这一概念本身就是解决时代困境的钥匙。改革开放从否定性价值和肯定性价值两个方面重塑了国家治理和发展的途径。改革开放对一切机械和教条理解马克思主义的观念和学说给予拒绝或反击式的回应，解放了社会主义建设中的"左"倾思想束缚，激活了社会主体的心灵，重启了中断了的现代性启蒙运动。对"一个中心，两个基本点"的系统阐释可以进一步推导出社会主义市场经济、中国特色民主政治和改革开放理论三方面具有相互关联的命题和实践。

（六）"三个代表"重要思想：执政思维方式的重大变化（1997—2003 年）

"三个代表"重要思想是以江泽民同志为核心的党的第三代领导集体在新的历史时期做出的政治承诺。新的历史时期既指在时间维度上人类社会进入二十一世纪，也指向改革开放 22 年后我国的社会、经济和文化建设面貌发生的深刻变化，综合国力大幅度跃升，人民生活总体上实现了由温饱型小康到改善型小康的历史性跨越，香港、澳门回归祖国，国际影响力显著提高，积极加入世贸组织……这一切都表明，国内外的政治经济形势迥异于改革开放之初，一个在改革开放道路上已经立起来的新中国再次以崭新的面貌呈现在一体化的世界上。

"我们党要始终代表中国先进生产力的发展要求、我们党要始终代表中国先进文化的前进方向、我们党要始终代表中国最广大人民的根本利益"，仅从词语上也可以看出"三个代表"重要思想透露的磅礴大气和巨大的包容性。"三个代表"重要思想的提出表明执政党的思维方式发生了深刻的变化，这种变化主要体现在四个方面："一是从造反、破坏型思维转变为建设、创新型思维；二是从你死我活、绝对对立型思维转变为最大限度地团结、凝聚一切积极力量的包容性思维；三是从封闭性思维转变为开放性思维；四是从计划经济下的控制性管理思维转变为合作服务型管理思维。"① 中国共产党是工人阶级的先锋队,它的阶级基础是工人阶级,作为二十一世纪的执政党,除了工人阶级,中国共产党还应当代表其他所有先进的人群和阶层,这就需要对剥削、劳动收入、利益冲突等马克思主义的经典概念做出新的解释,并从发展的角度看待改革开放之后出现的新格局。符合条件的私营企业主与他的雇员一样都可以成为党员。阶级概念逐渐被阶层概念替代,虽然不同阶层之间的矛盾和冲突不能因此而消解,但绝对意义上具有敌对性质的对抗性因素被解构了。

作为理想型的政党理论,"三个代表"重要思想为在政治领域内重塑人与人之间的理性关系提供了思想资源,也为改革开放的合法性增添了养料。不过,"代表"和"要代表"之间显示了现实和理想上的差异,"要代表"不是已经代表了,如果把"三个代表"的理念化为实践行动就应当获得被代表人的同意。承诺与同意密不可分,承诺是同意的前提,同意赋予了承诺合法性。从两个方面可以体现承诺的合法性:一是被代表人以事前授权的方法(最主要的是通过民主选举的方法)认可承诺的内容,使执政党的承诺成为国家行为的组成部分;二是事前虽未获得被代表人的授权或认可,但在事后根据效果追认承诺的内容。前者是代理型的民主政治,后者是代表型的民主政治,"三个代表"重要思想既是对我国代理型民主政治的总结,也是代表型民主政治的发展,成为双重民主政治的重要载体。

(七) 科学发展观:以人为本的价值观 (2003—2012 年)

科学发展观是我国在新阶段的经济社会发展理念。2003 年 10 月中国共产党十六届三中全会首次提出,中国要坚持以人为本、全面协调可持续的科学发展观,促进经济社会和人的全面发展。2007 年 10 月中国共产党第十七次全国代表大会再次明确指出:科学发展观是中国经济社会发展的重要指导方针,是发展中国特色社会主义必须坚持和贯彻的重大战略思想。

作为一种指导思想,科学发展观由手段论和目的论两个方面构成。手段论包括按照经济规律发展生产力,以统筹兼顾的方法促进经济、政治、文化、生态和社会五个方面的全面进步;目的论则强调全面发展的最终目的是实现人的全面发展,强调全面发展均以人的需要、人的安全为出发点,不断满足人民群众日益增长的物质文化需要,切实保障人民群众的经济、政治、社会、

---

① 蔡霞:《"三个代表"重要思想研究》,载《中共中央党校分校讲稿》,中央党校分校工作办公室,2012 年 8 月。

文化、生态权益，构建人与人、人与社会以及人与自然之间的和谐关系。目的决定手段，手段则是实现目的的方法，既然科学发展的最终目的是促进人的全面发展，认识和遵循经济规律、自然规律、社会规律、文化规律就成为不二选择，归根到底，这些规律就是人的规律。

科学发展观综合了经济增长论、综合发展论、绿色发展论、自由发展论、公平发展论等几方面的发展观要素，综合起来它们最终指向幸福发展观，从而使科学发展观带有了浓厚的人文价值和人文关怀。科学是一个理性概念，幸福则具有个体上的主观性，为什么科学发展观可以导向幸福发展观呢？科学发展观是一个包容性极强的概念，它呈现生产力、绿色、自由和公平等各个要素，每一个要素相互依存和相互关联，但又不是每一个要素的简单相加，在这个意义上，"科学"一词就超越了狭隘的科学主义和理性主义的特定领域，照顾到每一个人在不同阶段上的多方面的需求，为每一个人的自我发展和自我判断留下了解释的空间。

科学发展观包括了自由发展观但不等同于自由发展观。自由发展观认为，经济自由是发展的根本，自由权利发展是动力，要提升人的全面发展就离不开政治自由、公民权利、经济设施、社会机会和社会安全性等方面的持续发展和前提保障。① 自由发展观从个人和公民的视角提出了实现人的全面自由和发展的条件、保障和措施。科学发展观则侧重于国家视角，从国家的角度看待人的全面发展，但它并不排斥公民和社会的视角，因此自由发展观就可以成为解读科学发展观的一个重要的视角和方法论。

（八）中国梦、四个全面与全面建成小康社会：落实小康路线的冲刺行动（2012—）

2012年11月29日习近平总书记代表新一届党的领导集体首次提出中国梦的重要论述。中国梦的基本含义是国家富强、民族振兴、人民幸福。"国家""民族""人民"等概念从主权、文化和政治等方面勾勒出了关于中国的多重共同体结构，"富强""振兴""幸福"是不同共同体视野下力求实现的目标。在国家富强、民族振兴和人民幸福的内在关系中，国家富强、民族振兴是方法和手段，人民幸福则是目的和最终结果。中国梦表达了执政党在新的历史阶段的理想和抱负。中国梦的实现在规划上分为两个阶段：中国共产

---

① 自由发展观的经典阐述，参见〔印〕阿玛蒂亚·森《以自由看待发展》，任赜等译，中国人民大学出版社，2002。

党成立 100 年时全面建成小康社会；新中国成立 100 年时建成富强民主文明和谐的社会主义现代化国家。全面建成小康社会是中国梦的初始目标，建成富强民主文明和谐的社会主义现代化国家则是终结目标。2015 年 2 月习近平在省部级主要领导干部学习贯彻十八届四中全会精神全面推进依法治国专题研讨班上首次系统提出了"四个全面"，即全面建成小康社会、全面深化改革、全面依法治国、全面从严治党。"四个全面"是实现中国梦初始目标的执政方法，分层次看，全面建成小康社会是主要目标，是中华民族伟大复兴中国梦的基本元素，而全面深化改革、全面依法治国、全面从严治党均服务于全面建成小康社会。"四个全面"是对中国梦的进一步深化，从党的执政关键词习惯性用语看，"四个全面"比中国梦作为本届执政党的执政关键词更为具象化和有针对性。

借用儒家的小康概念，邓小平"把贫困的中国变为小康的中国"的论述形成了独具特色的小康路线。小康路线的核心是建设以提高生产力为中心目标的"中国式现代化"。从我国的执政规律和惯例上讲，全面建成小康社会是落实中国梦战略的首要任务，是落实小康路线的冲刺行动。十一届三中全会以来，党在不同的执政时期一以贯之地表达了建设小康社会这一总的政治承诺。小康路线被分为三个前后相依的目标阶段：（1）1980—2000 年完成基本实现小康社会的目标；（2）2000—2010 年完成总体实现小康社会的目标；（3）2010—2020 年将要完成全面建成小康的目标。"基本实现小康社会""总体实现小康社会""全面建成小康社会"等都是可以量化的概念，虽然衡量小康社会的指标不仅仅是经济指标，还包括其他非经济指标（文化、社会、生态、政治等），但"生产力""一个中心""经济体制改革"等仍然是 2020 年前后全面建成小康社会不可或缺的重要政治概念。

通过对以上新中国成立以来党的主要执政关键词的梳理，我们可以看到执政关键词的变迁和不同历史时期的执政理念的异同。有正确的执政关键词，也有错误的执政关键词，"以阶级斗争为纲""两个凡是"等执政关键词偏离了中国国情这条主线，成为脱离时代方向和人民需求的错误执政关键词。"四项基本原则""三个代表""科学发展观""中国梦""四个全面"等都是符合中国国情的正确的执政关键词。改革开放之前和改革开放之后的执政关键词在某些方面虽然不同，但并非没有连续性。如果把解决人民日益增长的物质文化生活需要作为一条线索，小康路线就是贯穿于党的八大路线的主线。改革开放以来的执政党通过不同却有内在关联的执政关键词推进"小康工程"的发展。从 2012 年 11 月党的十八大提出到 2020 年全面建成小康社会，全面建成小康社会之日，也是小康路线完成之日，中国社会将立足于新的历史起点，从小康中国开始走向富裕中国。"中国梦"和"四个全面"作为描述这一历史阶段的执政关键词是自十一届三中全会以来小康路线的收官之作，也蕴含了走向富裕的中国社会所需要的新的理论资源和更高水平的政治承诺。

三　吃饭哲学的终结与自我实现需求的缘起

从执政党的视角出发，全面实现小康社会将为中国社会迈向新的历史阶段提供坚实的物质和经济基础，与此相适应，国家战略规划将面临新的抉择，在笔者看来，这也是党的十八届三中全会提出建构国家治理体系和治理能力现代化的动因之一。改革开放以来，我国的民主和法制建设同样取得了较大的成就，却与人民的需求和期望还有很大的距离，这固然与政治体制改革未到位这一原因有关，在执行小康路线过程中，执政党和国家的中心和注意力侧重于经济发展和生产力，尚不能用同样多的精力和力量开辟小康工程以外的第二个国家工程，这种状况由我国国情决定，适应了以生存为中心的国家集体行为的逻辑。

（一）生存哲学的三个经典表述

生存是人的第一需要和前提，任何人和民族只有在"活下去"的前提下才能够生活。与生存的概念不同，生活是具有更多含义和品质的高于生存概念的范畴，与阿玛蒂尔·森提出的"生活水准"概念相当，但生存概念始终是基础性的普遍概念。

霍布斯从人的感觉、欲望和激情出发运用自然科学的原理讨论了人的生存哲学。生存哲学的发端被称为"自觉运动"，只有了解什么是"自觉运动"，才能为人的科学奠定基础。"自觉运动"就是人的欲望或激情，如饥、渴、怒、情欲等是最原始的欲望或激情，这些欲望或激情构成了人的天性。只有保存和维护人的天性，人才可以活下去，失去或缺少这些天性，人将面临死亡。"著作家们一般称之为自然权利的，就是每一个人按照自己所愿意的方式运用自己的力量保全自己的天性——也就是保全自己的生命——的自由。因此，这种自由就是用他自己的判断和理性以认为最适合的手段去做任何事情的自由。"①在保存生命面前，只有绝对的权利而无任何义务，这成为区分自然状态与社

①　〔英〕霍布斯：《利维坦》，黎思复等译，商务印书馆，1985，第 97 页。

会状态的重要因素。自然状态是无政治、无国家、无道德、无伦理的状态，缺乏约束人的一切外在规范。霍布斯的自然状态刻画了一幅"人对人的战争"的悲惨世界，此幅图景又何尝不是对一些社会曾经存在或依然存在的悲惨状况的写照呢？从自然状态过渡到社会状态是理性人的必然选择，社会状态的建构只是改变了人们自保的方式，却没有丢掉保全生命的权利。

从人类社会发展规律的角度，马克思主义提出了存在决定意识而不是意识决定存在的著名论断。存在首先表现在人的存在，这是不以人的意识为转移的客观规律。马克思指出："人们为了能够'创造历史'，必须能够生活。但是为了生活，首先就需要吃喝住穿以及其他一些东西。"①注重吃穿住行并把这些活动上升到人类历史发展规律的高度成为马克思主义的历史起点。恩格斯在马克思墓前的讲话中加强了这个认识："正像达尔文发现有机界的发展规律一样，马克思发现了人类历史的发展规律，即历来为纷繁芜杂的意识形态所掩盖着的一个简单事实：人们首先必须吃、喝、住、穿，然后才能从事政治、科学、艺术、宗教等等。"②资本主义社会创造出比前资本主义社会总和还要大的生产力和物质生活资料，对此马克思给予高度评价："资产阶级在它的不到一百年的阶级统治中所创造的生产力，比过去一切世代创造的全部生产力还要多，还要大。"封建主义的弊端只有通过资本主义才能克服，资本主义社会的合法性只有在与封建社会的比较中才能体现出来。

社会发展阶段论表明，任何社会都有与之相符的生产力发展水平，或者说该社会就是一定社会生产力发展的结果。资本主义的生产方式和在全球范围内的交往方式使人类社会第一次告别了"人对人的依赖关系"时代，进入了"以物的依赖性为基础的人的独立性"时代。马克思"始终把资本主义当作人类历史发展的一个必要环节、必要阶段和作为社会主义的历史前提来理解的。没有资本主义大工业创造的发达的社会生产力、普遍的交往关系以及'人的政治解放'的条件，社会主义就是不可能的"。③毋庸置疑，资本主义社会本身是有严重缺陷的，有其自身无法克服的内在矛盾，在马克思看来，生产资料的私人占有与社会化大生产之间的矛盾使资产阶级创出了巨大财富的同时，也成为自身消亡并被社会主义替代的掘墓人，关于这一点，熊彼特阐述的资本主义的"创造性毁灭"理论同样给予了方法论的支持。

马斯洛的需求层次论确立了生存需求作为其他的人的需求的出发点和基

① 《马克思恩格斯选集》（第1卷），人民出版社，1995，第79页。
② 《马克思恩格斯选集》（第3卷），人民出版社，1972，第574页。
③ 马俊峰：《马克思世界理论的方法论意义》，《中国社会科学》2013年第6期。

础性作用。人的生理、安全、爱、尊重和自我实现构成了一个需求层次体系，任何一个需求的出现都是以较低层次的需求的满足为前提的，每一级需求的满足都为进入高一级层次提供了激励机制。在多层次的需求中，最基本、最强烈、最明显的需求是生理需求。人们需要食物、饮料、住所、睡眠和氧气，只要这一需要还未得到满足，他们就会无视或掩盖其他的需求。如果一个人极度饥饿，那么，除了食物之外，他对其他东西会毫无兴趣。他梦见的是食物，记忆的是食物，想到的是食物。他只对食物产生感情，只感觉到食物，而且也只需要食物……对这种人来说，能确保他一生衣食无忧，他就会感到绝对幸福并且不再有任何其他奢望。生活本身的意义就是吃，其他诸如自由、爱、与人交往、哲学等被视为无用的奢侈品，因为它们并不能被当作食物来填饱肚子，在这种情况下，我们才能说面包比自由重要。①

可以认为，生理需求、安全需求属于低级需求，这些需求通过外部条件就可以满足，爱的需求、尊重需求和自我实现需求是高级需求，它们通过内在因素才能满足。在不发达国家，生理需求和安全需求占主导的人数比例较大，高级需求占主导的人数比例较小；在发达国家，则刚好相反。对人的需求的这种区分，特别是低级需求要借助于外来条件的观点使马斯洛的需求理论产生与马克思主义理论相同的效果。在低级需求满足方面应当遵循社会发展阶段论，只有低级需求相对得到满足，更高层次的需求才能出现并在需求结构中占有中心的位置。

（二）生存法则与自由法则

马克思指出："理论在一个国家的实现程度，决定于理论满足这个国家的需要的程度。"② 二十世纪九十年代，在中国经济开始加速发展的历史条件下，李泽厚的"吃饭哲学"简明扼要地表达了中国的整体存在状态，"'吃饭哲学'始终只是一种通俗说法，为的是故意采取这种'粗鄙''庸俗'的用词，使语言在使用中具有刺激功能，以针对轻视、鄙视物质生存、日常生活，侈谈道德理性、精神生命、灵魂拯救之类的各派理论学说。其本名仍应是'人类学历史本体论'"。③ 一百多年来，由于内忧外患的存在，中国社会在总体上处于贫困和落后的状态，个体人则是长期处于饥饿或拥有饥饿记忆的生存

① 马斯洛的需求层次理论，见〔美〕马斯洛《马斯洛人本哲学》，成明编译，九州出版社，2003。
② 《马克思恩格斯选集》（第1卷），人民出版社，1972，第10页。
③ 李泽厚：《李泽厚近年答问录》，天津社会科学院出版社，2006，第269页。衣食住行与历史本体论的具体讨论，详见李泽厚《历史本体论》，三联书店，2002。

状态之中。在经历了反右、"文革"以及其他政治动荡之后，国民经济在改革开放前夕几乎到了崩溃的边缘，国民中的大多数人在温饱线上挣扎。摆脱贫困，为生存而战，为免于饥饿而变，这几乎就是人的生存本能最直接的表现。

小康社会作为改革开放的第一目标有其鲜明的现实紧迫感以及人们对温饱的强烈需求。温饱型需要主导了国家行动，奠定了争议最小的国家哲学基础。改革开放后，中国取得了经济上的大发展和大繁荣，但仍有不少的人口在温饱线上徘徊，即使脱离了温饱走向小康的人们也保留着深深的饥饿记忆。小康路线的初始目标首先是要解决全体中国人的温饱问题，小康的标准无非是高标准的温饱标准。吃饭哲学作为一种国家哲学没有否定精神力量的合法性存在，但出发点仍在于保障衣食住行的"历史起点"，与此相适应，在没有全面解决全体人口温饱的历史时期，执政党和任何一届具体政府的政治行为也必然是吃饭政治。新的需求因人而异，这是由处于不同需求阶段的人的自身状况决定的。生理需求和安全需求是一种本能需要，在某种程度上体现了人与动物共有的需求，但只有人才具有对爱、尊重和自我实现等的非物质性需求。进入小康社会的中国人开始孕育和产生更高层次的需求，无论是吃饭哲学还是吃饭政治都不能无视这种更高层次的需求及其发展趋势。

物质基础决定上层建筑是马克思主义理论的基本出发点，早在春秋时期，著名政治家管仲就提出了与这一命题相同的主张。"仓廪实而知礼节，衣食足而知荣辱"以中国人的话语方式表达了物质和精神之间的逻辑关系。"仓廪实""衣食足"是"知礼节""知荣辱"的必要条件，而不是充分条件，然而，倘若不把"仓廪实""衣食足"解释为富裕的概念，而是关乎温饱的生存性概念，在"仓廪实""衣食足"和"知礼节""知荣辱"之间就搭起了充分条件的桥梁。爱与自爱的主题归属荣辱说，它关乎伦理、道德等忠诚或善的问题，尊重和自尊的主题则归礼节说，涉及法律秩序。①

爱与自爱、尊重和自尊分别构成了自我实现的行动逻辑。爱的需求和尊重的需求是自我实现的不同表现形式。自我实现的运行规律乃是人的自由天性展开的过程，自由是爱、尊重等自我实现需要的手段。自我实现是指一个人成为想要成为的人，即社会成员在思想、行动、人身等方面的自主状态和可行能力。一个缺乏思想和人身自由的人虽然可以借助于外部因素获得生存和安全保障，却不能说成了自我的人。用来满足生理需求和安全需求的方法不同于满足自我

---

① 司马迁在《史记·货殖列传》中认为，"礼生于有而废于无。故君子富，好行其德；小人富，以适其力。渊深而鱼生之，山深而兽往之，人富而仁义附焉"。

实现的方法，前者作为刚性需求，在任何体制和任何形态的社会下都可以程度不同得到满足，刚性的需要，任何人不可放弃也不能放弃。自我实现的需求是柔性需求，只有特定的体制和社会才可以满足，重要的是，社会主体可以在自主自愿的前提下放弃这种需求（虽然这总是一种极端的情况）。

在人的刚性需求未得到满足的情况下，人不是没有其他的需求，也不能说其他需求对人不重要，而是说其他需求不能从容展开和释放。阿伦特说："从定义上，困难的条件绝对无法产生'心灵自由的人民'，因为这种条件受制于必然性。"① 一个长期缺衣少食的人总是被生理需求左右，很难产生自发性的行动自由和行动能力。长期处于贫穷的状态会导致智力和判断力的全面下降，导致更持久的贫穷，更不要说做一个自己想做的人。不同时期和不同地区的人的基本需求并不完全一致，但刚性需求主体程度不同地仰仗或依赖于大致相同的物质资源或商品。刚性需求理论和实践都强调经济增长的中心性地位，在我国则产生了具有深远影响的小康工程这一跨世纪的国家工程。前面提到的生活水准的概念试图突破基本需求理论，认为"生活水准的价值在于生活，而不在于商品的持有，因为商品的持有只有派生的和变化的相关性"。② 这一概念与"体面生活""卓越生活""满意生活"等概念具有内在的相关性。要使人的生活（有别于人的生存）成为可能，就需要超越生存物质性的功能活动，走向可行能力的自由领域。阿马蒂亚·森说："广义的可行能力路径就不仅仅要求考察，一个人能够根据什么样的功能活动束集合来进行选择，而且还要以一种足够丰富的方式去看待功能活动本身，把功能活动本身看作对自由的各个相关方面的反映。"③ 在功能活动和可行能力活动之间没有一条清晰的界限，生存的物质性工具价值和生活的非物质性内在价值之间存在相互依存的关系，但生活水准路径仍能够开出一片广泛的有特色的领域，这促使我们思考可欲的生活与自由的内在联系，从而为国家的视角转向国家和个人的双重视角提供有效的方法论基础。

韦伯指出："当我们超越我们自己这一代人的墓地而思考时，激动我们的问题并不是未来的人类将如何丰衣足食，而是他们将成为什么样的人，正是这个问题才是政治经济学全部工作的基石。"④ 在成为什么人的问题上以及在判断未来社会理想的生活状况时，马克思强调了自由在人的生活体系中的顶

① 〔美〕阿伦特：《论革命》，陈周旺译，译林出版社，2007，第51页。
② 〔印〕阿马蒂亚·森：《生活水准》，徐大建译，上海财经大学出版社，2007，第32页。
③ 〔印〕阿马蒂亚·森：《生活水准》，徐大建译，上海财经大学出版社，2007，第46—47页。
④ 〔德〕韦伯：《韦伯政治著作选》，阎克文译，东方出版社，2009，第12页。

层位置。马克思心目中的共产主义社会是这样的一种社会，"代替那存在着阶级和阶级对立的资产阶级旧社会的，将是这样一个联合体，在那里，每个人的自由发展是一切人的自由发展的条件"。① 从某个具体特征来界定社会主义，即使这一特征很重要，也只能说明社会主义的某个侧面，"每个人的自由发展"说明了社会主义的终极价值和最高目标。② 自由是存在的理想状态，这种状态要求"从动物的生存条件进入真正人的生存条件"，"从必然王国进入自由王国"，实现自由人的自由联合。毋庸置疑，要达到这样一种社会状态首先应当建立在生产力高度发达和人的全面发展的基础上。从社会主义到共产主义还有很长的路要走，自由人的自由联合无疑要受到诸种条件的制约，但自由始终是社会主义国家前行的动力和方向，它不因客观条件的匮乏而失去合理存在的价值。

（三）法人民说与中国特色社会主义

习近平指出："人无远虑，必有近忧。全面建成小康社会之后路该怎么走？"③ 在 2020 年前后建成小康社会之际，对荣辱（伦理、道德）和礼仪（良法之下的法律）的需求将成为社会成员更为普遍的内在需求。内在需求是一种客观存在，也是认识事物的内在视角，它要求人们从一个社会的内部看待问题，自下而上地了解和理解社会和国家的存在。生理需求和安全需求是一种外在需求，外在需求非要以需求人以外的主体提供积极的协助、帮助或支持而不能有效满足（虽然不是充分条件）。满足生理需求和安全需求的方法、机制和制度都是"好"的方法、机制和制度，相反，则是"坏"的方法、机制和制度。内在需求的满足要求主体自身理解、努力和追求，不是外部因素能够轻易支配和决定的——尽管不是说外部因素对实现内在需求没有丝毫的影响。在生理需求和安全需求得到满足的前提下，外部因素只要消极地不妨碍内在需求的实现，就是为内在需求提供了助力因素。

走向现代性社会主体具有多种不同需求，也存在相应地满足不同需求的方式方法，在此主要区分请求式满足和主张式满足两种方式。请求式满足侧重于权力导向及其机制，主张式满足则侧重于以权利为中心的方法及其机制。"在权

---

① 《马克思恩格斯选集》（第 1 卷），人民出版社，1995，第 294 页。
② 自由与社会主义的关系，参见叶汝贤《每个人的自由发展是一切自由发展的条件：〈共产党宣言〉关于未来社会的核心命题》，《中国社会科学》2006 年第 3 期。
③ 中共中央文献研究室编《习近平关于全面依法治国论述摘编》，中央文献出版社，2015，第 11 页。

力主导的社会，社会成员的需求本身还不能成为权利。也就是说，社会成员有各种各样的需求，但对于公共权力而言，这些需求不是非满足不可的，社会成员也没有办法让公共权力必须满足这些需求。在以权利为主导的需求—责任关系里，需求成了权利，责任成了义务。"① 把需求赋予权利的"可主张性"加大了公共权力的责任，满足生理需求和安全需求是公共权力的法定责任，满足爱的需求和尊重需求同样是公共权力的法定责任。满足生理和安全需求的责任是积极责任，满足自我实现的需求是消极责任，这两种不同性质的责任决定了公权者在行使权力的方式上的差异。消极责任要求公权力主要以不作为方式保障人的自由需求，满足人们的自我决定和自我实现的需求。

按照现代性的叙事逻辑，法治、人权和民主从不同的角度保障了自由需求。法治从约束公权力的角度保障人的自由不受侵犯，人权则重申了人的思想、行动和人身等方面的尊严，民主提供了法治和人权运行的制度和社会氛围。不过，法治、人权和民主不是目的性需求，而是手段性需求，它们最终服务于人的自由或自我实现的需求。自由以人的刚性需求的必然性为基础，但自由不会屈于必然性。小康之后的国家哲学要符合现代性的发展轨迹，满足执政党实现共产主义的最终政治承诺，由此形成的执政规律、国家制度和国家哲学是社会主义的执政规律、国家制度和国家哲学，但也展示了现代自由精神的社会主义的执政规律、国家制度和国家哲学。一个自由的社会主义反映了全球化背景下我国关于未来社会的性质、特征和进程，它朝向进入了"自由王国"的共产主义社会的准备阶段和初级阶段。

四　结语

执政关键词是执政党在执政期间的特定话语表达，它或与长时段视野下的时代关键词相符，或与之违背，但绝不是同一个事物。中国传统社会有一系列的时代关键词（如天命、道、仁、恕、气、理、器、正名、格物、色、空等），在中国社会步入现代化进程之后，法治、人权、平等、民主、良法、正当程序、法律权威、法的统治、权利救济等成为时代关键词。一个合格的执政关键词既要符合形式要件，也应当具备与时代关键词精神相契合的实质要件。基于我国特定的文化和政治惯例，执政关键词在执政党行使执政权的

---

① 夏勇：《乡民公法权利的生成》，载夏勇主编《走向权利的时代：中国公民权利发展研究》，中国政法大学出版社，2000，第 628 页。

过程中产生了广泛而深远的影响。执政关键词往往超越自身的范围和功能，人们会通过一个执政关键词记住一个时代或一段历史，形成政治历史的有效代码和记忆符号。

人民对美好生活的向往是执政党政治承诺的基础。"我们的人民热爱生活，期盼有更好的教育、更稳定的工作、更满意的收入、更可靠的社会保障、更高水平的医疗卫生服务、更舒适的居住条件、更优美的环境，期盼着孩子们能成长得更好、工作得更好、生活得更好。"① 在全面建成小康社会的历史进程中，伴随着后物质主义观念的成长，执政党及其国家应在两个方面展开与时代相契合的国家工程，一方面全面完成满足全体中国人的生理需求和安全需求，建立普惠制的社会保障制度，完善社会主义法律体系形成后的法律秩序和国家秩序；另一方面需要着手建构小康之后的法律和政治哲学，着眼于小康之后的新的普遍需求，更加注重从法治、人权和民主等执政理念中寻找适合中国国情的执政关键词，以满足和实现人民群众在政治、道德、文化等非物质主义领域中的新期待、新需求和更为充盈的获得感。

---

① 《习近平总书记系列重要讲话读本》，人民出版社，2016，第 212 页。

第四章

现代国家的建构逻辑

现代性开启以来，国家的组织方式发生了前所未有的变化，民主方法主导了现代国家的性质和目的。现代国家转化进程是在人民主权原则支配下由全体人民通过代表性集会实施的合目的建构行为。在国家和政治领域中，设计、建构、建设、构筑、创造等词语都可以用来解释建构主义国家观。通过拟制市场经济中的契约关系，现代国家在政治领域建构起个体人之间重新联合的机制。民主的公共决策功能体现了合众人之权利为国家权力的实质。规范的民主集中制是集合个体力量为集体力量的现代性进路，它包括在民主基础上的政府集权和在集权基础上的分权分工两个方面。重新认识契约政治有助于理解国家能力及其合法性理据，为国家治理能力现代化提供解释性理据。

一 契约的政治概念

现代社会在普遍意义上都脱胎于封建制社会，表达和呈现这一历史进程是现代性理论的重要使命。从封建社会向现代国家转化过程中，恩格斯指出罗马法复兴对西方历史进程的推动作用，"罗马法是纯粹私有制占统治的社会的生活条件和冲突的十分经典性的法律表现，以致一切后来的法律都不能对它做任何实质性的修改。……因为在罗马法中，凡是中世纪后期的市民阶级还在不自觉地追求的东西，都已经有了现成的了"。① 罗马法最早系统表达了商品者社会的交易法则，商品交易者通过契约实现各自追求的目标，而契约只有在平等、互利和协同的前提下才能达成。"在后世的法律中，罗马法的痕

① 恩格斯：《论封建制度的瓦解和民族国家的产生》，载中共中央马克思、恩格斯、列宁、斯大林著作编译局编译《马克思恩格斯全集》（第 21 卷），人民出版社，1965，第 454 页。

迹最为明显深刻的制度或理论，莫过于债法中的契约。……以致可以说，近现代契约法大体上不过是罗马契约法在新的历史条件下的翻版而已。"① 罗马法以法律形式承认契约，使依照市场法则形成的契约获得了超越特定区域范围的力量，正是在这个意义上，恩格斯认为罗马法是"商品生产者社会的第一个世界性法律"。②

随着罗马法被重新发现，法学家在处理新兴的社会关系与国家关系，进而把经济因素与政治因素结合起来方面发挥了不可替代的桥梁作用。恩格斯指出："无论国王或市民，都从成长着的法学家等级中找到了强大的支持。"③ 法学家扮演了挖掘和阐释罗马法精神的角色，为市民与国家关系定位，开发出新时代急需的政治哲学。法学家是一个广义的概念，包括系统论述和解释市民与国家关系的思想家、学者或文人。法学家用法的术语和原理阐释"抽象关系的关系"④，把法学家称为法哲学家更为妥帖和适当。十七、十八世纪以来，一批为现代性服务的法哲学家如雨后春笋般涌现。带有现代性精神的法哲学家处理的是人的科学，借助于自然科学方法论⑤，与人的科学面临双重主题：一方面要把个体人视为基本的社会单位，另一方面要将个体重新联合起来，以便重组社会和构建国家。前者是对人的基本权利和自由的肯定，涉及的是自然权利和自由的法则，后者要处理的是国家的新的组织方式，涉及的是新的政治权威和政治秩序。

第一，发现人——个体的人，成为逐渐开启的现代性的重大成就之一。在封建制下的每一个人都是封建领主的附庸，他们先天性地是为特定封建领土效忠并获得相应保护的人群。领主与附庸的关系类似于家长与家子的关系，家长拥有绝对的权威且代表了整个家庭。"在封建时代的欧洲，每个人都发现

---

① 江平、米健：《罗马法基础》（修订本第 3 版），中国政法大学出版社，2004，第 331—333 页。
② 《马克思恩格斯选集》（第 4 卷），人民出版社，1972，第 248 页。
③ 恩格斯：《论封建制度的瓦解和民族国家的产生》，载中共中央马克思、恩格斯、列宁、斯大林著作编译局编译《马克思恩格斯全集》（第 21 卷），人民出版社，1965，第 454 页。
④ 恩格斯说，罗马人的"主要兴趣是发现和规定那些作为私有财产的抽象关系的关系"，罗马法"最先制定了私有财产的权利、抽象权利、私人权利、抽象人格的权利"。《马克思恩格斯全集》（第 1 卷），人民出版社，1956，第 382 页。
⑤ 在方法论上，伯林认为，"笛卡尔和斯宾诺莎，莱布尼茨和霍布斯，全都期求赋予他们的论证以数学式的结构。……洛克和休谟对自然科学敬重备至"。〔英〕伯林：《启蒙的时代：十八世纪哲学家》，孙尚扬等译，译林出版社，2005，第 4—7 页。卡西尔同样认为："18 世纪政治思想的基础是契约论，这种契约论的基本假设是从古代和中世纪思想中得来的，但它发展、改造了这种假设，使之带上了由于受到近代科学世界观的影响而来的特征。"〔德〕卡西尔：《启蒙哲学》，顾伟铭等译，山东人民出版社，1988，第 17 页。

自己从属于社会等级的某个阶梯；自由是从属于某个人的‘人’。这一等级秩序囊括了从贵族与国王到皇帝和教皇；而皇帝与教皇则被认为是直接从属于上帝的——或者说国王从属于教皇，而只有教皇从属于上帝。"① 六到十二世纪盛行的自由业主自愿地或通过契约隶属于中世纪领主。自由业主接受领主的管辖权，并负担某些经济上的义务。他们放弃作为完全自由人的身份，作为交换，他们得到领主的保护和其他好处，为数不多的自由业主被迫通过契约自愿地放弃自己的某些自由，使自由人从完全的自由人变为"有主"的不完全自由人。然而，这些契约虽然不是法律上的虚构，但也不是西方封建社会的常态，社会主要是封建领主之间的联合，而不是每一个封建领土下的每一个被保护人的联合。封建社会的基本单位不是个人，而是大小不等的封建单位。

个体人作为社会的基本单位成为封建制度瓦解的标志。随着商品经济的发展，个体的人从封建制下相对独立的单位中逐渐解放出来，从前依附于不同封建主的依附者成为无主的人，成为自己的主人。梅因将这一历史进程概括为"从身份到契约"的运动。无论在出发点和表述上有什么差异，"哲学因此将被改造成一种自然科学。……主流思想是支持将每一事物，无论它是物理的还是心理的，分析到终结的不可化简的成分"。② 个体人是人的科学的最基本的单位，法哲学家通过指认人的不可分割的构成元素考察人的本质。在《利维坦》中，霍布斯以极其翔实的笔法考察了人的各种激情和欲望，完成了想象、记忆、推理、意志、善、恶、道德、不道德等人的题目的系统处理。文艺复兴、宗教改革和启蒙运动等思想解放运动服务于共同的主题：人的价值、人的独立性和人对自我负责的精神，一切妨碍人的独立和解放的事务都应当受到谴责。作为自主的权利承担者，个体的解放被看成现代化进程的内在组成部分，这同时也被称为个体化命题的组成部分。③

第二，个体化命题承认个体的人是社会的基本单位，也要承担把独立但分散的个体人重新联合起来的任务。卡西尔认为，分解之后是重建，霍布斯政治哲学就是一种分解和综合的双重理智运动，它解释了一种联系怎样产生

---

① 〔英〕戴维·里奇：《社会契约论历史的贡献者》，载〔英〕莱斯诺夫编著《社会契约论》，刘训练等译，江苏人民出版社，2006，第 197 页。

② 〔英〕伯林：《启蒙的时代：十八世纪哲学家》，孙尚扬等译，译林出版社，2005，第 9 页。

③ 涂尔干从劳动分工的角度讨论了人的有机团结，人们不再属于固定不变的次级组织，而是可以同时属于多个不太稳定的次级组织。见〔法〕涂尔干《社会分工论》，渠东译，三联书店，2000。同时，个体化进程是一个不断发展和变化的过程，没有终点，在这一过程中，新的个体化进程出现了"流动性"的特征，它与从封建制下解放出来的个体不同。见〔英〕鲍曼《流动的现代性》，欧阳景根译，上海三联书店，2002。

于绝对的孤立，同时这种联系不仅把松散的个人结合在一起，而且最终把他们焊接成一个整体。① 哲学科学化运动借用了民事契约原理，把民事契约转化为政治契约，论证国家及其公共行为的正当性，为人们的重新联合或新时代的有机团结提供方法论基础。根据罗马法"准契约"的概念思考这一问题有助于把现实世界所需要的法律关系创造出来，但仿佛又与原有事务保持内在联系。梅因指出："罗马'契约'法律学对君主与臣民关系上所作出的贡献，正如在一个比较狭小范围内，它对于为一个'准契约'责任拘束在一起的人们的关系上所作出的贡献完全相同。罗马'契约'法律学提供了一套文字和成语，充分正确地接近当时对于政治责任问题所具有的各种观念。"② 洛克的社会契约论"很难隐瞒其来自罗马的特点"，霍布斯"故意否认罗马人及其门徒所设想的一个自然法的现实性"，格劳修斯体系的社会契约论者"在其基础上就是和罗马法牵扯在一起的，而这种关系就不可避免地使他——这是著者所受法律训练的必然结果——在每一章节中自由地应用着罗马法中专门术语，以及各种推理、定义和例证的方式，而这些论辩的意义，特别是辩论的说服力，有时是被隐藏的，是不熟悉于它们来源的读者所不知道的"。③

精通契约关系原理的霍布斯——《论公民》或《利维坦》第16章就如同一部或一篇民法论文，文中充满了立约、转让、放弃权利、背信等民法学的通常词语——启用了人们所熟知的契约概念，并把这一个概念用于处理政治关系。从纯粹的法律视角看，封建社会解体后产生的无主体是享有基本权利的本人，而把本人享有的权利交给他人代为行使，以实现本人的利益，正是代理概念"粉墨登场"的时刻。霍布斯把代理人称为"行为人"，"行为人"是一个相对独立的代行为主体。授权某人代为行使只有本人才有的权利或权力，使代行人拥有了本人才有的权力。代理关系建立在本人和代理人的意志自由的基础上，只有本人和代理人的合意才能形成一个关于代理的契约行为。本人是被假定或实际拥有一切权利的人，他或她仅基于自己的需要或自己行使权利上的便利而把权利授予他或她信任的人，以便在本人与代理人（代表人）之间形成授权人与代行人之间的关系。代理行为遵循了民事契约的一般规则，完善和发达的代理行为扩大了商品者的交易世界。代理在功能上扩大了本人的行为领域，克服了一切行为都由本人亲力亲为的局限性，弥补了本人能力上的不足。

---

① 〔德〕卡西尔：《启蒙哲学》，顾伟铭等译，山东人民出版社，1988，第237页。
② 〔英〕梅因：《古代法》，沈景一译，商务印书馆，1959，第195页。
③ 〔英〕梅因：《古代法》，沈景一译，商务印书馆，1959，第197页。

把民事行为中的代理概念转化为政治行为的代表概念应当使政治领域中的代表行为具备准民事代理的要素。借用罗马法的概念，法哲学家创造性地发展了法律上的拟制概念。在本人同意的前提下，代理人或代理机构为本人从事具有公共性的政治行为，完成了传统国家向现代国家的转变性思维。在这一思维统摄下，国家作为一个实体是独立且分散的权利主体的总代表，国家在权利主体授权的范围内从事政治行为。拟制是一种模仿，更是一种创制。在国家和政治领域，法哲学家通过复兴罗马法的方式，创造性地完成了对传统治理理念的转化，实施了一项颇为成功的托古改制的历史实践。

二 转让权利与人的重新联合

授权是民事领域的代理行为，就此而言，霍布斯及其古典社会契约论说出了任何罗马学家都可以说出的法理，赋予代理关系政治性才是社会契约论者的追求。授权使代理人（代表人）产生了在授权期间的权威，对于这种权威即便授权人自身也要服从，服从的标志则是要接受代理的后果。"一群人经本群中每一个人个别地同意，由一个人代表时，就成了单一人格；因为这人格之所以成为单一，是由于代表者的统一性而不是被代表者的统一性。承当这一人格而且是唯一人格的是代表者，在这一群人中，统一性没法做其他理解。"① 除非国家做出了本人授权以外的事情，本人（授权人）应当承认和服从国家这个唯一的人格，履行国家规定的义务。授权与权威是相辅相成的关系，正如民事领域中的授权人有权决定在什么范围内和期间内赋权给代理人，政治领域中的授权人（本人、自然人、公民等）有权决定在何种范围内和特定期间内赋权给代表人。

社会契约的历史发生问题，是没有意义的，甚至也是不可能的。有足够理由指责社会契约论的虚构性，乃至所呈现的反历史主义面向。社会契约论的批判者从历史的实证主义或进化论立场反对社会契约论方法论上的错误。边沁认为社会契约论者是一群用"喋喋不休的话题来自娱的人们"。熊彼特认为，"这些道理实际上就是废品堆栈供应的货色"。② 然而，作为一个理念论证而非经验分析，社会契约论预设了一个假设的命题，阐释了"隐含在政府中的契约"的观念，巴克总结道，"社会契约论或许确实是机械的、法理的、

① 〔英〕霍布斯：《利维坦》，黎思复等译，商务印书馆，1985，第125页。
② 〔美〕熊彼特：《资本主义、社会主义与民主》，吴良健译，商务印书馆，1999，第366页。

先验的，但它表达了人类心灵始终坚守的两条最基本的价值或观念：其一是自由的价值，或者说，是意愿而不是暴力才是政府之基础的观念；其二是正义的价值，或者说，是权利而不是权力才是所有政治社会以及任何一种政治秩序之基础的观念"。① 熊彼特无不矛盾地承认："17 和 18 世纪形成的民主的法律'理论'确实旨在提供这样的定义，要把某种实际或想象的政府形式与民治这个意识联结起来。"②

社会契约理论不是对政治社会如何产生的一种历史解释，而是对现代政治社会何以可能的逻辑分析。在文艺复兴、启蒙运动以及兴起的资本主义等因素打造的新社会面前，要求一种阐释新社会的理论，从根本上区别于过去的理论及其价值体系。康德说："人民根据一项法规，把自己组成一个国家，这项法规叫做原始契约。这么称呼之所以合适，仅仅是因为它能提出一种观念，通过此观念可以使组织这个国家的程序合法化，可以易为人们所理解。"③作为观念的社会契约不仅是一种社会理论，也是一种泰勒所称的"社会想象"，它一方面承认个体拥有平等的各项权利和自由，另一方面又要克服分散的个体之间的无序状态。对于现代性的社会想象，不能解读为以牺牲"社群"为代价的"个体主义"的崛起，对个体的崭新理解必然伴随着对社会性的崭新理解，无论如何，现代性的个体主义不是对社群的溶解。④ 随着越来越多的权利觉醒的个体出现在社会上，如何不回到封建制又要保障每一个人的权利和自由是需要处理的时代命题，该命题指向分散的个体之间在政治领域的重新联合，以便重新考量政治共同体、政治权威、公民服从、法律强制性秩序等国家的组织方式。现代性法哲学思想认识到个体是"无单位"或日益走向"无单位"的分散的主体，体认到个体碎片化的现象，任由这些追求各自独立利益的个体无约束地发展，不仅会重新回到自然状态，也会最终违背个体利益最大化的理性原则。

联合分散的个体并组成新的政治共同体是社会契约论的隐蔽主题。联合的方法之一是个体转让其一部分权利和自由，放弃自我实现和运用全部自然权利的权利。自然法的首要原则是转让权利，因为"所有人必定无法维持他

① 〔英〕巴克：《社会契约论·导论》，载〔英〕莱斯诺夫编著《社会契约论》，刘训练等译，江苏人民出版社，2006，第 212 页。
② 〔美〕熊彼特：《资本主义、社会主义与民主》，吴良健译，商务印书馆，1999，第 366 页。
③ 〔德〕康德：《法的形而上学原理》，沈叔平译，商务印书馆，1991，第 143 页。
④ 参见〔加〕查尔斯·泰勒《现代性中的社会想象》，李尚远译，商周出版社，2008，第 39 页。

们对所有东西的权利，必须转让或放弃某些权利"。① 转让和放弃权利不是对立的概念，放弃权利是转让权利的一个表现形式。为了维护权利而要转让或放弃某些权利，这是社会契约论背后不易察觉的奥秘。作为目的论的权利价值固然重要，通过转让或放弃某些权利获得保障权利的方法同样不能忽视。放弃或转让在自然状态下的某些权利既是一种让与行为，也是赋权给一个人或一个会议的行为，这是一种自我立法的方法，更是一种自我限制的方法，为现代社会的自我服从理论提供了基础。转让或放弃权利使国家重新获得了必要的基础性权力，国家作为一个实体集中行使了被一个个人放弃或转让的总的权利。只有绝对的自我主义坚守所有的自然权利，自由主义哲学缺乏绝对性因素，也与绝对的个人主义拉开了距离。

自然状态是隐喻上的无政府状态或战争状态，转让权利是让人民走出自然状态的方法。转让或放弃权利服务和平而非暴力的目标，该目标成为康德《论永久和平》的主题，即通过社会契约摆脱自然状态走向社会状态。② 事实上，自然状态提供了令人满意或不满意的无政府主义的理论图景，对自然状态的不同描述将导致是否需要国家和政府的结论。假如人们在自然状态中相安无事、怡然自得，为什么还需要国家呢？霍布斯描述了一种可怕且悲惨的自然状态，即使洛克刻画了的较为温和的自然状态也会在人们之间造成"相互伤害"，带来"种种不便"。洛克说："我也可以承认，公民政府是针对自然状态下的种种不方便情况而设置的正当的救济办法。"③ 无论是令人恐惧还是"不便"的自然状态都足以使人产生走出自然状态的动力，其方式是转让人们在自然状态下的某些权利。自然状态理论成为建立现代性国家的标志性的法理理由，在诺奇克看来，自然状态理论是一种关于现代政治哲学的抽象元理论，它试图回答"一种政治状态是如何从一种非政治状态中产生出来……通过了解国家如何能够产生出来，即使它不是以那种方式产生出来的，我们也能学到许多东西"。④

号召人人放弃或转让某些权利是一种理论诱惑或号召性主张，其后果之一则是现代意义上的集体主义的诞生，社会契约论者的一个重要目标就是营造保障个人权利和自由的集体主义逻辑。国家权力来自每一个人的授权（转

① 〔英〕霍布斯：《论公民》，应星等译，贵州人民出版社，2003，第 15 页。

② 〔德〕康德：《永久和平论》，何兆武译，上海人民出版社，2005。

③ 〔英〕洛克：《政府论》（下篇），叶启芳等译，商务印书馆，1964，第 10 页。

④ 〔美〕诺奇克：《无政府、国家与乌托邦》，姚大志译，中国社会科学出版社，2008，第 7—9 页。

让或放弃），授权的结果是由一个不可分裂的实体即国家享有被授予的所有权力，这个权力强于任何人在未授权时的单一权利。自由主义国家观构建了以集体的力量捍卫个体人的权利和自由的现代方法。自由主义哲学背后显现的是不易察觉的新型集体主义。自由主义不仅没有消灭集体主义，而且以国家的名义重新伸张了集体主义，这是一种在现代性背景下产生的人与人之间的新的联合方式。按照卢梭的说法，社会契约论需要解决的根本问题，就是将分散的个体联合起来，以便保卫每一个人的自由，"创建一种能以全部的力量来维护和保障每个结合者的人身和财产的结合方式，使每一个在这种结合形式下与全体相联合的人所服从的只不过是他本人，而且同以往一样的自由"。①自称为广义契约论学者的布坎南明确地表示："可以把国家契约论解释为既代表了一种把政治理论与道德哲学分开的企图，又代表了一种从个人选择分析中推导出集体行动逻辑的尝试。"②

对自然状态理论的关注成就了从无政府主义向政治集体主义过渡的桥梁，其代价是放弃人的一些权利和自由。以罗尔斯为代表的新社会契约论延续了古典社会契约论的思维方式③，后者通过民主的立法方式关注正义的社会结构，给予社会中最少受惠者更为公平的福利待遇，产生了以个体人的权利和自由为指向的共同体主义。④ 共同体主义的自由主义从社会、经济和文化等正义结构中寻找保障人的权利和自由的方法。功利主义民主强调大多数人的最大幸福，公平的正义民主理论则将目光投向了社会中的最少受惠者，这两种理论建立在分散的个体人的权利和自由基础上，但都属于功能不同的共同体主义的自由主义。

三　自我主义与国家主义之间的悖论

近代社会以来，一个令中国知识分子和政治家不解的现象是，提倡个人主义的西方社会何以屡屡战胜或胜过以集体主义为圭臬的中国？坚守个人主

---

① 〔法〕卢梭：《社会契约论》，李平沤译，商务印书馆，2011，第18—19页。

② 〔美〕布坎南等：《同意的计算：立宪民主的逻辑基础》，陈光金译，中国社会科学出版社，2000，第349页。

③ 罗尔斯十分明确地表达了传统社会契约论与他的理论的连贯性："我试图做的就是进一步概括洛克、卢梭和康德所代表的传统的社会契约理论，使之上升到一种更高的抽象水平。"〔美〕罗尔斯：《正义论》（修订版），何怀宏等译，中国社会科学出版社，2009，出版序言。

④ 关于共同体主义与自由主义之争的讨论，参见〔美〕桑德尔《自由主义与正义的局限》，万俊人译，译林出版社，2001。

义的西方社会为什么在集体能力上强于大一统的中国？按照一般的解释，在中国两千多年的君主制历史上，君主享有一切为所欲为的权力，君主有能力集合和动员一切社会资源。然而，每当发生外部势力侵袭的重大危机时，尤其是近代社会以来，在面对西方列强入侵时，国家的抵抗力和反制力异常弱小，反而屡屡出现亡国的征兆和险情。

就近代中国社会的思想界而言，反思国家一统格局与国家能力低下的关系具有强烈的历史性和现实性。熟悉中国传统文化典籍的西方观察家看到："中国总是成为一种政治的矛盾体。一方面，它在传统上一直具有一个强有力的中央政府；另一方面，多数人又表达出这样一种漫不经心的'天高皇帝远'的态度。"① 十九世纪以来，自由话语进入思想家和政治家的思考视野，现代性的思考方式在中国思想界显现其初始的力量。不幸的是，对权利和自由的讨论一开始就无法形成与之相适应的思想体系，把自由概念生硬地拉入传统思想体系无疑是缘木求鱼的举措。一些先进的思想家和政治家借用了具有现代性意蕴的自由、权利和民主概念，得出的则是回归传统国家治理的方案。早年具有全盘西化色彩的严复在翻译《论法的精神》时写下的注释中提出了"个人的自由"和"国家的自由"的分类以及后者最亟的主张："今之所急者，非自由也，而在人人减损自由，而以利国善群为职志。"② 严复增强国家自由的认识并不是孤例，孙中山表达了类似的观点，"我们是因为自由太多，没有团体，没有抵抗力，成一片散沙"。③ 他坚持中国需要的不是个人的自由，而是国家的自由。国家无能力是国家无自由造成的，国家无自由是个人享有太多的自由造成的。此种见解看到了国家在面对强敌时积贫积弱的现状以及国家无能力的窘境，但把个人自由与国家自由对立起来，甚至把个人自由解释为国家能力低下导致近代中国在强国方案中屡屡出现南辕北辙的困境。如何使自由成为增强国家能力的因素形成了两种不同的法理方案。对自由主义论而言，个人自由与国家能力是前因后果的关系，个人自由大，国家自由就大；对国家自由论而言，个人自由和国家自由是相互消长的关系，国家自由应当建立在减损个人自由的基础上。个人自由与国家自由是两个有关联的命题，前者是在封建制瓦解后个人自决原则——个人从家族和各种次级集团的束缚中解放出来，后者则是民族自决原则——国际关系领域中的主权问题。

---

① 〔美〕郝大伟、安乐哲：《先贤的民主：杜威、孔子和中国民主之希望》，何刚强译，江苏人民出版社，2010，第131页。
② 严复：《原强》，王栻主编《严复集》，第2册，中华书局，1986，第337页。
③ 广东省社会科学院历史研究所等合编《孙中山全集》（第9卷），中华书局，2011，第281页。

在国家面临重大的危机之际，无论政治家还是思想家都把注意力放在了救治的药方上，而忽视了病理，从而无法从容地展开对共和国原理的整理。

简单地认为严复或孙中山滑向为专制主义辩护的立场，将无法理解严复或孙中山认同的个人自由与国家能力的关系逻辑。不同于纯粹的传统主义论者，国家自由论者承认个体享有自由，并把个人自由作为国家自由的变量因素。国家自由论者借助于现代性思维重新给国家定位，这与此前延续了几千年的臣民素质低下论形成了鲜明的对比，对后者而言，作为劳力者的绝大多数人应受制于作为劳心者的文化精英和政治精英。从传统国家向现代国家的转型中，国民素质低下论仍然是难以解构的精英话语。与民愚论不同的是，民散论暗示民众具有潜在的能力，在事关自己以及与自己有密切关系的人或事物上显示了其较强的个人能力。[①] 为此，寻找国家能力强大的原因转向了这样一种提问：在一个大一统的国度里，为什么会出现一个和尚有水吃、三个和尚无水吃的局面呢？三人成众，众人结合形成的力量在逻辑上不是要强于一个人的力量吗？一人成龙、三人成虫的隐喻提示了中国人个体能力与集体能力之间的冲突。民愚论揭示了民众在德、智、体等能力方面的缺失——因缺乏能力而无力团结，民散论提示了民众个体能力并不弱——只是这种能力无法贡献给国家或其他公共团体。弱意义上的民散论在民众缺乏公共的德性方面等同于民愚论，民众之愚主要表现在民众缺乏公共的品德。对于一个礼仪之邦以及提倡了上千年的仁义道德的社会而言，这个结论同样令人惊讶。

通过对中国社会基本结构的社会学考察，费孝通认为中国社会的基本结构体现了以"己"为中心的"同心圆波纹的性质"。这是一个富有伸缩性的网络，每一个人都可以"己"作为中心，但这不是个人主义，而是自我主义，"在个人主义下，一方面是平等观念，指在同一团体中各分子的地位相等，个人不能侵犯大家的权利；一方面是宪法观念，指团体不能抹杀个人，只能在各人们所愿意交出的一分权利上控制个人。这些观念必须假定了团体的存在。在我们中国传统思想中是没有这一套的，因为我们所有的自我主义，一切价值是以'己'作为中心的主义"。[②] 费孝通察觉到，"中国传统社会里一个人为了自己可以牺牲家，为了家可以牺牲党，为了党可以牺牲国家，为了国家可以牺牲天下"。随后，他又肯定地说："为自己可以牺牲家，为家可以牺牲族……这

---

① "中国人并不是不善经营，只要看南洋那些华侨在商业上的成就，西洋人谁不侧目？中国人更不是无能，对于自家的事，抓起钱来，拍起马来，比哪一个国家的人能力都大。"费孝通：《乡土中国　生育制度》，北京大学出版社，1998，第24—25页。

② 费孝通：《乡土中国　生育制度》，北京大学出版社，1998，第28页。

是一个事实上的公式。在这种公式里，你如果说他私么？他是不能承认的，因为当他牺牲族时，他可以为了家，家在他看来是公的。当他牺牲国家为了他小团体谋利益，争权利时，他也是为公，为了小团体的公。在差序格局里，公和私是相对而言的，站在任何一圈里，向内看也可以说是公的。"① 费孝通的观察显示了自我主义逻辑中的私与公的内在冲突，真正的问题在于私侵蚀公的正当性理据，私之正当性在于私歪曲地成了公的代名词。

为什么以己作为中心没有形成个人主义，个人主义理念不是以个人作为原子为出发点吗？个人主义不同于自我主义，自我主义赋予任何人自由界定公的界限以及对利他主义作出自我定义的自由"一是皆以修身为本"，"身修而后家齐，家齐而后国治，国治而后天下平"，这是一个理想的安身立命路线图，赋予先家后国，先国后天下的逻辑顺序，预设了为家而牺牲国，为国而牺牲天下的正当性。在忠君与孝亲之间发生冲突——这同时是伦理义务与政治义务发生冲突的命题——儒家教义倾向于使忠让位于孝。杨度曾以引人注目的表达指出："中国之坏，就由于慈父、孝子、贤兄、悌弟之太多，而忠臣之太少。"② 忠君而不忠国或许不是矛盾的。在解释瞽叟杀人和象杀舜的案例时，作为亚圣的孟子肯定了亲亲为大的原则。在"仁者"和"义者"的关系中，义者低于仁者，"忠字甚至并不是君臣关系间的道德要素。君臣之间以'义'相结合。'君子之仕也，行其义也。'所以'忠臣'的观念可以说是后起的，而忠君并不是个人与团体的道德要素，而依旧是对君私之间的关系"。③君之道看重的是君主个人的德行，而不是君主背后的国家人格。④ 独夫论延续了汤武革命的儒家忠精神，不断为革命论提供正当性理据。尧舜禹是历史记忆中当之无愧的仁者，在尧舜禹之后，又有谁是公认的仁者呢？孔子说："能行五者于天下为仁矣。请问之。曰：'恭、宽、信、敏、惠。'"⑤ 子曰："我未见好仁者。……盖有之矣，我未之见也。"⑥ 唯仁者宜在高位，君与国不是

---

① 费孝通：《乡土中国　生育制度》，北京大学出版社，1998，第29—30页。

② 黄源盛纂辑《晚清民国刑法史料辑注》（下），元照出版有限公司，2010，第1480页。转引自梁治平《礼教与法律》，广西师范大学出版社，2015，第25页。

③ 费孝通：《乡土中国　生育制度》，北京大学出版社，1998，第35页。又见"子曰：'仁者人也，亲亲为大；义者宜也，尊贤为大。'"（《中庸》）

④ 齐宣王问曰："汤放桀，武王伐纣，有诸？"孟子对曰："于传有之。"曰："臣弑其君可乎？"曰："贼仁者谓之'贼'，贼义者谓之'残'，残贼之人谓之'一夫'。闻诛一夫纣矣，未闻弑君也。"（孟子·梁惠王下）

⑤ 《论语·阳货》。

⑥ 《论语·里仁》。

不可分的统一体，其通过否定君之不仁而间接否定了君主所代表的具体国家。倘若仁者总是不在高位，在高位者则总是小人或独夫，有谁愿意服从小人或独夫代表的国家呢？

梁启超认为，国家能力缺乏的主因是中国人"不好和不能组织国家"。[1] 中国人向来不以国家作为最高的人类组织方式，也不认为国家是最好的人类组织方式。因不好组织国家而不能组织国家，缺乏的是有效组织国家的方式。持有散沙论的梁漱溟认为，中国人不仅不好组织国家，也不好组织任何公共组织。与西方社会相比，中国固然缺乏科学上的知识技能，但缺乏团体生活的组织能力则最为重要。所谓组织能力，简单地说，就是"会商量着办事的意思"，只要积极主动地商量着办事，就能"形成进步的团体，或者说是民主的团体，民治精神的团体"。[2] 不好组织论从一个独特的视角揭示了国家积贫积弱的根源，间接否定了中国是社群主义社会，西方是个人主义社会的社会类型的认识论分类。不能组织国家的根源在于不好组织国家，不好组织国家的根源又在于每一个人任意地界定自己与国家的关系，一个人是否建立与国家的关系以及自愿将才智贡献给国家取决于个人的智性判断。自我主义之迥异于个人主义在于它混淆了人我、群己的界限，以己的标准作为衡量公与私的标准，使普遍规则让位于特殊规则。"危邦不居""天下有道则见，无道则隐"的主张赋予个体自我决定和自我判断的权利。"独善其身"既可以成为修身的方法，也可以成为在道德上逃避义务的依据。即便民众有被认为的高素质以及德性，在自由界定与国家的关系的理念下也不能为国家所用。国家处于家与天下的中间环节，家或家族的兴旺发达是国之昌盛的前提，家、家族的兴旺又取决于以己为中心的个体。

在国家领域，谁拥有自由地判断仁和义标准的资格，谁就拥有了无限的自由。每一个安身立命的人都被赋予了保持自己对善的立法和解释的权利。在解释仁和义的标准的时候，每一个人都是与自己利益相关的立法的阐释者——尽管是以公的名义，形成了以自我为中心的秩序体系。无论是对道的阐释还是对心的体悟都是修身的方法，"关于国家、民族与社会的秩序的建立，从由外向内的约束转向了由内向外的自觉，这样一来，关于一切合法性和合理性的终极依据就从'宇宙天地'转向了'心灵性情'"。[3] 完全的内向性思考方式对"慎独君子"的精神世界虽然产生了自足的效果，但也充满了主体的随意性和

① 梁启超：《先秦政治思想史》，浙江人民出版社，1998，第5页。
② 《梁漱溟全集》（第1卷），山东人民出版社，1989，第631—641页。
③ 葛兆光：《中国思想史》第2卷，复旦大学出版社，2001，第130页。

偶然性。当费孝通指出差序格局的"同心圆波纹"特性时，就是指多个中心的存在。多中心并存的局面深刻表达了每一个人拥有了无限的自由，解释了严复和孙中山认为中国人自由太多的缘由。"孔子的道理，则是让人'自信'。让人信你自己心里的是非，不把标准放在外头；所以常有'反求诸己'，'汝安则为之'等话。"① 每一个修身者也可以服从其他人的判断，但这是根据自己的修身成果做出的主观主义判断，只要条件成熟或认为自己的境界获得提升，就可以自己的判断代替他人的判断甚或作为他人也应服从的行为准则，其结果不仅走向了知识决定道德的道路，也使自律强行突破内在性而成为缺乏普遍性的他律规则。②

四　民主决策的集权功能

现代国家迥异于传统国家，不在于传统国家有权力而现代国家无权力，也不在于传统国家的权力大于现代国家。按照洛克的说法，国家拥有源自自然状态下每一个人固有的私力救济权，这种权力是包含正当暴力因素以规制公民作为和不作为的强制权力。现代国家是合法行使暴力权的唯一主体，通过社会契约的规划，现代国家再次垄断了其他社会组织所没有的权力。纯粹的自由主义者也承认："可以强制实施的道德禁令是国家基本强制权力所拥有的全部合法性之根源，这为国家行为提供了基本的舞台，也许是唯一的合法的舞台。"③ 国家权力是一种具有普遍强制力的政治权力，这种强制权力由国家作为唯一的权力主体集中行使，虽然现代国家的权力是由公民授予的有限权力。

被迫放弃私力救济权利和主动转让私力救济的权利都达到了国家权力集中的效果，但其发生机理迥然不同。马南认为，民主政治具有双重的功能："民主倾向于把人们置于一种自然状态；同时它又要他们在这个基础上重组社会。"④ 在社会契约的隐喻下，国家权力集中是指全体人民将其部分权利授予一个全国性政府统一行使，从民主艺术的角度集合了全国的力量，这种集合

---

① 《梁漱溟全集》（第 1 卷），山东人民出版社，1989，第 635 页。
② 儒家心性之学结构的核心要素是仁性，即孔子之仁、孟子之心和陆王之心学，其实现的路径无不是反躬自求的直观思维方式，这种方式本身就具有一定的神秘性，将仁性的根源归于天上，进一步加强了它的神秘色彩。杨泽波：《从以天论德看儒家道德的宗教作用》，《中国社会科学》2006 年第 3 期。
③ 〔美〕诺奇克：《无政府、国家与乌托邦》，姚大志译，中国社会科学出版社，2008，第 6 页。
④ 〔法〕马南：《民主的本性：托克维尔的政治哲学》，崇明等译，华夏出版社，2011，第 81 页。

就是稳定、常态化的集合方式，而不是在紧急状态下（如战争、巨大的自然灾害等不可抗力因素）才会显现的社会总动员。民主的本性在于维护相互独立且相互疏远的个体的权利和自由，民主的艺术是要在一个平等、自由协商、自由同意的基础上重建他们之间的关系。重组国家的方式是通过代议制的形式完成的，作为一种政治决策的制度安排，代议制重新实现了国家权力在特定领域和特定机构中的集中。

第一，代议制与集体决策的关系。代议制政体通过代理的形式，重新实现了国家权力在全国范围内的集中。现代民主理论揭示了民主的复合功能及其附加功能，从人人自由表达意见的角度看，程序性民主或审议民主显示了无可厚非的价值，但集体决策功能是民主首要的功能。人人参与公共决策通常是指通过一套制度安排产生特定的决策机构，由该决策机构代表民众行使决策权，在这个意义上，把代议制政府称为民选政府更能表达代理的政治功能。纯粹的民主政府是所有人同时、直接和在场地行使国家权力，但在现代社会只有代议制政府才能最大限度地（虽然永远达不到完美状态）现实地满足全体人治理的理想。康德小心翼翼地区分了共和制和民主制，其目的在于确立合目的的代议制的合法性。①

当密尔说代议制政府是理想的最好政府形式时，他是就选举产生的代表会议与政府之间的关系而言的。② 代议制体现在通过选举合格的代表人组成代表会议，由该代表会议产生政府及其政治领导人。全体人民对政府享有的"最后的控制权"或"最后的权力"是通过定期更换政府或政治领导人来实现的。人民的最后决定权作为统权为代议制政府提供了合法的根据，人民不直接行使治权或人民不行使直接的决策权，这一决策权由政府及其政治领导人依法定期行使。按照熊彼特对民主的理解，人民产生政府，或产生用以建立全国执行委员会或政府的中介体，民主的方法就是那种为作为政治决定而实行的制度安排，在这种安排中，某些人通过争取人民选票获得做决定的权力。③ 在代议制政体中，治权被赋予那些在能力上体现人民意志的机构和人员，如同在民事代理法律关系中，委托人往往将自己的权利授予能够实现自

---

① 康德指出："凡不是代议制的一切政权形式严格说就是无形式……唯有在代议制体系中共和制的政权方式才有可能，没有代议制体系则它（无论体系可能是什么样的）就是专制的和暴力的。"〔德〕康德：《永久和平论》，何兆武译，上海人民出版社，2005，第17—19页。
② "代议制政体就是，全体人民或一大部分人民通过由他们定期选出的代表行使最后的控制权。……他们必须完全握有这个最后的权力。无论什么时候只要他们高兴，他们就是支配政府一切行动的主人。"〔英〕密尔：《代议制政府》，汪瑄译，商务印书馆，1982，第68页。
③ 〔美〕熊彼特：《资本主义、社会主义与民主》，吴良健译，商务印书馆，1999，第395—396页。

己意图的专业人员。① 如果一个国家的所有人自愿地将本属于自己的某些权利授予被选定的人行使，受托人就拥有了众多人委托人以前分散行使的权利。被委托的人在小范围内被民众授权，就拥有了小范围的集中的权力，在较大范围内被民众授权，就拥有了较大范围的集中的权力，而在全国范围内授权，就拥有了全国范围内的集中的权力。

第二，代议制与民主集中制的关系。民主集中制作为社会主义国家的组织形式，一方面体现了现代代议制度下的民主精神，另一方面使作为国家权力的公共权力被集中行使。② 在民主集中制的传统理解中，民主与集中是两个概念，两个要素，民主与集中是既对立又统一的辩证概念，这取决于不同的历史环境或斗争策略。一开始就把民主与集中作为两个相对独立的概念，出现了"民主制"与"集中制"两种制度如何融合的问题，前者是"民主的过程"，后者是"集中的过程"。这种认识在叙事中将民主集中制视为两个制度，得出"民主的过程"和"集中的过程"是两个过程的错误结论。反对者认为民主集中制经历了从集中制到民主制，再到民主集中制的过程，在共产党夺取政权之后，民主集中制只有一个制度，是一个既有"民主"又有"集中"的制度。③ 这种理解认识到民主集中制是一个制度，而不是两个制度，从而保留了"集中的过程"的民主因素。需要进一步讨论的是，作为一个制度的民主集中制的发生原理，而如果不把民主集中制放置在代议制度的大的背景下，民主集中制易于成为自上而下的征求意见行为，不能体现民主的公共决策机制。

通过民主方法实现国家权力集中是民主集中制的题中应有之义。从民主的公共决策功能看，民主集中制是代议制的逻辑结果。代议过程是民主的讨论过程，其结果却导致了集体决策权力的相对集中。我国的民主集中制是宪法确定的国家机构的组织原则，它具体包括人民代表大会和一府两院的组织方式以及中央与地方的关系等内容。《宪法》第 3 条规定："全国人民代表大

---

① 在孙中山去世前的一次谈话中，他一改人民没有能力做"皇帝"的说法，认为人民委托有能力的人替他们做事就是民主政治："许多人以为这个不适用民主政治，因为人民知识程度太低。……人民是民国的主人，他只要能指定出一个目标来，像坐汽车的一般。至于如何做去，自有技能的各种专门人才在。"孙中山：《关于民主政治与人民知识程度的谈话》（1924 年 12 月 1 日），载叶匡政编《孙中山在说》，东方出版社，2004，第 217 页。

② 民主集中制在词源上源于俄语，在俄语中，它是一个复合词即 демократический централиэм。демократический 意为"民主的"；централиэм 是一个名词，意为"集中（制）"、"集权制"、"中央集权制"或"集权主义"。两个词合成为一个词，译为"民主的集中（制）"，也可译为"民主的集权制""民主的中央集权制"。参见许耀桐《民主集中制新论》，《战略与管理》2012 年第 1、2 合期。

③ 许耀桐：《民主集中制新论》，《战略与管理》2012 年第 1、2 合期。

会和地方各级人民代表大会都由民主选举产生，对人民负责，受人民监督。"人民通过民主选举将其必要的权利授予人民代表大会统一行使，并由人民代表大会产生广义上的政府。在这里，"民主选举"四个字成为打开和理解我国民主集中制度大门的一把钥匙。民主选举的过程是人民授权的过程，缺乏这个过程，就没有集中行使国家权力的代表会议，也不会产生政府及其领导人。倘若把这种制度安排与密尔关于代议制政体的理解相比较，民主集中制在内涵上与现代国家的代议制度吻合。代议制与民主集中制是相容的概念，而不是相互排斥的概念。

第三，民主和共和的关系。在讨论美国式民主的时候，麦迪逊对美国政府的性质提出了如下疑问：美国究竟是一个民主国还是共和国。该疑问源于美国建国者对民主和共和的不同理解，为民主与共和之间的对立提供了最早的现代实践案例。麦迪逊把民主和共和作为两种不同的政府形态，民主制国家由为数不多的公民组成，他们直接参加集会，并且管理政府。共和制国家意指一种政府体制，在其中形成某种代议制的架构，民众选举出为数不多的公民，授权他们组成政府。① 麦迪逊对民主和共和的区分不是武断的，直接民主与间接民主的争论至今仍是民主理论中未能厘清的问题。如果雅典的直接民主对一个大国而言可遇而不可求，通过民主选举产生的一部分人代为行使全体人权力就成为必然。

达尔的研究表明，世界上绝大多数的民主政体都选择了议会制，只有法国、芬兰和哥斯达黎加三国例外，在这三个例外中，有两个选择了总统制和议会制的混合体。② 采用议会制和总统制都是民主的共和路径，议会制通过一个有代表性的会议将人民权力先转化为总体性的国家权力，进而对国家权力实施进一步的分工划分；总统制将人民权力一开始就转化为立法权、行政权和司法权。美国形成了世界上独一无二的总统制，美国人民通过民主的方法不仅将权力转让给代表机构，也同时转让给了行政机构和司法机构。通过议会制还是总统制让一部分人行使国家权力将产生不同的政府体系，但没有因此改变作为国家权力的公共权力集中行使的状况。这是两种不同形态的民主集中制，通过民主方法将每一个人享有的权利集中给一个或有限的几个机构，完成了国家权力的有限集中。同世界上绝大多数国家一样，中国拒绝了总统制而选择了代表会议（人民代表大会）的集权形式，在代表会议集权的基础

---

① 〔美〕汉密尔顿等：《联邦党人文集》，程逢如等译，商务印书馆，1980，第48—49页。
② 参见〔美〕达尔《民主理论的前言》，顾昕译，东方出版社，2009，再版前言。

上把国家权力分配给立法、行政和司法机构。民主与共和不是对立的概念，民主与共和的结合成就了现代国家的多元的代议民主制。

第四，作为政府集权的共和国。美国建国四十二年后，托克维尔看到了一幅与欧洲大陆不同的政府景观："美国的政府集权也达到了很高的水平。不难证明，美国国家权力的集中高于欧洲以往任何一个君主国家。"[①] 在人们还含糊地使用"集权"一词的时候，托克维尔在政府集权与行政集权相分离的前提下肯定了政府集权在现代国家的价值。托克维尔把"全国性法律的制定和本国与外国的关系问题"等事情的领导权集中于同一个机构或同一个人手中的做法称为政府集权，而把"地方的建设事业"等国内某一地区所特有的事情的领导权的做法叫作行政集权。[②] 这种划分为托克维尔提出"如果政府集权与行政集权结合起来，那它就要获得无限权力的权力"的著名判断提供了前提。《论美国的民主》一书的法文版编者就此认为："在这一点上，托克维尔的政治社会学达到了其预见的最高点。"[③] 借助于对政府集权与行政集权的分离说，托克维尔挽救了国家集权或中央集权在现代民主国家的合法性。

应当注意的是，托克维尔是在共和国的背景下讨论"领导权""集权"等概念的。共和国是一个集众人之权利为国家权力的制度安排。无论是新成立的国家还是从传统国家进入共和国的国家都面临重新组织公共权力的任务，在原理上都体现了国家集权的面向。[④] 在现代性话语之下，共和制国家的首要任务和最终目的是保障公民的权利和自由，只有形成或重新形成一种"全部的力量"以及找到将分散的个体联合起来的新的方法，共和国才能完成它的合目的的使命。美国宪法的制定过程是赋予联邦政府即中央政府权力或政府集权的过程。在制宪会议上，"基本问题是怎样既能维护各州的权利，同时又能授予中央政府足够的权力"。[⑤] 考虑到当时各州有权而联邦无权的事实，制宪会议的主题乃是赋予联邦政府必要的权力。当宪法最终获得各州批准时，美国式的中央政府国家产生了，美国联邦政府享有有限却强有力的集中权力。阿伦特评论说："美国宪法的真正目标不是限制权力，而是创造更多的权力，实际上是要成立和正式建构一个全新的权力中心，该权力的权威曾覆盖辽阔

---

① 〔法〕托克维尔：《论美国的民主》（上卷），董果良译，商务印书馆，1988，第98页。
② 〔法〕托克维尔：《论美国的民主》（上卷），董果良译，商务印书馆，1988，第96页。
③ 〔法〕托克维尔：《论美国的民主》（上卷），董果良译，商务印书馆，1988，第96页下注。
④ "共和"的英文是"republic"，这个词语来源于"res"（在拉丁语中的意思是事物或事情）和"publicus"（公共的）的组合，"共和"的含义就是所有事务属于全体人民。
⑤ 〔美〕威廉·罗斯科·塞耶：《乔治·华盛顿传：美国宪法与国家的缔造者》，杨义强译，江西教育出版社，2012，第129页。

地域的邦联共和国，但在殖民地脱离英王的过程中丧失殆尽。"① 联邦政府拥有一切国家具有的基础性权力，如在全国范围内适用的立法权和司法权、战争和和平权、外交权、铸币权等。相对于地方政府和公民个体而言，这些基础性权力十分强大且不是可以由地方政府和公民分享的。美国通常被称为第一个民主国家，是一个合"众"为"一"的国家，它不是把众人的所有权力都合为一，而是在有限的范围内把民众的部分权力合为一。

五　作为方法论意义上的国家能力

有什么样的国家起源观就有与之相对应的国家学说，对国家起源的分析理论着眼于对国家性质的判断。按照国家政治哲学的划分类型，大致存在三种国家起源观。一是国家起源于家庭，国家是家庭的扩大化，国家与臣民的关系类似于家长与家子的关系。二是国家起源于休谟所称的"通过篡夺、暴力或者兼而有之"的行为②，这种起源观是"成王败寇"的逻辑基础。家庭起源观和暴力起源观都诉诸历史成例和经验考察，显示了历史主义方法论。三是国家起源观即社会契约论，通过运用契约原理和契约精神，这种典型的非历史的国家理论提供了"构建"、"创造"或"设计"国家发明型的方法论。在现代性来临之际，起源于家庭或通过暴力产生的国家获得了新的解释（更不要说新创建的国家）。借助于契约原理，新的政治哲学否定了两种意义上的自然状态的合理性：适应于农业社会温和的自然状态和以暴力解决一切冲突的自然状态。从农业社会走向工业社会，从小农经济走向市场经济，体现了人类社会发展的一般规律，这被认为是走出自然状态的一步，而用和平、理性和非暴力的方式解决冲突对现代性国家或向现代性国家转型的传统国家无疑都是十分重要的。

把众人各自拥有的个人意志合为共同意志，把众人享有的某些个人权利委托给国家统一行使，在原理上满足了社会契约论者重新组织国家的梦想，也提出了不同类型的国家能力强弱的问题，这一问题的实质在于国家在现代性背景下如何重新组织和规划。当梁启超和梁漱溟认为中国人不好组织国家是国家能力低下的原因时，就意味着组织国家的良好方式是国家能力的构成要件。以民主方法集中国家权力解决了现代国家的合法性问题，也指认了国

---

① 〔美〕阿伦特：《论革命》，陈周旺译，译林出版社，2007，第138页。
② 参见〔英〕休谟《论原始契约》，载休谟《休谟政治论文选》，张若衡译，商务印书馆，1993。

家能力强大的必要条件。国家能力是国家的组织和动员能力，这种能力更是一种手段性权力，它服从于公民在转让权利时的实质权利，换言之，国家能力是一种方法论意义上的能力，它应当为个体的创造力提供产生和发展的制度环境。

人与人之间签订契约和人民与统治者签订契约具有不同的理论指向，前者是社会契约，表达了纯粹的国家建构论，后者是政治契约，是对已经存在的国家的建构性改造，但都呈现了委托代理关系的实质。古典社会契约论者之所以能站在新时代的正确起点上，是因为他们肯定了人的权利和自由。如果转让权利是人的一项重要的权利和自由，转让权利的目的就成为关键。向国家转让权利是一个基于本人同意的契约行为，受让者只能在授权的范围和期限内行使权力，对承受权利的目的负责。超出授权范围和授权期限的代表行为是无效的行为，而无效的行为从一开始就不对契约的另外一方产生约束力。一旦产生了授权论，无论现代性国家是否获得了比君主制国家下更大的权力，国家随时都面临合目的性审查，人民也将随时行使"最后的决定权"。①

自由转让权利成为衡量新旧政治哲学的关键。转让权利具有交易的契约品质，权利人通过向国家转让其权利而获得了国家保卫其权利的目的，与简单的减损自由相比，权利人重新获得了权利和自由，国家再次获得了必要的政治权威和民众服从权威的义务。康德说："人民中所有人和每一个都放弃他们的外在自由，为的是立刻又获得作为一个共和国成员的自由。……他只是完全抛弃了那种粗野的无法律状态的自由，以此来再次获得他并未减少的全部正当的自由。"② 严复和孙中山从人的权利和自由出发却导出了减损人的自由的结论。减损自由论未能与一种合目的的现代思维方法产生关联，它更多的是一种强硬削减自由的命令。转让权利不是减损自由，而是为了更好地保障自由。民愚论未曾承认民众的个体的自由，减损自由就无从谈起，民散论指认民众享有"太多的自由"，却未提供限制自由的有效方法。

建构国家的理念是方法论意义上的国家能力的前提，一种违背构建国家理念的纯技术设计方案将会产生自相矛盾的困境。当下对中国国家能力的讨论集中在国家权力大小问题。一种观点认为，国家能力弱与国家权力大不无关系③，

---

① 洛克最早表达了人民具有"诉诸上天"的"最后决定权"，而且这种决定权是不能放弃或转让的。见〔英〕洛克《政府论》（下），叶启芳等译，商务印书馆，1964，第103—104页。
② 〔德〕康德：《法的形而上学原理》，沈叔平译，商务印书馆，1991，第143页。
③ 李强：《国家能力与国家权力的悖论》，《中国书评》1998年第2期。

另一种观点认为国家能力弱与国家权力特别是中央权力弱直接相关。[①] 国家权力大小论在国家权力减或增的问题上争论不休，其实质在于中央权力和地方权力的大小问题，反映了新中国成立以来中央和地方两种国家权力的真实运行规律。真正的问题不在于中央权力过大还是地方权力过大，无论"管"还是"放"都是在无制度约束的情况下发生的。不是"管"出了问题，也不是"放"出了问题，而是在"乱管"和"乱放"上出了问题，这已经涉及组织能力的优劣问题。国家权力的大小与国家强弱之间并没有显现正比例关系，国家权力大不必带来与之相应的国家能力，国家权力小也不必带来强大的国家能力，小的国家权力不受制约导致暴政。吴思对中国传统国家的公共权力的运行规律研究表明，皇权之下的官权以及官权之下的吏权更具有危害老百姓的力量。[②] 解决国家能力的方法不是简单削弱国家权力或一味增强国家权力，而是在给定的国家权力基础上使国家权力得到合目的的有效制约，形成一种方法论意义上的国家能力。

给定的国家权力是指通过民主方法赋予国家必要的基础性权力。基础性权力首先是指那些安内攘外的秩序保障功能，以便发挥古典自由主义乐意看到的守夜人的职责。随着福利国家的产生，国家的基础性权力随之增加，国家不再囿于守夜人的职责，获得了除满足人的衣食住行等社会保障义务之外更多的权力。在复杂、专业和多元的现代社会，基础性的国家权力（尤其对大国而言）需要从纵向和横向的双重角度给予合理的分配，前者是指中央与地方之间的权力分配，后者则是将国家权力合理分配为相对独立的立法权、行政权和司法权。只有不规范地行使国家的基础性权力才能导致下列这一现象不断出现：看上去国家权力强大，却没有产生与之相应的国家能力。不规范地行使国家权力或因国家权力未遵循权力分工原理，或虽然遵循了权力分工原理却未实施权力之间的相互制衡。未遵循权力分工原理的国家必然是全职国家，中央政府垄断了一切国家权力乃至一切公共权力，不仅使国家权力高度集中，也使国家侵蚀了其他公共权力。今天，即使高度现代化国家也面临防止国家以安全的名义侵犯经济权力、社会权力的任务。

通过民主和宪法确证国家权力集中和分权是现代国家的制度形式。长期以来，对自由主义的理解以及对由自由主义理念决定的政治体制的评价只是片面强调分权和权力制约，但忽视了国家权力已经被集中或应当被集中的前

---

① 王绍光、胡鞍钢：《中国政府汲取能力的下降及其后果》，《二十一世纪》1994 年 2 月号。

② 参见吴思《潜规则：中国历史中的真游戏》（修订版），复旦大学出版社，2009。

提。在国家和政治领域，分权建立在政府集权的基础上，国家无权或国家权力未曾集中，就不存在分权，也不存在对国家权力的制约问题。正如对自由的限制是建立在一个人拥有自由的基础上，一个人不曾拥有自由，也就谈不上对该人自由限制的问题。以民主方式集中权力所真正呈现的问题，不是国家权力是否应当集中的问题，而是哪些权力需要通过民主的方式予以集中。当且仅当从民主的集体决策功能角度看时，"民主基础上的集中"表达的是规范的代议制，"集中指导下的民主"阐释的是宪治的分权形态。两个集中的含义虽然是同一的，都是对国家权力集中的表达，两个民主的表达却并没有指向同一的含义。"民主基础上的集中"的民主通过代议制体现并集合了民意，"集中指导下的民主"既包括在公意形成之前的个别意志，也包括各种形式的自治。一个理想的现代国家以代议制方式集权，以宪治方式分权，只有正确处理好集权与分权的关系，才能找到国家治理能力现代化的钥匙。民主是集权的一种制度安排，宪治同样是分权的制度安排。

值得重视的是，现代国家权力尤其是政府集权在国内的扩张与全球化背景下弱化国家主权的思潮产生了内在矛盾。国家对外显示的强大力量既需要在国内获得民主方法支持，也需要在国际社会获得自觉承认和认可。真正强大的国家不是在经济和军事等方面而是在国家治理能力方面强于其他国家。在当今世界 190 多个国家中，总有一些国家的经济和军事力量强大，一些国家的经济和军事力量弱小。一些国家小但并非弱，一些国家大但并非强。国家强弱与国家治理能力良善程度具有正比例关系。治理能力强大的国家，其国家能力就强大，治理能力弱小的国家，其国家能力就弱小。作为方法论意义上的国家能力拒绝将国家权力大小与国家能力挂钩，也反对将国家经济实力与国家治理能力等同。国家能力的强弱与国家权力大小没有正比例关系，而与对国家权力的外部制约机制相关。① 在合目的的前提下，无论国家权力是大是小，对国家权力的制约强度大，就会显现强大的国家能力。一般意义上的权力分工不会自动带来权力制约效果，只有分权意义上的权力分工才能显示现代国家的治理能力问题，换句话说，对国家权力的民主集权要求科学、合理的权力制约机制。

以民主方法集权内在地决定了被集中行使的国家权力受到授权人的制约。在从自然状态走向社会状态的过程中，是否需要将其全部权利放弃或转让给

----

① 李强指出了国家权力和国家能力之间的区别，反对通过扩大国家权力强化国家能力的路径，与大多数自由主义开出的药方相同，他主张削弱政府权力。李强：《国家能力与国家权力的悖论》，《中国书评》1998 年第 2 期。

国家？对这个问题的不同回答形成了不同的社会契约论。当霍布斯要求人们把全部权利转让给主权者时，人们看到了一个绝对主权者的形象，以致皮特金与其他一些人一样感到"有些不对劲"，有"遭到背叛"和"莫名其妙被戏弄了"的感觉。① 卢梭背负了自由主义者和极权主义者的双重名声。全部授权论者创造了一个力大无比的利维坦，拥有了卢梭拥护的"全部的力量"。从社会契约论起点出发，走了一圈，难道重新回到了君主专制主义的老路？霍布斯授权论的困境不在于授权，放弃了授权作为国家获得权力的合法性根据，霍布斯获得的近代政治哲学先驱者的称号就会消失；霍布斯授权论的困境也不在于主权者的权力是不是绝对的，布丹的主权概念的特征之一是把主权界定为一种绝对的权力，只要民族国家还存在一天，主权的绝对性特征就会维持一天。古典社会契约论者启用了阐释现代国家发生时的创制方法，这种思维既是一种梅因意义上的拟制方法，也开启了人为设计国家的新思维。通过社会契约构建国家体现了尊重和保障人的权利和自由的合目的的现代性价值。

六　结语

　　本章对民主集中制的解读不是一个民主集中制何时、如何和怎样提出的实证话题，也不是中国独有的问题，毋宁说，这是关于集体行动与个人自由的普遍政治哲学问题，它包含了现代国家的组织方式和国家治理能力现代化等原理，涉及如何通过民主方式实现国家能力的议题。与德性论的传统国家治理方案不同，社会契约论是法哲学家描述和规范现代性国家的理论体系，它包含了三重关系范畴：自然状态——无政府主义、个人主义——共同体主义、政治契约——政治权威等。从不同的时代和立场出发，社会契约论者既可以通过组合自然状态—个人主义—政治契约这一线索表达自由主义的命题，也可以通过组合无政府主义—共同体主义—政治权威表达现代性集体主义。无论古典社会契约论还是新社会契约论都具有两面性：论证政治权威和公民服从义务的正当性以及约束和限制政治权威的必要性。作为一种方法论，契约论成为论证国家合法性的方法之一，它具有罗尔斯指认的正义和合理选择理论的优点，从一个特定的视角强调了政治原则的公共性和正义性。在个体越来越分散及其网络社会迅猛发展的历史背景下，社会契约论仍然面临不断重组人与人的关系达致有机团结的任务。

---

① 参见〔美〕皮特金《代表的概念》，唐海华译，吉林出版集团有限责任公司，2014，第 2 章。

　　用社会契约的概念和原理解释我国国家和政治制度不是我国政治哲学主流的方法论，对中国国家和政治实践的解释是否一定要借助于社会契约论是值得讨论的。支撑传统国家的父权主义（这也是家国同体论的基础）不再作为解释现代中国国家行为的支配性理论，"枪杆子里出政权"等打江山话语不宜作为新中国成立之后政治制度合法性的理据，要开辟对历史的人民的选择重新解释的思路。社会契约蕴含了自由平等的契约精神和相互负责的义务观念，这对一个既渴求创新又需要超稳定的国度颇为适当。契约精神显现的不是放任的个人主义面向，而是包含了两个主体之间的平等包容的关系。作为一种理论尝试或思想实验，社会契约所释放出来的社会想象以及言说中国现代性的方式满足了人人平等的社会主义原则，提供了论证为人民服务的方法论。在中华人民共和国成立一个甲子年之后，中国人民不再是战争状态下谋求解放自己、争取民族独立的芸芸众生，而是享有国家主体地位的主人群体，成为在全球化背景下以规范、理性和和平的方法建设中国的主体。

第五章

人民制宪论

基本规范是一个国家政治统一性和社会秩序的最高规范。一切可以称为基本规范的东西，就是宪法。从这种宽泛意义上理解，宪法无非是任何国家治国安邦的根本法。一个国家按照某种方式落实了根本法设定的总体目标，就可以成为一个秩序井然、长治久安的理想国度。从实证主义方法论角度看，宪法规定了业已存在的人际关系，也预设了赖以遵循的理想人际关系，遂使宪法追求的国家和社会秩序具有经验和规范的双重效力。然而，对宪法的经验性和规范性论证不能替代正当性论证。宪法正当性命题是衡量理想宪法的系统学理和方法论知识体系。现代性开启以来，支撑宪法正当性论证的学说主要是宪法根据论，借助于法律发现观和某种预先设定的价值观，宪法根据论提供了支撑宪法背后的理念、意志和精神。从制宪者视角出发有助于重新审视制宪理论的发展简史，区分他者制宪与自我立宪之间的界限，以便确立宪法正当性的主体性地位。按照历史唯物主义的基本立场和方法论，现代宪法是历史的现实的人自我制宪的现代性成就。作为人民制宪论的组成部分，受害者制宪论确立了受害者作为自我制宪者的正当性地位，保障了受害者及其后代不再沦为受害者的制度框架，为调和宪法的现实主义和理想主义提供了一种学理解释。

一　不偏不倚的制宪者

制宪根据论和制宪主体论是分析和证成宪法正当性的两种视角。依据制宪根据论，体现了某种基本价值和历史精神的根本法是理想宪法，依据制宪主体论，只有制宪者才能创造或发明基于基本价值的理想宪法。制宪根据论证明了宪法之所以是宪法的学理，阐释了"真正的宪法"等同于"客观法"、"自然法"、"最高法"、"天法"或"历史精神"等的合规律性的基本价值。

蕴涵了基本价值的根本法是宪法所产生的逻辑根据，为此奠定了宪法的根基。基本价值被认为是先于制宪者存在的某种一成不变的理念和放之四海而皆准的法则，有待制宪者去发现和挖掘。发现宪法背后的客观法使宪法解释学产生了众多的流派，其中不乏通过自由意志的解说制造出具有黑格尔绝对精神范式的"绝对宪法"或"高级法"①，形成了独特的由法哲学家建构的宪法世界。宪法的发现之旅赋予了发现者崇高的使命，也不可避免地将发现者置于非生产性的从属地位。

先有制宪者，然后才有对宪法正当性的阐释。制宪主体是一种存在，它们本身就是价值设定的基础，并非有一种单纯"应当"决定制宪者的存在，而是由存在的制宪者决定宪法所蕴含的"应当"。因此，由谁来发现根本法中的基本价值形成了制宪理论的另一视角，笔者称其为宪法主体论。一个简明的宪法主体论的基本含义是，宪法是制宪者运用其理性和意志创造或发明的基本规范，制宪者凭其制宪者的地位就被赋予了一种宪法正当性的理想品质。从制宪理论的历史成就来看，确立宪法赖以存在的基本价值的一个重要方式是对理想制宪者的追求。追求和解读理想制宪者成为衡量理想宪法的重要视角。为此，有关制宪理论和制宪权的讨论就变换了提问方式，由谁发现宪法的价值转向由谁发明了宪法的价值。基于不同的学理和语境，理想制宪者可以分为不偏不倚的制宪者和偏私的制宪者，前者确立了他者制宪论的精神结构，后者则是现代性社会开启之后自我确证和自我意识在制宪实践中的表现。

（一）神作为立法者

有神论者把一切恩泽和光辉都归于超级性存在的神。神是最高的存在，是一切秩序之源。按照神的意志制定和实施的宪法或基本规范是良宪、良法和良治，相应的，一切与神的意志相抵触的实在法是恶宪、恶法和恶治。在至高无上的神的面前，没有人比他人得到更多或更少。毋庸置疑，神学观是一种思维方式，它提出了永恒存在和绝对正确的概念。借助于神法及其观念，良法才是"高级法"和"真正的法"。在神法面前，人法获取了其正当性和合法性。对于人法而言，与其说人通过其意志和理性创造或发明了法律，不如说人发现了由神确立和规定的法律。神所确立的秩序之所以完美和绝对正义，乃是基于神作为完美的立法者的超然存在。换句话说，神既是至高无上

---

① 相关讨论参见〔德〕卡尔·施密特《宪法学说》，刘锋译，上海人民出版社，2005；陈端洪《制宪权与根本法》，中国法制出版社，2010。

的规定性存在，也是平等关照每一个信仰者罪恶和福利的不偏不倚的立法者。神作为制宪者和立法者存在本身就是一种最为基本的根据，人们无须或不能进一步追问，神又是根据什么标准或价值制定了公正无私的法律。源于制宪者的主体行为，仅就它们自身而言，看来就是一种终极的根据。

　　法律发现观是对已经存在或被认为存在的客观规律的立法认识论，法律发明观则展示了宪法和法律从无到有的创造性结果。依照这种简单的划分标准，宪法根据论就可以归属到法律发现观的理论视域之中，成为从属于法律发明观的第二性东西。法律发现观有多种形式，如借助于对自然、人性、意志、理性、德性、精神、习俗等规律的不懈追求，就会形成不同的法学理论和某种法律正义观。然而，法律发现观在源头与一元化的形而上学观存在内在的关联，尤其是建立在像绝对精神、自然理性等基础上的法律发现观是法学上的形而上学。考文认为："美国宪法的合法性、至上性以及对它的尊崇的要求，同样奠基一个共同的、已经确立的基础之上，即人们深信有一种高于人间统治者的意志。"① 在历久弥新的有关自然法和自然权利的讨论中，神义论的叙事方式是认识现代国家良法的背景性知识和参照对象，拒绝和假装看不到这种隐蔽的思维方式是不可取的。列奥·施特劳斯指出："一旦自然权利的观念出现并成为理所应当的之后，它就很容易地与存在着神启法的信仰相调和。"②

　　西方宗教改革终结了体现神权意识形态的制度，就有神论而言，却没有因此损害神作为至高制宪者的社会想象。现代性来临之后，宗教不是作为一种政治意识形态，而是作为一种社会意识或文化传统观念对信仰者的行动依旧发挥了某种调节甚至支配的作用。以自由理性为中心的启蒙理论与神的思维方式并不是决然对立的，吉登斯指认说，"对自由理性的倡导，并非要以此取代神的旨意，而是赋予其以新的内容。一种类型的必然（神的法则）被另外一种类型的必然（我们意识的必然，经验观察的必然）所替代，神意被天意的发展所取代"。③ 从当代神学讨论中可以看到将圣法遗产再政治化以及消除此岸世界和彼岸世界区分的倾向，正是神学的社会想象存留的一个表征，一如哈贝马斯所揭示的那样，这种倾向不意味着彻底清除上帝观念的无神论。上帝的观念作为一种未被消除的思维方式被转化为一种逻各斯观念，这种逻

---

① 参见〔美〕爱德华·S. 考文《美国宪法的"高级法"背景》，强世功译，三联书店，1996，第 5 页。
② 〔美〕列奥·施特劳斯：《自然权利与历史》，彭刚译，三联书店，2003，第 86—87 页。
③ 〔英〕吉登斯：《现代性的后果》，田禾译，译林出版社，2000，第 42 页。

各斯观念支配着信徒团契以及正在自我解放的社会的实际生活语境。①

（二）作为制宪者的圣人

中国传统社会不借助于超越此岸的话语体系表达现实的正当性。无论如何定义和理解圣人，圣人都不具有与神一样的超验性。圣人没有离开过此岸，也没有期冀在来世中寻找立足点。② 在基督教文化中，神是唯一的排他性存在，被救赎的人可以升至天堂，免遭下地狱之苦，然而，即便最虔诚的被救赎者也不能成为神。儒家文化视野中的圣人是历史的复数的存在，也是此岸或现实的存在，而不存在单一的超然人格神。儒家倡导人人成圣，圣人是现实的人通过修行可以达至最高道德地位，从而形成此岸与彼岸不仅不对立而实现通融一体的精神文化格局。

不过，摆脱了人格神的圣人理论没有使圣人与神一样具有超然、唯一的制宪者地位，这取决于对圣人存在形式的解释和理解。对于理想的立法者，中国传统文化尤其是儒家文化形成了特有的圣人制宪论，在中国传统文化中，天子、圣人与君主具有不同的使命指向，但唯有天子享有制宪的特权。天子仅凭其是天子的主体地位就是一部理想宪法的准则。子曰："非天子，不议礼，不制度，不考文。……虽有其位，苟无其德，不敢做礼乐焉，虽有其德，苟无其位，亦不敢作礼乐焉。"③ 如果说礼乐构成了中国传统社会的基本规范，其制作者或制宪者乃是在王位的圣人。④ 通过诉诸"天"和"道"的正义观，儒家对君主提出了作为模范制宪者和立法者的理想标准。"天子才敢制度"的制宪准则乃是对人的要求，而不是对神的期盼。儒家眼中的天子虽异于宗教之神，但也只有天子才能制礼作乐，以便完成对基本规范及其体系的创制。不是所有在君位的人都可以称为合格的天子，无德的君主通常被剥夺了制礼作乐的立法资格。有德者虽有其德，却无其位，同样没有制礼作乐的资格。儒家眼中理想的立法者应当德位相配，缺一不可。任何人只要得道就可以成圣，修齐治平的成圣路线图的终点是圣人，但并非所有的圣人都是天子。孔

---

① 参见〔德〕哈贝马斯《合法化危机》，刘北成等译，上海人民出版社，2000，第160页。
② 庄子《天下篇》说："不离于宗，谓之天人。不离于精，谓之神人。不离于真，谓之至人。以天为宗，以德为本，以道为门，兆于变化，谓之圣人。"冯友兰引向秀、郭象注："凡此四名，一人耳。所自言之异。"并说，"此四种都是天地境界中底人"，圣人"尽有天人等之所有，但亦有天人等之所无"。冯友兰：《新原道》，北京大学出版社，2014，第13页。
③ 《中庸》。
④ 朱熹引郑玄注解证，"言作礼乐者，必圣人在天子之位"。朱熹：《四书集注》，王浩整理，凤凰出版社，2008，第34页。

子被称为圣人，孟子被称为亚圣，却不能被称为天子。"圣人不在天子位"的观念高扬了人人成圣的平等正义观，也谨慎地为天子制宪保留了特权。未能成圣的个体自然不能作为立法者或制宪者的一分子，成圣的个体不居天子位，也没有制礼作乐的权利或权力。

从人人成圣观中不能导出人人成天子的逻辑结论，也不能从人人成圣观中导出人人制宪观或人民制宪的要义。人们需要在道德立法者与政治立法者之间作出谨慎划分，天子制宪论属于政治立法的理论范畴。道德立法者与制宪根据论具有更多的亲缘关系，而政治立法者往往属于制宪主体论的范围。不妨说，天子是完美的政治立法者，圣人是最佳的道德立法者，君主是政治立法或道德立法的实践者。在卢梭看来，伟大的君主和伟大的立法者之间存在巨大的差异，"前者是按照后者制定的模式行事的；后者是发明机器的工程师，而前者只不过是安装和开动机器的工人"。① 三代是儒家眼中的历史黄金时代，对尧舜禹与桀纣的区别对待强化了前者作为天子、圣人和君主三位一体的完美主体想象，后者虽有君位却无德位，自然不能作为适格的天子，更不要说具正当性的圣人。尧舜禹作为天子建构或践行了一种正义的基本规范。对天子、圣人和君主主体资格的同一性和相异性讨论为中国传统文化赋予了理想和批判的品质。礼崩乐坏的时代来临之后，尧舜禹式的天子永远成为历史的想象，历朝历代中最好的君主也只是三代之制的解释者和践行者，而不是制宪者或立法者。在大多数情况下，正如黄宗羲在《原君》中所揭示的那样，在位的君主更像桀纣而不是尧舜禹，论证了凡是君主不应都是天子的命题。

（三）作为哲学家、超人或外来人的立法者

由外来的智者为本邦、本土或本国的人民立法的设想最早可以追溯到柏拉图的哲学王理念。哲学王是一个有德性的城邦的第一个立法者、"制度画家"和缔造者。哲学王没有自己的私利和需要通过法律维护的自我利益，因为哲学王具有真正哲学家的天性，他们与神圣的秩序有亲密的交往，可以看到永恒的不受产生和灭亡过程影响的实体知识。② 柏拉图关于善的理念的立法叙事没有因为哲学王统治流产的教训而中断，人们可以发现类似的变种表达或隐或现地出现在历史的视野之中。尼采的超人说、卢梭的外来立法者乃至罗尔斯无知之幕背后的立法者不同程度地承接了哲学家作为立法者的想象。

---

① 〔法〕卢梭：《社会契约论》，李平沤译，商务印书馆，2011，第44页。
② 〔古希腊〕柏拉图：《理想国》，郭斌和等译，商务印书馆，1986，第229—253页。

这种立法想象根植于具有内在统一性和连续性的西方文化的精神结构之中。被我们今天所称的西方文化大致上是由希腊逻各斯主义、基督教文化和启蒙思想构成的，它们在思维方式上需要处理真实世界和表象世界的内在关系，这种相信人类能够探知事物的根本属性的信仰被罗蒂统称为"大写的哲学"。

以怀疑主义和视角主义为方法论的尼采开启了西方哲学追问的轨道。超人是重塑一切价值观和秩序的富有创造性的人。在海德格尔看来，"以'超人'这个名称，尼采并不是指某种奇人和怪物，而是指超越了以往人类的那种人。而以往的人，迄今为止的人就是这样一种人，他的此在和存在关系是由柏拉图主义的某种形式或者几种形式的混合决定的"。① 在未来的超人世界里，国家不是由"契约"建立的，而是超人的强力意志的产物。尼采把存在者的基本特征（即存在）规定为强力意志，经由这个强力意志即存在者本身就构建了一个真实世界。超人是自然和社会的立法者，不受任何法律约束；超人是道德和真理的准绳，不受道德和真理的判断。②

相比之下，法律乃至道德不过是弱者的武器，它们对于弱者（在尼采眼里，末人或最后的人通常是弱者的代名词）比对于强者更为有用，强者无须借助法律便可以实现他们的意愿。尼采对超人的呼吁建立在传统社会秩序观崩溃的现代性背景下，无论如何，重整人间完美秩序的工作不能安放在早已世俗化和功利化的现代社会的理性人的身上，重新确立一套崭新的制度体系唯有超人在真实世界里才能完成。超人通过强力意志就可以实现自己的目的，而无须在超人之外或背后寻找正当性根据。体现了强力意志的超人理论通过打破启蒙哲学的理性循环而完成了作为后现代社会的秩序的发明家角色。

对某种永恒不变的理性的思考为启蒙哲学赋予了现代性的主体原则，这在卢梭的人类政治进步观中具有重要意义。在人民自我立法的前提下，卢梭的问题意识是，在人民不能全部、同时、直接立法的情况下，如何通过立法全面体现人民公意。在《社会契约论》中，卢梭说，"大多数希腊城邦的习惯都是委托异邦人来制定本国的法律。近代意大利共和国每每效仿这种做法。日内瓦共和国也是如此，而且效果很好"。③ 为什么把立法几乎等同于人民意

---

① 〔德〕马丁·海德格尔：《尼采》（上卷），孙周兴译，商务印书馆，2002，第231页。
② 参见〔德〕尼采《权力意志——重估一切价值的尝试》，张念东等译，商务出版社，2005。
③ 〔法〕卢梭：《社会契约论》，李平沤译，商务印书馆，2011，第46页。

志的提倡者，却对外来立法者立法的行为赞不绝口？① 一个可能的解释是，与尼采的超人立法者不同，卢梭更加注重外来立法者的智慧和品质而不是其权力意志，因为"起草法律的人是没有而且也不应当有任何立法的权利的；而人民本身即使是愿意，也是不能自己剥夺自己的这个不可转让的权利的"。② 外来立法者不受他所制定的法律的制约乃在于外来立法者只是法律的制定者，不是使用者。

立法者是法律所调整利益的超脱者或局外人，这在卢梭下面一段话中表述得更为清晰，"为了能发现适合一个民族的最好的社会规则，就需要有一个能通达人类的种种感情而自己又不受任何一个感情影响的最高智慧。它虽与我们的天性没有任何关系，但它又深深了解我们的天性；它的幸福与我们无关，但它又十分关心我们的幸福"。③ 外来的立法者显示了具有安放好秩序，抽身远去的浪漫、公正的历史形象，树立了不偏私的旁观者的中立立场和品质。由此看来，外来立法者之所以得到承认，不仅是因为其立法技艺的精湛和立法智慧的高超。外来立法者可以避免立法者将其私利隐藏于法律条文中，这种不是单纯地追求纯粹的立法技术，而是探究立法的实质正义的追求赋予了立法者真正的良好品质。如果上述论点的基调可以成立，罗尔斯眼中的立法者就具有了像外来立法者那样的超然、中立和旁观者的特性。

罗尔斯的正义论继承了古典社会契约论的传统，论证了一个正义的社会如何通过公平的制度而形成，但罗尔斯抛弃了古典社会契约论在自然状态中的人共同让渡自然权利的叙述逻辑，转而指认无知之幕背后的立法者及其状况。追求公平的正义社会的人只有忘却或遮蔽了自己在具体社会中所具有的特殊利益和偏好，才能制定出体现公平正义原则的宪法或基本规范。公平的正义理论暗示了一种人人立法的图景，而与作为神的或超人的立法者迥然不同。然而，站在无知之幕背后的立法者无疑都具有像神或圣人一样的超然品

---

① 卢梭严格区分了"起草法律的人"与立法者的关系，真正的立法权属于人民，"而人民本身即使愿意，也是不能自己剥夺自己的这个不可转让的权利的"。〔法〕卢梭：《社会契约论》，李平沤译，商务印书馆，2011，第47页。值得重视的是，卢梭认为并非所有的民族都适合立法，而适合立法的民族需要有一个智者为其立法，为此，虽然并非正式的邀请，卢梭欣然为他点名赞誉的当时的科西嘉岛撰写了一篇《科西嘉岛制宪意见书》。此外，波普尔坚持认为柏拉图很可能把自己视为其所称的哲学王的人之一，尽管柏拉图一生中只是"建立了第一个哲学教授职位，而不是哲学王位"。参见〔英〕波普尔《开放社会及其敌人》（第1卷），陆衡等译，中国社会科学出版社，1999，第284—290页。
② 〔法〕卢梭：《社会契约论》，李平沤译，商务印书馆，2011，第47页。
③ 〔法〕卢梭：《社会契约论》，李平沤译，商务印书馆，2011，第44页。

质，在选择原初状态的正义原则时，他们都不应当因天赋或社会背景的特殊因素而得益或受损，从而"保证被采用的原则不受到特殊的爱好、志趣及个人善观念的影响"。① 这个立论前提和限制性条件是假设性的，服务于作为分析和解释公平的正义理论的方法，却间接地形塑了类似于神或圣人的不偏不倚的立法者形象，这种立法者形象超越了具有特殊偏好和私利的凡人或普通人。

以上的讨论表明，法律发现观和法律发明观都需要一个完美的立法者去发现或发明。制宪主体的地位和品质是衡量一部理想宪法的唯一标准。判断宪法正当性的基础首先不在于一部宪法是否体现了某种抽象的正义原则，也不在于在立宪时刻的某种背后的力量，而在于宪法是由谁在何种情况下制定的。有什么样性质的制宪主体，就有什么样性质的宪法。神、圣人和超人等都显示了作为不偏私的立法者的完美品质，他们之间的关联性不因此岸和彼岸的对立而产生相异性。无论制宪根据论所阐述的基本价值是什么，唯有通过完美的立法者才能展现或发明这些基本价值。宪法和法律之所以完美正是因为立法者是完美的或近乎完美的，立法者之所以完美是因为他们不会像一般的人人那样具有特殊的爱好、欲望和特定的善。单纯地赋予宪法及其法律秩序以强制性，并借此对人们的行为实施统一的方案绝不是理想主义宪法的唯一功能，甚至也不是最主要的功能。由完美的神或半神一样的人制定的宪法规制了不完美的人、有缺陷的人和自私自利的人。成圣理论建立在规制、抑制或取消人欲的前提下——尽管这种规制、抑制或取消是建立在合理引导之下的个体的自我体认和自我完善——而不必然是一种外在的强制。完美或理想的宪法被赋予一种教育和引导的功能，它能够使有缺陷的人在既定或理想的秩序之下成为完美的人。

二 自我制宪的逻辑

寻求完美立法者成为人类的理想，其目的在于追求面向所有社会成员的无偏私的良好秩序。从历史和社会的现实性出发，作为理想制宪者的神、圣人、哲学家或超人都可以作为外来立法者对待，其所制定的宪法和法律被赋予了他者立法的品质。抛弃外来立法者作为他者立法的思维方式，转向自我制宪既是启蒙运动的产物，也是一种历史唯物主义的方法论视角。自我制宪意味着人类自我规划并实现与该规划相适应的社会秩序和国家秩序，只要制

---

① 〔美〕罗尔斯：《正义论》（修订版），何怀宏等译，中国社会科学出版社，2009，第15页。

宪者认为一种基本规范可以最大限度地呈现和满足自己的需要和偏好，就是完美的或接近完美的社会秩序。按照历史唯物主义的基本观点和立场，制宪主体不是随心所欲地制定了宪法，宪法以及宪法背后的宪法精神和价值归根结蒂是由一定社会的物质的生活关系决定的，这是马克思主义制宪论与他者制宪论以及与唯心主义自我制宪论最重要的差异。因此，一旦将制宪理论的讨论语境从制宪根据论转向制宪主体论，如果不对不同形式的制宪主体论仔细作出甄别，就会陷入精神决定论的逻辑和思维。历史的现实的人作为制宪者在方法和路径上可以模仿或参照作为他者的立法，试图与他者的立法保持一致，但其所产生的结果属于人的自我立法范畴。不过，作为理性不及的人以及对现实政治关系经验性的考量，以人作为制宪者的制宪技术和成果不同程度地背离了不偏不倚的立法者的品质，对完美宪法的追求一直在路上，在宪法的理想性和现实性之间产生紧张性关系。

（一）自私自利的人制定的宪法

十七、十八世纪，在阐释一种新的国家观和秩序观的时候，西方启蒙思想家借助于人的科学和人性认识论，通过社会契约论的理论想象，确立了现实的人作为自我立法者的历史地位。从某种基本理念或道德认知出发，中西方哲学承认现实的人是不完善的人。对人的不完善的表达因中西文化不同而有所差异。基督教文化基于超验的宗教理由指认人是有罪之人，儒教认为人需要通过修身完成从小人到君子乃至圣人的完善过程。然而，把人的不完善性不是作为一种罪恶而是人的现实规定性则是人的科学发展的产物。"在18世纪，欧洲的知识界精英只是开始普遍接受一种对情感——用他们的术语表达，即激情——的更积极的评价。……激情是善，它会由提高人性的教育来激发，人性现在被看作是可臻完善而不是天生邪恶的。"[1] 人的欲望、激情和偏好等都是客观的存在性要素，只能被适当地控制而不能被消灭。人的欲望、激情或偏好等不再作为人的缺陷，更不是作为一种罪恶，相反，只有肯定人的欲望、激情或偏好等才能为改善人的境况提供出发点。

亚里士多德把人的欲望或激情作为兽性来处置，这就承认了人的不完美性。对亚里士多德来说，对待人的兽性的方法不是消灭人的欲望或激情，而是通过法治的方法予以控制。启蒙思想家继承了亚里士多德控制人的欲望或激情的方法论，但取消了人的欲望或激情具有兽性的属性判断。人的欲望或

---

① 〔美〕林·亨特：《人权的发明：一部历史》，沈占春译，商务印书馆，2011，第81页。

激情被认为是人的本质性规定的组成部分，人不是有了欲望或激情而是超越了其欲望或激情从而妨碍他人的欲望或激情才成为恶人。善恶标准依赖于某种维系人欲的正当性标准，而不是一成不变的抽象的善。宪法或基本规范的目标乃在于确立一种既保持人的欲望或激情，同时也防范越界人的欲望或激情。事实上，把人的欲望或激情作为人的科学的分析对象成就了霍布斯作为现代政治哲学奠基者的地位。美国宪法的权力制衡原理建筑在"以权力制约权力""以激情对抗激情"的逻辑基础之上。① 赫希曼通过新的解释方式将"利益"从人的诸种欲望中解放出来，激活了人性中的某些积极因素，乃至成为遏阻有害欲望的担当者。②

具有欲望、激情和偏好的人是历史的现实的人，这样的人正是一群自私自利的人，是市民社会的人。资本主义社会是由自私自利者组成的社会，马克思指出，"封建社会已经瓦解，只剩下了自己的基础——人，但这是作为它的真正基础的人，即利己的人。因此，这种人，市民社会的成员，是政治国家的基础、前提"。③ 自私自利的人制定的宪法是自保的宪法，这种宪法的使命既要防止自私自利的人相互之间的侵犯，也要防止国家权力对自私自利的人的欲望和激情的任意干涉。基于对自身利益的维护，自私自利者不能无视立法，他要积极参与立法，只有这样才能维护自己的独有的欲望、激情和偏好，而参与制宪和立法本身就是维护自我利益的一种表现。近现代以来，建立在社会契约理论基础上的自由主义哲学（与功利主义相区别）肯定了现代性命题特有的主体性原则，预设了理性自私的个人主义原则，形成了描述现代社会基本规范最重要的社会想象（虽然不是唯一的想象）。

（二）大多数人作为制宪者

从作为利己的人人立法者过渡到大多数人作为立法者与其说是自私自利者制宪论在学理上出了问题，不如说是人人作为制宪者立法者的实施困境使然。人人作为立法者侵染了古希腊城邦直接民主的理想成分，对于国土面积

---

① 在《联邦党人文集》第 51 篇中，麦迪逊肯定了人的野心的合理存在，"如果人都是天使，就不需要任何政府了"。〔美〕汉密尔顿等：《联邦党人文集》，程逢如等译，商务印书馆，1980，第264 页。

② 参见〔美〕阿尔伯特·赫希曼《欲望与利益：资本主义胜利之前的政治争论》，冯克利译，浙江大学出版社，2015。

③ 《马克思恩格斯文集》（第 1 卷），人民出版社，2009，第 45 页。

广袤、人口众多及价值多元化的国度而言，人人作为立法者的目标难以企及。在这种情况下，民主选举作为一种代议制的特殊形式成为最大限度地实现人人作为制宪者和立法者的首选。十九世纪三十年代，来美国做政治社会学考察的托克维尔看到的就是由多数人作为立法者的制度实践场景。"民主政府的本质，在于多数对政府的统治是绝对的，因为在民主制度下，谁也对抗不了多数。……在美国，一些特殊的环境条件还在促使多数的力量不仅居于压倒一切的地位，而且促使它成为不可抗拒的力量。"① 大多数人具有最高的权威和正当性地位，这条原则与其说是理论家的想象或假设，不如说是对美国人民主权原则民主实践的概括和总结。在对大多数人作为溢美之词的同时，托克维尔的比较对象是他所处的由少数人或贵族统治的欧洲国家。如果不能诉诸古希腊城邦的直接民主，且少数人统治或贵族统治已陈腐不堪而不能继续堪当大任，大多数人的民主实践就会成为不错的选择。托克维尔提醒人们注意，他所描述的美国式民主是独特的，难以被其他异于美国地理、法制和民情的国家效仿。"我也决不认为，美国人发现的统治形式是民主可能提供的唯一形式。"② 对托克维尔来说，对美国民主的尊崇与对"多数人暴政"的忧虑相关联。

密尔对代议制民主做出了开创性的系统理论解说工作，他将代议制民主称为现代社会最好的民主体制，这种表达与托克维尔对美国的现场赞誉异曲同工。密尔承认，最好的政府是人人参与的政府，"但是在面积和人口超过一个小市镇的社会除公共事务的某些极次要的部分外所有人的参见公共事务是不可能的，从而就可以得出结论说，一个完善政府的理想类型一定是代议制政府了"。③ 密尔的民主理论图像聚焦于代表会议制度，他也关心像性别不平等这样的社会民主问题，但其把民主理论的重心放在了代表或议员的选择原则以及议员的代表性方面。按照密尔的理解，大多数人不是一个稳定的集合体，在一种民主制度中根本不能以合法方式将人民持久地、有组织地划分为多数和少数，也就不存在针对多数持久的值得保护和需要保护的利益。如果按照简单多数的投票规则，实际上做出决策的恰恰是少数人，在极端情况下由这些实际的少数人做出的决定不仅可能侵犯社会中的少数人利益，也可能

---

① 〔法〕托克维尔：《论美国的民主》（上卷），董果良译，商务印书馆，1996，第282—283页。
② 〔法〕托克维尔：《论美国的民主》（上卷），董果良译，商务印书馆，1996，第15—16页。
③ 〔英〕密尔：《代议制政府》，汪瑄译，商务印书馆，1982，第55页。

侵犯大多数人的利益。① 随着投票人数的下降、参加政党人数的减少以及对统治者普遍失去信任等因素的增加，这种借助于大多数人之名的少数人作为真正立法者的局面将会长期存在。

以民主选举为主要代表形式的代议制民主暴露出大多数人作为立法者在理论原初状态上的先天性不足。一方面，它误判了简单多数在实际操作过程中的发展结果，临盆的是大山，产下的却是一只耗子。② 然而，把某些议题从简单多数改为绝对特定多数并没有拯救投票民主制的困境。绝对多数的实践逻辑是，它涉及加大形成决议的难度，66% 或者 67% 将不像 51% 那样容易凑齐。加大难度并没有否定简单多数和特定多数之间作为同一立法者的性质，也不包含一种普遍肯定性的正义原则或者理性原则。③ 另外一方面，多数人理论与功利主义思维方式是一致的。功利主义者将大多数人作为理想的立法者，以最大多数人的最大幸福作为阈强度。功利主义本质上不是个人主义的，它设定了一个基于个人原则的同质欲望体系，"然后，这个理想的立法者试图通过调整社会体系的规则来将这一欲望体系的满足最大化"。④ 功利主义不认真对待人与人之间的差别，其结果是对一些人的损害能够被一种其他人享有的较大利益总额绰绰有余地抵消。

（三）阶级成员作为制宪者

基于对国家和法律本质的判断和认识，马克思主义法学认为制宪者和立法者是体现了特殊利益的社会阶级成员。首先，从历史唯物主义的立场出发，马克思主义法学揭露了资产阶级的立法学说的虚伪性和非现实性。支撑实践中的资本主义制度背后的人人作为立法者的假定不过是缺乏历史根基的社会

---

① 简单多数投票制可能走向以人人平等为基础的民主制度的反面，简单多数的结果有可能体现的只是少数人的意志。密尔论证说，（因此）"受害的并不仅仅是少数。这样构成的民主制甚至达不到它的表明目的，即在一切情况下将统治权力交给多数人这一目的。……它将这种权力交给这种多数中的多数，而这种多数可能并往往不过是全体中的少数"。〔英〕密尔：《代议制政府》，汪瑄译，商务印书馆，1982，第 103 页。

② 基于一种激烈的批判立场，尼采把代议制民主或功利主义称为"最大数量"的胡闹，在尼采看来，历史上的这种民主运动是政治组织的衰败形式，也是人类衰败的形式。〔德〕尼采：《善恶的彼岸 论道德的谱系》，赵千帆译，商务印书馆，2015，第 159—160 页。

③ 施密特指出："无论如何，宣布多数越是压倒性的就越好和公正，抽象地断言 98 个人虐待 2 个人远远不会像 51 个人虐待 49 个人那样不公正，这毕竟也是一种特殊方式的'正义'。在这里，纯粹的数学成为纯粹的非人性。"〔德〕卡尔·施密特：《合法性与正当性》，冯克利等译，上海人民出版社，2015，第 130 页。

④ 〔美〕罗尔斯：《正义论》（修订版），何怀宏等译，中国社会科学出版社，2009，第 22 页。

想象，大多数人作为制宪者和立法者的理论掩盖了由少数人构成的资产阶级作为真正立法者的面目。作为上层建筑的宪法及其规范体系无非是对一定社会和历史阶段经济关系的事实确认和反映，法律是统治阶级意志和利益的体现，宪法是统治阶级治国理政的顶层设计。统治秩序维护论、革命胜利果实保障论等对宪法功能的定位就是这种事实确认说的体现。宪法的这种功能观对资本主义国家宪法有效，对无产阶级国家的宪法同样有效。资本主义国家的制宪者是代表了资产阶级利益的统治者，无产阶级国家的制宪者是代表了无产阶级利益的统治者；资本主义国家的制宪者排除和拒绝无产阶级的意志和利益，无产阶级国家的制宪者也排斥和拒绝剥削阶级的意志和利益。

其次，马克思主义法学认为，无论何种性质的制宪者，就其实质意义而言都不是中立的、不偏不倚的立法者。资产阶级国家的宪法和法律是对被剥削阶级实施专政的工具，通过革命取得政权的无产阶级也通过宪法和法律对剥削阶级实行专政。这是因为，"每一个力图取得统治的阶级，如果它的统治就象无产阶级的统治那样，预定要消灭整个旧的社会形态和一切统治，都必须首先夺取政权，以便把自己的利益说成是普遍的利益，而这是它在初期不得不如此做的"。① 无产阶级作为统治者从一开始就不想充当或假装作为不偏不倚立法者的角色。"共产党人向全世界公开说明自己的观点、自己的目的、自己的意图。""至今一切社会的历史都是阶级斗争的历史。"《共产党宣言》契合了一种符合被剥削阶级和被压迫阶级长远利益的历史规律。马克思主义中国化的人民民主专政理论同样以一种非不偏不倚的立场宣示了社会主义国家的正义观："'你们独裁。'可爱的先生们，你们讲对了，我们正是这样。中国人民在几十年中积累起来的一切经验，都叫我们实行人民民主专政，或曰人民民主独裁，总之是一样，就是剥夺反动派的发言权，只让人民有发言权。"② 代表全民意志和利益的抽象的法律是不存在的。剥夺敌人的政治权利尤其是剥夺敌人的选举权利保障了人民立法的纯粹性，体现了符合历史法则的正当性，同时宣告了立法者相对于全体社会成员而言的非中立、非不偏不倚的政治立场以及反对一切以不偏不倚立场论作为理想宪法的出发点。

最后，法律消亡论是马克思主义国家观和法律观的重要组成部分。宪法和法律的非偏私的本质性规定限制了它们作为永恒不变的客观法则的长期存在。基于任何国家的宪法和法律所具有的现实性和非完美性，除非消灭宪法

---

① 《马克思恩格斯选集》（第 1 卷），人民出版社，1972，第 38 页。
② 《毛泽东著作选编》，中共中央党校出版社，2002，第 374 页。

和法律自身而不能解决这个历史悖论。在马克思主义者的眼中，法律不是一成不变的，也不是永恒存在的，无产阶级国家的法律同样不是一成不变和永恒存在的。马克思主义法学对制宪者和立法者性质和属性的判断展示了法律的实际效果和功能，揭示了法律、国家、专政和阶级的历史局限性。基于这种历史局限性，无产阶级不仅要消灭任何剥削阶级统治的国家和法律，也要消灭国家和法律本身。从马克思的人类解放观看，理论的武器不是批判具体的国家，而是要批判国家本身，只有这样，才能使人的解放从单纯的政治解放走向普遍的人的解放。① 作为一种公开主张非中立和非不偏不倚立场的制宪理论，无产阶级制宪论就其本身而言仍然是历史的过渡和准备阶段，其最终目标在于实现共产主义，完成全体社会成员一律自由和平等的历史使命。马克思主义制宪论在方法论上是现实主义的，在最终诉求上则是理想主义的。

以上有关自我制宪理论的讨论表明，自私自利者、大多数人和阶级成员作为制宪者都指认了非不偏不倚的偏私的制宪理论，但它们的理论根据和现实效果迥然不同。自私自利的制宪者过分渲染了只有在市场经济中才有的互利规则，强化了经济人作为制宪者和立法者的核心地位，无视自然禀赋、阶级结构等因素差异在人人与人之间产生的实质不平等。对大多数人制宪理论而言，它建立在可以正当地忽视少数人利益的学说之上，而飘忽不定的多数人有时更像喜怒无常的暴君。马克思主义的制宪理论承认了无产阶级制宪观的历史局限性和在历史中消亡的必然性，但确立了真实且客观存在的大多数人的无产阶级作为制宪者的历史地位，观照了无产阶级利益的普遍性，从而为一种真正的宪法的发展方向提供了理论远景。

（四）宪法制宪论的历史唯物主义视角

1789 年法国《人权宣言》第 16 条宣称："凡是既没有权利保障、又没有确立权利分立制的社会都没有宪法。"按照这种宪法观，理想的宪法由于确立了基本权利和自由、权力分立和代议民主等制度就是自由宪法，也是具有正当性的宪法。自由宪法是资产阶级革命的产物，是资产阶级在反对神权制宪论和王权制宪论的过程中，为了满足契合资产阶级利益和意志的现实需求而构建的政治秩序和社会秩序。当卡尔·施密特认为"从 18 世纪以来，只有符合公民自由的要求并为公民自由提供了特定保障的宪法才被称为宪法"时②，

---

① 《马克思恩格斯文选》（第 1 卷），人民出版社，第 25 页。相关主题的讨论亦参见刘同舫《启蒙理性及现代性：马克思的批判性重构》，《中国社会科学》2015 年第 2 期。
② 〔德〕卡尔·施密特：《宪法的概念》，刘锋译，上海人民出版社，2005，第 43 页。

他只不过是在总结基于特定历史阶段的资产阶级国家观和宪政观。对此，马克思指出，被奉为法律的资产阶级意志是由资产阶级的物质生活条件来决定的，这种"偏私观念使你们把自己的生产关系和所有制关系从历史的、在生产过程中是暂时的关系变成永恒的自然规律和理性规律，这种偏私观念是你们和一切消亡了的统治阶级所共有的"。①

将宪法的正当性理据立于预先假定的特定内容并以此作为衡量宪法成色的标准不是从自由宪法论开始的，它在本质上属于形而上学制宪根据论的范畴。在《黑格尔法哲学批评·导言》中，马克思基于对"苦难世界"的批判，提出了"人是人的最高本质"这一命题，但这里的人既不是市民社会的人，也不是费尔巴哈笔下的"类"意义上的抽象的人，而是"受屈辱、被奴役、被遗弃和被蔑视"的人②，这样一些人既是所处时代和国家的具体受害者，从人类解放的角度看，也是普遍存在的历史受害者。面对现代性以来的科学技术的大发展和生产力的显著提高，"现代的工人却相反，他们并不是随着工业的进步而上升，而是愈来愈降到本阶级的生存条件以下。工人变成赤贫者，贫困比人口和财富增长得还要快"。③ 在资本主义社会，主要是经济关系的不平等造就了广大劳动人民作为真正受害者的历史现象，即一种制度的不公造成了"饥寒交迫的人们，全世界受苦的人"的具体存在。在《论犹太人问题》一文中，马克思视资本主义国家的代议制民主为"政治状态的诡辩"。所有的人在政治上看似自由和平等，实际上却被收入和权力的不平等分为三六九等。唯有有效地消除政治国家中的人与市民社会中的人二者之间的深重隔阂，弥合抽象意义上的人与现实中的人之间的深刻裂纹，才能实现人类的解放。④

神意论、天意论和黑格尔式的绝对精神成就了宗教激进主义认识论，也成为"证明精神在历史中的最高统治的全部戏法"，这种戏法的技巧之一是"把进行统治的人——而且是由于种种经验的根据、在经验条件下和作为物质的个人进行统治的个人——的思想同这些统治的个人本身分割开来，从而承认思想和幻想在历史上的统治"。⑤ 形而上学制宪根据论同样如此，将制宪权从主体中分离出来，任由纯粹意志和理念在宪法之外或之上空转。这种只见"价值"或"精神"的制宪理论由于无视已经存在的制宪主体，使宪法本身

---

① 《马克思恩格斯选集》（第 1 卷），人民出版社，1972，第 268 页。
② 《马克思恩格斯选集》（第 1 卷），人民出版社，1972，第 2—9 页。
③ 《马克思恩格斯选集》（第 1 卷），人民出版社，1972，第 263 页。
④ 《马克思恩格斯全集》（第 3 卷），人民出版社，2002。
⑤ 《马克思恩格斯选集》（第 1 卷），人民出版社，1972，第 55 页。

可以成为被任意形塑的对象。按照某种绝对的宪法价值或宪法精神，对理想宪法的追求将不可避免地导致宪法一元论，抹杀了不同国家的人民根据国情和历史阶段自我立宪的权利。① 宪法根据论把受到宪法制约的主体当作宪法的调整对象和法律标的，但因此忽视了宪法是制宪主体的创造性成果（即便是不成文宪法也是历史和现实的人共同创造的产物）这一根本的历史事实和存在。

宪法从独特的角度规定了一个国家人与人之间基本的政治、经济和文化关系。这种特殊的人与人之间的关系，是人们物质关系和生产关系在制宪实践中的具体体现。宪法律（按照卡尔·施密特对宪法的分类）是人创造的产物、支配宪法的绝对宪法，或者更进一步说，在宪法律之上的宪法精神（无论这里的精神是以何种形式出现的），也都是人创造的产物。不是宪法精神创造了人，而是人创造了宪法精神。人不是抽象的人，更不是人形的神，而是历史的具体的人。② 马克思主义制宪论确立了解释和改变思考世界历史的方法论，这种方法论"不是在每个时代中寻找某种范畴，而是始终站在现实历史的基础上，不是从观念出发来解释实践，而是从物质实践出发来解释观念的东西"。③ 唯有如此，当看到"大批患瘰疬病的、积劳成疾的和患肺痨的贫民而不是健康人的时候"，就不会像费尔巴哈这样的哲学家那样，回避式地诉诸"最高的直观"和理想的"类的平等化"，而是要像共产主义的唯物主义者那样通过实践改造缺乏历史正义的工业和社会制度。

三　受害者制宪论

相比于以上讨论的各种形式的制宪主体理论，笔者将提出一种受害者作为制宪者的宪法解释理论。在较为宽泛的意义上，现代国家宪法（主要是指成文宪法）无不是作为受害者的社会成员通过某种历史运动和机制制定的根本法。笔者将沿着马克思主义关于被剥削阶级和被压迫阶级的立场，兼顾罗尔斯公平正义理论中最少受惠者的视角提炼出受害者的概念。为此，我们会得出两种关于受害者的定义。一种是绝对的受害者理论，它建立在一个非正

---

① 高全喜教授建议价值论应当体现在包括宪法学的各个方面，"不单政治宪法学要接受是否遵循立宪主义的价值检验，规范宪法学和宪法解释学也都要一一接受立宪主义的价值检验"。高全喜：《政治宪法学：政治宪法理论，抑或政治立宪主义》，《清华大学学报》（哲学社会科学版）2015 年第 5 期。

② 《马克思恩格斯选集》（第 1 卷），人民出版社，1972，第 50 页。

③ 《马克思恩格斯选集》（第 1 卷），人民出版社，1972，第 43 页。

义的社会结构的基础上；另外一种是相对受害者理论，在一个接近正义的社会环境下，社会发展的成果没有惠及更多需要得到改善的人群当中。受害者制宪理论就是要阐明一种思想，在任何情况下，赋予受害者或潜在的受害者以一种宪法上或曰制度上的权利（受害者权利），其目的在于保障社会中的弱势群体享有最低限度的生存权利和发展权利。

（一）绝对受害者和相对受害者

从受害者视角出发讨论一种理想的政制是政治哲学和道德哲学经久不衰的主题之一。孟子说，"以不忍人之心，行不忍人之政，治天下可运之掌上"。怜悯、恻隐、同情、怵惕等皆可以是不忍的表现，都表达了对他人遭受苦难和不幸的情感和心动。仁政是儒家提倡的德性政治，恻隐是仁之端，故仁政也是恻隐的政治。行不忍人之政要有不忍人之政，被孔子谴责的猛于虎的苛政自然不能产出不忍人之政的效果。仁政能不能与宪法政治产生勾连，这是有待进一步梳理的问题。需要注意的是，卢梭在《论人与人之间不平等的起因和基础》，斯密在《道德情操论》中都花费相当笔墨讨论怜悯和同情，这或许不是一种偶然。基于对受害者的同情立场——用卢梭的话讲，基于"使我们设身处地地为受苦的人着想"的立场——可以为良好制度的设计提供不可或缺的视角，衍生平等和正义理论，有助于缩短真正的宪法和真实的宪法或者理想的宪法和现实的宪法之间的距离。

受害者是一个正当的概念，也是基于现实存在的真实概念。受害者泛指在一个社会中缺乏或失去生存和发展条件的具体的人或人群，在某种意义上，受害者等同于弱者的概念。受害者从类型上分为自然受害者和社会受害者两种形式，前者因天灾而沦为受害者，后者是人祸的产物。就社会受害者而言，无论"命不好的人"、"受苦的人"还是"特殊的不幸的人"都因特定社会关于权利和义务观念的不平等分配而危及其生存和发展权利。从自然受害论向社会受害论的转化显示了道德和政治哲学正视和改造社会制度的知性自觉。

基于基本制度的不公正而造就的受害者是绝对的受害者，他或他们不是因为自然禀赋或勤劳度的低下，而是因为被剥夺、被侵害和被损害而成为受害者。在对人类饥饿史的研究中，阿玛蒂亚·森论证了不是农业的歉收或粮食不足引起了饥馑，而是权利的贫困使然，这就从权利的角度解释了杜甫描述的"朱门酒肉臭，路有冻死骨"劳动人民的悲惨缘由。① 绝对受害者在基

---

① 参见〔印〕阿马蒂亚·森《贫困与饥饿》，王宇等译，商务印书馆，2004。

本的社会结构中缺乏其应有的地位。绝对受害者不是基本制度的参与者和制定者，也不会成为这种制度的倡导者和改善者。如恩格斯指出的那样，在资本主义的基本制度框架内，社会中的一部分人享有特权，而另外一部分人则绝对无权。① 马克思主义学说充满了对劳动人民悲惨和贫困命运的细致描述，被压迫者、被剥削者和被剥夺者构成了作为劳动人民的主体，把这些绝对受害者从不公平的制度中解放出来使之像真正的人那样生活开辟了一种理解人类苦难工程的道路。

如果说绝对受害者因被剥夺了基本的生存权而沦为受害者，相对受害者则因缺乏使其生存权得以保障的发展权而沦为受害者。与绝对受害者的观念相比，相对受害者在形式上被赋予了参与或通过其代表参与基本制度的设计和修改的权利。相对受害者不是绝对的无权，而是相对的无权。一种制度的设计只是在形式上表达"前途向才能开放"是不够的，因为"如果没有做出努力来保证一种平等的或相近的社会条件，资源的最初分配就总是受到自然和社会偶然因素的强烈影响"。② 发展权是一个更高层次的生存权概念，它要求更为全面和更具基础性的实质平等，以便落实联合国《发展权利宣言》确认的"所有人在获得基本资源、教育、保健服务、粮食、住房、就业、收入公平分配等方面机会均等"。在绝对受害者的情景下，社会基本结构呈现的局面是一些人的所得建立在剥夺或"合法"剥夺他人的基础上；在相对受害者的情景下，社会基本结构呈现的局面是一些人的巨大所得利益可以绰绰有余地补偿给不得者或少得者。绝对受害者不应得而无得，相对受害者因应得而无得，究其实质，相对受害者缺乏与保障生存权具有内在联系的发展权而成为社会和时代的受害者。倘若相对受害者一开始就缺乏维系生存和提高生活品质的机会和资格，则应得而未得的不幸局面就会出现。

（二）低限度的不偏不倚的立法者

基本制度的设计从一开始就要从有利于受害者的视角考虑问题，它既不同于维系最大多数人最大幸福的功利主义理论，也有别于在形式上维系所有人利益的程序正义理论。一种理想的民主解释是通过结合机会公平原则和差别原则来达到的。最少受惠者理论"假定存在着平等的自由和公平机会所要求的制度结构，那么，当且仅当境遇较好者的较高期望是作为提高最少获利

---

① 《马克思恩格斯选集》（第4卷），人民出版社，1972，第174页。
② 〔美〕罗尔斯：《正义论》（修订版），何怀宏等译，中国社会科学出版社，2009，第56页。

者的期望计划的一部分发挥作用时，它们才是正义的。在此直觉的观念是，社会结构并不确立和保障那些状况较好的人的较好前景，除非这样做适合于那些较不幸运的人的利益"。① 罗尔斯的最少受惠者理论是其作为公平的正义原则重要组成部分的差别原则的核心，尽管自由和平等原则是公平正义理论的首要原则，但缺乏最少受惠者的差别原则，作为公平的正义的概念就失去了其应有的理论特色。

在一个正义或接近正义的制度环境下，即在相对受害人的语境中，"境况较好的人"和"不幸运的人"都是自由和平等的人，但对前者的保障应当以改善后者作为前提，在这里，作为公平正义理论第二序列的差别原则并不如其在"词典式"的序列中那样"次要"。对帕雷多定律的阐释不必与古老的平均主义话题相提并论，但必然是对形式上的自由和平等原则的重大修正。"从差别原则看，不管其中一人的状况得到多大改善，除非另一个人也有所得，不然还是一无所获。"② 这是一种对人的共同发展概念的绝对判断和对正义原则不可或缺的衡量标准，它否定了最大多数人的最大幸福原则，代之以最大最小值的共同发展原则。如果不是有助于较差者或不幸者利益的改善，即使其他人或大多数人的总体福利得到改善，也难以称为理想社会的发展观和进步观。

然而，不知社会地位和状况的无知之幕背后的立法者何以面对社会"状况较差者"、"较不利者"或"较不幸者"呢？这似乎是一个在概念上自相矛盾的命题。除非无知之幕背后的立法者一致同意或自保性地假定，一个社会的基本制度能够设计成这样一种制度，身在其中的自己恰好不幸地成为最少受惠者，这个社会将会无例外地保障和救济自己。无知之幕背后的立法者采用了设身处地直觉主义的视角和立场，即便一个人沦为不幸的境况也会在制度上得到应有的帮助。同时，我们即要说，这种设身处地的思维方法不是同情式恩赐方法，而是作为受害者或潜在受害者以自我立法的方式确立的"兜底"式的正义的社会结构。这样一来，我们就回到了对不偏不倚的立法者重新阐释的位置上，基于对最少受惠者或不幸者的预防式假定，每一个参与制宪或立法的人都享有平等的权利和保障。

正如他者制宪理论揭示的那样，不偏不倚的立法者通常是指那些处于中立立场并惠及每一个人利益和价值的立法者。道德上的不偏不倚的立法者借

① 〔美〕罗尔斯：《正义论》（修订版），何怀宏等译，中国社会科学出版社，2009，第58—59页。
② 〔美〕罗尔斯：《正义论》（修订版），何怀宏等译，中国社会科学出版社，2009，第59页。

助于普遍的善的观念把每一份神的恩泽、怜悯心或良心惠及每一个人；现代社会的立法者借助于代议制民主从形式上为每一个人提供权利保障。此外，还可能有其他关于不偏不倚立法者的阐释理论，例如，休谟基于交互同情理论作出的不偏私的立法者的理论。① 然而，一种低限度的不偏不倚立法者理论要求把每一个人都作为受害者或潜在的受害者，赋予受害者或潜在的受害者作为实质立法者角色。为了标明低限度的不偏不倚的立法者理论，它与一般的制宪者理论的关系，我们可以在此阐释如下几个要点。（1）低限度的不偏不倚指向作为受害者在特定社会公认的基本生存标准以及为维系这种生存标准的发展条件。一个人基于某种缘由恰好陷入不幸的状况，他不因为自我归责或某种天命观而陷入生存和发展危机。（2）受害者是以权利主体的身份参与到对平等的社会结构的设计当中，这种平等的社会结构不是外在的立法者（如神、圣人或来自其他国度的立法者等）自上而下立法的产物。在基本正义的制度面前，每一个人都有认定自己为受害者的权利，一旦自己的境况遭遇基本的生存和发展问题，就可以借助于制度确认的资格有条件改善自己的不幸境况。（3）实际受害者与潜在受害者都是受害者，前者是指其生存权和发展权事实上遭到否定或部分否定，后者则是通过历史记载、口头转述或目睹他人的不幸遭遇而具有苦难和受害记忆的人。实际受害者是需要启动救济权的人，行使这种救济权的人只有享有某种"先赋"的权利，才不至于在多种救济方案中只是无奈地哀叹自己的不幸或等待恩赐式的救济行动。对潜在受害者而言，他不仅有义务帮助实际受害者走出困境，也要有一种方法防止自己沦为苦难记忆中的受害者。（4）实质立法者可以等同于实际或潜在的受害者，但也可以通过实际或潜在受害者的代表完成或完善基本规范。

低限度的不偏不倚的制宪主体论赋予了受害者主体性，确立了受害者自我生产、自我创造和自我赋形的能动地位。受害者凭其作为受害者的资格，就可以寻找免受苦难和摆脱苦难的价值、制度和方法，走出被怜悯、被同情和被救济的客体范畴。也只有在这个意义上，无论自我制宪还是他者制宪的不同形态才能予以明确区分。毋庸置疑，低限度的受害者理论难以形成绝对意义上的不偏不倚的立法者的局面，也无法与形而上学立法者相提并论。它是一种有限度的不偏不倚的立法者理论，无论受害者是多数人还是少数人，都基于特定的立场而提示了一种有利于受害者的制宪观。在这里，价值中立

---

① 有关休谟不偏私的旁观者的详尽讨论，参见〔丹〕努德·哈孔森《立法者的科学》，赵立岩等译，浙江大学出版社，2010。

或价值无涉的论题并没有被假装楔入这理论叙事中。如果大多数人、阶级成员或少数人作为立法者尚且难以形成一个中立的不偏不倚立法者的地位，以及如果自称价值中立的理论本身就是一种价值预设的话，这种制宪理论就不至于走得太远。

低限度的不偏不倚者表达了一种内在视角，摆脱了绝对中立者的超验立场。任何一种视角主义都不能垄断观察和解释事物的全部视角，一种视角主义之所以能够比其他视角得到更高的评价和运用，乃在于这种视角论更能体现特定时代的物质生活关系。与多数人理论（如简单多数人的民主立法）和少数人理论（如贵族立法）相比，低限度受害者理论预设了保障社会中弱势群体的道德观念，与设身处地的立法技术相契合，重新阐释了"己所不欲，勿施于人"的道德信条。事实上，低限度的受害者理论导致了某种形式的身份认同，确立了"同是天涯沦落人"悲壮但平等的历史语境，这为一种适用于任何人的普遍生活境况提供了可能性。这就意味着，作为受害者的立法者始终处于一个有待填补的动态的空缺位置，这个位置不仅由实际的受害者所填补，也为那些从较好境况坠入受害者的人保留了位置。

（三）受害者制宪理论与当代宪法

从受害者的角度理解当代宪法，宪法就是受害者通过革命的方法救济权利和防止权利被侵犯的基本规范。哈贝马斯指出："与法律学们以专业方式提出或改进的那些法律相反，这些基本权利宣言从行文风格到遣词造句都体现了那些时期的公民们——作为对他们受压制迫害之具体经历的反应——的深切的政治意愿。在多数的基本权利条款中，那种亲身经历过的不正义既余音回荡，同时又逐字逐句地予以否定。"① 美国革命、法国革命和十月革命乃是通过革命的方法反抗殖民统治者、特权等级和剥削阶级的历史性权利救济方法。革命者是旧时代的实际受害者，他们因为旧制度的不公平和不正义而沦为被压迫者、被损害者和被剥削者。新宪法的制定确认了革命的成果，结束了革命者受压迫、损害和剥削的社会和国家制度。在实质意义上，新宪法要确立一种不再使压迫损害和剥削发生和呈现的制度规范，使苦难和不幸不能发生。就一种正义的社会制度而言，从使一种苦难不再发生到不能发生保障了宪法的正当性基础。

---

① 〔德〕哈贝马斯：《在事实与规范之间：关于法律和民主法治国的商谈理论》（修订本），童世骏译，三联书店，2014，第 483 页。

　　近代以来的中国呈现了作为时代和历史受害者的中华民族通过变法、改良和革命改善自己不幸命运的悲壮历史。近代中国人民是多种压迫和剥削下的绝对受害者，被毛泽东指认的"三座大山"（帝国主义、封建主义和官僚资本主义）揭示了绝对受害者长期存在的缘由。面对多重压迫和剥削，只是要求像美国革命那样祛除殖民主义统治是不够的，像法国革命那样主要克服封建主义特权体制也是不够的。就中国近代革命而言，一旦劳苦大众不能从孙中山领导的资产阶级革命中获得彻底解放，或者说这种解放的成果只能惠及少数资产阶级，对于以农民为主体的大多数中国人而言就不是真正的解放，也难以摆脱继续贫困和悲惨的受害者角色。受十月革命的方向性指引，由中国共产党领导的新民主主义革命力求从根本上改变中国人民作为集体受害者的地位，即通过阶级解放获得个人解放，进而从解放走向自由。早在二十世纪二十年代湖南省立宪运动中，毛泽东就提出了"人民立宪"的思想。"'人民立宪'的思想包括两方面内容：其一是建立一个由人民组成的立法机关，其二是制定出反映人民意志的宪法。这一思想成为后来中国民主革命法制建设的旗帜。"① 一旦新民主主义革命获得成功，确立新中国基本规范的主体就是一个曾经遭受长期压迫和苦难的人群。人民制宪论的主体是人民，中国人民的具象化形式是作为工人和农民的人群，他们既是社会中的大多数人，也是所处社会的被压迫者和被剥削者，即作为多数人的工人和农民历史的受害者、时代的受害者和现实的受害者。只有在这种受害者的意义上，人民制宪论才具有契合现代精神的正当性和合法性。

　　作为绝对受害者的大多数人不是抽象的大多数人，也不是那种在代议制下不稳定的只顾及自己特定偏好的大多数人。人民是由受害者组成的同质共同体。在人民之中不存在多数人与少数人的划分，人民在共同意志和共同利益方面具有高度的一致性。人民与敌人之间的斗争不是大多数人对少数人的斗争，而是一个特殊的全体对另一个特殊的全体的斗争。人民的范围有宽窄之别，但人民作为"我们"的同义语与作为非人民的"他们"形成了鲜明的对比。"我们—人民"的美国式表达在新中国成立之初不包含奴隶、印第安人、有色人种甚至妇女。人民的属性通过意志的整体论和同一性而得到理解，为此，卢梭关于人民意志不可代表也不可代理的公意论才能成立。与宽泛的其他时代的根本大法相比，现代宪法通过其制宪者的人民属性而获得了正当性，人民作为同质共同体以一致同意的方式确立了分配基本的权利和义务的

―――――――――――

　　① 　徐显明、徐详民：《毛泽东同志"人民立宪"思想的历史发展》，《法学论坛》1986 年第 1 期。

社会结构。人民作为制宪权主体赋予了现代宪法绝对的正当性，它拟制了神的立法者的想象。毛泽东将人民比喻为上帝，"……我们也会感动上帝的。这个上帝不是别人，就是全中国的人民大众"，如果按照中国传统社会表达正当性的逻辑，人民作为制宪者既有其德，也有其位。人民制定的宪法之所以是优良的宪法，而且必定在宪法品质上是优良的，乃是因为人民是制宪的唯一主体。人民作为制宪者是良宪的根据，是自我立法和自我实现的体现，而不像超现实立法那样是从外部恩赐或赋予的产物。

不同国家的宪法性质不尽相同，结束一个苦难的时代并开启幸福的未来具有共性。现代宪法序言发挥了结束以往苦难事实描述和追求幸福的理想设计的双重功能。美国宪法序言明确："我们美利坚合众国的人民，为了组织一个更完善的联邦，树立正义，保障国内的安宁，建立共同的国防，增进全民福利和确保我们自己及我们后代能安享自由带来的幸福，乃为美利坚合众国制定和确立这一部宪法。"新中国第一部宪法即1954年宪法序言明确："中国人民经过一百多年的英勇奋斗，终于在中国共产党领导下，在1949年取得了反对帝国主义、封建主义和官僚资本主义的人民革命的伟大胜利，因而结束了长时期被压迫、被奴役的历史，建立了人民民主专政的中华人民共和国。中华人民共和国的人民民主制度，也就是新民主主义制度，保证我国能够通过和平的道路消灭剥削和贫困，建成繁荣幸福的社会主义社会。"1954年宪法是一部人民的宪法，它是人民立宪的代表之作。[1] 作为制宪者的中国人民在1954年制定了新中国第一部宪法，它确立了体现人民意志的基本规范，如作为根本制度的社会主义制度、作为根本政治制度的人民代表大会制度和作为基本政治制度的中国共产党领导的多党合作和政治协商制度、民族区域自治制度和基层群众自治制度等。在很大程度上，1982年宪法不是重新制定而是恢复了1954年宪法的主要内容和原则。[2]

从改善人类命运遭际的方法论角度，波普尔的零星工程说阐明了受害者拥有避免不幸的权利比追求幸福的权利所蕴含的方法论价值。[3] 宪法指向的幸福愿

---

[1] 韩大元：《论"五四宪法"的历史地位与时代精神》，《中国法学》2014年第4期。

[2] 彭真指出："中华人民共和国的第一部宪法，即一九五四年宪法，是一部很好的宪法。……这个宪法修改草案继承和发展了一九五四年宪法的基本原则，充分注意总结我国社会主义发展的丰富经验，也注意吸收国际的经验；既考虑到当前的现实，又考虑到发展的前景。"彭真：《关于中华人民共和国宪法修改草案的报告》，载《彭真文选》（1941–1990），人民出版社，1991，第439页。

[3] 〔英〕波普尔：《开放社会及其敌人》（第1卷），陆衡等译，中国社会科学出版社，1999，第292—295页。

景建立在消除和避免人的困难和不幸的现实基础上。人们可能不知道什么是最善的或最幸福的，但知道什么是最恶的或最痛苦的。受压迫和受剥削的人民大众通过革命或其他斗争形式结束了在旧的基本规范下的不幸状态，确立了不再产生苦难的正义制度结构。宪法不限于作为受害者角色的人民属性的事实确认，它还包含人民不再重新沦为受害者的设计。从摆脱不幸到获得幸福赋予了现代宪法新的使命。结束苦难还不能说就进入了幸福时刻，但至少走向了幸福的起点。"对于一个从半殖民地、半封建社会脱胎出来的新生国家而言，'繁荣幸福'的确暗含了生活在这块命运多舛的土地上的所有人对自由、平等、安全与富足的向往。"① 经由消除或避免人之不幸的宪法幸福论借助于对追求未来的理想生活提供了制度上的愿景，启动了超越现实规定的可能世界的方向。

基于历史唯物主义的制宪主体论既是一种方法论，也是以受害者为出发点的制度设计的视角主义立场。制宪主体论的制度维度体现在国家的建国方案和立宪时刻，也包含在受宪法统领的宪法律、法律和其他具体的规范的基本原则之中。只要稍加分析就可以知道，在社会保障、民族平等、无过错责任、刑事被害人救济、法律援助、公益诉讼、劳动保护、消费者权益、慈善行为等具体法律制度领域中都可以发现受害者或弱者立法论的精神。二十世纪八十年代以后，伴随着经济全球化和世界多极化等世界性大问题，粮食安全、资源短缺、气候变化、网络攻击、人口爆炸、环境污染、疾病流行、跨国犯罪等全球非传统安全问题层出不穷，对国际秩序和人类生存都构成了严峻挑战，其实质观照性地指向普遍或特定身份的受害者，催生了人类命运共同体意识的现实性和危机感。② 阶级社会中无产阶级受害者群体转向了被贝克揭示的风险社会下"由有形的大规模危险造成的所有人的受害"格局，其解决方案就从国内的制宪主体论走向了联合国层面的制宪主体论，使一种基于受害者视角的世界社会的乌托邦有了更多的现实性或者至少有了更大的紧迫感。③

四　结论

对理想宪法的追求体现了人类社会构建最佳政制的梦想，一个完美的社

---

① 郑贤君：《追求幸福生活：评 1954 年宪法的基本权利条款》，载张庆福等主编《1954 年宪法研究》，中国公安大学出版社，2005，第 219 页。
② 有关人类命运共同体意识的讨论，参见曲星《人类命运共同体的价值观基础》，《求是》2013年第 4 期。
③ 〔德〕贝克：《风险社会》，何博闻译，译林出版社，2004，第 54—55 页。

会和国家就是最佳政制的充分展开。在作为神、圣人和哲学家的制宪者方案破灭之后，对人人作为立法者的追求体现了现代国家的理性主义成就。现代社会的制宪理论通过代议制的原理试图还原希腊城邦人人立法状况，产生了最大多数人最大幸福的功利主义制宪路径。完美主义的制宪方案从不偏不倚的制宪者和立法者转向了多数人的制宪技术，多数人成为不偏不倚的立法者的代名词。马克思主义制宪论从批判的立场出发，揭露了资本主义国家关于不偏不倚立法者实践的虚伪性，确立了由无产阶级和人民群众作为历史的多数人正当性地位，为人民制宪论提供了理论基础和方向性指引。

任何一部宪法的产生都是建立在宪法主体已经确定的基础上，不是正当性决定合法性，而是合法性决定正当性。蕴含于宪法背后的价值预示只有经由制宪主体并通过制宪主体的自由选择才能够落实到宪法文本之中。从超现实主义立场看，先有作为神、圣人和智者的制宪者，然后才有对由这些制宪者制定的宪法的正当性阐释；从历史主义和现实主义视角看，先有革命者或政变者作为立宪者，然后才有对这样产生的宪法的正当性阐释。毛泽东指出："世界上历来的宪政，不论是英国、法国、美国，或者是苏联，都是在革命成功有了民主事实之后，颁布一个根本大法，去承认它，这就是宪法。"① 透过宪法文本寻找宪法背后的支配性因素，如果不是为了阐释制宪时刻的社会、历史背景和条件，就会削弱或解构制宪者的主体性历史的现实存在。

赋予受压迫和受剥削阶级及其成员正当性，就是赋予人民正当性。经由对受压迫和受剥削阶级作为制宪主体的所指转向一般的受害者制宪论的能指，预示了人民制宪论所具有的符合历史发展规律的正义观。受害者制宪论从绝对受害者和相对受害者的双重视角论证了受害者作为制宪者主体的正当性，为对理想社会制度的评判建立了一个阿基米德支点。"绝对贫困者"、"最少受惠者"或被巴丢所称的"被遗弃的无产者"等都是不同程度的历史或时代的受害者。受害者的身份同时是不断发生变化的辩证概念，根据不同的社会发展状况，受害者可以是一个特定社会的所有人，也可以是一个特定社会的大多数人以及一个特定社会的少数人。在战争和巨大的自然灾害面前，所有的人都是受害者；在一个只有少数人享有特权的社会中，受害者则是无权的大多数人。在大多数国家（自然包括西方主要国家）和社会的发展史中，妇女在人数上虽不是少数人，但一直作为政治上的无权者和社会中的受歧视者而长期存在。在一个接近正义的社会结构中，主要是每个人发展权的不平等状

---

① 《毛泽东选集》（第 2 卷），人民出版社，1991，第 735 页。

况，导致社会成员沦为受害者的场域的情景不断出现。

在变动不居的当代风险社会中，每一个人都有可能沦为不同形式的受害者。一部理想的宪法要充分设置避免每一个人沦为受害者的制度。赋予每一个人享有制宪者的主体资格，并且始终从这一视角出发，受害者就不仅是道德和伦理惠及的对象，同时体现了自我制宪和自我立法的现代性品质。总之，作为一种低限度的不偏不倚的立法者，它要求根本法的设计首先要避免使人遭受苦难的局面，从而为一种理想的幸福宪法论提供支点。

第六章

统权与治权

　　人民代表大会制度作为我国的根本政治制度遵循了人民主权说，并且以宪法和法律的规范形式确认和保障了中华人民共和国国家合法性。全国人民代表大会通过制定和修改宪法再现了人民主权，保障了人民的主体地位。全国人民代表大会和地方各级人民代表大会共同分享了国家权力。在人民主权说的话语下，区分人民权力和国家权力是统治原理的基本要求，而漠视或混淆人民权力和国家权力是国家和法律学说混乱的原因之一。在本章中，笔者以制度规范分析为方法论，论证人民主权作为"统权"具有不可分割和不可代理的属性，国家权力作为"治权"则可以分享和被代理。在人民权力之下的国家权力分享机制是处理"统权"和"治权"关系的法理基础，也是理解中央权威、特别行政区以及处理两岸关系等问题的国家法理。

一　人民权力及其代表机构

　　人民主权论是现代性的历史成就，中华人民共和国凭借其根本政治制度再现了人民主权的实现机制和表达方案。作为最高国家权力机构，全国人民代表大会享有制宪权，有别于具有行宪权的行政机关、司法机关以及行使国家权力的地方各级人民代表大会，但在某些方面全国人民代表大会及其常委会同时作为行宪权主体也分享了国家权力。全国人民代表大会作为人民权力的代表机关独自享有制宪权，而作为代理机关行使和分享了行宪权。在发生学原理上，享有制宪权的机构是人民主权的代表机构，享有行宪权的机构是国家权力的代理机构。

（一）代表和主权

一切权力属于人民是现代国家制度的标志。现代国家在其基本规范体系中无一例外地承认人民的主体地位。君主立宪国只是在象征意义上宣称权力属于国王或天皇。① 人民通过其代表机构行使权力，人民的代表机关意味着全国人民的在场状态，由于不存在全体人民同时、全部、一起在场表达愿望和意志的真实场合和机会，通过选举产生的人民代表在特定会议上的所作所为代为表达了人民的意志，仿佛是人民作为统一体表达了共同意志。这种形式是拟制的存在，反映了存在实体论的现代思维方法。就历史事实而言，雅典公民在公共广场的集会存留了人们对人民直接在场的浪漫记忆。卢梭对日内瓦共和国的推崇参照了雅典公民大会的形式；马克思通过对巴黎公社的赞美得出了人民"议行合一"的无产阶级专政形式。时至今日，在许多国家宪法和宪法实践中还保留着全民公决形式——一种全体人民同时在场集会的痕迹。

人民意志、公共利益和主权等概念成为人民主权论的核心关键词。人民意志是人民的共同意志，由共同意志产生的共同利益是不能分割的公共利益，以权利概念表达的公共利益就是人民主权。人民意志不能被代表也不可分享，因为人民意志作为整合概念具有不可分割的特征。对此，卢梭的发言颇具代表性，"正如主权是不可转让的，同理，主权也是不能代表的；主权在本质上是由公意所构成的，而意志又是绝不可代表的；它只能是同一个意志，或者是另一个意志，而绝不能有什么中间的东西。因此人民的议员就不是、也不可能是人民的代表，他们只不过是人民的办事员罢了；他们并不能做出任何肯定的东西。凡是不曾为人民所亲自批准的法律，都是无效的；那根本就不是法律"。② 人民意志和人民权力具有同一性，无论人民意志还是人民权力都是不能分割的整体。然而，雅典的公民大会、卢梭的日内瓦共和国和马克思的巴黎公社都是在几乎封闭的环境下发生的，这些难以复制的特殊公共领域体现了人民人数少、固定且容易集合和动员等特征，但对于国土面积辽阔、人口众多且文化多元化的国家而言，让全体人民直接呈现"立宪时刻"并且共同解决公共利益在实践中是不可行的。

历史实践表明，近现代社会在确立人民主权论的同时，没有采纳卢梭关

---

① 日本宪法明确主权在民，第 1 条规定，"天皇是日本国的象征，是日本国民统一的象征，其地位以主权所在的全体日本国民的意志为依据"。天皇作为日本国民的象征具有代表全体国民的属性，但这一属性在本质上从属于全体国民。

② 〔法〕卢梭：《社会契约论》，李平沤译，商务印书馆，2011，第 106 页。

于人民意志不可代表的告诫，而是通过人民代表的形式（议会代表制或人民代表大会制）再现了人民在场的格局，确立了现代国家的统治合法性。事实上，卢梭看到了人民同时在场的非现实性。他自问自答道："人们也许会说：把人民全都集合起来！这简直是在说梦话！这在今天虽然是办不到的梦呓，可是两千年前却不是办不到的。难道说人的天性改变了吗？"① 卢梭举出了罗马共和国时期人民集合的事例，尽管人数众多，人民集合起来较为困难，但仍然可以通过努力完成全体人民的集会。很难说在当今社会全体人民的集会一定就是"一个梦呓"，这取决于从哪一个角度看问题了。首先，全民表决至今是一些国家对重大事项的民主决策形式，这些国家的人口数量比卢梭所在的时代不知增加了多少；其次，全体人民集会不在于单纯的"在一起"，如果有一种形式能够同时表达公意，则不失为全体人民集会的形式；最后，在网络技术急速发展的当代社会，人民同时在场的客观障碍在理论上可以被"电子投票"的机制克服。假设每一个选民都拥有可以自主支配的网络系统，投票的网络系统能够不受干扰地建立起来，人民同时在场投票的愿景则不是可望而不可即的事情，这或许是电子民主或网络民主理论的旨趣之所在。

议会代表制假定议员在议会的集会就是人民全体的集会和同时在场发言，议员发言就是人民发言，议员共同表决形成的决议就是人民的决议，在形式上贯彻了人民主权原则。我国的人民代表大会制度采纳了近现代的议会制形式，申明了通过选举产生的代表组成代表会议，以便实现人民主权，落实现代性国家治理方案。就中国的人民主权论的主流话语而言，中华人民共和国主权属于全体人民，全国人民代表大会是全体中国人民在法律上的唯一代表机关。在法理上，正如君主制国家的君主代表了国家，由人民代表组成的全国人民代表大会代表了国家以及政治统一体。在代表法律史中，人民代表大会制度反对君主专制以及体现了假议会制的君主专制，否定了资产阶级代表制，最大限度表达了人民意志和人民主权，再现了代表主权制的本来面目。

（二）"我政府"与人民代表制

人民代表大会制度是崭新的国家组织形式，与我国历史上的传统政治制度没有实质性关联。人民代表大会制度源于苏维埃制度，是苏维埃制度的中国化实践。在俄语中，苏维埃是指"代表会议"或"会议"，苏维埃是议会制的特殊形式，它通过选举的代表组成代表会议，行使国家立法权和地方立

---

① 〔法〕卢梭：《社会契约论》，李平沤译，商务印书馆，2011，第101页。

法权。重要的是，组成苏维埃的代表是选举产生的无产阶级的代表，资产阶级、地主或其他压迫人民的代表则应被排除在外，形成了独具特色的无产阶级民主制度。

以苏维埃为政体形式建立的人民共和国一俟成立，就会打破由西方资产阶级控制的议会代表制格局，激发广大劳动人民对新社会的美好想象，推动世界范围内社会主义运动的发展。不幸的是，二十世纪初，推翻清王朝封建统治的中国人民没有看到共和国作为新景象给人民带来安康和幸福的承诺，列强掠夺、军阀混战、社会秩序失灵等无不加重了人民的苦难。[①] 城市中的工人和乡村中的农民构成了中国社会成员的主体，也是受到剥夺和压迫最为严重的群体。当马克思主义学说与苏联无产阶级民主从理论和实践两个方面被劳苦大众所认知和体悟时，一种构建新社会的思潮和实践就出现在中国大地上。

1927 年 11 月 21 日，彭湃在广东省海丰县成立海陆丰工农兵苏维埃政府，建立了中国第一个苏维埃地方性政府。1931 年 11 月 7 日，中华苏维埃共和国在江西瑞金成立，颁布了《中华苏维埃共和国宪法大纲》，选举产生了毛泽东、项英、张国焘、周恩来、朱德等人组成的中央执行委员会。中华苏维埃政权体制由全国中华苏维埃代表大会（亦称"全国工农兵会议"）、中华苏维埃中央执行委员会、中央执行委员会主席团、人民委员会、最高法院、审计委员会等部分组成。全国中华苏维埃代表大会是中华苏维埃共和国最高政权机关。全国中华苏维埃代表大会闭会期间，中央执行委员会成为中华苏维埃共和国最高政权机关。中央执行委员会闭会期间，选举主席团为最高权力机关。人民委员会则为中央执行委员会的行政机关，最高人民法院为中央执行委员会的司法机关。

中华苏维埃共和国参照了苏联苏维埃共和国的形式。事实上，年轻的中华苏维埃共和国不仅"参照"而且也模仿了苏联苏维埃体制。例如，《中华苏维埃共和国宪法大纲》努力建立"中华苏维埃联邦"，允许中国境内少数民族自治和自觉，允诺各少数民族独立建国后再加入"中华苏维埃联邦"。[②] 中华

---

① 民国初年，老百姓对民国体制未能带来新景象颇感失望和怨愤。参见唐德刚《袁氏当国》，广西师范大学出版社，2004。

② 《中华苏维埃共和国宪法大纲》第 14 条规定："中国苏维埃政权承认中国境内少数民族的民族自决权，一直承认到各弱小民族有同中国脱离，自己成立独立的国家的权利。蒙古，回，藏，苗，黎，高丽人等，凡是居住在中国地域内，他们有完全自决权：加入或脱离中国苏维埃联邦，或建立自己的自治区域。"

苏维埃全部政权属于工人、农民、红军兵士及一切劳苦民众，工人、农民、红军兵士及一切劳苦民众都有权选派代表掌握政权的管理。只有军阀，官僚、地主、豪绅、资本家、富农、僧侣及一切剥削人的人和反革命分子没有选派代表参加政权和政治上自由的权利。[①] 一个由无产阶级或劳动人民组成的国家第一次通过代表制形式诞生了，成为中国近代史上具有里程碑意义的行为。

中华苏维埃将人民大众的一切权力赋予中华苏维埃代表大会，作为一种代议制形式，它突出了一切权力来自人民，人民高于政府机关的观念，形成了以人民权力为核心的三级委员会系统结构，"人民代议机关（议会）是人民（拥有投票权的选民）的委员会，而议会制政府则是人民代议机关（议会）的委员会。国家组织是一个三级委员会系统：人民、人民代议机关和政府"。[②] 中华苏维埃委员会系统是议行合一制度在我国现代国家历史中的首度登场，为后来我国人民代表大会制度提供了先例。

苏维埃对当时的广大贫苦民众来说过于生僻，湘赣边区的农民称苏维埃为"埃政府"，当地方言"埃"就是"我"的意思。"我政府"准确表达了民众对新政权的理解，包含了现代国家学说的基本原理。相对于"他政府"，"我政府"重新唤起了"内外分际"的社会学理路，提示了敌我政治观在共和国载体中新的排列组合形式。"我"是"自己人"，是觉悟了的大众和目标一致的同志，"他"是被视为剥削阶级的人和组织，包括君主制国家以及资产阶级贵族制国家。作为民主的特殊形式，无产阶级民主没有否定共和国的形式要件，在自由和民主的两个共和国的要素中，无产阶级民主加重了共和国形式中的民主要素，提出建立比资产阶级民主更真实的愿景，比资产阶级民主更真实的组织形式。由此看来，苏维埃是无产阶级的集会形式，是大多数的劳动人民实施国家统治的新形式。

（三）作为历史选项的人民代表大会制度

人民代表大会制度是人民当家作主的组织形式，君主制及其他形式的专制体制被证明是与历史潮流不符的事物。在北洋军阀和国民党统治国家期间，形式上的共和制之下行走的是作为君主制变态形式之一的"寡头政治"，在各种紧急状态的名目下，形式上的共和制也被彻底消解。在这一特殊的历史时期，一方面人民共和国和人民当家作主的观念正在逐渐展开，争夺人民的话

[①] 《中华苏维埃共和国宪法大纲》第 2 条。
[②] 〔德〕卡尔·施密特：《宪法学说》，刘锋译，上海人民出版社，2005，第 286 页。

语权形成了有别于旧时代的大气候，另一方面僭主政治则构成了反人民主权的作用力，打着人民的旗号而公然占据了人民的位置。例如，1931 年 6 月 1 日实施的《中华民国训政时期约法》第 30 条规定，"训政时期由中国国民党全国代表大会代表国民代表大会行使中央统治权"，"中国国民党全国代表大会闭会时，其职权由中国国民党中央执行委员会行使之"。把属于代表人民的国民代表大会授权于一个党派的中央委员会违背了全体人民代表会议不得代理的原理，否决了近代中国人民自 1911 年成立共和国时的历史的政治决断。

历史的政治决断是一个民族或国家在历史转型过程中的总判断，往往产生帕森斯"哲学上的突破"的效果。按照中国传统社会的叙事逻辑，哲学上的突破是"道"与"天"关系的变化，道是人民之道，天是全体人民。中国近代与现代的连接点通过人民代表制而具有了连续性，人民代表大会与 1911 年站上历史舞台的国民代表大会是起点和承受的关系，是对人民权力的总代表形式。具有议会性质的全国人民代表大会不仅是对苏维埃制度的模仿，也成为具有近代中国历史合法性的内在事物。

凡是不能分割为部分的事物则不能被代表，反之则可以被代表。要找到一个与人民主权相似的事物，唯有上帝才有这种资格。毛泽东在《愚公移山》中说："我们也会感动上帝的。这个上帝不是别人，就是全中国的人民大众。"[1]上帝是不能代表的，如果教会僭越了上帝才有的权力，就会把上帝降至教会的层次，但这并没有提高教会的地位。除了法定的人民代表机构，任何组织和个人都不能声称代表人民，或以人民的名义以自我授权的方法获得正当性。对新中国而言，需要找到一个代表机关以便完成人民自我统治的方式——一种证明全体人民存在的正当形式。全国人民代表大会作为人民的代表机关，以人民名义自居，这是全中国人民在新中国成立之初的政治决断。

二　全国人民代表大会的双重职能

全国人民代表大会作为主权者的代表和全体人民代表会议，享有制定宪法的权力，但并非全国人民代表大会制定的所有法律都称为宪法，也不是全国人民代表大会全体会议都有制定宪法的权力。因此，有必要明确制宪权及其权力界限，并从这一角度剖析国家立法权的实质。

---

① 《毛泽东选集》（第 3 卷），人民出版社，1991，第 1102 页。

（一）作为制宪会议的全国人民代表大会

制宪会议不仅在形式上产出了第一部宪法，也是开国立国的标志。制宪会议创制了国家，标志着新国家的诞生或传统国家的现代性转型。作为唯一的全体人民的代表机关，全国人民代表大会很大程度上是由全国人民代表大会作为制宪权主体决定的。

从规范宪法的角度看，产生了1954年宪法的第一届全国人民代表大会第一次会议的是制宪会议，创制了《共同纲领》的中国人民政治协商会议第一届全体会议是具有过渡性质的临时制宪会议。临时制宪会议也是制宪会议，它行使了全国人民代表大会的制宪权，发挥了开国立基的功能。徐崇德说："政协第一届全体会议虽然仅此一届，而且只举行过一次会议，但是此次全体会议的作用和意义极其重大……实际上起到了类似开国的制宪会议或者是第一次全国人民代表大会那样的作用。"[①]

中国人民政治协商会议第一次全体会议代行了全国人民代表大会第一次全体会议的立宪职能，第一次全国人民代表大会追认了这个成果，从法理上回答了新中国成立时间是1949年而不是1954年。需要重视的是，制宪会议的民主性通过代表性民主而不是代理性民主体现出来。代表性民主和代理性民主是两种不同的代议制民主形式，代表性民主并非一定要通过民主选举的方式完成，只有代理性民主才规范地落实了民主选举的程序正义。然而，并非所有的代行之举均要通过代理民主才能获得正当性。"遵命VS.独立"的代议民主难题深刻表达了代表和代理在现代民主国家所具有的双重代议民主制度。[②]

代表民主和代理民主分别反映了实质性民主和形式民主的逻辑。在通常情况下，形式民主体现了现代性民主多数决规则的正当性，采纳多数决规则是因为它是实现由正义原则预定的某些目的的最可行方法。"虽然在特定环境中，被适当地规定并受一定条件限制的多数具有制定法律的宪法权利被证明是正当的，但是这并不意味着它所制定的法律就是正义的。"[③] 形式民主通过民主选举更多的是一种代行为，这种代行为满足了大多数被代理人的意志，在结果上未必实现了被代理人的意图。代表民主作为一种代议的"象征"观

---

① 徐崇德：《中华人民共和国宪法史》（上卷），福建人民出版社，2005，第42页。
② 对双重代议民主制度的讨论，参见贺海仁《法人民说》，中国社会科学出版社，2013，第230—249页。
③ 〔美〕罗尔斯：《正义论》（修订版），何怀宏等译，中国社会科学院出版社，2009，第279页。

更加注重被代表人所要求的实质结果。

近现代社会以来，秉承了人民主权理念的制宪会议往往是战争或紧急状态之后的产物，几乎所有的制宪会议组成人员无法以普选的方式产生，制宪会议有效性需要通过人民或人民代表的事后批准或追认完成，以体现代表性民主的正当性。美国制宪会议由十三个州推选而非普选的代表组成，由这些代表讨论通过的宪法在各州批准后产生法律效力。在法国，"当国王召集的三级会议于 1789 年 6 月 17 日宣布成立制宪国民会议时……三级会议根本不通过任何形式上的委托来取得正当性，就将自身确立为行使制宪权的人民的代表，并且从这种制宪权中获得其权限"。① 对成立之初的中国而言，参加政协第一届全体会议的 622 名代表均由推选方式形成（推选是民意的一种代表方式，但推选与选举还存在较大的距离）。中国共产党党员约占 44%，各民主党派成员约占 30%，工人、农民以及各界的无党派人士约占 26%。从中国当时的社会各阶层和政治力量对比的情况看，这种状况显示了比例代表制的运行规律，呈现了人民代表大会的代表而非代理功能。

与历史上任何一个新王朝建立之初的御前会议不同，现代意义上的制宪会议不是少数人重新分配统治权的庆功会，而是全体人民同时在场的抽象存在。从规范的意义上说，除了人民，就再也没有什么开国功臣或元勋了。在立宪政体下，人民英雄荣耀仍然存在（包括一切为立国献身的人），但人民英雄不必是人民代表，人民代表也不必是人民英雄。② 与其他各界（次）全国人民代表大会全体会议相比，1954 年 9 月 15 日召开的第一届全国人民代表大会第一次会议通过的新中国第一部宪法是全国人民代表大会第一届全体会议追认中国人民政治协商会议第一届全体会议制定的共同纲领的产物。

立宪是立国的标志，也是现代国家产生的标志。制宪会议确立了基本规范，只要基本规范未曾发生实质性的修改，对宪法的修改就不会表达出多次、重复建国的行动。每一次修宪行为是对同一国家的存在表达，而不是新的立国行为。实质宪法（宪法）和形式宪法（宪法律）划分的价值在于，在一个国家内，只能有一部实质宪法以及支配的法律体系。从 1954 年开始至今，只有一部《中华人民共和国宪法》，也就只有一个中华人民共和国。

作为正式的制宪会议，全国人民代表大会第一次全体会议拥有制宪权，它规定了中华人民共和国的存在以及基本架构，创造了国家的性质、公民的

---

① 〔德〕卡尔·施密特：《宪法学说》，刘锋译，上海人民出版社，2005，第 88—89 页。
② 在《人民的宪法》中，黄炎培满怀深情地赞美五四宪法是"美丽的中国人民的宪法"，"写成这一部中华人民共和国宪法的笔和墨，是无数人民英雄的白骨和赤血"。

基本权利和义务和国家权力的运行方式。除了序言、总纲和国旗、首都、国徽等规定外，1954 年宪法在体现实质性宪法方面包括以下两个方面：（1）国家的类型、国家机构组成和权力分配；（2）公民的权利和义务。这两个部分厘清了国家与公民的关系，确认了国家对人民权利的保障义务，而为了保障公民权利需要在国家机构的设置上和运行中体现民主原则。

1954 年宪法第 18 条规定，一切国家机关工作人员必须效忠人民民主制度，服从宪法和法律，努力为人民服务；第 19 条规定，中华人民共和国保卫人民民主制度，镇压一切叛国的和反革命的活动，惩办一切卖国贼和反革命分子。1954 年宪法确定的国体是"人民民主国家"，实现人民民主的方法是人民代表大会制度。人民民主和人民代表大会制度既是国体和政体的关系，也是目的和手段的关系，作为手段的人民代表大会制度应当服务于和服从于作为目的的人民民主。

权利原则和民主原则是实质宪法的两大根本原则，以此建构起来的宪法律表达和证明了中华人民共和国的合法性存在。第一届全国人民代表大会全体会议在特定的历史时刻完成了历史使命，除非产生新的制宪会议或者其他表达新宪法产生的政治决断，任何其他普通会议和国家机构都无权改变国家类型和形式。正如人之出生只有一次，其后则是连续性的成长过程。制宪会议结束后，全国人民代表大会只能行使修宪的权力，修宪权是一种特殊的国家权力，不再行使只有制宪会议才有的权力。

（二）作为修宪机构的全国人民代表大会

按照一个国家一部宪法的解释原理，1975 年宪法、1978 年宪法和 1982 年宪法是对 1954 年宪法的修正。1975 年宪法、1978 年宪法和 1982 年宪法虽没有采取宪法修正案的修宪通例，仍不能改变它们是宪法修正案的性质，由共同纲领和 1954 年宪法确立的国体和政体始终未发生改变。

1975 年宪法、1978 年宪法和 1982 年宪法依次是在前一部宪法的基础上做出的修正，归根到底是对 1954 年宪法的修正。1954 年宪法明确了它是"过渡时期"的宪法，毛泽东说 1954 年宪法可以管十五年，这不是说宪法的效力只有十五年，而是宪法的相关内容在过渡时期完成后应当及时修改。1975 年宪法、1978 年宪法和 1982 年宪法在修正过程中遵循了具有中国特色的修宪程序，执政党提出修宪倡议，然后提交全国人民代表大会讨论并通过。具体而言，这个程序由四个方面的环节和阶段构成：（1）成立中央修改宪法工作机构，负责起草宪法修正案；（2）向全国人民征询宪法修改意见；（3）执政党的代表会议通过宪法修改草案；（4）全国人民代表大会审议和通过宪法修改草案。

对宪法的修正强化和完善了修宪的宪法惯例。宪法惯例是践行和完善宪法而形成的较为稳定的行为模式，不论程序性宪法惯例还是实体性宪法惯例都属于行宪的范畴而不涉及制宪的功能。行宪权从属于制宪权，行宪的宪法惯例服从于制宪的宪法惯例。宪法惯例以及对宪法的修正都是围绕全国人民代表大会的修宪权而展开的一系列活动。1982 年在第三次修改宪法的时候，立法者和政治家几乎一致同意直接以 1954 年宪法作为修宪的基础，间接地部分否认了 1975 年宪法和 1978 年宪法的修改内容，是拨乱反正行为在行宪领域的具体表现。张友渔的解释最具代表性："一九七八年宪法虽然对一九七五宪法有所修改，但由于当时历史条件下的限制，来不及全面总结建国以来的经验，也来不及彻底肃清'左'的思想的影响，所以还保留了不少不恰当乃至错误的规定……一九五四年宪法的内容基本上是正确的，有许多规定，现在仍在适用。"[①] 行宪行为有可能违反宪法而成为违宪惯例，但违宪惯例不是宪法惯例。

中国共产党通过政治、组织和思想等方面领导全国的革命和建设事业，在宪法确定的框架内以及根据宪法和法律规定的程序体现党的领导。1975 年宪法第 16 条规定："全国人民代表大会是在中国共产党领导下的最高国家权力机关。"第 17 条规定，"全国人民代表大会的职权是：修改宪法，制定法律，根据中国共产党中央委员会的提议任免国务院总理和国务院的组成人员，批准国民经济计划、国家的预算和决算，以及全国人民代表大会认为应当由它行使的其他职权"。这种规定削弱了全国人民代表大会的固有职权，动摇了全国人民代表大会作为最高国家权力机关的地位，间接肯定了中国共产党中央委员会在国家权力中享有最高的法律地位。徐崇德评论说："宪法第十六条的处理必然会使人理解为党与全国人民代表大会之间，是上级对下级的领导关系。这无论在理论上或者在实践上，都不确切。"[②]

1975 年宪法修改的部分内容超越了行宪的性质，在政权组织形式上改变了全国人民代表大会作为中华人民共和国最高国家权力机关的性质。1975 年宪法修改涉及制宪权，而不仅仅是行宪权。就制宪权与中国共产党的领导权关系而言，后者是服从于制宪权的执政权力，而不是超越或代替全国人民代

---

① 张友渔：《学习新宪法》，天津人民出版社，1983，第 21—22 页。
② 徐崇德：《中华人民共和国宪法史》（下卷），福建人民出版社，2005，第 300—301 页。

表大会制宪权的超级权力。国家权力（包括更为一般的政府权力）和执政权力是人民权力的构成性要素，无论国家权力还是执政权力都是落实人民权力的保障机制。①

（三）修宪权的合理界限

制宪权和修宪权是两种性质不同的宪法性权力。施密特对制宪权作出了老练的说明："制宪权是一种政治意志，凭借其权力或权威，制宪权主体能够对自身政治存在的类型和形式做出具体的总的决断，也就是说，能够决定整个政治统一体的存在。一切其他的宪法法规的效力来源于这种政治意志的决断。决断本身与以之为基础而形成的宪法法规有性质上的区别。"② 制宪权涉及国体、政体、国家与公民的基本关系等内容，属于主权的范畴，专属于全国人民代表大会，也在这个意义上，全国人民代表大会等同于全体人民大会。全体人民大会确定实质宪法的内容，全国人民代表大会规定形式宪法的内容，实质宪法体现在形式宪法中。成文宪法中包含了体现实质宪法的条款，也包含了体现宪法律的条款。宪法律的制定、修改和废止的权力由作为最高国家权力机关的全国人民代表大会行使。

人民作为制宪权的主体，其理论根据在于意志决定论，这在卢梭的人民主权论和黑格尔的法律意志论中都有体现。法国大革命时期，政治理论家西耶斯首次阐释了制宪权主体理论，施密特发扬了这一学说，强化了人民作为制宪权主体享有的自由决断的权力。意志论作为合法性的根据有别于规范论的合法性基础，前者表明存在就是合理的，也是正当的，而后者则需要从规范及其程序中获得合法性。

人民意志决定规范，一旦规范特别是基本规范形成之后，规范就成为国家机关和公民的合法性准则。西耶斯指出："国民存在于一切之前，它是一切之本源。它的意志永远合法，它本身便是法律。……宪法的每一部分都不能由宪法所设定的权力机构去制定，而是由立宪权力机构去制定。任何一种受委托的权力都不得对这种委托的条件作丝毫更动。"③ 西耶斯肯定了人民意志作为"真正的共同意志"的存在，同时对委托性权力或被称为"代表性的共同意志"赋予了有效空间。卢梭强调，任何时候都不能把主权派生的东西理

---

① 执政权性质的讨论，参见贺海仁《法律下的中国：一个构建法治中国的法理方案》，《北方法学》2015 年第 4 期。

② 〔德〕卡尔·施密特：《宪法学说》，刘锋译，上海人民出版社，2005，第 75—76 页。

③ 〔法〕西耶斯：《论特权 第三等级是什么？》，冯棠译，商务印书馆，1990，第 59 页。

解为主权的组成部分，"政府要成为合法的，就不能和主权者混为一谈"。[①]
具有受托权性质的国家权力不是主权，通常情况下也不能代表主权。国家权
力应当并且可以从规范意义上确权和限制。立法权、行政权、司法权等构成
了国家权力，全国人民代表大会除了在特定情况下享有制宪权，还享有国家
立法权。

《宪法》第 62 条赋予全国人民代表大会 16 项职权，其中最重要的一项职
权是修改宪法。《宪法》第 64 条规定："宪法的修改，由全国人民代表大会常
务委员会或者五分之一以上的全国人民代表大会代表提议，并由全国人民代
表大会以全体代表的三分之二以上的多数通过。法律和其他议案由全国人民
代表大会以全体代表的过半数通过。"从实质宪法与形式宪法的分类角度看，
全国人民代表大会所享有的 16 项职权以及修宪程序属于宪法律的范畴，全国
人民代表大会行使职权时不仅要符合程序，也不能超越 16 项职权规定的范围
而行使只有人民"保留"的权力。

对全国人民代表大会职权的程序性限制不可能完全保障全国人民代表大
会不会超越法定职权。如果程序合法就能满足全国人民代表大会合法的全部
条件，全国人民代表大会在全体代表三分之二同意的情况下对下列议题的表
决就是合法的：（1）把人民共和国改变为君主制国家；或者，（2）把本届全
国人民代表大会的任期延长到五十年或更长。所列举的两种情况曾经是我国
历史上发生的实例，前者如袁世凯复辟时经过了国民代表大会代表的一致同
意，后者如 1965—1975 年全国人民代表大会未举行全体会议。不加限制的最
高国家权力机关立法行为不是单纯的修宪行为，而是废弃宪法的行为，这不
是简单地用宪法形同虚设的批评理论所能解释的。

为了防止最高立法权的越权行为，通常有事前限制和事后限制两种限权
措施。事前限制是指在宪法中明确最高立法权无权立法（包括立、改、废等）
的事项。美国宪法第 1 条第 9 款规定了国会不得立法的诸事项，尤以"不得
通过公民权利剥夺法案或追溯既往的法律"条款最为著名。事后限制则是设
置宪法监督机构，如设立宪法委员会、宪法法院或赋予普通法院司法审查权，
以个案审议的方式监督、修正立法权。我国宪法制度无针对全国人民代表大
会的违宪审查制度，究其缘由，除了我国当代特有的政治制度因素外，与在
观念上对"最高权力"不会犯错的认识偏差有关，混淆了人民权力和国家权
力之间的性质和界限。不过，我国宪法有对全国人民代表大会权限实质性限

---

① 〔法〕卢梭：《社会契约论》，李平沤译，商务印书馆，2011，第 43 页作者尾注。

制的规定。《宪法》第 1 条第 2 款规定："禁止任何组织或者个人破坏社会主义制度。""任何组织"可以解释为包括全国人民代表大会在内的组织，唯一的问题是，如何理解"破坏"的含义，以及，更为重要的是，由谁来认定包括全国人民代表大会的行为是否"破坏"了社会主义制度。这一问题虽然在中国的实践上是不会出现的，作为一个理论问题，却值得人们思考和探讨。

三　作为治权的国家权力

由谁来代表国家以及如何行使国家权力成为国家学说的重要命题。国家的现实存在不能产生国家自动运转和自我实现的效果，这就需要通过确立的国家政治统一体落实国家政权的组成方式，以便实现与国体相适应的国家目的。新中国成立后，我国采纳并发展了苏维埃议会代表制作为政治统一体，这种由苏维埃代表制转化而来的人民代表大会制度形成了我国的根本政治制度。政治制度的实践以及形成的政治惯例以根本政治制度为准则，并根据根本政治制度确定基本政治制度或其他低层次政治制度的合法性和效力。

（一）集权与分权

国家的一切权力属于人民，但人民权力不等同于国家权力。把人民权力混同于国家权力就会使任何掌握国家权力的人和机构在可能情况下声称代表了人民意志，这在实践上和理论上都是错误的。人民权力是全体人民共同意志和利益的体现，是主权或统权的表现，国家权力则是人民权力的转化方式和表现形式，是治权的表现。统权与治权是源与流的关系。作为流的国家权力不能超过作为源的人民权力。此外，人民权力还包括未转化为国家权力的非国家权力，对这部分权力，人民或以各种方式自己行使，或授权国家机构以外的非政府组织行使。① 《宪法》第 2 条第 2 款规定："人民依照法律规定，通过各种途径和形式，管理国家事务，管理经济和文化事业，管理社会事务。"如果《宪法》第 2 条第 1 款是指人民通过赋权形式由各级人民代表大会行使国家权力（自然包括由各级权力机关通过再赋权形式由同级的"一府两院"行使国家权力），那么，《宪法》第 2 条第 1 款则表达了人民通过其他形式行使自己的权力。

根据主权和治权相分离原则以及代表性功能和代理型功能的划分，除了

---

① 　按照洛克的社会契约论观点，这些未授予国家行使的权力是人民保留的权利。

人民自身、作为执政党的中国共产党和全国人民代表大会，任何人都无权以人民的名义发号施令，相应的，除了法定的治权主体，任何人和机构不能以国家名义作为或不作为。治权主体的多元化体现了治权的代理性质，反映了国家权力可被分割、可委托等的流动性特征。治权主体越多，分权的状况就越明显，治权主体越单一，集权的状况就呈现出来了。

无论分权还是集权都是在治权层面上发生的权力配置，而不涉及主权的一统问题。中国共产党领导的全国人民代表大会是人民主权的唯一代表机构，但享有国家权力的主体则具有多样性，它们包括：（1）享有地方国家权力的地方各级人民代表大会；（2）享有高度自治权的香港和澳门特别行政区；（3）中华人民共和国国家主席；（4）中央军事委员会主席；（5）最高国家行政机关；（6）以法律名义适用法律的人民检察院和人民法院，以及（7）全国人民代表大会及其常委会。不同的主体或名义上享有国家权力（中华人民共和国主席），或法律上享有国家权力（人民检察院以法律名义公诉犯罪嫌疑人，人民法院以法律名义作出裁判），或事实上享有地方国家权力（如各级人大、香港和澳门等）。

（二）作为法律权威的中央政府

依据中华苏维埃共和国的经验，我国在新中国成立初确立了国家组织的三级委员会制度。三级委员会制度在国家范围内体现了民主集中制原则，也使中央政府的概念和制度法律化和规范化。厘清政治上的中央政府和法律上的中央政府是理解治权的重要视角，在此需要辨析的概念包括党中央、中央人民政府和中央政府等。

党中央特指中国共产党中央委员会，它是党的"中央组织"，区别于党的"地方组织"。中央委员会全体委员由党的全国代表大会选举产生，中央政治局为其常设机构。① 党的地方领导人由同级地方党代会选举产生，当选的地方领导人需上级党委批准，形成了党的中央组织与党的地方组织的垂直领导关系以及下级服从上级、党的地方组织服从党的中央组织的规范体系。

相比而言，在国家制度中则无与"党中央"并列的"国家中央"概念。在法律实践中，唯有中央人民政府才是"中央"的法律意义上的表达。从历史上看，"中央人民政府"具有三种含义。一是泛指"中央政府"，是集立

---

① 《中国共产党章程》第 23 条第 2 款规定："中央政治局和它的常务委员会在中央委员会全体会议闭会期间，行使中央委员会的职权。"

法、行政、司法、军事等国家权力为一体的中央国家机关的总称。如果不着重提示"党中央",中央人民政府就指中央政府。《共同纲领》第 12 条规定:"国家最高政权机关为全国人民代表大会。全国人民代表大会闭会期间,中央人民政府为行使国家政权的最高机关。"这里的中央人民政府虽行使了全国人民代表大会的职权,但在法律地位上高于全国人民代表大会常务委员会。国家最高政权机关是全国人民代表大会,在全国人民代表大会尚没有组建的情况下中央人民政府就是中央政府。二是特指专门的中央国家机关。《香港基本法》第 12 条规定:"香港特别行政区是中华人民共和国的一个享有高度自治权的地方行政区域,直辖于中央人民政府。"香港特别行政区是地方行政区域,受国家最高行政机关管制。国务院是中央人民政府,但不能等同于中央政府。三是在现有宪法体制下,中央政府是国家政权的最高组织形式的综合体,即国家主席和副主席、全国人民代表大会及其常委会、国务院、最高人民法院和最高人民检察院、中央军事委员会五个相对独立系统的总和。

从国家制度上加强中央权威就是指强化上述第三种含义内容的中央政府机构的权威。不过,这种对中央政府及其权威的理解只是一般性的解说,还没有触及中央权威的实质。由国家主席和副主席、国务院、最高人民法院和最高人民检察院、中央军事委员会所分别开出的行政权威、司法权威和军事权威尚不能与全国人民代表大会及其常委会的立法权威相提并论。遵从人民主权论原理,国家的最大权威理论上是人民,由此而形成的制度设计表现为通过人民代表大会制度体现人民的权威。全国人民代表大会是其他中央政府权力的来源和根据,国家主席和副主席、国务院、最高人民法院和最高人民检察院、中央军事委员会等中央政府机关均受全国人民代表大会的支配和节制。换句话说,在国家三级委员会系统中,全国人民是元系统,享有最高的无限权威和国家的一切权力;全国人民代表大会及其常委会则是第二级系统;国家主席和副主席、国务院、最高人民法院和最高人民检察院、中央军事委员会等中央政府机关构成了第三级系统,从属于第二级系统。人民享有的是主权权威,由全国人民代表大会统率的中央政府机关是我国国家制度意义上的中央政府,形成了法律上的中央权威。

党中央和全国政协是政治组织,它们所产生的权威对党的内部或党派合作体党员具有支配力,并在全国范围内对全体人民产生了影响力,形成了政治上的中央权威。法律上的中央权威和政治上的中央权威的结合和互动是我国当代政治文化的显著特征。

（三）领导人的宪法建制

领导干部的称谓体现了我国特有的政治伦理和政治精神。在我国的政治实践中，领导人具有浓郁的伦理和道德意蕴，被称为领导的人是智慧超群、品行优良、作风正派和以身作则的楷模和榜样，不具备德性的人不可能是领导，至少不是合格的领导干部。"领导"与"干部"连用是我国政治实践的通常做法。① 领导是干部的一部分，领导干部则是称为高级干部的干部。有干部身份的人大多数是有职务的人，而没有职务的人就是群众，干群关系指的就是干部与群众的关系。② 党员干部是政党内部具有一定职务的人，国家干部是在政府领域内具有一定职务的人。《中华人民共和国公务员法》明确了"领导职位"和"非领导职位"的区分和级别，领导职位包括了国家级正职和国家级副职，但宪法及宪法性法律并无"领导人"或"国家领导人"等表达。国家领导人制度是我国政治实践的法律化表现，是党的意志通过法律程序转变为国家意志的必然结果。国家领导人是在国家领域中执掌最高国家权力的主体，指向拥有国家最高立法权、最高行政权、最高司法权和最高军事权的作为公务员的主体。

在承认党的领导人与国家领导人关联性的同时不能否认它们之间应有的区别。首先，国家领导人和党的领导人的产生方式就有很大的差别。党的重要领导人不是由党员代表大会直接选举产生，而国家主席是由全国人大直接选举产生。即使党的领导人与国家领导人的产生方式是一样的，也不能说明他们是同一性质的事物。其次，国家领导人首先是政治领导人，通过宪法的安排，政治领导人在国家领域内转变为法律领导人或宪法领导人，这种安排是近现代以来国家政治生活理性化的表现，是传统"政治的宪法"与现代"宪法的政治"分野的标志。宪法是政治生活的法律化，把具有浓郁政治伦理的领导干部称谓放置到国家的领域，需要一个适合全体公民统一使用的称谓，这个称谓本身就是由宪法和法律赋权的国家和各级政府领导人。

---

① 干部（CADRE）是外来词，它通过日本转译过来之后最初是指在社团组织中具有中坚力量的人，后泛指所有社会组织中的骨干人物。

② 毛泽东《在中国共产党全国代表会议上的讲话》中说，"干部与群众的正确关系是，没有干部也不行，但是，事情是广大群众做的，干部起一种领导作用，不要夸大干部的这种作用"。《毛泽东选集》第6卷，人民出版社，1999，第402页。

四　统权与治权关系的中国实践

遵循人民权力不能代表、不可分割和不能转让的原则，现代国家通过将制宪权赋予最高人民会议而获得了正当性。然而，要使这种正当性转化为国家行动，完成从思维抽象到具体实践的飞跃，仅抽象地描述制宪权和修宪权的对立统一关系是不够的。站在我国合法性实践基础上认识统治的原理，有必要深化对"统权"和"治权"关系的理解。

（一）　对《宪法》第 2 条的再认识

人民权力之不同于国家权力只是被笼统地得到了认同，人民权力是如何被转化为国家权力却缺乏系统的梳理。对《宪法》第 2 条的讨论有助于加强这方面的认识。

《宪法》第 2 条规定，"中华人民共和国的一切权力属于人民。人民行使国家权力的机关是全国人民代表大会和地方各级人民代表大会"。从地方各级人民代表大会也可以行使国家权力的角度看，国家权力具有可以分割的特征，而人民主权作为整体性权力是不能分割和转让的，这就使得《宪法》2 条第 1 款关于人民权力规定与其第 2 款关于国家权力的规定之间具有了规范的从属关系。

人民权力在国家层面被分成两个部分，由全国人民代表大会享有的"最高国家权力"和由地方各级人民代表大会享有的"地方国家权力"。最高国家权力不等同于国家权力，它只是国家权力的一个部分，也不能说人民权力被分割为两个部分而由中央和地方分享。在静态上保持人民权力高度统一与在动态上由国家权力体现部分人民权力体现了现代国家治理的基本逻辑，即统权一元化和治权多元化的辩证统一。从人民权力转化而来的国家权力是一种委托性的权力，而不是始源性权力，这就决定了非经过事前的明确授权而不具有合法性。

在宪法学说中，对制宪权和立法权的区分理论立基于人民权力和国家权力的划分。一旦明确了人民权力的代表功能和国家权力的代理功能，统权的高度集中性和治权的可分割性就可以得到有效的理解，这种情况同样可以用来解释基本法（根本法）与法律、宪法与宪法律等的划分理论。从全国人民代表大会的性质和功能看，它完成了三个方面的统一，代表制和代理制的统一、统权和治权的统一以及主权和治权的统一。三个统一从不同的角度说明了统治权在我国的具体运行规律和成果。

治权的多元化不仅体现在国家权力结构内不同要素的有机组合，也呈现在治权通过政党和社会组织等非国家政权机构分享的格局，政党治权和社会治权是其自身就有的权力，不是国家授权的结果，虽然这并不妨碍国家权力根据法定程序向政治、社会组织或其他团体授权的情况。

（二）政治领导权和国家领导权

政治领导权是政党政治的产物，它通过获得国家领导权而实现政党使命。执政党同时兼有代表和代理人民权力的双重代议功能。从代理的功能看，作为整体的执政党是选民事前授权的结果，选民通过选举的形式认可一个政党作为具体的执政党。从代表的功能看，执政党为了全体人民的利益可以独立提出政治主张和政治承诺，而无须事事获得选民的事前同意，因此付出的代价则是选民在事后行使追认权时的不确定性，比之事前的明确授权，代表制承受了更大的政治风险和几乎无限责任的风险。

在人民代表大会制度下，政治领导权通过国家领导权而发挥作用，国家领导权在规范的意义上再现了政治领导权。在党的领导、人民代表大会制度和依法治国的三位一体关系中，党的领导通过依宪执政的方式服务于人民代表大会的根本政治制度。因此，在中国国家制度的理论设计中，根本就不存在所谓的"两头政治"问题，更不要说多头政治了。"在两头政治下，国家在政治上具有决定意义的行为，必须由两个机关共同执行，例如，在斯巴达，就由两个国王，在罗马就由两个执政官。"① 如果在中国出现"两头政治"的现象，不是制度设计出现了问题，而是制度建设能力出现了问题，因为从代议机关的类型和性质上看，全国人民代表大会是典型的一院制，不存在通过两院制分享国家立法权的问题。邓小平指出："我们实行的就是全国人民代表大会一院制，这最符合中国实际。如果政策正确，方向正确，这种体制益处很大，很有助于国家的兴旺发达，避免很多牵扯。"② 同时需要注意的是，在人民代表大会代表的比例构成中，中共党员占据了大多数"席位"，这就决定了国家领导权事实上是由在人大中的党员掌握，形成了类似内阁制的政府运作形式。

问题或许不在于国家领导权与政治领导权存在事实上的分野，而在于具

---

① 〔奥〕凯尔森：《法与国家的一般理论》，沈宗灵译，中国大百科全书出版社，1996，第220页。
② 《邓小平文选》（第3卷），人民出版社，1993，第222页。

有政治领导权的政党或个人是否通过法定的程序获得国家领导权，对这个问题的不同回答将决定未来我国政治体制改革的重点和方向。无论对现实的表达有什么样的不同或对立，还没有一个学说反对人民作为权力源泉的命题。全国人民代表大会因享有最高国家权力的宪法地位而获得了法律上的最高领导权，成为国家的最高的权威组织机构，这种权威也是其他合法性统治的最终根源。毋庸置疑，在国家领导权和政治领导权之外，还存在社会领导权的事实和实践，社会领导权只能被压制、遮蔽和规范，却不因国家领导权和政治领导权的存在而消失。

（三）作为特殊治权主体的特别行政区

国家最高权力机关享有宪法和宪法律赋予的固有权力，这些权力只能由全国人民代表大会及其常委会专门享有。《立法法》第 8 条规定了最高国家权力机关的固有权力：（1）国家主权的事项；（2）各级人民代表大会、人民政府、人民法院和人民检察院的产生、组织和职权；（3）民族区域自治制度、特别行政区制度、基层群众自治制度；（4）犯罪和刑罚；（5）对公民政治权利的剥夺、限制人身自由的强制措施和处罚；（6）税种的设立、税率的确定和税收征收管理等税收基本制度；（7）对非国有财产的征收、征用；（8）民事基本制度；（9）基本经济制度以及财政、税收、海关、金融和外贸的基本制度；（10）诉讼和仲裁制度；（11）必须由全国人民代表大会及其常务委员会制定法律的其他事项。除了上述第 8 条规定的经济权力可以在特殊情况下授权国务院暂时行使外，对于所列举的其他国家权力，全国人民代表大会不能授权其他机构行使。

不过，香港、澳门基本法的实施和"一国两制"的实践改变了上述部分规定。作为一级地方自治主体，香港和澳门特别行政区享有了原本由全国人民代表大会享有的某些职权，这种状况的一个直接后果是扩大了对基本政治制度的表述，在政治协商制度、民族区域自治制度和基层群众自治制定等之外，增添了特别行政区制度的内容。"特别行政区是一种全新的地方行政区域……一方面是特别行政区的自治权远远超越其他一级地方政权和经济特区，另一方面是特别行政区不实行我国其他地区实行的人民民主专政、人民代表大会制度、社会主义经济制度、党管干部以至党委领导等原则。"① 香港、澳门通过宪法和基本法既受制于国家基本规范，又体现了高度自治的治权品质。

---

① 陈弘毅：《香港特别行政区的法治轨迹》，中国民主法制出版社，2010，第 19 页。

在对实质宪法和形式宪法加以区分的理论中，在称谓上有一部宪法还是多部宪法不是衡量国家政体的唯一标准，无论联邦制国家还是单一制国家都以基本规范作为其内部和谐法律体系的统一基础。基本规范是实质宪法，非基本规范包括了体现基本规范的形式宪法、法律和法规。实质宪法是统权的表现，统权不可分割也不可转让，只能由全体人民作为统一的政治共同体行使和享有，相比之下，形式宪法是治权的表现，治权可以分割和分享。全国人大和地方各级人大享有宪法赋予的不同层级的治权，通过不同层级的组织法享有特定区域内的自治权。在性质上，宪法与组织法的关系等同于宪法与基本法的关系，它们无非都是实质宪法与形式宪法关系在我国的特殊表现形式。

香港和澳门基本法与宪法的关系是形式宪法和实质宪法的关系。香港和澳门基本法是"一国两制"下的形式宪法，香港和澳门特别行政区享有比一般省份更大的治权。"'一国两制'之下特别行政区的自治权是高度和广泛的，不但远远超越我国的其他地方的行政区域（包括民族区域自治），即使与联邦制国家的成员州或省比较，在很多方面也有过之而无不及。……中国共产党也不在特别行政区举行活动或行使政策或人事上的领导权。"[①] 从统和治的关系原理看，全体人民对特别行政区享有统权，这是中央对特别行政区行使全面管治权的法理根据。中央人民政府和香港、澳门特别行政区分别享有不同层面的治权，包括中央政府依法对特别行政区实施监督权。

（四）台湾与大陆统一的法理基础

"一国两制四法域"将成为包括大陆（或内地）、香港、澳门、台湾地区在内的中国国家法治构图。[②] "一国两制四法域"的前提是一个国家即中华人民共和国。就现代主权国家而言，无论其国体和政体有多么不同，只能有一个主权以及体现这一主权的一个基本规范。如果有人主张宪法主权，在语义上不过是对主权概念的法律表达，但只有在宪法被理解为一种实质宪法并且代表了国际法规制下的主权实体时才能成立。同时，国家承认不是宪法主权成立的唯一理由，还要看实质宪法得以创立的同一性主体。创立实质宪法的是人民这一具有同质性的政治共同体，无论人民被解释为公法意义上的国民，还是民主意义上的大多数人，都改变不了现代社会将全体人民作为主权者的

① 陈弘毅：《香港特别行政区的法治轨迹》，中国民主法制出版社，2010，第24—25页。
② 张志铭：《转型中国的法律体系建构》，《中国法学》2009年第2期。

意识形态。把支撑台湾"法律体系"的全体国民解释为"全体台湾人民"就会从根本上改变台湾实质"宪法"的基础,这也是"统一论"和"台独论"认识冲突的根本原因之一。

2014 年 3 月台湾学生发起占领"立法院"的抗议活动,其组织者举起了代表"台湾人民"的口号,这与选举产生的台湾"立法院"的规范人民代表制产生了冲突。主权国家下的人民与国家下的地区人民是整体与部分的关系,占有或享有主权国家之部分领土的居民作为人民的一部分无权代表全体人民行使自决权。台湾作为中国主权国家治下的地区在法理上无权以台湾居民的名义决定主权事项,更不能由台湾居民中的一部分人以人民名义侵犯规范的人民代表制度。

因此,在坚守中国各族人民或全体国民作为主权主体的前提下,大陆与台湾的关系应在借鉴"一国两制"模式的基础上有所创新,由此产生的法学理论和制度设计需要统合两个层面的内容:一方面要把持实质宪法的统一性和完整性,保障中华人民共和国作为主权国家的国际法地位,让统权始终掌握在全体中国人民手中,另一方面要考虑台湾比香港、澳门更加特殊的情况,在统权和治权相分离的基础上,根据具体情况,由中央授权台湾享有更具特色的高度自治权。

五 结论

本章通过对全国人民代表大会制度的讨论,揭示了统治原理在我国的实践和运行法则,厘清了具有关联性的三对关系概念及其关系序列:(1)人民权力和国家权力;(2)统权和治权;(3)代表权和代理权。人民权力—统权—代表权序列是对人民主权论的具体阐述,统权是人民权力的政治形式,代表权是统权的法律表达。国家权力—治权—代理权则构成了另一组序列关系,治权是国家权力的政治形式,代理权是治权的法律表达。这样的区分并不只具有学理上的价值,混淆其中任何一种关系会导致治国理政方向上的错误。无视人民权力和国家权力的区别性关系则会有滥用人民的名义之嫌,误用统权和治权容易导致国家权力的高度集中,混淆代表权和代理权则会对民主问题产生狭隘的理解。"名不正则言不顺,言不顺则事不成",在我国国家统治的实践中,对全国人民代表大会制度的具体阐述有助于正确理解"一统"和"分权"的关系,这是保障我国长治久安的关键。

第七章

论第三种正义

一　问题的提出

现代性社会以来，科学、正义和趣味等理论的发展导致了知识论和认识论从一体化格局向不同的专门领域转化，在人类社会中第一次出现了"道术将为天下裂"的局面。百科全书式的人物越来越成为历史，不同领域的专家和学者虽不断涌现却相互隔绝。科学主义在中立口号下推动了科学技术在广度和深度两个方面的进展。趣味问题由美学指引，无论超现实主义还是后现代主义都拓展了审美的视野。与科学之真、趣味之美的特性相比，正义及其合宜的分配问题不仅没有进展，还有退化或变质之趋势，而普遍性的贫富差距扩大也是人类其他任何时代都不曾有过的现象。人类的生存环境之恶劣同样是人类社会产生以来绝无仅有的。在全球化背景下，一个国家的贫困、环境的恶化都会给邻国乃至全球带来难以评估的"蝴蝶效应"。突飞猛进的科学之真并没有随之给人类带来符合预期的正能量，科学技术和单纯的经济决定论的发展主义走到了尽头。趣味的美学效果不仅是对异化和物欲的印象和渲染，也为目不暇接的工业品提供了新的品种。

对人类社会的关切的出发点是正义，正义是首要问题和初始问题，正义不仅是超越真和美的道德问题，也是超越任何制度和政策设计的元问题。实现正义或善的方法不是上天的恩赐，也不是静态的制度设计，而是所有人都能够公平参与其中的动态的博弈机制。在本章中，笔者在第二、三部分批判性地讨论了两种正义观，分别是规范的大多数人正义观和规范的少数人正义观。规范的大多数人正义观通过民主政治制度为大多数人分配权利和义务，规范的少数人正义观主要是指作为弱者的少数人正义。笔者在第四、五部分重点讨论第三种正义观，它是前两种正义观否定之否定的产物，基于其内在特性——它要求一种全体人的正义，并要求一种新的实现方式，即人人参与下的建构正义制度的方式。第六部分着眼于满足第三种正义的制度改革和应有品质，追求司法场景在现代社会的发展。不同于实现大多数人正义依赖的议会制，司法场景借助司法形式又超越了司法形式，它以诉讼为方法，通过具体的个案营造了维护公共利益的诉讼民主场域。

二　大多数人的正义

（一）正义的框架性解释与现代道德秩序

正义与具有系统性模糊（System Ambiguities）的其他词一样充满了歧义，如爱、人、道德等。歧义来自模糊性，之所以具有模糊性不是说这样的一些词不可定义或无法界定，而是这些词在不同的学科领域之中均具有方法上的确证性，进而在不同的学科领域中产生了概念上的竞争。从不同的角度和认识论出发，不同的学者对正义的概念及其解释提出了既具有启发性又相互矛盾的见解。笔者不打算对正义做出字典化的概念梳理和自以为是的甄别优劣的工作——尽管这对于正义知识学来说不无裨益。不过，笔者无法回避具有影响力的关于正义的两种框架性解读。以边沁为代表的正义观和以罗尔斯为代表的正义观是两种不同的正义观，前者构成了笔者所谓的大多数人正义观，后者则是少数人正义观的理论基础。

对正义做出上述分类的理由如下。其一，大多数人正义是功利主义的正义，这是功利主义始终捍卫的主张和立场。其二，由上述理由出发推导出的是与之对应的少数人正义。没有少数人的正义就不会有多数人的正义，但少数人正义只有在多数人正义的理论框架内才能成立。公平的正义理论是一种关于少数人的正义观。公平的正义视野下的少数人是罗尔斯反复强调的社会中的最少受惠者，在逻辑上我们不能把最少受惠者理解为大多数人，但当我们批判性地理解功利主义正义观时，就要注意少数人正义与多数人正义相互之间的互补性。其三，对功利主义正义观（第一种正义）和公平的正义（第二种正义）的分类，不是要将其做出优劣之别，这两种正义观都在人类社会实践在历史的发展中不可避免且具有一定的正当性。笔者的目的是要提出第三种正义观，即人人参与和为了人人的正义。这样一来，少数人正义、大多数人正义和全体人正义就具有了逻辑上的排列顺序，形成了关于正义的新的框架性解释方法。

应当看到，对正义采取的上述框架性解释方法是基于现代性的立场，正如现代性的历史主义方法论所宣称的那样，一切历史都是当代史。人类社会进入现代性以来，全体人正义观在观念和理论上获得了突破性的进展，从根本上否弃了非规范的少数人正义观的正当性。奴隶作为会说话的工具在雅典城邦是不言而喻的，犹太人对纳粹德国而言是低等民族或非人，但对于现代性社会的人们来说，奴隶或犹太人都是人，非人化地对待奴隶或犹太人就是不正义的。与人类的漫长历史相比，虽然直到不久以前，人类社会才承认了人在类上的平等，但这样的观念一旦产生就会为历史解释理论提供一种不言而喻的方向性指导。显而易见，这种方向性的指导不是规定性的，而是人类社会进入现代性社会的必然产物。正义的现代性框架解释方法没有消除正义的系统性模糊，但它是一个现代性框架内的自我完善的解释方法。由于是一种现代性立场，从一开始就决定了关于正义的任何理解需要抛弃历史上出现的作为强者的少数人的正义观，以及非规范意义上的正义观及其实现方法，后者包括运用群众民主、运用弱者的武器的少数人以及后现代意义上的大众文化挑战者等。

现代性开启了面向未来的无限领域，它否定了传统的经验、宗教和政治束缚，实现了人类社会由鬼魅世界向祛魅世界的转变。重要的是，现代性实践建构了一个被查尔斯·泰勒称为的现代的道德秩序，这个道德秩序立足于所有人的平等，强调人的起点平等，并通过起点平等达至结果平等。泰勒指出："隐含在自然状态（the State of Nature）的起始点中的平等性假设，亦即人们没有优劣与阶序之分，已经被运用于越来越多的脉络下，最终形成平等对待或非差别待遇的多种规定，而这些规定是牢不可破之权利宪章中不可或缺的一部分。"① 如果对平等的诉求只限于一部分人，或者平等的诉求明确限于特定的多数人，就会陷入传统意义上的平等的道德秩序之中。作为一种社会想象，现代的道德秩序拓展了一种面向未来的可能性。虽然人人平等的正义观具有假设的性质，但倘若这一假设对全人类而言是可欲的，就确立了验证这一假设命题的科学思维。

（二）多数人正义及其局限性

随着科学技术和工业化的发展，一种集合性的集体力量在西方社会迅速崛起，这种力量迥异于传统的群众力量，这是走向或接近于规范的大多数人

---

① 〔加拿大〕查尔斯·泰勒：《现代性中的社会想象》，李尚远译，商周出版社，2008，第22页。

的力量。在《乌合之众》一书中，古斯塔夫·勒庞指出了我们所处的时代是"群体的时代"。从本能或遗传学的角度出发，群体的无意识行为受制于不同的文明和文化，而个体的行为无疑受到集体行为的制约。在勒庞看来，规范的大多数人的力量必然要形成但还没有形成，以往的观念依然有十分强大的力量，新的观念仍在形成之中，并在现时代呈现群龙无首的过渡时期。尽管如此，勒庞对这个他看来必然产生的新的群众力量给出了定位式的宣告，"当我们悠久的信仰崩塌消亡之时，当古老的社会柱石一根又一根倾倒之时，群体的势力便成为唯一无可匹敌的力量，而且它的声势还会不断壮大"。① 这种把群体的力量推高至顶层的描述在托克维尔那里更加清晰，美国的大多数人不是正在形成，而是已经形成。

托克维尔说："民主政体的本质，在于多数对政府的统治是绝对的，因为在民主制下，谁也对抗不了多数。……在美国，一些特殊的环境条件还在促使多数的力量不仅居于压倒一切的地位，而且促使它成为不可抗拒的力量。"② 以不偏不倚的观察者（Impartial Spectator）身份，托克维尔揭示出美国民主的本质，宣告了大多数的统治的合法性地位。然而，具有统治地位的大多数人是一个规范的法律概念，而不是社会学意义上的乌合之众或群众。规范的大多数人是在理性原则指导下的立法者，是通过改头换面的城邦公共广场——议会来实现其自由和利益的公民集合体。与此相反，社会学上的乌合之众在很大程度上是群众实施的激情行动，缺乏稳定性，更不用说这种通过偶然结合而形成的共同体随时面临解散。

把分散的个体团结起来形成人多势众的共同体是所有革命家和政治家的梦想，但把孤立的个体通过民主的方法联合起来则是现代性的成就。就其实质性而言，现代性通过共和制度在一个国家或更广大范围内实现人人平等的人类理想。相对于君主制和贵族制，共和制实现了对公共权力的再集中，但这种集中不是君主制和贵族制下权力的机械集中，而是通过授权和分权的机制安排的有机集中。每一个拥有自然权利的个体将他们的政治权利授予国家，由国家按照选民的意见行使国家权力，使国家在君主制或贵族制瓦解后重新获得了权力，甚至获取了比在君主制或贵族制下更大的权力，这也解释了为什么托克维尔认为美国的政府集权要比当时欧洲任何一个国家都要大。在现代性的视野中，众人、民众或群众由一个个原子式的个体组成，后者如同不

---

① 〔法〕古斯塔夫·勒庞：《乌合之众：大众心理研究》，冯克利译，中央编译出版社，2005，第 2 页。
② 〔法〕托克维尔：《论美国的民主》（上），董国良译，商务印书馆，1988，第 282—283 页。

能再分割的元素成为现代国家牢不可破的一部分。被重新组织起来的个体获得了新的团结力量，群众不再是乌合之众，他们依靠政治契约把他们相互之间平等地联合在一起。在人民主权原理的指引下，国家之形成是合众人之权的过程，民主与国家权力集中不是一组对立的关系，民主是现代国家集权的形成机制。

功利主义是大多数人正义的理论基础。[①] 对功利主义而言，如果一个社会的主要制度被安排能够达到所有社会成员满足总量的最大净余额，那么这个社会就是被正确地组织的，因而也是正义的。[②] 功利主义的大多数人原则是现代社会的产物，它是对传统的由少数人统治的不平等社会最大化否定的结果。当功利主义论证一种维护大多数人的最大幸福观的时候，它是以假定的社会契约论指导下的现代民主制为基础的。事实上，在现代性来临之际，当人民主权论通过社会想象逐步展开时，对古希腊"全体人统治"的拟制及其思维方式起到了关键性作用。对功利主义来说，全体人的民主仍然是可欲的，实现全体人的民主需要以程序正义为核心的法治思维和法治方式，这就为确立现代意义上的议会制民主开辟了方向性的指引。功利主义民主只有在这个意义上才是正义、理性或科学的。功利主义正义是实现全体人正义的方法，作为一种方法，功利主义不以维护多数人的正义为最终目标，在某种程度上，功利主义的正义观从制度的维度践行了全体人的正义。功利主义正义观倡导大多数人的幸福，它以大多数人民主为基础，试图为一个良好的社会制度提供理论支撑。

对大多数人地位的推崇和强调一方面确立了现代代议制民主的基础，另一方面则与源自希腊哲学的"全体人统治"的民主拉开了距离。对现代性社会而言，无论雅典的直接民主还是卢梭的日内瓦民主都是可遇不可求的奇迹，导致了大多数人的民主制度虽然不是最好的制度，但也不是最差的制度，毋宁说，大多数人的民主是退而求其次的第二好的制度选项。第二好的民主带来的是一种正义，但不是圆满的正义。在现代性背景下，由于利益多元化和思想观念的差异，处于不同社会地位的人，无法就所有问题达成一致意见，

[①] 与托克维尔不同，卢梭认为，民主只有体现了全体人的意志和利益才是真正的民主，大多数人民主，无论其在广度上如何包含了绝大多数人的意志，充其量是共同利益而不是公共利益的体现，但不能把这种意义的民主视为民主。

[②] 参见〔美〕约翰·罗尔斯《正义论》（修订版），何怀宏等译，中国社会科学出版社，2009，第18页。由于人们对功利主义有不同的解读，对任何反对功利主义的人而言，其不归纳属于自己的功利主义认识论，就无法聚焦批判的靶子。

但对涉及公共利益的公共决策具有效率上的要求，投票机制（选举）就成为不二的选择。投票作为一种决定公共政策的方式是多数人民主的行动逻辑，多数人要想共同决定公共政策就需要与之相符的表决机制，很难想象有投票以外的体现多数人意志的表决机制。

在现代性民主从理论向实践转化的过程中，这种体现大多数人意志和利益的投票民主程序就产生了。然而，在这种代议制民主制度下，最完美的结果只是体现了最大多数人的意志和利益，但绝不是所有人的意志和利益。投票作为一种体现正当性的理念和行为贯穿于现代的任何国家和社会，但即使在选举公平的前提下，只要有一个人投出反对票，代议制民主的局限性就暴露无遗，这个唯一的反对者需要遵守本人不认可和反对的议案和规则，在原理上就违反了政治契约自由原则，却不妨碍对这一个人来说是非正义的行为对绝大多数人来说是正义的命题同时成立。现实情况要比一个人的不同意情形更真实、结果更令人悲观，有两百多年历史的代议制民主在其具体实践中，选民的投票率在总体上呈现的是下降的趋势，具有讽刺意味的是，超过选民半数以上支持率当选的人已经成为高票当选的人。这就意味着，有近一半的选民被迫同意他们反对的所谓公共规范和公共政策。以半数为基准，代议制民主是半个民主，现代正义制度是半个正义制度，它们都是不圆满的或者有局限性的民主和正义。

站在完美立场上的民主的批判家误以为民主可以解决一切社会问题，他们要么否定民主的价值，要么对民主采取更为激进的乌托邦思想。功利主义民主是规范的大多数人民主，而不规范的大多数人是通过激情或本能而结合在一起的临时共同体。在民主历史上，担心乌合之众的群众运动是对民主恐惧的一个主要原因。不规范的大多数人的行动是革命式的行动，它更具破坏性。彻底瓦解一种既定的社会结构需要不规范的大多数人的参与，但仅此而已，瓦解之后的重建工作仍然需要规范的大多数人的民主制度，正如法国大革命所显示的那样。

三　少数人的正义

大多数人正义所呈现的半正义特征是由追求现代正义的制度的局限性决定的。形式正义取消了人与人之间在社会地位和自然禀赋等方面的差异，将不平等的事实通过公平的程序转化为规范的抽象平等，制造出人人平等的理想社会类型。因此，如何对待人在社会地位和自然禀赋等事实上的不平等成为划分大多数人正义和少数人正义的关键因素。换句话说，如何看待这些差异成为古典正义和现代正义之间的分水岭。大多数人正义忽视了人在社会地位和自然禀赋等方面的差异因素，少数人正义则强化了人在社会地位和自然禀赋等方面的差异。在此，我们需要考察两种具有代表性的少数人正义。

（一）亚里士多德的正义观

亚里士多德的正义观是对古希腊城邦政治实践的总结和归纳。亚里士多德寓理想的城邦于现实的公民政治实践中，具有道德目的的城邦不是别的，而是体现在公民的轮流统治的具体实践之中。亚里士多德将美德、正义和法律联系在一起，以便为作为公民或好公民的城邦的善的目的服务。公民不是现代意义上的统治者和被统治者同体概念。在希腊城邦中，有作为统治者的公民，也有作为被统治者的公民。他们作为统治者就不是被统治者，作为被统治者就不是统治者。因为好的政治共同体需要有人依法作为统治者发号施令，也需要有人作为被统治者服从。无论发号施令还是服从都是公民的美德，正义就是按照中庸原则得其之所得，失其所应失，前者指分配正义，后者指校正正义。

亚里士多德正义中的公民的构成不包括奴隶、妇女和外邦人，这些人口在雅典城邦中是大多数人。从现代意义上看待亚里士多德的正义，我们有理由得出这种正义是一种非正义的结论。即便排除了非公民获得公民才有的权力、权利和声誉等考察视角，亚里士多德的分配正义也是一种以确认事实不平等为指向的正义。然而，对于一个认真的观察者而言，自古至今，人们在技能、力量、智慧、勇气、仁慈、精力和风度等因素上各有不同，这些因素确定了人与人之间在社会地位和自然禀赋等方面的差异。如果某种才能或某种善成为支配性的才能或善，就会形成一个稳定的分配正义等级结构，每一个人的那一份按比例分配，保持这种结构就是合乎正义的。换句话说，每一个人在正义结构中的正义剂量（"应得"）都是固定和明确的，不多也不少，过度和不及都是不正义的，而校正正义指向的是被破坏的正义结构中的某一特殊正义，赔偿是为了恢复原状。

对亚里士多德而言，一种固定的有差别的社会结构就是正义的社会结构。每一个在正义结构中的人都是带着看上去固有的社会地位进入这个系统的，其目的在于通过共同维护这个正义结构而巩固和强化每一个人的社会地位。每一个人对自己是谁或是干什么的了如指掌，对规定自己是谁或自己干什么的规则了如指掌。人与人之间的差异显而易见，每一个人都看到并认为这种差异是正当的，每一个人就从直觉主义的立场上自觉地尊重和维护这个正义结构。人与人之间的一些差异（如出生、血缘、民族等）是先赋的，有一些差异（如智力、教育水平等）是后天的——一种在后天可以获得或改变的因素，决定人与人之间主要差异的社会地位和自然禀赋都是社会的产物。然而，问题不是否认人与人之间的差异，而是如果把其中一种或几种差异因素固化以作为衡量人与人之间不平等的标准，就使一些人一开始就因为先赋因素而获得比其他人更高的社会地位和自然禀赋。由此看来，亚里士多德正义观为精英正义提供了最早的理论支持。并非所有的雅典公民都具有相同的社会地位和自然禀赋，对那些社会地位和自然禀赋都高于另外一些公民或社会成员的人而言，他们更能显示其政治美德，他们有更多的财力、更高的教育水平和更充裕的时间投入城邦的政治中去。轮流执政的统治者大多由精英式公民占据，而大多数公民在大多数情况下都作为具有服从美德的被统治者而存在。

（二）罗尔斯的正义观

从二十世纪七十年代问世至今，罗尔斯正义论是当代社会正义理论最重要的理论资源。罗尔斯所称的"正义"是"公平的正义"，而公平的正义的出发点是公平，只有通过罗尔斯主张的公平观，才能实现真正意义上的正义，因此，如何理解"公平"就成为罗尔斯正义论的关键。

首先，罗尔斯以一种纯粹假设的方法营造了人人在起点上平等的立论前提。无知之幕是在社会契约的理论图景下形成的新的社会契约观。罗尔斯说："我试图做的就是要进一步概括洛克、卢梭和康德所代表的传统的社会契约理论，使之上升到一种更高的抽象水平。……我并不认为我提出的观点具有始创性，相反我承认其中主要的观念都是传统的和众所周知的。"[①] 对古典社会契约论而言，享有自然权利的个体通过签订社会契约可以使个体的人从自然状态进入社会状态，这也是国家和政府必要性和正当性的理论根据。罗尔斯同样需要个体的人签订一份社会契约，以便为一个正义的社会结构服务。既然如此，新旧社会契约有什么区别呢？基于理论上的自洽性和体系性，无知之幕的理论假设遮蔽了每一个签约人的社会身份，同时假定每一个签约人除了冷漠外都具有同样的自然禀赋。

罗尔斯修改了订立契约的"原初状态"。这是一个重大的改变，它使每一个签约人都失去了古典社会契约论"自然状态"下自私自利的本质。既然每

---

① 〔美〕罗尔斯：《正义论》（修订版），何怀宏等译，中国社会科学出版社，2009，初版序言。

一个签约人都不知道任何有关个人和所处社会的特殊信息，建立"最大最小值规则"的社会结构就是可欲的。借助于无知之幕作为限制性条件保障了原初状态是恰当的最初状态（initial status quo），"这种状态保证在其中达到的基本契约是公平的。这个事实引出了'公平的正义'这一名称"。① 正义之所以是公平的，是因为它在原初状态下被一致同意，签约人之所以可以一致同意，是因为任何人在选择时保证被采用的正义原则不受特殊的爱好、知趣及个人善观念的影响。原初状态下的签约人是一群纯粹理性的人，由于不受任何社会地位或自然禀赋的限制，他们体现了一种纯粹的起点平等——一种体现作为道德主体、一种他们自己的善的观念和正义感能力的人类存在物之间的平等。

其次，差别原则与最少受惠者。在无知之幕的原初状态条件下，人们选择了两个正义原则（自由平等原则和机会公正平等原则及差别原则），这些原则适用于社会的基本结构的两个不同部分。第一个原则适用于确定保障公民的平等基本自由的方面，第二个原则适用于规定与确定社会及经济不平等的方面。为此，一种正义观可以表述为，"所有社会价值——自由和机会、收入和财富、自尊的社会基础——都要平等地分配，除非对其中一种社会价值或所有价值的一种不平等分配合乎每一个人的利益"。② 对这两个正义原则关系的安排，罗尔斯采用了字典式的排列顺序，第一个原则优于第二个原则，第二个原则中的机会公正平等原则优于差别原则，这就确保了公平的正义首先应当体现宪政民主制度下的社会结构。自由平等原则和机会公正平等原则加起来正是当代大多数民主制度及其实践的理论概况，罗尔斯不过重述了这种民主制规定的正义观。经过论证，自由平等原则和机会公正平等原则分别作为"自然的自由体系"和"自由的平等"都有其缺陷。前者最明显的不正义之处，就是允许分配的份额受到从道德观点看是非常任性专横的因素的不恰当影响，后者即使完善地排除了社会偶然因素的影响，但还是允许财富和收入的分配由能力和天赋的自然分布决定。消除自由的平等缺陷的方法是民主的平等，民主的平等是公平的正义的价值取向。民主的平等没有替代自然主义平等和自由主义平等，而是在认可自然主义平等和自由主义平等的前提下改进方案。

事实上，正是在论证民主的平等过程中，罗尔斯从"一种特殊地位"的

---

① 〔美〕罗尔斯：《正义论》（修订版），何怀宏等译，中国社会科学出版社，2009，第 14 页。
② 〔美〕罗尔斯：《正义论》（修订版），何怀宏等译，中国社会科学出版社，2009，第 48 页。

视角出发或以之为目的提出了正义的差别原则。差别原则在公平的正义结构中处于最后的位置，却是公平正义论最具特色的地方。差别原则要处理的核心问题是社会中最少受惠者的命运。"一种特殊地位"是指最少受惠者的地位。罗尔斯明确指出："我们假定存在着平等的自由和公平机会所要求的制度结构，那么，当且仅当境遇较好这的较高期望是作为提高最少获利者的期望计划的一部分发挥作用时，它们才是正义的。……社会结构并不确立和保障那些状况较好的人的较好前景，除非这样做适合于那些较不幸运的人的利益。"① "最少获利者""较不幸的人"等都是表达最少受惠者的词语，在别的地方，罗尔斯也使用"最不利状况的人"指代最少受惠者。从最少受惠者的词义看，这类人群不是没有受惠，而是受惠最少，因此，尽管罗尔斯有时也使用"较不幸的人"，但总体上这类人群不是那种在罗尔斯看来非正义结构下的被剥夺者和受害人。

最少受惠者的理论旨趣在于制度的设计要保障最少受惠者的增量正义，而不是获得最低意义上的正义。由于两个正义原则试图减轻自然的偶因和社会的幸运的任意影响，因此，满足最少受惠者的最大期望利益是衡量正义的最重要的标准。在一个基本正义的社会结构下，并非所有的人都是最少受惠者。最少受惠者是最有利者和居间者之后的主体，同时在最少受惠者之间也存在差异性结构的特征，在程度上可以有不同层次的最少受惠者。总之，最少受惠者必然是一个少数人的概念，即便只有一个人是最少受惠者，这种公平的正义也有存在的价值。

罗尔斯的正义观和亚里士多德的正义观都具有某种程度上的共同性，均服务于一个社会中少数人的最大期望利益，承认社会成员之间的差别原则。当然，这种共同性虽然是表面的，其产生的后果却迥然不同。对亚里士多德而言，由社会地位和自然禀赋等产生的差异是正当的，维持并强化这种差异则是正当的。罗尔斯既反对因社会地位产生差异的正当性，也反对自然禀赋意义上的偶因所产生差异的正当性。不过，无论亚里士多德还是罗尔斯，其所主张的正义观都是对分配正义的不同阐释，虽然二者对正义分配的原则和结果存在差异，但都是或主要是一种立法者的正义。立法者的正义是实现分配正义的主要方法，亚里士多德的分配正义的立法者是罗马公民，罗尔斯的分配正义的立法者是无知之幕背后的签约人。

总之，在当代正义理论中，不同于亚里士多的德精英正义或贵族正义，

① 〔美〕罗尔斯：《正义论》（修订版），何怀宏等译，中国社会科学出版社，2009，第58—59页。

功利主义正义、作为公平的正义都是实现人人平等正义的思想或制度实验，它们都是当代正义理论的重要组成部分。作为公平的正义是对功利主义正义的补充和完善，它们共同指向全体人的正义，不过，作为公平的正义和功利主义正义都以分配正义为前提，对一个完美的立法者的追求使他们陷入了唯理主义的方法论。从以下讨论的全体人正义观而言，人人平等的正义重在人人作为立法者参与维护公共利益的制度实践，其价值导向不仅在于分配正义，也指向了校正正义。

四　全体人的正义

历史的发展否定了亚里士多德意义的少数人正义的正当性，肯定了多数人正义的合理内核。多数人和少数人的对立和视角最终通过立法确立了分配正义的基本内容。笔者把通过立法实现分配正义视为议会正义，议会正义采取了多数人和少数人身份的划分方法，而这种划分方法基本上以公民身份为唯一的标准，它不仅忽视了人的身份的多样性，而且忽视了道德人的地位。以道德人的身份重新审视正义论要求一种全体人的正义，即第三种正义。

（一）　身份多样性与人的身份

人的身份具有多样性，这是人与人之间产生差异的根本性因素。如何对待人的差异性形成了不同流派的哲学和社会思想，从常见的人的身份划分标准看，人与人之间在下列方面产生了差异：种族、肤色、性别、语言、宗教、政治或其他见解、国籍或社会出身、财产、出生或其他身份等。这些身份或是先赋身份（如种族、性别等），或是后赋身份，无论是先赋身份还是后赋身份都是制约或规定人之为人的先决条件。在人类社会漫长的历史中，人的多样性身份使一个人成为具体的人、使一个民族成为具体的民族、使一个国家成为具体的国家。

承认人的身份多样性是一个事实问题，而如何看待人的身份的多样性则是价值问题。把身份的事实问题等同于身份的价值问题是所有不平等理论的根基。基于种族的差异，在历史上出现了各种形式的种族论。种族论往往把一个民族视为高贵的民族，而把其他民族视为低劣的民族。在历史哲学中不乏"野蛮民族""无赖国家"等词语。基于肤色，白人文明论成为人类历史上种族论的一个重要产品。关于性别，人类社会发展至今，最大的不平等乃是男女之间的不平等，歧视无处不在，这个世界在总体上仍然是男权社会。

语言既体现了一个人所属的民族或国家，也因为官方语言、方言、外语甚至口音等把人分为不平等的群体。宗教因素在信仰者之间、信仰者与无神论者之间产生了迄今为止越演越烈的冲突。政治见解或其他政治主张成为衡量一个社会和国家是否民主和宽容的标准，对不同主义或思想的认识仍然是当今世界冲突的根源之一。财产在历史上一度成为衡量人的身份优劣的首要标准，早期资本主义社会和晚期资本主义社会都营造了财富决定论的条件或金钱意识形态，它们支配着人与人之间的关系。所有上述因素似乎都可以用出身好与坏来衡量，那些出身好的人也是在种族、肤色、性别、语言、宗教、政治或其他见解、财产等方面具有优势地位的人，那些出身不好的人则是在诸种身份标准中处于劣势地位的人。

把决定身份因素的一个或几个标准固化或正当化，就可以为不同形式的不平等观提供理论基础。亚里士多德眼中的希腊城邦是体现了少数人正义的社会制度，其中一个重要原因在于获得公民资格具有严格的身份标准。希腊城邦的公民资格是指"父母双方都是公民的人"，"只有父亲或者母亲一方是公民的人，不算是公民"，而对血缘的追溯可以不止一代，可以是两代、三代甚至更多代。① 血缘成为衡量公民的唯一或主要的标准。然而，即便同是公民的情况下，富裕程度不同的公民所享有的政治权利也不尽相同。"在独特的希腊通俗语言中，最为重要的划分是'hoi oligoi'与'hoi polloi'，可以逐字翻译为'少数人'和'多数人'，或用'富人'和'穷人'来表述。……在民主政治的共同体中同样存在着明显的界限，至少在服兵役方面，骑兵与重武装步兵必须自备行囊武器，而且一般说来，固定财产的限制决定了一个公民是否可以进入这两个等级。"② 这种把财产与公民权结合起来在大多数民主制度形成过程中屡见不鲜。

如果把少数人等同于富人，把多数人等同于穷人，就是用财富作为衡量人的身份的标准。透视历史并反观周遭的世界，相比较而言，富人或富裕的国家是少数人或少数的国家，穷人或贫穷的国家指向多数人或多数的国家。这样一来，我们如何区分古代和现代，如何在古典的少数人与多数人的划分与现代的少数人和多数人的划分之间做出区分呢？现代意义上的少数人和多数人的划分是在同质的公民身份下完成的，它用法律的强制标准抹去了人与人之间的大多数的社会性差别，在形式上确立了法律面前人人平等的法治原

---

① 〔古希腊〕亚里士多德：《政治学》，吴寿彭译，商务印书馆，1965，第114页。
② 〔英〕F. I. 芬利：《引论》，载芬利编《希腊的遗产》，牛津大学出版社，1981，第13页。转引自阮炜《不自由的希腊民主》，上海三联书店，2009，第49页。

则。然而，公民自身则是民族国家的产物，是在主权国家范围内的同质概念，它在本质上是基于文化和社会背景的因素而产生的"想象的共同体"，这个共同体比历史上的家庭、家族或氏族等血缘共同体范围要大，但不妨碍它作为拟制的血缘共同体而存在。除非这种想象的共同体的范围扩展至全人类，形成诸如《世界人权宣言》所提示的"人类大家庭"的格局。

迄今为止，想象的共同体的最大范围不会超过一个国家（如美国、德国等）或一个文化共同体（如伊斯兰、儒教或基督教文明等）。阿马蒂亚·森解释了单一的社会角色身份论带来的问题，提醒人们注意一个人的多样性的身份在不同场域中的正当性。例如，"文明冲突论"基于宗教文化把全球社会划分为存在潜在冲突的几大人群，显示了粗糙的单一分类的破坏性和煽动性。①然而，单一的社会角色身份论不仅体现在典型的社会角色方面，也体现在公民身份方面。公民身份排除了外国人、无国籍人或难民等享有的政治权利和公民权利。一旦公民身份成为单一身份标准，就全球范围而言，人与人之间的差别或不平等就因为法律的强制性规定而凸显出来。破除单一论身份及其单一身份共同体要求在承认人的多重身份的基础上回到康德主义的人的立场上，需要从人的一个单一身份出发，经过对该人的其他身份的考察，而走向人的更高本质的单一身份。事实上，作为单一身份的人建立在人的多样性身份基础上，而不像单一的社会角色的身份是以自身为标准。前者之所以具有合理性，就在于它从多元化的身份中抽象出人的本质性规定，后者具有合理性，是因为它是自我确证的表现形式。对于前者而言，一个人之所以是人，是因为他或她体现了人的尊严这一本质性规定，对于后者来说，一个女人是女人只是因为她是女人。

（二）尊严守恒定律

分配正义的实质在于通过立法为社会成员分配权利和义务。基于不同的社会身份（不论是单一身份还是多重身份）和不同的视角（少数人还是多数人），不同的人获得不同的权利和义务。理想的社会是大多数人或全体人在公平的意义上获得平等的权利和义务。然而，并非所有的事务都可以通过立法进行分配，哪怕这种立法严格遵循了罗尔斯的两个正义原则。在这里，问题不是在可分配的事务中如何公平分配，而是有一些事务根本不能作为分配的

---

① 参见〔印〕阿马蒂亚·森《身份与暴力：命运的幻象》，李凤华等译，中国人民大学出版社，2009。

对象。可选择的人的社会身份（正如阿马蒂亚·森所主张的）面对的是可选择的权利和义务，例如，一个人以其医生而不是他的穆斯林身份出现并被认可，他就享有了医生才有的权利和义务。作为公平的正义，在改善最少受惠者的状况时，需要通过可分配的权利和义务给予公平的补偿。然而，有一些事务既不能被选择，也不能用来作为分配的对象，它是人人所有且独有的事务，这些事务规定了人之所以是人的共同本质。

基于人的身份而产生的人的尊严是所有不可分配的事务中最不能被分配的事务，它先于立法行为而存在，也不因立法行为的改变而改变。《世界人权宣言》第1条规定："人人生而自由，在尊严和权利上一律平等。他们赋有理性和良心，并应以兄弟关系的精神相对待。"尊严是人作为人的资格，它通过人权予以维护和保障。在尊严面前，人人享有平等的权利，富人与穷人享有平等的尊严，少数人和多数人享有平等的尊严。如果一个社会的富人因其富裕享有更多的尊严，穷人因其贫困享有更少或不想有尊严，无论该社会寻找了什么样的正义原则，都是不正义的社会。一个人的尊严可以被侵犯，却不可以被剥夺，一个人的尊严可以被评估，却不可以被交易。重要的是，基于人的尊严而产生的平等不是形式平等，而是实质平等。这虽然是一个假设性命题，却是需要进一步论证的命题。

命题1：人人生而平等，在尊严上一律平等

人类在很长的一段时间内，把人生而不平等，进而把一些人不当作人作为政治哲学的出发点。换句话说，在人类社会的大多数历史中，人人生而平等，在尊严上一律平等既不是事实，也不是被认可的真理。社会地位和自然禀赋的差异是人与人之间不平等的根源，倘若将社会地位和自然禀赋差异固化和法律化，就为一种不正义的社会结构提供了理由。人不仅是男人或女人，也是人；不仅是富人或穷人，也是人；不仅是中国人或外国人，也是人；不仅是佛教徒或无神论者，也是人；不仅是朋友或敌人，也是人。在世界历史进程中，人的发现比之哥伦布发现新大陆、达尔文发现进化论、马克思发现人类发展规律等更具有意义。这种发现表明，无论家人、族人、乡人、国人、男人或女人等都具有相同的本性。所谓人的本性，不是说人具有七情六欲等生理性情感，也不是说人具有使用工具、语言交流或集体合作等理性，重要的是，人具有与生俱来的人格形态，这一人格形态使人成为人。人的身份被发现之后，人的多重身份依然得到肯定，但从多重身份中抽象出了的人的单一身份，这一身份体现在具体的多重身份中，又成为高于和制约其他人的身份的人格体。换言之，人在尊严上平等没有否定人在社会地位和自然禀赋上的差异，它超越了具体的人而走向抽象的人。

命题 2：人人的尊严构成了恒定的人类尊严的总量

如果命题 1 成立，每一个人的尊严之和就构成了人类尊严。每一个人的尊严不仅在性质上相同，在数量上也相同。不多不少的每一个人的尊严总和就是人类尊严。人类尊严以每一个人的平均等值等量尊严为前提，因为等值所以等量。换句话说，人类尊严在总量上的守恒立基于每一个人的等额尊严，而不是比例尊严。在这种情况下，不存在一个人没有尊严或一个人的尊严少于其他人的尊严的情况。就仿佛在说，即使一个人没有尊严或拥有少于他人的尊严，总量上却可以满足人类尊严守恒定律，因为其他人享有更多的尊严。这种情况之所以不会发生，是因为每一个人的尊严不是分配的对象，一个人既不会多于也不会少于他人拥有尊严。当一个人尊严受到损害时，他人并没有因此获得超过他的固有尊严的尊严，而被损害的尊严并没有消失，如同发生了物理上的变形，但尊严本身还存在，仍然是人类尊严总量的构成要素。

命题 3：一损俱损的尊严守恒定律

尊严守恒定律排除了因功利或效率原则而改善人类尊严结构的目的。然而，人类尊严在总量上的守恒并不意味着它不会发生变化，毋宁说，当一个具体的人的尊严被损害时，人类尊严在总体上也将受到损害，其尊严总量与未被损害时的人类尊严总量相比有所减少。但是，这不是特定的人的尊严的减少，而是连带着其他人的尊严同时减少，如同发生了共振现象。在这种情况下，由于每一个人的尊严都同比例地发生了减少，一方面每一个人的尊严仍然是平等和等额的，另一方面人类的尊严在总量上就少于未被损害时的总量。假定尊严在未被损害的情况下是一个饱满的概念，当每一个人的尊严都受到尊重时，这种饱满的状态就会实现。因此，一个人虽然平等地与他人有等额的尊严，在尊重尊严方面比他人付出了更多的努力，并且产生了一荣俱荣的效果，但不因他更有自尊心或比他人更能尊重人（在其他人也尊重人的前提下）而享有更高的地位。在人类尊严方面，一方面存在一荣俱荣的情况，另一方面也存在一损俱损的情况。就受损害的人的尊严而言，它如同能量守恒定律的负能量把受损的尊严从一个人转化给另外一个人，在总体上使人类尊严受损。因此，一个人的尊严受到损害就如同其他每一个人的尊严都受到损害，恢复一个人被损害的尊严就等于恢复了所有人的尊严。

（三）尊严损害与救济

尊严是人人平等享有的不可分配之物，它既不能转让也不能交易。人因为是人而享有尊严，人人享有的尊严构成了人类尊严。尊严具有连带的共振效应，损害一个人的尊严必定会损害全体人的尊严。为此，需要讨论损害尊严是如何发生的，以及对损害的尊严的救济方法。

保持人的尊严需要一定的社会、政治和文化等条件，不合理的或不完善的客观条件导致了人们通过外在物或外在行为妨碍、破坏了人与人之间的平等，从而间接地损害了人的尊严。在承认人人享有平等尊严的理念条件下，对社会制度是否正义的衡量标准就在于特定的社会制度是否保障了人的尊严。全部保障每一个人的尊严的社会制度就是正义的社会制度，没有保障每一个人尊严的社会制度就是不正义的社会制度。我们拒绝把满足大多数人尊严的社会制度视为正义的社会制度，因为这样的社会制度让一部分人（哪怕是极少数的人）的尊严受到损害。全体人的正义拒绝用大多数人和少数人的对比视角处理正义问题，以每一个人的尊严作为正义的标准才能在少数人正义、多数人正义和全体人正义之间做出有效区分。

少数人正义的非正当性在于它通过直接或间接的形式肯定了社会中的一部分人享有尊严，而使社会中的大多数人的尊严处于持续受损的状态。在少数人正义中，直接损害尊严的形式是指一个社会通过制度设计让少数人享有种种特权，而让大多数人无权。间接损害尊严的形式是指一个社会虽然号称为了大多数人或全体人的尊严，但实质上产生了直接的损害尊严的那种形式的后果。间接损害尊严的形式作为一种少数人正义有时候建立在形式平等的社会制度之上，在给定的社会情形下，它肯定了不同人在不同社会地位和自然禀赋上的差异。大多数人的正义与间接的少数人正义的出发点不同，但同样会达到罗尔斯所批判的自然主义正义和自由主义正义的非正义效果。公平的正义作为平等的正义通过最少受惠者的立场指向全体人的正义。大多数人正义满足的是大多数人的尊严，公平的正义满足的是全体人的尊严，因此，在出发点和目的上，大多数人正义与公平的正义拉开了距离。然而，同样处理的是全体人的正义，公平的正义与第三种正义有什么区别呢？

公平的正义采取了一荣俱荣的正义方法，由于着眼于最少受惠者的差别原则，公平的正义强调，不管其中一人的状况得到多大的改善，除非另一个也有所得，不然还是一无所获。罗尔斯"否认为了一些人分享更大的利益而剥夺另一些人的自由是正当的，不承认许多人享有的较大利益能绰绰有余地补偿强加于少数人的牺牲"①，强调"一个社会应当努力避免使那些状况较好

①〔美〕罗尔斯：《正义论》（修订版），何怀宏等译，中国社会科学出版社，2009，第3页。

者对较差者福利的边际贡献是一负数"。① 这种正义观是一种增量正义，每一个人的福利状况改善都意味着其他人的福利状况得到改善，否则就是非正义的。增量正义被罗尔斯称为"利益的和谐"，不和谐的利益是指"当较有利者所得时较不利者则有所失，反之亦然"。因此，正义的差别原则之所以可以作为博爱的现实观念，就因为博爱无非是家庭情感对其他非家庭成员的拟制上的开放，"一个家庭成员通常只希望在能促进家庭其他人的利益时获利"。②

与公平的正义观不同，全体人的正义采纳的是一损俱损的原则，当一个人的尊严受到损害时，其他所有人的尊严也将受到损害。人类尊严是基本的或唯一的善，尊严未受到损害就是实现了正义，保障了基本的善。这就是说，无尊严损害的正义自身就是最大的善，这是一个饱满的概念，而无须通过增量的方法扩大已经最大或饱满的正义。在一荣俱荣的正义观之下，追求最大化的增量正义将是无止境的过程，即便每一个人的福利每一次都提高了，却并不能保障不出现"端起碗吃肉，放下碗骂娘"的情况发生。需要注意的是，无论对公平的正义如何最优化，也不能使所有的人都在增量过程中获得均等的收益。侧重于物的分配的公平的正义始终是在市场经济的隐喻下处理正义问题，这就顺带把非物质领域带进了市场的交易法则之中。在这方面，波斯纳的非市场行为的经济学遵循了贝克尔的家庭经济学原理，把诸如正义、国家的起源、复仇、私隐、诽谤、歧视等都置于经济学的视野之下。③

公平的正义是一个理想标准，它提示了人人有份的美好愿景。对它所设定的目标而言，没有最高的正义，只有更高的正义，后者是趋向完美的正义——尽管也许永远达不到完美的结果那一时刻。人类社会没有判断最完美事务的客观标准，但我们有判断什么是罪的事物的大致客观的标准。完美的对称性由于这样一项事实的存在而无法实现：一个人越是接近人类成就所能达至的巅峰，其他人便越是缺乏能力来表彰其成绩。在这个意义上，富勒从一个常识性观念的基础上认为，"当实际上遇到具体的个案时，我们的常识告诉我们：我们可以适用更为客观的标准来衡量对刚好符合要求的表现之偏离，但要用这种标准来衡量接近完美的表现却很难"。④ 假定全体人的正义是一个完美的标准，也假定这个完美的标准得到了民主宪政制度的保障，那么，偏离这个完美标准的任何行为就都是非正义的，但这种非正义的行为只有在具体

① 〔美〕罗尔斯：《正义论》（修订版），何怀宏等译，中国社会科学出版社，2009，第80页。
② 〔美〕罗尔斯：《正义论》（修订版），何怀宏等译，中国社会科学出版社，2009，第81页
③ 参见〔美〕波斯纳《正义/司法的经济学》，苏力译，中国政法大学出版社，2002。
④ 〔美〕富勒：《法律的道德性》，郑戈译，商务印书馆，2005，第39页。

的个案中才能被发现和得到体认。

五　公益诉讼与公共的善

全体人的正义作为第三种正义立基于人人在任何个案中免受侮辱的否定的方法，否定的方法是一种救济正义，类似于亚里士多德的校正正义，但与后者不同的是，前者建立在人人享有平等的尊严的基础上。救济正义不否认分配的正义，它既是对各种形式的分配正义（罗尔斯的公平的正义、阿玛蒂亚·森的能力平等等）局限性的完善机制，也是一种新的正义观。这种正义观以维护人人的尊严为目的，通过个案的试验性方法确认并生成全体人的正义。

（一）职业与公共的善

劳动分工是人类合作体系的组成部分。每一种职业都从自身的优势出发与其他职业共同服务于一个劳动分工体系。职业的特色在于它通过服务于他人而满足职业人自身的生存和发展需要，因此，劳动分工通过职业以及职业所提供的服务满足了一个正常社会的合作体系。不同的社会和时代有不同的职业，但都是劳动分工的必然产物。农业时代、工业时代和信息时代分别产生了许多满足当时人类的职业，有些职业随着时代的转化已经消失，有些职业共存于人类的所有时代。

马克思主义认为，劳动是人的本质性的规定，体现了劳动的职业活动是人的本质的表现形式。劳动分工下的职业自身就体现了一种内在的善，这种内在的善是劳动在特定职业中的体现。然而，职业不仅体现了内在的善，也要把这种内在的善外化于其他人，劳动分工之所以必要就在于职业人通过相互的职业服务而满足了不同的需求。亚当·斯密认为，分工提高了生产效率，劳动成果交换不仅满足了劳动者自身的需要，也满足了其他人的需要。在这个意义上，任何劳动分工下的职业都具有利他主义的道德性。这种道德性表现在两个层次：一是任何职业人通过职业伦理忠实体现特定劳动的价值；二是通过公平的交换满足交换的需要。这种情况表明，职业伦理要求职业人自觉地生产或提供体现劳动价值的产品或服务，然后通过等价交换的原则实现职业人的劳动价值。等价交换是一种互利原则，而不是单纯的利他主义，后者只是互利原则的副产品。

职业中的善是一种内在之善，但也是一种私人之善，这种善主要限于商品和服务的交换者之间。受制于严格的等价交换的原则，职业的内在之善或因无等价物交换而无法产生附带的或间接的利他主义效果。无等价物交换有两种情况。一是剥削、掠夺、抢劫、盗窃等非公平交换行为的产生，使物不具有商品的属性，物被剥夺了等价物的属性。二是指一个人有需要但缺乏生产或提供用作等价交换的产品或服务的能力，由于能力的缺乏而被排除在劳动分工的体系之外。这两种情况都使人失去了平等的交换劳动产品的资格。如果认为劳动分工和交换是人类合作体系的本质性规定，失去平等的交换劳动产品资格的人也就失去参与社会合作的资格。这种情况如同一些古代社会的放逐制度，被放逐的人失去了在家族、氏族或城邦生存的资格，从而走向了毁灭之路。

然而，把职业中的善转化为外在之善不是非要通过互利的原则。互利原则是体现公平的市场交换的典型形式，但不是唯一形式。公平的市场交换的本质是商品或服务的提供者的自愿交换行为，它体现了行为人的自主和自觉。如果从纯粹的理性人（即人们都是自己满足度的理性最大化者）假设出发，就难以解释一些企业家在其一生中的巨额捐款的善举。每一种职业既然都包含劳动价值的内在之善，这种善就具有了相对于其他职业中的善的独特性和支配性。在自主、自觉和自愿的意义上，一个职业人分配和处理职业中的善就会呈现不同的结果（而非只有一种结果）。对于沃尔泽来说，自主性的分配正义体现了复合平等的特征，按照复合平等的特征，在社会中没有特定物品能够普遍转换，社会物品的转换在更大程度上是由普通的男人和女人在他们自己的能力和控制范围内进行的，而不再有大规模的国家行为。①

在此，我们需要把职业内的善与职业之善做出区分。职业内的善是指职业本身的善，践行一种职业或遵循一种职业伦理将会给他人带来福利，在大多数情况下，这种为他人带来福利的善是以等价交换的形式表现出来的。他人通过支付等价物满足自己的需要是对职业内的善的认可，也是职业得以存在和发展的激励机制。与此相比，职业之善则表明，无论是否通过等价交换，践行职业本身就是一种善，如果职业人放弃或忽视该职业行为，就是非善的举动。例如，医生对危重病人不能因其无钱而见死不救，在这种情况下，医生或许没有违背职业内的善，但违背了职业之善。职业之善体现了一种公共的善。公共的善关涉人人的福利，与其他体现公共的善的方式不同，职业之善是通过践行职业行为而给他人和社会带来福利。

---

① 参见〔美〕沃尔泽《正义诸领域：为多元主义与平等一辩》，褚松燕译，译林出版社，2002。

Pro bono publico 在希腊语中是指公共的善，但它不是指一般的善行和善举，而是特指职业之善。好撒玛利亚人的故事之所以被人称颂，是因为作为一个陌生人，好撒玛利亚人在偶遇的场合救助了一名奄奄一息的犹太人。然而，好人不是一种职业身份，好人撒玛利亚的善举也不是职业之善。Pro bono publico 是指通过无偿的或非等价的自愿行为，一个职业人向他人提供公共服务。一个人拥有了专业技能并将这种技能提供给需要的人才能成为一种 Pro bono publico。在劳动分工日益发达和细密的社会，为他人提供无偿或非等价的服务需要专业上的技能，这就是说，人的能力主要体现为职业能力。亚当·斯密说："分工起因于交换能力，分工的程度，因此总要受交换能力大小的限制。"交换能力主要通过职业能力而再现，没有或缺乏职业能力既不能为他人提供服务，也不能获得因职业能力而带来的福利。在劳动分工的社会，善是通过职业之善而完成的。好人撒玛利亚的情况依然存在，但它们大多发生在紧急状态之中。职业之善面向日常状态并在日常状态中通过职业之间的互动而产生效果。源于希腊的 Pro bono publico 词语在其演变的过程中逐渐成为法律人通过其专业技能为需要的人提供善举的正义行为，这种行为通过公益诉讼而得到强化。

（二）公益诉讼与尊严平等

然而，为什么法律人向需要的人提供无偿的公共服务，就被认为是一种 Pro bono publico 或公共的善呢？谁是那些需要的人呢？法律人为什么能够提供一种 Pro bono publico？

公益诉讼是以法律人为主体而释放的职业之善。以法律作为职业在西方社会有其悠久的历史。不是说有法律的地方就有法律职业，法律作为专门的职业需要一定的社会制度的条件，但总体上法律职业是劳动分工的产物。一旦法律职业者享有独立执业的资格，法律职业者就可以凭借其专门的法律知识和法律技能为社会提供服务。正如社会上的其他职业，法律职业呈现了其独特的工具性价值，但只有精通法律且受到系统训练的人才能掌握这门技艺。由立法者、律师、法官、检察官和法学家等组成的法律职业共同体垄断了法律知识和法律技艺。

不过，律师在法律共同体内的角色与官方的法律职业人不同，虽然律师与立法者、法官、检察官等分享共同的法律知识和经验，但律师职业更多受职业内的善的支配。这就是说，律师通过自己的劳动与其委托人产生权利和义务关系，在法律的范围内只对自己的当事人争议私人利益，为此，律师对其拥有的法律知识和法律经验享有半开放的特权。然而，毫无疑问，律师职业仍然是法律职业的组成部分，作为一种内在的善，律师职业显示了法律职业者通过生产法律服务为委托人提供法律之内的正义。假如律师自愿地将其法律知识和法律技巧无偿提供给委托人，律师职业内的善就转化为律师职业之善。公益诉讼就是律师职业之善的高度体现。

律师职业释放其职业之善的对象是争取人的尊严的所有的人。从表面上看，律师无偿提供法律服务的对象是那些无钱支付对价而走向公堂的人，正如大多数国家的法律援助制度所规定的那样。然而，法律援助的对象不总是穷人，公益诉讼也不只是穷人的诉讼，在其背后是穷人丧失了职能能力所承载的人的尊严。在一个社会中，如果穷人诉至公堂主张自己的权益，其主张的利益尚不能支付诉讼费用，那么，穷人就会在双重意义上被剥夺：既被剥夺了通过职业能力生产的权利，也被剥夺了恢复其职能能力的权利。例如，农民工通过其职业行为未能获得等价的报酬，其作为人的生存状况就会坠入险境，出现生存上的危机，这是对已经具有的职业能力的剥夺。此外，社会上有一些人缺乏职业能力不是自身的缘故，而是被剥夺了获得职业能力的资格，对这些人来说，他们一开始就缺乏与其他人通过各自的职业能力交换产品或服务的资格。例如，不公平的教育制度致使一些人无缘基础教育、中等教育或高等教育。

职业能力的缺乏或不足剥夺了人的社会性存在，平等的职业能力要求每一个人具有获得职业能力的资格以及承认职业能力的价值。没有职业或职业能力的人往往失去对自我的支配权，或沦为他人的附庸，或成为他人恩赐的对象，这两种情况都使人在人类合作中失去了平等的成员资格。公益诉讼指向对人的职业能力的诉讼，但本质上是一种对人的平等的成员资格的身份诉讼。歧视是否认人的平等的成员资格的行为。通过诉讼途径取消由社会制度、政策或习俗等产生的各种形式的歧视是公益诉讼的最终使命。发生在美国、南非和印度的公益诉讼虽然呈现不同的特征，但它们都基于具有历史渊源的种族或种姓的歧视。

平等的成员资格诉求在不用的场域具有不同的表现形式。消费者权益公益诉讼要求在消费领域保障生产者或服务商真正履行公平的交换义务；环境保护公益诉讼针对的水、土壤、空气等污染问题直接涉及人的生存安全；社会歧视公益诉讼要求取消人的社会身份差别带来的不平等，如性别、残疾、地域、职业、相貌身高等。教育公益诉讼面对的是公平的教育环境和制度，如在城市和农村实施一体化的义务教育、就近入学和在生活地享有平等的考试资格等。劳动保护公益诉讼则试图为工人创造良好的工作环境、及时支付的等价劳动报酬等。不同的公益诉讼反映了中国社会在现代化过程中出现的阶段性问题，有的是发展过程中出现的问题（如环境保护），有的是被逐渐暴露出来的问题（如劳动保护），有的是中国独有的问题（如城乡差别），有的是在世界上普遍存在的问题（如性别歧视）。这些问题的持续存在或累加存在导致了不同程度的危机。上面的诸种问题有的直接涉及人人的利益，被污染的环境不论对富人还是穷人、对官员还是百姓、对外国人还是中国人都意味着一场灾难。有的问题虽然表面上涉及的是特定人群的利益，如性别歧视中的女性、义务教育中的农村适龄儿童、劳动保护中的工人，但这些人群是一个完整社会不可或缺的组成部分，长期剥夺这些人的平等的成员资格将会导致一损俱损的双输局面，最终危及人人的利益或人类的尊严。因此，无论美国、南非、印度还是中国，由反歧视公益诉讼导致的社会和制度变革是一场有别于革命的法庭政治，它趋向于人与人之间的实质平等，即在尊严上人人平等。

一般意义上的私益诉讼是由与案件利益具有利害关系的原告发起，并由原告享有胜诉利益的民事或行政诉讼利益。私益诉讼的两造被认为是为了各自的私人利益产生冲突，需要借助于国家的力量做出不偏不倚的裁决。公益诉讼的出现改变了传统的诉讼格局，其中最为突出的有两个方面：一是公益诉讼的原告或与案件有直接的利害关系，或与案件有间接的利害关系；二是公益诉讼的胜诉利益可以被原告以外的不特定对象或人人享有。与相隔千里的公益律师或环保组织相比，一个污染工厂周边的居民是污染的直接受害者，但为什么这个环保组织就能以原告身份去起诉这家污染土地、空气或环境的工厂呢？这绝非因为受到直接污染的居民无法承担诉讼费用所能解释的。如果环保组织赢得了公益诉讼，即制止了污染工厂的侵权行为，恢复了自然的环境的本来状态，污染工厂的周边居民自然成为直接的收益人，但也避免了"蝴蝶效应"给可能的不特定对象带来的危害。与案件无直接利害关系的原告的出现使传统的诉讼制度发生了根本的转变，这种制度上的创新不仅遏制了当下的不当行为、不法行为或罪恶行为，也创造出了新的民主场域。

六　作为民主场域的公益诉讼

如果公益诉讼指向公益利益，就需要在私人利益、国家利益和公共利益之间做出区分。在当代社会，我们或许容易对什么是私人利益和国家利益做出区分，但很难在什么是公共利益上达成一致意见，尤其对那些借用公共利益之名而行私人利益或国家利益之实的行为难以辨别。在本节中，笔者首先对中国传统社会的天下观做出分析，以确立公共利益的相对独立的地位；其次，笔者将通过公众参与的概念分析司法场域形成公共利益的价值和方法，在此基础上，笔者将运用陪审制度提出改造司法体制的建设性意见。

（一）　天下与公共利益

在当代法律科学中，公法和私法的二分法是理解法律体系和法律制度的基本方法。尽管公法和私法的调整领域存在交叉或重叠现象，但大体上私法被认为是调整私人之间利益的规范体系，公法则是调整私人与国家或国家与国家之间的规范体系。私法法律体系和公法法律体系的划分建立在古典现代性关于"私人领域"与"国家领域"二分法的基础上，本质上是古典自由主义理论在法律领域的再现。[①] 对私人利益和私法体系的张扬为具有个人主义色彩的权利观、法治观和民主观提供了基础，对抑制国家权力的恣意和专权设置了限制性条件。私人领域和国家领域的二分法形成了要么个人要么国家的对立局面，在思想领域中形成了自由主义和社群主义的长期对立，以及资本主义国家和社会主义国家在意识形态上的区隔。人类社会在经历了两次世界大战、冷战和后冷战之后，极端的自由主义和全面的社群主义越来越呈现其自我反思的意识，这种反思的结果之一便是新型自由主义和社会主义市场经济的产生，因此，在理论上从来都不乏调和自由主义和社群主义的主张和声音。

无论新旧自由主义还是新旧社群主义都是在私人领域和国家领域的关系内的调整方案或相互的妥协机制，即便自由主义和社群主义在一个国家和社会达到了高度的平衡，也无法掩饰个人利益与国家利益谋取或"共谋"公共利益的可能性。自由主义和社群主义在其逻辑框架内不能从容地容纳关涉人人利益的公共利益，对自由主义而言，个人的私性不仅与社群利益对立，更与全体人的利益对立，同样的，对社群主义而言，公共利益只有在一个国家或民族范围内才能体现。在民族国家理论框架内，公民团结建立在无视非公民的政治权利的基础上，这是一种公认但被制度化的歧视，因此，如果不能转换一种视角，开启一种有别于私人领域和国家领域的二元论的方法论，关涉全体人的公共利益既不能形成，也不会得到有效的维护。

在中国传统思想资源中，私人利益不是最高的利益，国家利益也不是最

[①]　贺海仁：《私法、公法和公益法》，《法学研究》2006 年第 6 期。

高的利益。对于纯粹的儒家而言，天下是相对独立的公共领域。顾炎武对"国"与"天下"给出了经典的区分："有亡国，有亡天下，亡国与亡天下奚辨？曰：'易姓改号谓之亡国。仁义充塞，而至于率兽食人，人将相食，谓之亡天下。'是故知保天下，然后知保其国。保国者，其君其臣，肉食者谋之；保天下者，匹夫之贱与有责焉耳矣。"[①] 在顾炎武看来，保天下重于或先于保国，保天下的重任不限于国人，而是指任何一个人。天下是独立于家和国家的治理单位。天下不能否定和替代家和国的存在，家和国也不能否定和替代天下的存在，天下是超越了家的利益和国家利益的概念。就齐家、治国和平天下的主体而言，天下利益尊重家人和国人的利益，却不限于家人和国人的利益。

在修身、齐家、治国和平天下的四个领域中，每一个具体领域都有与之对应的方法和规则。修身的方法是致知格物，齐家的方法是礼，治国的方法是法律，平天下的方法是道。孔子指出："天下有道，丘不与易也。"[②] 何为道，如何理解道，这在中国思想界是人云亦云。顾炎武认为"仁义充塞""人将相食"是亡天下的表现，黄宗羲提出了"三代以上有法，三代以下无法"的主张，"三代之法，藏天下于天下者也"，"一家之法，而非天下之法也"。[③] 无道是亡天下的表现，三代之法则是道的表现。礼是实现道的方法，但对孔子来说，仁高于礼，"人而不仁，如礼何？"[④] "樊迟问仁。子曰：'仁者爱人'。"[⑤] 董仲舒对仁的概念发扬光大，指出，"仁之法在爱人，不在爱我"。"人不被其爱，虽厚自爱，不予为仁。""不爱，奚足为仁。""仁者，爱人之名也。"[⑥] 爱人是人人，是最大限度地超越了家人和国人的人，正如朱子对平天下的理解，"所操者约，而所及者广，此平天下之要道也"。[⑦] 何为所及者广，孟子给出了答案，"亲亲而仁民，仁民而爱物"。[⑧] 亲亲、仁民和爱物是三个层次，这是由近至远的爱人路线，仁的泛爱论就此形成。

由此可见，道、仁、爱人、天下之法等都是指向天下的核心范畴，共同诠释了一个独立的天下领域和天下利益，它们虽未否弃家和国家的领域和利

---

① 《日知录》卷十三。
② 《论语·微子》。
③ 黄宗羲：《明夷待访录·原法》。
④ 《论语·八佾》。
⑤ 《论语·颜渊》。
⑥ 董仲舒：《春秋繁露·仁义法》。
⑦ 朱熹：《大学章句集注》。
⑧ 《孟子·尽心上》。

益，但已然成为安放包括匹夫在内的天下人共同的立身场域。从爱亲人出发
到爱他人再到爱物践行了爱人的基本路线，更为重要的是，爱亲人、爱他人
和爱物都遵循了同样的法则，赋予了亲人、他人和物平等的资格，它们不因
亲人、他人和物的差异性而有所区别。

天下领域是有别于私人领域和国家领域的公共领域，它蕴藏或保存了人
人共享的公共利益。相对于私人领域和国家领域，天下领域或公共领域是第
三种领域，它具有描述和规范的双重价值。从描述的角度看，天下领域是与
所有人的利益密切相关的领域，如果缺乏这个领域，其他两个领域将是残缺
的或不完整的。两次世界大战给人类社会带来了深重灾难，对人的尊严的蔑
视和践踏达到了从未有过的程度。全球温室效应将使全人类的生存受到威胁。
经济全球化的扩展性发展把全球各个国家和民族更加紧密地联系起来，形成
了剪不断、理还乱的利益共同体。

从规定的角度看，儒家的大同世界、希腊的斯多葛学派、古典康德主义
和马克思的共产主义等都从全人类的角度提倡人人平等的规范体系，这些学
说和思想既源于世界主义历史观的现实，也源于人性中的共同需要。乌托邦
精神不同于阿 Q 精神的地方在于，前者是一种历史进程中的社会想象。作为
一种社会想象，它表达了人类作为平等的成员资格的期待以及对未来社会的
憧憬。不过，作为一种人人可分享的公共利益，在人类不同的历史阶段都有
不同的表现形式，重要的是，公共利益的形成和发展是一个动态的过程，而
不是由潜在的完美的立法者或无知之幕背后的签约人构建的产物。

（二）公益诉讼与民主场域

论证全体人利益的正义是一回事，实现全体人的正义是另外一回事。少
数人的正义和大多数人的正义的差异固然是显著的，但是，它们的共同点都
在于通过立法建构一种社会制度，以实现分配的正义。正义制度之所以能够
建立，乃在于有一个不偏不倚的立法者。儒家的圣人论、柏拉图的哲学王、
卢梭的神的立法者、尼采的超人、亚当·斯密的不偏不倚的旁观者等都是对
客观、中立立法者的诉求。罗尔斯从最少受惠者的角度谋求全体人正义注重
的是一种立法上的强制分配，只不过立法者是忘记了自己的社会地位和自然
禀赋的理性人。凡此种种都是建构主义的思维方式在正义诸领域的体现。建
构主义正义观依据一种历史进步观或社会契约论，通过立法形式为社会成员
分配权利和义务，这是一种被哈耶克批评的唯理智主义方法。

寻找完美的立法者并通过完美的立法者为理想的社会设计正义方案，要

么超出人类的认识能力而向彼岸世界寻求支援，要么如同柏拉图在无法找到理想的哲学王后转而寻求第二好的事务。恩格斯在《家庭、私有制和国家的起源》中指出："如果说在野蛮人中间，像我们已经看到的那样，不大能够区别权利和义务，那么文明时代却使这两者之间的区别和对立连最愚蠢的人都能看得出来，因为它几乎把一切权利赋予一个阶级，另方面却几乎把一切义务推给另一个阶级。"① 这是一种虚假的带有欺骗性的平等观，它不仅剥夺了文明时代人与人之间的形式平等，也取消了实质平等的可能性。然而，以代议制民主制度为基础的大多数人的正义，无论其代表的范围有多么广，都会遗漏少数人的正当利益。按照托克维尔的话说，多数人正义蕴含或等同于多数人的暴政。多数人的正义赋予了一国范围内所有公民拥有立法者的资格，仿佛每一部分配正义的法律都是全体人意志的表现。

冷战结束后，以立法分配正义的代表制民主发生了多重危机，表现为政党国家化、国家公司化、媒体政党化、政党媒体化和法制空洞化等多种形式。汪晖指出："如果作为公民的大众被排除在民主化进程之外，就不可能有真正的民主；没有实质的公平，没有公民之间相互平等关系，政治民主的公民权就变成了空洞的形式主义观念。"② 多数人的正义是现代社会仅次于全体人正义的替代方案，但这个方案一开始就缺乏完美性。

Justice 一词在词义上与法官相通，它预示着正义与法官的内在关联。立法者的正义是抽象的正义，但具体的正义才是靠得住的正义。在古希腊城邦政治实践中，轮流统治的概念不仅意味着每一个公民都是自己或他人的立法者，也是自己或他人的法官。轮流做立法者和轮流做法官使每一个人都在考虑自己的时候不得不为他人考虑，因为人们都会担心在自己的统治的空档期会出现自己如何待人，别人也会如何待己的后果，这就促使每一个人在做立法者和法官时都需要按照公平的原则行事。政治乌托邦显示的问题是制度设计与实现能力之间的悖论。排除代表性不足的问题，大多数人的正义制度也因其理性不足而产生背离立法者原意的情况。在立法正义的前提下，抽象的正义只是为特定时代的社会提供了正义的原则，而要将这种抽象的正义原则落实到每一个人身上，不仅要承认人人是立法者，也要承认人人是法官，让每一个人在具体的个案中感受与每一个人的利益相关的全体人的正义。

① 《马克思恩格斯选集》（第 4 卷），人民出版社，1995，第 178 页。
② 汪晖：《再问"什么的平等"？》，《文化纵横》2011 年第 5 期。

在现代大型和复杂的社会中，不是每一个人都能成为立法者，为此需要诉诸议会代表制或人民代表制，与此同时，人人做法官的情况在一般意义上也较难发生。就后者而言，司法职业化导致了一个精英团体长期把守司法的领域，成为法治社会的"王公大臣"。然而，公益诉讼的出现一方面为司法的民主化提供了制度内变革的可能性，重要的是，公益诉讼开辟了议会民主之外的新的民主场域。公益诉讼借用了诉讼的形式，通过个案实现了被扭曲的人的尊严和全体人的利益。与一般的私益诉讼不同，公益诉讼在本质上呈现了以下几方面的原则。

1. 无原告原则

无论对公益诉讼的原告资格采用开放的还是限制的政策，公益诉讼的原告都不同于私益诉讼，后者总是与案件的结果具有直接的利害关系。一种开放的公益诉讼原告资格政策赋予每一个人具有为公共利益提起诉讼的权利，这意味着，每一个人都是公共利益的潜在代表，从而打破了只有一些人或一些团体才能代表公共利益的垄断格局。提起公益诉讼的具体的人或组织开启了何为公共利益的领域。当然，公益诉讼的原告既不是真正的原告，也不是公共利益的真实代表，对公益诉讼结果也不享有独占性权利。公益诉讼不是无原告，这种原告仅具有象征的意义。

2. 无被告原则

公益诉讼的被告在不同国家有不同的对象，但无论公益诉讼的被告是歧视无特定城市户口的学校、污染环境的工厂、对女性采用同工不同酬的企业还是因身高、相貌、语言、民族等歧视他人的民众，都是抽象的被告的表现形式。抽象的被告是指对所有因损害公共利益负有直接或间接责任的人。一个具体的公益诉讼的被告固然要对具体的受害人负责，但造成受害人损害却不是具体被告的单一因素。文化上的偏见、制度上的不公、行为人的冷漠以及人性中的"平庸的恶"等都或多或少发挥作用。根据一损俱损的原则，当一个人的尊严受到了损害时，全体人的尊严就会受到损害，每一个人都需要对受到损害的尊严负有责任。从这个意义上说，正如每一个人都是公益诉讼的潜在代表，每一个人也是潜在的被告。或许，审理公益诉讼案件的过程是每一个人自我审判的过程。

3. 无败诉原则

一个案件是不是公益诉讼而不是借公益之名行私益之实，只有在诉讼过程中才能确立。公益诉讼既是维护公共利益的诉讼，也是形成和确认公共利益的诉讼。在公益诉讼过程中，如果案件引起公众的高度重视，受到公众的广泛讨论，公众就会对什么是公共利益或不是公共利益达成一致。作为一种特殊的诉讼形式，公益诉讼无疑形成了一个特殊的场域，在这个场域中，代表公共利益的原告、被质疑侵害了公共利益的被告都在公共利益的名义下受到公众平等的检视，而法官也不再享有专断的权力。公众成为公益诉讼的最终裁决者。道理似乎很简单，既然公益诉讼是为了所有人的诉讼，那么任何人都有资格对公益诉讼案件发表评论和看法，公众的意见最终将是一个具体的公益诉讼案件的裁决依据。在这个意义上，由于公益诉讼的过程动用和启用了公众的资源，一个公益诉讼在结果上是否产生了原告诉求的具体结果，都将是胜诉的案件。

无原告原则、无被告原则和无败诉原则共同确立了人人对公共利益负责的方法。借用"民治、民有和民享"的提法，公益诉讼是根据公共利益、通过公共利益的方法和为了公共利益的诉讼。根据公共利益和为了公共利益确立了公益诉讼的出发点和最终目标，但要确立正确的出发点和获得良好的目的，就不能像唯理智主义者那样由完美的立法者事先确立和事后裁决，而应当通过诉讼的形式在一个新的民主场域中由公众共同参与和商议，就仿佛公众全体针对公共利益的事务做出了判断和评估。哈贝马斯的商谈理论建立在生活世界的领域中，生活世界是有别于系统世界（金钱和权力）的公共领域。发生在公共领域中的商谈行为是自发的、无组织的，其商谈过程和结果虽然对决策和权力机构产生影响，却不能推翻和替代民主和法治国家的政治系统。公益诉讼形成的场域类似于哈贝马斯的公共领域，作为司法场域的公益诉讼具有补充立法或政治决策的作用，但同时它也是有目的的且有组织的关于公共利益的决策机制，从而避免了纯粹的商谈理论的随意性和偶发性。

（三）公益诉讼与陪审制度

公益诉讼一开始显示的巨大争议是什么人可以代表公共利益。一方面，如果任何人都宣传可以代表公益诉讼，就免不了公共利益被借用、滥用的策略行为；另一方面，如果一开始就设立一个审查机构来判断一个案件是否公益诉讼，就意味着这一特设的机构被赋予了代表公共利益的特权。中国现行民事诉讼法和行政诉讼法、消费者权益保护法和环境保护法赋权专门的机构作为相关领域中公共利益的原告就属于此种情况。

科学研究的一个重要方法是假说，这个假说是一个待定的问题，它既不是真的问题也不是假的问题，而是有待通过实验去证伪的问题。公益诉讼过程也是一个实验的过程，这一过程假定任何人作为原告提起的公益诉讼都是为了公益，从而赋予每一个人公益诉讼原告的主体资格，就仿佛每一个人都能发现和研究真理一样，但是，被提起的公益诉讼是否为了公共利益，则需要通过公益诉讼案件的审理和裁决来判断。这样一来，由法官判断公益诉讼中的公共利益是否存在就成为关键的一环。虽然激发公众想象和广泛讨论的公益诉讼潜在地赋予了每一个参与讨论的人准法官的资格，形成了人人都是法官的局面，但作为一种诉讼形式，它应当遵循一般的诉讼法则，公益诉讼需要在秉承人人是法官的理念下最大限度地遵照个案的规律。

赋予每一个合格的人以法官的地位并不是非分之想。早在公元前五世纪雅典城邦就把民众法庭作为每一个公民履行法定义务的地方，它与公民大会一起成为体现雅典民主的规范形式。雅典的民众法庭规模从 201 人到 6000 人不等，在三万至四万公民中，大约每隔三年，每一个有资格的公民即轮任一次陪审员。① 雅典城邦的小国寡民特色以及独特的政治体制成就了司法民主的历史辉煌，后世对司法民主的继承主要体现在英美法系的陪审制度之中。与雅典的民众法庭相比，陪审制度的陪审人员规模小，且审理的案件限于特殊或疑难案件，但这不妨碍陪审制度是对人人都是潜在的法官的理念的表现形式。正如在议会选举中，每一个有资格的公民都是潜在的被选举人，在实行陪审制度的国家中，每一个有资格的公民是潜在的法官。

2009 年 5 月，日本新的裁判员制度开始实施，它恢复了中断六十年的陪审制度。不同形式的陪审制度无论成效如何，都是对司法民主的锻造和表达。受英美法系的陪审制度的影响，我国在新中国成立之初就确立了陪审制度。2018 年 4 月生效的《中华人民共和国陪审员法》第 1 条规定："为了保障公民依法参加审判活动，促进司法公正，提升司法公信，制定本法。"陪审制度体现了人民民主的精神，它通过个案的公平实现人人实质平等的结果。陪审制度的民主性和公益性提供了通过诉讼形式维护公共利益的有效途径。建议实行公益诉讼陪审制度，陪审员的规模视公益诉讼案件大小而定，必要时建立专门的公益诉讼法庭或公益诉讼法院。

在托克维尔看来，"实行陪审制度，就是把人民本身，或至少把一部分公民提到法官的地位。这实质上就是陪审制度把领导社会的权力置于人民或这一部分公民之手"。② 陪审制度主要是一种政治制度，应当把它看成人民主权

① 阮炜：《不自由的希腊民主》，上海三联书店，2009，第 171—175 页。
② 〔美〕托克维尔：《论美国的民主》（上卷），董果良译，商务印书馆，2006，第 314 页。

的一种形式。"美国人所同意实行的陪审制度,像普选权一样,同是人民主权学说的直接结果,而且是这种学说的最终结果。陪审制度和普选权,是使多数能够进行统治的两个力量相等的手段。"① 陪审制度的核心在于人民权力中的司法权由人民像普选权那样轮流行使,但重要的是,陪审制度是防止多数人暴政的机制。

① 〔美〕托克维尔:《论美国的民主》(上卷),董果良译,商务印书馆,2006,第 314 页。

第八章

中国特色公益诉讼制度

公益诉讼是维护公共利益的新型诉讼形式，是通过法治方式维系和保障社会成员共同福祉的特殊司法制度。自二十一世纪初期公益诉讼在我国发轫以来，我国公益诉讼经历了以公民个人、非政府组织和以法定的机关和社会组织为主要实践主体的两个阶段。2012 年之前公益诉讼带有试验性、自发性和民间性。2012 年之后，公益诉讼进入了以人民检察院和法定的社会组织为主体的制度化公益诉讼阶段。公益诉讼具有社会公共性、法律规范性和司法救济性等特征，无论由公民和非政府组织自发践行的社会公益诉讼实践，还是由公权力主导实施的公益诉讼实践都是体现公益诉讼一般性特征的规范路径。本章总结了中国特色公益诉讼制度的形成过程和特点，强化了对检察公益诉讼性质的讨论，在此基础上探讨了立法者设置行政公益诉讼与民事公益诉讼的内在价值取向，提出了公益诉讼社会性制度留存的命题以及完善公益诉讼制度的若干构想。

一　中国特色公益诉讼制度初步形成

二十一世纪以来，伴随着我国经济快速发展、公民公共意识增强和依法治国方略推进，维护公共利益的信念和实践获得了来自社会各个方面的支持。公益诉讼回应了法律改革向深层次发展的轨迹，凸显了以司法维护公共利益的现代方案，进一步推动在公共利益领域将纸上的法律变为行动中的法律。公益诉讼在案件类型上包括平等与反歧视、教育权、环境保护、消费者权益、食品药品、国有资产等多个关系不特定多数人利益的领域，而提起公益诉讼的原告具有多元性，包括个体公民、律师和 NGO 等。此外，鉴于抽象行为不可诉的法律困境，公益上诉一度作为广义上公益诉讼实践的补充，为探索违宪性审查制度提供了较早且规范的实践经验。①

2012 年民事诉讼法新增第 55 条，成为公益诉讼入法的标志性事件，以此为契机和起点，修改后的消费者权益保护法和环保法赋予符合条件的社会组织公益诉讼主体资格。党的十八届四中全会（2014 年 10 月）和中央全面深化改革领导小组第 12 次会议（2015 年 5 月）明确了人民检察院探索试点公益诉讼的性质和方向；2015 年 7 月全国人大常委会作出授权最高人民检察院探索试点公益诉讼的决定；最高人民检察院于 2015 年 12 月发布了《人民检察院提起公益诉讼试点工作实施办法》；最高人民法院分别于 2014 年和 2016 年发布了《关于审理环境民事公益诉讼案件适用法律若干问题的解释》和《关于审理消费民事公益诉讼案件适用法律若干问题的解释》。在人民检察院试点公益诉讼两年后，立法者正式赋予人民检察院公益诉讼的法定权力。

2017 年 6 月全国人大常委会表决通过了关于修改民事诉讼法和行政诉讼法的决定。《民事诉讼法》第 55 条第 2 款作为新增加的条款，规定人民检察院若在履行职责中发现破坏生态环境和资源保护、食品药品安全领域侵害众多消费者合法权益等损害社会公共利益的行为，在没有前款规定的机关和组织或者前款规定的机关和组织不提起诉讼的情况下，可以向人民法院提起诉讼。前款规定的机关或者组织提起诉讼的，人民检察院可以支持起诉。《行政诉讼法》第 25 条第 4 款作为新增加的条款，规定人民检察院在履行职责中发现生态环境和资源保护、食品药品安全、国有财产保护、国有土地使用权出让等领域负有监督管理职责的行政机关违法行使职权或者不作为，致使国家利益或者社会公共利益受到侵害的，应当向行政机关提出检察建议，督促其依法履行职责。行政机关不依法履行职责的，人民检察院依法向人民法院提起诉讼。2018 年 3 月，最高人民法院和最高人民检察院联合发布了《关于检察公益诉讼案件适用法律若干问题的解释》，该解释细化规定了检察公益诉讼的条件、程序、公益诉讼起诉人的权利和相应义务、刑事附带民事公益诉讼等。②

公益诉讼入法显示了公益诉讼对于维护公共利益的重要性，表达了立法者规范公益诉讼的意图。上述法律、法令、试点方案和司法解释等法律规范

---

① 参见黄金荣《一场方兴未艾的公益法实践运动》，《中国改革》2006 年第 10 期；贺海仁等《天下的法：公益诉讼的实践理性与社会正义》，社会科学文献出版社，2012。

② 该解释首次将检察公益诉讼试点期间以及在此之前一直使用的"公益诉讼人"改为"公益诉讼起诉人"，这种改动在名称上更为清晰，更加符合原告作为起诉人才有的语言特征。然而，"公益诉讼起诉人"作为检察机关在检察公益诉讼中的专有名称有全面代替或包办全部法定公益诉讼类型的嫌疑，其他法定的机关和社会组织在行使公益诉讼起诉权时，其身份同样可以理解为"公益诉讼起诉人"。

性文件基本确立了具有中国特色社会主义公益诉讼的制度框架，其特色简单地可以归纳为公益诉讼的时代性、公共性和创造性几个方面。

第一，公益诉讼的时代性。我国以民事诉讼法和行政诉讼法的规定为出发点，对公益诉讼主体、适用范围和方向等方面做出了明确的规定。通过立法形式确认、巩固和促进被认为是行之有效的改革成果是改革开放四十多年的基本经验之一，充分发挥立法的引领、激励和示范功能成为阐释立法和改革关系的重要视角。2012—2017 年是中国特色公益诉讼制基本形成的重要阶段，也是中国社会进入重大社会转型和改革的关键时刻，通过立法、司法和行政资源来构建公益诉讼制度，构架理想的维护公共利益的规范之路，契合了中国社会的主要矛盾从物质文化需要向美好生活需要转化的内在逻辑。随着社会发展和进步，人民对生活乃至美好生活需要日益广泛，不仅对物质文化生活提出了更高要求，而且在民主、法治、公平、正义、安全、环境等方面的要求日益增长。尽管全面实现小康是中国当代不可忽视的最终的社会公共利益之一，但对于一个正在走向美好生活的国度而言，民众对多元化诉求的需要只有放置在公共利益的道德话语之下才具有正当性，而对这种现代意义上的道德话语的法定化努力从规范的角度保障了公共利益正当性与合法性之间的统一和协调。

第二，公益诉讼的公共性。公益诉讼源于域外，但在中国社会落地和发展，并在较短时间内获得了政治家和立法者的青睐并迅速被制度化，很大程度上在于公益诉讼自身作为公共价值的内在属性。公益诉讼是维护社会公共利益的司法方法，对社会公共利益的认知、维护和追求在中国社会具有坚实的文化、道德和政治土壤。在私人领域和国家领域之外还存在一个公共领域，在私法和公法之外还存在一个天下之法。因此，中国当代公益法实践者对法的公共性的追寻，同时意味着一个伟大传统的回归。① 通过诉讼维护天下利益或公共利益与一种源远流长的无讼观产生了背离，但将公益诉讼理解为实现非私人利益的手段，即使这种手段带有诉讼的形式，也是可以被容忍的。公益诉讼的公共性不仅意味着公益诉讼的目的是公共的，其方式方法同样是公共的。

第三，公益诉讼的创造性。社会公共利益理论假定，每一个社会成员都是公共利益的直接或间接的受益人，这种利益相关者形成了一个你中有我、

---

① 天下之法与法的公共性的讨论，参见梁治平《再续传统，重拾法的公共性：以中国当代公益法运动的兴起为例》，载梁治平《法律何为：梁治平自选集》，广西师范大学出版社，2013。

我中有你的利益共同体，因而每一个社会成员也都负有维护社会公共利益的道德义务。然而，一个社会成员有道德义务维护社会公共利益并不意味着人人有权代表公共利益。公益诉讼作为一个特殊的司法场域暗示了公益诉讼的原告或起诉人是某种公共利益的代表人。虽然其他国家的公益诉讼制度未指定特定主体拥有公益诉讼的诉权，但这并不意味着原告就是公共利益的代表。我国法律赋予法定的机关和社会组织以公益诉讼的诉权认可了适格主体代表社会公共利益的某种资格，即只有法定的机关和组织才能通过诉讼的途径代表公众体现和维护公共利益。适格主体被推定为与被损害的公共利益之间具有"直接"的利害关系，正如私益诉讼中的原告被推定为与诉请对象之间具有直接的利害关系。

二　检察公益诉讼的性质和界限

中国特色公益诉讼制度分为社会组织公益诉讼和检察公益诉讼两种组织类型。社会组织公益诉讼是指社会组织依法提起的公益诉讼。检察公益诉讼是指人民检察院根据行政诉讼法和民事诉讼法的相关规定，以公益诉讼起诉人身份提起的行政公益诉讼和民事公益诉讼。社会组织公益诉讼在世界各国通常是公益诉讼的实践主体，而检察公益诉讼则是我国行政诉讼和民事诉讼的一大创新，有鲜明的中国特色。检察公益诉讼是人民检察院作为国家机关维护社会公共利益的特殊形式，分为检察民事公益诉讼、检察行政公益诉讼以及检察刑事附带民事公益诉讼三个方面。

首先，检察公益诉讼是法律赋予人民检察院的新职责。根据宪法和相应的国家机关组织法的规定，任何国家机关直接或间接都拥有维护国家利益和社会公共利益的法定职责。尽管国家利益和公共利益不属于同一概念，但在绝大多数情况下，国家利益是公共利益的特殊表现形式，因此，对于那些履行宪法和法律职责的国家机关而言，它们根据不同的方式作为和不作为都被理解为是公共利益的实现方式。从当前我国国家制度结构看，在所有国家机关中，以诉讼方式维护社会公共利益的唯有人民检察院，而在所有公益诉讼制度安排中，唯有人民检察院才享有提起行政公益诉讼的资格。行政公益诉讼，促进了行政机关依法行政，严格执法，对国家行政机关的作为和不作为实施了规范意义上的行政监督，创造了监督行政权力规范化的新方式。

检察院公益诉讼既是一项权力，也是一项责任，而后者的意蕴远大于前者。在国家监察体制改革过程中，人民检察院的职务犯罪侦查权转移至同级的国家监察委员会，但在差不多相同的时间段内获得了其他国家机关没有的公益诉讼权力，借此亦强化了对不同国家机关参与诉讼活动的法律监督力度。与世界各国的检察院是刑事案件的原告或起诉人一样，我国的人民检察院作为公诉机关也是法定的原告或起诉人。不过，我国的人民检察院享有法律监督权，检察建议权连同抗诉权、纠正意见权等是行使法律监督权的表现形式。着眼于公益诉讼制度措施配置，立法者将人民检察院的法律监督权与公益诉讼职权巧妙结合在一起，完成了诉前程序与诉讼程序在公益诉讼程序中的有效衔接。这种制度安排落实了人民检察院对个案的监督，强化了法律监督权的实际效力，激活了司法权对行政权的制约力量。

其次，检察公益诉讼的界限。人民检察院是重要的公共利益代表，但不是公益诉讼领域中唯一的法定代表。一种观点认为，人民检察院以公益诉讼起诉人的身份提起公益诉讼，是因为人民检察院与案件没有直接利害关系。在笔者看来，不能因人民检察院与案件没有直接的利害关系，就认为人民检察院是公共利益的代表。提起民事公益诉讼的法定的社会组织作为原告同样与案件没有直接的利害关系。无论人民检察院还是法定的社会组织所具有的公益诉讼主体资格都是法律授权的结果，它们在公益诉讼的过程中被授权代表了公共利益。人民检察院在公益诉讼中作为公共利益的主要代表应当与其他的法定公共利益的代表相互配合相互协助，通过公益诉讼保卫公共利益。人民检察院不是唯一的公共利益的代表者，人民检察院没有垄断公益诉讼案件，法律也没有令人民检察院作为唯一的公益诉讼代表。

需要对检察公益诉讼的范围做出必要界定。无论行政诉讼法还是民事诉讼法都赋予了人民检察院公益诉讼案件的类型和范围，它们以列举的方式规定了人民检察院在生态环境和资源保护、国有资产保护、国有土地使用权出让、食品药品安全等领域从事公益诉讼所享有的职权。从宏观意义上看，法律规定的公益诉讼领域涉及美丽中国、健康中国和公有制中国等重大话题，其时代特色意蕴十分明显。可以预见，随着时代的发展，对行政诉讼法和民事诉讼法中的公益诉讼"等"字的规定将会有扩展性解释。从对公共利益的普遍性解释来看，这些领域只是当下和今后很长一段时间我国公共领域面临的突出问题，但绝不是公共利益的全部内容。

再次，诉讼监督权与公益诉讼"两造"平等的问题。民事诉讼法和行政诉讼法都规定了人民检察院有权在诉讼过程中监督诉讼活动和诉讼过程。人民检察院享有的诉讼监督权不仅使对方当事人产生了巨大压力，也给居中裁判的法官造成了无形的压力。如果不对诉讼监督权本身作出限制，倘若审判结果不利于检察院或检察院败诉，只要人民检察院启动诉讼监督权，哪怕案件最终证明是公正的，对裁判的法官来说也是一种巨大的压力。

因此，一旦人民检察院以公益诉讼起诉人身份进入诉讼环节，就需要保持谦抑的自我克制精神，保持对法庭的敬畏心理，相信居中裁判法官的裁判行为。同时，尊重被告所享有的诉讼权利，认可其法定的诉讼地位，对被告的任何答辩始终都给予认真的严肃对待和有理有据的反驳。不过，人民检察院的自我克制精神需要与一种制度化的规范结合起来，在公益诉讼制度尤其是民事公益诉讼中进一步明确以公益诉讼起诉人为主、以诉讼监督人为辅的原则。法律规定或司法解释需要进一步明确人民检察院以诉讼监督人身份出现的情形，最大限度防止人民检察院滥用诉讼监督权。

最后，如何理解人民检察院负有"督促适格主体依法行使公益诉权"的职责？最高人民法院、最高人民检察院《关于检察公益诉讼案件适用法律若干问题的解释》第2条规定，人民检察院和人民法院督促适格主体依法行使公益诉讼权。在当前的法律制度环境下，适格的公益诉讼主体是法律认定的消费者组织、环保组织两个类型的非政府组织。这些组织与检察院之间没有上下级隶属关系，也不是国家权力行使机关。公益类的非政府组织是自愿性的社会组织，除了法律的规定，只服从自己章程。人民检察院没有权力督促法定的社会组织行使公益诉讼权，法定的社会组织是否行使公益诉讼权完全取决于自己的判断，出于某种考虑，一些法定的社会组织在有些公益诉讼案件中缺席或许有其自身的原因，但这是应当允许的。

究其原因，与检察公益诉讼相比，法定的社会组织所享有的公益诉讼权是权利而非权力。不论如何解释检察公益诉讼的性质，检察公益诉讼权都不是简单的起诉权，人民检察院也不是简单的起诉人。人民检察院的起诉权是一系列复合权力的构成体，之所以具有权力而不是权利的属性，在于人民检察院不能与其他原告一样，在面对公益诉讼案件时，可以行使诉权也可以不行使诉权。

三　公益诉讼的社会性（一）：公民个人享有诉权吗？

公益诉讼制度之间的实质性的差别不在于不同国家是否用成文法的方式确立公益诉讼制度，也不在于公益诉讼的原告身份是否具有法定性，而在于一项公益诉讼的制度和实践是否体现了社会性。缺乏社会成员支持和参与的公益诉讼不符合公共利益的基本理念，也是不完整的公益诉讼实践。把公益诉讼的重任交给社会中的少数人和组织，不仅使这些人和组织不能承受公共利益之重，也使社会中的许多成员习惯于依赖其他人、搭便车，最终无助于公共利益。

如果认为公益诉讼的社会性是公益诉讼健康发展不可或缺的内在因素，那么我国公益诉讼制度是否体现了公益诉讼的社会性呢？对于这个问题，需要作出两个方面的回答。一是公民个人作为公益诉讼主体的问题，这涉及公民个人是否如同其他国家的公民个人一样具有公益诉讼的诉权，以及立案登记制改革是否包含了公益诉讼的案件类型。二是立法者对公益诉讼入法的立法意图和价值取向。立法者规制公益诉讼的意图显而易见，但这并不意味着立法者将公益诉讼作为一项公权力全部配置给人民检察院，从而忽视了公益诉讼的社会性价值。

公民个人无法定权利作为公益诉讼原告是公益诉讼入法的重要标志。公益诉讼对于原告而言虽然是一项诉权，但它不是一般的诉权，它是最高立法者对特定主体的授权行为。对于与案件没有直接利害关系的原告来说，除非获得法律上的授权，否则其就应当像其他诉讼当事人一样证明自己与案件有法律上的利害关系。有人认为，我国公益诉讼制度没有禁止非法定的机关、组织和公民个人提起公益诉讼，根据法无禁止即可为的法治原则，非法定的机关、组织和公民仍然可以提起公益诉讼。这是一种善意的理解，也是一种需要澄清的误解。

首先，从《民事诉讼法》第55条第1款的立法过程看，立法者对公民是否有权提起公益诉讼曾有过激烈的讨论，其结果不仅未能明确公民可以提起公益诉讼，而且确立了公益诉讼原告资格法定原则。[①] 公益诉讼原告法定原则意味着公益诉讼的诉权不是一项自然权利或社会权利，而是需由立法机关授权才可以实施的法律权利，换言之，非经立法机关的授权，任何机关、组织和个人都无权从事公益诉讼活动。

依据公益诉讼原告资格法定原则，立法机关赋予以下主体有权从事公益诉讼活动：（1）人民检察院；（2）依法在设区的市的人民政府登记成立、专

① 2014年两会期间，光明网大型网络问卷调查结果显示，"85%的网友赞同个人应当成为公益诉讼的主体"，《网民最关心的今年两会议题》，中国人大网，http://www.npc.gov.cn/npc/db-dhhy/11_5/2012-03/04/content_1697861.htm，2017年9月24日。事实上，对公民作为公益诉讼原告的主体资格的讨论在立法者中间从未停止，"全国人大常委会组成人员分组审议民诉法修正案草案时建议赋予公民提起公益诉讼的权利"，中国人大网，http://www.npc.gov.cn/npc/xinwen/lfgz/2011-11/11/content_1679678.htm，2017年9月24日。

门从事环保公益活动且无违法记录的社会组织（包括社会团体、民办非企业单位以及基金会）；（3）全国消费者协会以及在省、自治区、直辖市设立的消费者协会。从司法实践中一些社会组织在具体的司法实践中所遭遇的严格的起诉审查来看，认为法律未禁止民间公益诉讼的说法难以成立，人民法院加重了在受理公益诉讼时对原告起诉资格的前置审查。①

其次，公益诉讼的诉权不是一般意义上的诉权，而是由法律授权特定机关和组织享有的诉权。民事诉权是公民和法人享有的主观权利，只要原告认为其民事权利受到侵害，其诉权则受到法律的保护，人民法院应当最大限度地满足公民和组织通过行使诉权维护其私益的目的。法定的共同诉讼、代表人诉讼或集团诉讼往往建立在众多的当事人明确授权的基础上，是诉的合并的重要形式。无论是诉的合并还是单一的诉讼都要受到"直接利害关系"的起诉条件的制约。从 2015 年 1 月起，我国的案件受理制度从立案审查制度转向立案备案制度，进一步保障了当事人作为主观权利的诉权。公益诉讼的起诉条件突破了原告与案件有"直接利害关系"的规定，赋予了原告在不经公众明确授权且原告不是直接受害人的情况下直接向人民法院起诉的权利。比之一般意义上的民事诉讼的原告资格备案制度，公益诉讼的原告资格仍然受制于立案审查的规定。公益诉讼的原告如果不能证明其与案件有直接利害关系或者未获得众多当事人的授权，就需要证明其是法律规定的机关和组织。

最后，从国家的视角看，维护公共利益是不能回避的新时代的重大使命，规范公益诉讼建立在肯定公益诉讼基本价值的基础上。《民事诉讼法》第55条第1款在规范公益诉讼的同时，适度缩减了公益诉讼原告主体的种类和范围，没有采取放开公益诉讼原告资格然后加以普遍性制约的模式。在许多人看来，民间公益诉讼有活力无规范，对滥诉的忧虑成为立法者必须要考虑的因素。2014 年，十八届四中全会决议提出探索建立人民检察院提起公益诉讼

---

① 以 2015 年 8 月中国生物多样性保护与绿色发展基金会（"绿发会"）诉宁夏瑞泰科技股份有限公司环境污染公益诉讼案为例，原告为证明其是适格的法定社会组织，在起诉时向人民法院同时提交了基金会法人登记证书，显示"绿发会"是在民政部登记的基金会法人。然而，宁夏回族自治区中卫市中级人民法院以"绿发会"不能被认定为《中华人民共和国环境保护法》第 58 条规定的"专门从事环境保护公益活动"的社会组织为由，裁定对"绿发会"的起诉不予受理。"绿发会"不服，向宁夏回族自治区高级人民法院提起上诉。该院作出民事裁定，驳回上诉，维持原裁定。随后，"绿发会"向最高人民法院申请再审。最高人民法院于 2016 年 1 月作出民事裁定，提审本案，并于 2016 年 1 月 28 日作出〔2016〕最高法民再 47 号民事裁定，裁定本案由宁夏回族自治区中卫市中级人民法院立案受理。

制度。考虑到这一决议是在 2012 年民事诉讼法设定公益诉讼条款之后的决定，一般认为这是明确"法律规定的机关"的前立法行为。前立法行为不是正式的立法行为，但它是体现党对立法工作领导不可或缺的标识，这就从顶层设计的角度确立或明确了"法律规定的机关"的政治正当性，以及立法机关据此根据立法程序落实政治立法者的主张，其最终结果是，通过人民检察院参与或主导公益诉讼是规范公益诉讼的重要环节，也标识了公益诉讼的"中国特色"的主要方面。

综上所述，个体公民（包括非法定的社会组织）的悄然退出公益诉讼领域与人民检察院的高调进入公益诉讼领域形成了鲜明的对比。个体公民固然有维护公共利益的道德责任和法律义务，但对个体公民是否能够代表公共利益或以公共利益之名提起公益诉讼是有疑问的。与此相对应，人民检察院在法律制度设计上被认为是国家利益和社会利益不受质疑的正当性代表，而本有的法律监督者的身份使其更容易承担公益诉讼起诉人的角色。在公益诉讼原告主体资格"一退一进"设计的背后显示的是对公共利益代表性资格的竞争和考量，为此可以理解，一项本源于民间以及只是作为特殊的诉讼法技术的诉讼活动何以受到了政治家和立法者持续不断的关注和精细化的制度安排。

四　公益诉讼的社会性（二）：人民检察院垄断了公益诉讼吗？

如果认为公益诉讼原告资格具有法定性和授权性，排除了不是法律规定的机关、组织和个人具有从事公益诉讼活动的资格，是否就可以断定，中国特色公益诉讼强化了公权力维护公益诉讼的制定框架，忽视、淡化乃至压制了社会力量参与公益诉讼的能量？立法者规范公益诉讼的真正意图难道是消解公益诉讼的社会性？对这些问题的回答首先应当区分人民检察院垄断公益诉讼、主导公益诉讼活动和人民检察院参与公益诉讼等概念之间的关系，进而从内在视角剖析公益诉讼的立法意图。

人民检察院是行政公益诉讼唯一适格的原告或公益诉讼起诉人。与《民事诉讼法》第 55 条第 2 款相比，《行政诉讼法》第 25 条第 4 款少了法定的机关和组织参与行政公益诉讼的内容，也没有人民检察院支持法定的机关和组织从事行政公益诉讼活动的规定。行政机关不依法履行职责而给国家和社会公共利益造成损害的，人民检察院以外的任何机关、组织和个人都无权提起公益诉讼。在中国当代社会的转型时期，鉴于非政府组织和公民个人自身的因素，由拥有法律监督权的人民检察院在生态环境和资源保护、食品药品安全、国有财产保护、国有土地使用权出让等公共领域提起行政公益诉讼则具有现实的有效性。问题或许不在于除了人民检察院以外的机关、组织和个人是否拥有行政公益诉讼诉权，即使人民检察院行使了行政公益诉讼的诉权，其胜诉的结果充其量是纠正违法的行政行为，而不是由违法的行政行为造成的损害结果。行政公益诉讼保护的公共利益缺乏可赔偿性，非要这样做，无非是将赔偿利益从"左口袋"导向"右口袋"。

立法者对人民检察院行使行政公益诉讼权做了谨慎的规定。对于任何行政公益诉讼案件，人民检察院不能首先付诸诉讼程序。人民检察院拥有行政公益诉讼诉权是为了审查行政机关的合法行为，而达到这一目的的方法可以不是诉讼，事实上，法律限制人民检察院直接行使行政公益诉讼诉权。一般认为，检察建议是提起行政公益诉讼的诉前程序，是提起行政公益诉讼的必要条件。然而，对于行政公益诉讼而言，检察建议与其说是行政公益诉讼的诉前程序，不如说是行政公益诉讼的前置程序。检察建议制度是早于行政检察公益诉讼的一项成熟的制度，是人民检察院行使法律监督权的方式之一，将检察建议与行政公益诉讼相结合是人民检察院行使法律监督权的新的方式。法律设置了三个前置要素：一是人民检察院"在履行职责中"发现行政机关作为或不作为有可能损害社会公共利益；二是人民检察院提出检察建议，督促相关行政机关依法履行职责；三是相关行政机关在获得检察建议之后依然不依法履行法定职责。

然而，人民检察院垄断行政公益诉讼并不意味着同时垄断了民事公益诉讼，立法者为法定的其他机关和社会组织从事民事公益诉讼行为留下了独立的空间。人民检察院是民事公益诉讼原告主体结构中的一个构成因素，而不是唯一构成要素，它与法定的其他机关和社会组织共同构成了民事公益诉讼原告主体结构。需要仔细考量的是，人民检察院在这一结构中是否发挥了主导性作用。从立法者的意图看，立法者没有取缔而是规范了民事公益诉讼的社会性、民间性和非国家性。换言之，在确立民事公益诉讼原告主体资格的时候，立法者设置了人民检察院与法定的社会组织之间的合作关系。这种合作关系表明，人民检察院虽然是行政公益诉讼的唯一起诉人，却不是民事公益诉讼的唯一起诉人，重要的是，人民检察院也并非民事公益诉讼的主导者或领导者。

首先，《民事诉讼法》第55条第2款设置了人民检察院在从事民事公益诉讼过程中的前置条件，面对侵害社会公共利益的行为而需要提起公益诉讼的，人民检察院首先应当支持法律规定的机关和组织提起公益诉讼。人民检察院作为公益诉讼起诉人的身份不同于人民检察院作为公益诉讼支持者的身份，前者构成了民事公益诉讼关系，实施了提起公益诉讼、参与公益诉讼审判等全过程，履行除了法律特别规定外的民事诉讼法对诉讼当事人规定的一般权利和义务。

民事公益诉讼支持人或许是广义上的诉讼参加人，却不是诉讼当事人。与通过立法巩固或扩大部门权力的实践不同，从民事诉讼法对人民检察院公益诉讼权的设置来看，并没有出现那种（如果公益诉讼是一种权力）由人民检察院率先行使、由其他法定的社会组织"捡漏"或"补充"的局面。在民事公益诉讼的制度性领域，立法者并未刻意打造一种人民检察院主导的民事公益诉讼格局。人民检察院与其他适格的社会组织之间既不存在领导与被领导的关系，也不存在检察公益诉讼试点期间曾有过的人民检察院督促其他适格社会组织行使诉权的情况。情况或许相反，就正式诉讼而言，《民事诉讼法》第 55 条第 2 款和《行政诉讼法》第 25 条第 4 款与其说扩大了人民检察院的职权，不如说结构性地限制了人民检察院直接从事公益诉讼活动。

人民检察院是唯一的由法律规定的从事公益诉讼活动的国家机关，在民事公益诉讼中，人民检察院无须或不能直接进入公益诉讼程序。[①] 法定社会组织主动或先于人民检察院提起民事公益诉讼的行为对人民检察院而言很难被认为是诉前程序，而毋宁说是前置程序。在诉讼法的原理和实践中，诉前程序是诉讼结构中的一个要素和环节，而不是诉讼外的独立因素。在限制性的前置程序的约束之下，人民检察院作为民事公益诉讼起诉人发挥诉讼功能是有条件的，只有在没有法律规定的机关和组织或法律规定的机关和组织没有提起公益诉讼的情况下，人民检察院才以自己的名义提起公益诉讼。[②] 在笔者看来，这种限制性条件不是一般的限制性条件，而是结构上的限制性条件，它规定了人民检察院作为民事公益诉讼发动者的消极角色。换言之，人民检察院作为法定的民事公益诉讼主体是第二位的民事公益诉讼主体，即在有法定的

---

① 有学者认为，人民检察提出正式的公益诉讼是"迫不得已"的举动，在一系列较为严格的诉前程序的条件约束下，人民检察院享有的公益诉讼诉权是"最后的救济手段"。陈瑞华：《检察制度改革的新思维》，《中国法律评论》2017 年第 5 期。

② 例如，2017 年 7 月 1 日，浙江衢州市人民检察院向社会发出包含如下主要内容的公告："本院在履行职责中发现衢州瑞力杰化工有限公司存在污染环境行为，损害社会公共利益。希望符合条件的有关组织自本公告发布之日起 30 日内依法提起民事公益诉讼，衢州市人民检察院依法支持起诉。"公告期满后，因没有适格主体提起诉讼，该案应由检察机关起诉，衢州市检察院依法将该案交由开化县检察院审查起诉。

机关和组织的情况下，人民检察院不得以自身名义启动一项民事公益诉讼。

其次，与法定的社会组织相比，人民检察院在行政公益诉讼中难以倚重更多的"法定的机关"。法律规定的"机关"特指国家权力机构，包括立法机构、行政机构、司法机构和军事机构。基于不同国家机构的法定职责属性，立法者不会授权某些立法机关、人民法院和军事机构以公益诉讼起诉人或原告的身份参与公益诉讼活动，接下来的问题则是，立法者是否可能授权更多行政机关提起公益诉讼呢？[①] 基于行政机关自身的特性，立法者只在极为特殊的情况下才赋予其拥有参与公益诉讼的权利。[②] 作为依法行政的国家机构，行政机关肩负着维护某一方面国家公共利益的职责，只要它们依法作为和依法不作为就实现了设置该行政机构的目的。在行政公益诉讼的制度背景下，行政机关往往是行政公益诉讼被告，而不是原告。行政公益诉讼制度设计的一个重要动机是保障行政机关以外的力量监督行政行为的合法性，杜绝行政机关因自我审查而带来的责任豁免，尤其防止行政机关因推卸责任而策略性地提起公益诉讼。

最后，倘若法定的社会组织积极履职或争先恐后地争当法定的非检察公益诉讼起诉人，人民检察院就无须以自己的名义从事民事公益诉讼活动。在这种情况下，人民检察院可以不进入公益诉讼环节，而以法律监督者身份监督或支持其他公益诉讼主体开展公益诉讼活动，为法律规定的有关组织维护社会公共利益提供法律保障。随着社会组织的不断完善和成熟，应当使越来越多的公益性社会组织享有民事公益诉讼原告的资格，创造条件发挥它们参与民事公益诉讼的积极性，前者可以最大限度地避免"没有法定的组织"的

---

① 针对《海洋环境保护法》第89条第2款"对破坏海洋生态、海洋水产资源、海洋保护区，给国家造成重大损失的，由依照本法规定行使海洋环境监督管理权的部门代表国家对责任者提出损害赔偿要求"的规定，有学者认为，法律赋予了国家海洋局和沿海县级以上地方人民政府的海洋与渔业局提起公益诉讼的权利，可以视为"法律规定的机关"。如果与该法第90条第2款"对造成一般或者较大海洋环境污染事故的，按照直接损失的百分之二十计算罚款；对造成重大或者特大海洋环境污染事故的，按照直接损失的百分之三十计算罚款"的规定对比考察，就会发现，罚款作为行政处罚措施建立在直接损害已经确定的基础上。罚款是惩罚性的，海洋行政主管部门代表国家提出损害赔偿是补偿性的，二者都属于海洋保护行政主管部门的职责，不存在另行向人民法院提出补偿性赔偿的问题。

② 在《民事诉讼法》第55条的立法过程中，参与讨论的人大代表和委员对行政机关是否能够作为公益诉讼的原告提出了不同的看法。戴玉忠委员认为行政机关不适合作为公益案件的起诉主体，"我国的行政机关权力比较广泛，环境污染、食品安全等公共安全问题，政府都有主管部门。行政主管部门都有权对企业、社会组织造成的公益侵权案件进行查处，保护公民的合法权益，不必作为诉讼主体再将案件起诉到法院"。《我国开启公益诉讼之门》，中国人大网，http://www.npc.gov.cn/npc/zgrdzz/2011 – 12/16/content_1682149.htm，2017 年 9 月 24 日。

情况，后者能够消除"法定的组织没有提起公益诉讼"的情况。

在上述两种情况均满足的前提下，在民事公益诉讼领域中人民检察院与公益社会组织之间就会建立良性的互动关系。人民检察院以公益诉讼支持人的身份出现，非但不能视其为失职的表现，或许更能体现立法者的原意。然而，如果做相反的考虑，没有法定的组织提起公益诉讼，或者虽有法定的组织但没有提起公益诉讼，人民检察院就会冲到民事公益诉讼的第一线，客观上将使人民检察院成为公益诉讼的唯一的原告，如同它在行政公益诉讼中的表现。

五　完善公益诉讼制度的若干思考

公益诉讼入法以来，法律规定的机关和社会组织维护了生态环境和资源保护、消费者权益、食品药品安全、国有资产保护、国有土地使用权出让等领域中的公共利益。检察机关提起公益诉讼制度改革取得了重大成果，走出了一条具有中国特色的公益司法保护道路。人民检察院通过行政公益诉讼诉前程序，弥补了当前我国行政公益诉讼主体的缺位，以法治方式扭转了某些行政机关的不作为违法行为，激活了法定的社会组织维护公共利益的积极性，营造了在全社会维护公共利益的制度环境。与此同时，公益诉讼制度和实践也存在一些亟待改善的问题，主要如下。

第一，法律规定的行政公益诉讼机关单一。现有的规定明确了人民检察院是行政公益诉讼中最重要的原告或公益诉讼起诉人，确定了人民检察院是法律规定的唯一的行政公益诉讼起诉人格局，这种格局加重了人民检察院履行行政公益诉讼职责的负担，间接限制了社会组织推动行政公益诉讼的权限。需要注意的是，立法者对人民检察院从事民事公益诉讼与行政公益诉讼在责任语气上的不同表述。人民检察院"可以"从事民事公益诉讼，对于行政公益诉讼，法律规定人民检察院"应当"向行政机关提出检察建议，督促其依法履行职责。行政机关不依法履行职责的，人民检察院依法向人民法院提起诉讼。在立法理论中，"可以"和"应当"的语句用法显示了立法者对被授权人责任的严格程度，"可以"使人民检察院对于一项民事公益诉讼案件赋予了更多的自由裁量权，而不是非诉不可。① 此处提出的一个悖论是，行政机关

---

① 全国人大常委会在审议行政诉讼法修正案草案和民事诉讼法修正案草案时，部分委员对"可以"和"应当"用法的讨论参见朱宁宁《全国人大常委会委员普遍赞成公益诉讼试点成果法律化》，中国人大网，http://www.npc.gov.cn/npc/cwhhy/12jcwh/2017 - 06/24/content_2024186. htm，2018 年 1 月 28 日。

因违法的行政作为或不作为损害了公共利益，进而成为行政公益诉讼的被告，为什么唯有人民检察院才能提出行政公益诉讼？倘若赋予法定的社会组织提起行政公益诉讼的权利，人民检察院以公益诉讼起诉人的身份出面支持诉讼，不是在遏制和消除侵害公共利益违法的行政行为的同时，落实或增添了绝大多数的法律都在鼓励且弥足珍贵的社会和人民群众的有生力量吗？

第二，法律监督人和公益诉讼起诉人身份的混淆。人民检察院从事公益诉讼活动诉前程序所占比例较大，进入诉讼程序的数量较少。据统计，从人民检察院试点公益诉讼至 2017 年 5 月，各试点地区检察机关共办理公益诉讼案件 7886 件，其中诉前程序案件 6952 件、提起诉讼案件 934 件。诉前程序案件占全部公益诉讼案件的 88%，进入诉讼程序的案件只有约 12%。① 在行政公益诉讼中，诉前程序是必经程序，检察机关通过提出检察建议督促行政机关依法履行职责，增强了行政机关依法行政的主动性和积极性，发挥了较好的法律和社会效果，但由于检察院还具有法律监督者的主体身份，所以难以有效区分人民检察院固有的法定职责与公益诉讼职责的关系。② 此外，由于人民检察院是在"履职"过程中发现侵犯社会公共利益行为的，这决定了人民检察院发现和从事公益诉讼具有被动性、消极性和有限性。

第三，公益诉讼中诉权的不平等规定现象突出。法律规定的社会组织和法律规定的机关享有不同的诉权。法定的社会组织起诉难未能得到有效解决，而对公益诉讼案件受理费的缴纳问题凸显了不同公益诉讼主体诉权的实质不平等。2017 年 1 月 25 日，"常州毒地"公益诉讼案在常州市中级人民法院宣判，原告北京市朝阳区自然之友环境研究所与绿发会败诉，案件受理费为人民币 189.18 万元，由两名原告共同负担。此判决结果与人民检察院作为"公益诉讼起诉人"享有免缴一切诉讼费的规定形成了鲜明的对比，在公益诉讼领域引起了较大的震动与担忧。

第四，诉讼制度的原则性与创造性的非平衡后果明显。《全国人民代表大

---

① 曹建明：《关于〈中华人民共和国行政诉讼法修正案（草案）〉和〈中华人民共和国民事诉讼法修正案（草案）〉的说明》，中国人大网，http://www. npc. gov. cn/npc/xinwen/2017 – 06/29/content_2024890. htm，2018 年 2 月 3 日。

② 有些学者对公益诉讼起诉人是否能够归结为"民事公诉人"提出疑问，这种疑问更多地来源于理论上的无解，例如，王亚新问道："在公益诉讼中，检察机关一般地被称为'公益诉讼起诉人'，但其诉讼地位究竟应当只是'原告'，抑或是'国家公诉人'？如果不将检察机关的这一职能视为'公诉'，其可否归入'监督'的分类？或者，提起公益诉讼应当作为检察机关职能的第三种定位？"王亚新：《检察机关民事职能的再定位》，《中国法律评论》2017 年第 5 期。

会常务委员会关于授权最高人民检察院在本部分地区开展公益诉讼试点工作的决定》（简称《决定》）指出："试点工作应当稳妥有序，遵循相关诉讼制度的原则。"检察公益诉讼中的被告不得反诉的权利变相剥夺了被告的诉权，突破了民事诉讼法中关于被告诉讼权利的规定，造成了诉讼法原理上的某些困境。中国特色的公益诉讼制度应当与诉讼法基本理论相契合，制度上的创新不能突破诉讼法的基本原则。检察公益诉讼的特殊性不能脱离现行民事诉讼法、行政诉讼法的制度框架。要坚持遵循民事诉讼法、行政诉讼法的诉讼规律，包括最具特色的平等规律，使"两造"的平等地位和平等的诉讼权利义务获得最大限度的尊重和保障。

针对上述出现的问题，需要在公益诉讼尤其是在民事公益诉讼领域建构以社会组织作为公益诉讼原告、以人民检察院作为公益诉讼支持人的新型公益诉讼制度。

第一，有效区分人民检察院提起公益诉讼的诉前程序和前置程序，强化人民检察院与社会组织之间的合作机制。全国人大常委会在《决定》中规定了两个诉前程序："提起公益诉讼前，人民检察院应当依法督促行政机关纠正违法行政行为、履行法定职责，或者督促、支持法律规定的机关和有关组织提起公益诉讼。"《人民检察院提起公益诉讼试点工作实施办法》第 14 条规定："经过诉前程序，法律规定的机关和有关组织没有提起民事公益诉讼，或者没有适格主体提起诉讼，社会公共利益仍处于受侵害状态的，人民检察院可以提起民事公益诉讼。"《民事诉讼法》第 55 条第 2 款规定："前款规定的机关或者组织提起诉讼的，人民检察院可以支持起诉。"不断强调诉前程序意味着制度设计者对人民检察院公益诉讼的身份主要定位于法律监督者和法律支持者。将诉前程序设定为前置程序可以形成人民检察院监督指导和支持法定的社会组织作为主要实施主体的新型公益诉讼局面。严格的前置程序决定了人民检察院应当尊重法定的社会组织提起公益诉讼的优先权，以及为寻找和设置更多适格的法定社会组织提供制度性环境。例如，在环境公益诉讼中，如果侵权所在地没有适格的社会组织，人民检察院可在全国范围内以招标方式寻找和确定公益诉讼的原告。在侵犯众多消费者利益的公益诉讼中，人民检察院应提示所在地的省、自治区和直辖市的消费者协会履职并在诉讼过程中给予必要的支持。

第二，在人民检察院实践行政公益诉讼的基础上，需要授权社会组织享有公益诉讼的诉权，允许更多的社会组织参与行政公益诉讼，改变目前社会组织不能提起行政公益诉讼的局面。行政公益诉讼的规范性发展无须取缔公益诉讼的民间性和社会性，也不能造成国家和政府事实上垄断行政公益诉讼的局面。如果法律明确授权人民检察院在生态环境和资源保护、食品药品安全、国有财产保护、国有土地使用权出让等公共领域具有垄断性的诉权，可以考虑由法律授权的社会组织在上述法定的公益领域之外开展公益诉讼活动，如教育公平、性别平等、社会歧视、知识产权、社会保障、野生动物保护等。在个人信息及其隐私在互联网中不断受到非法收集和非法利用的当代社会，需要鼓励和授权有关的社会组织从事互联网信息公益诉讼。

第三，建立人民检察院与律师的公益诉讼合作机制。公益事业是人人参与的伟大事业，有丰富诉讼经验且不断受到律师职业道德约束的律师群体责无旁贷。人民检察院的专业力量以刑事或刑事诉讼法人员为主，在短时期内难以形成一支经验丰富、知识齐备的从事公益诉讼的专门队伍。在人民检察院从事检察公益诉讼初期，聘请负有法律援助义务的职业律师作为人民检察院提起公益诉讼的代理人，有利于弥补人民检察院提起公益诉讼力量的不足，有利于人民检察院员额制改革，充分发挥律师维护社会公共利益的正能量。公益诉讼尤其是环境公益诉讼是一项专业性较强的诉讼活动，一些专业性律师事务所长期从事某一领域的案件，具有丰富的办案经验、娴熟的法庭辩护技巧和诉讼技巧。将某些案情复杂且专业性较强的公益诉讼案件委托给专业律师有利于提高公益诉讼案件的胜诉率，最大限度地实现通过诉讼活动维护社会公共利益的目的。法律援助具有公益性，有关主管部门需要将法律援助的范围适当扩展至公益诉讼领域，寻找负有法律援助义务的律师与人民检察院、法律规定的机关和有关组织等共同从事公益诉讼的有效结合点，鼓励和支持人民检察院根据案件需要聘请符合条件的专业律师作为"公益诉讼起诉人"的诉讼代理人参与公益诉讼案件。

第四，统一公益诉讼原告和"公益诉讼起诉人"在公益诉讼中的诉讼地位，平等保护公益诉讼案件的诉权。公益诉讼起诉人相当于民事诉讼和行政诉讼中的原告，但又不同于一般的民事诉讼和行政诉讼的原告。《民事诉讼法》第55条规定包括人民检察院在内的法定机关和组织公益诉讼的诉权，法定的社会组织应当享有"公益诉讼起诉人"的主体资格和相关权利，鼓励法定的社会组织从容地从事公益诉讼，避免"天价诉讼费"现象发生，确立公益诉讼的诉讼费一律免费制度。作为社会组织尤其是环保社会组织，其经费往往有限，应当出台由人民检察院出面支持的公益诉讼的诉讼费用由人民检察院先行垫付，在案件胜诉后从赔偿案中返还的制度。进一步明确公益诉讼被告不得反诉的原则以及在人民检察院出面支持公益诉讼的情况下，对原告败诉的终审公益诉讼案件实施抗诉的制度性规定。

　　第五，在条件成熟时，全国人大常委会制定统一、规范的"中华人民共和国公益诉讼法"，作为行政诉讼法和民事诉讼法的特别法。目前我国的公益诉讼的具体制度散见于民事诉讼法、环保法、消费者权益保护法、司法解释等单行法律和规范文件之中。在公益诉讼实践经验的基础上，需要制定统一规范的公益诉讼专门法律，明确公益诉讼的受理、审判、诉讼当事人的诉讼地位、诉讼程序和执行等。公益诉讼的最终目的是确立符合中国国情的公益诉讼制度，通过法治方式维护公共利益，从制度的高度体现"四个全面"战略布局，实现国家治理体系和治理能力现代化。

第九章

论国家的法院

党的十八大以来，在一系列司法体制改革措施中，能够体现"啃硬骨头、涉险滩、闯难关"的改革措施之一是围绕《宪法》第131条"人民法院依照法律规定独立行使审判权，不受行政机关、社会团体和个人的干涉"规定而进行的。去行政化案件审批、员额制、法官遴选委员会、以审判为中心、司法责任制、法官宪法宣誓、立案登记制等改革措施强化了人民法院依法独立行使审判权的宪制要义。影响人民法院依法独立行使审判权的一个重要因素是司法机关行政化的管理模式问题，因此，祛除人民法院行政化管理体制是推动司法体制改革的一个基本方案。① 新一轮司法体制改革从两个方面实施保障人民法院依法独立审判的策略：一是克服运行多年的权力干涉案件机制，凸显裁判者裁判案件的主导地位，推进司法人员的分类管理和单独职务序列的规划建设，落实谁裁判谁负责的权责统一性原则；二是推行与行政区划适当分离的跨行政区划法院体制，探索人民法院人财物统一管理体制。②

人民法院去行政化改革和去地方化改革是一个问题的两个方面，人民法院地方化是人民法院行政化的外部表现形式，人民法院行政化则是人民法院地方化的内部表现形式。人民法院去地方化是解决人民法院行政化管理的重

---

① 在总结我国司法改革40年的经验和教训时，陈卫东认为，"无处不在的行政化管理模式正是我国司法改革中诸多问题改了又改，改完之后又死灰复燃的根本原因。中国几十年的司法改革表明，不突破行政化的管理模式，中国的司法改革将很难获得实质性突破"。陈卫东：《改革开放40年中国司法改革的回顾与展望》，《中外法学》2018年第6期。

② 在异地审理案件的改革本质上属于回避和指定管辖等司法技术问题，由于这是一种常态化的司法制度实践，在我国的历次的司法改革中多有显现，相对于去行政化的司法改革成果而言成效不明显，因此，本文未将其作为跨行政区域司法制度新的因素来对待。

要途径，在某种程度上，人民法院去行政化取决于法院外部去地方化。改革开放以来，我国实施了多次（轮）司法体制改革，每一次（轮）司法体制改革不可谓力度不大，决心不小，但效果则不尽如人意。一个重要原因是混淆了行政区域与司法区域的关系，司法区域或等同于行政区域或是行政区域的组成部分，或司法区域严重依赖于行政区域，换言之，司法机关缺乏应有的司法型司法区域是司法行政化管理模式的表现。新一轮司法体制改革的一个重要面向是使司法权去地方化，构建与司法规律和司法需求相适应的具有中国特色的司法区域制度，在笔者看来，这是可以被归属为那种"想了很多年、讲了很多年但没有做成的改革"。

一　如何理解"地方各级人民法院"的"地方性"？

《宪法》第 129 条在规定我国法院类型时使用了"地方各级人民法院"一词，除了最高人民法院和军事法院等专门法院，各级人民法院是"地方的"，而且必然是地方的。"地方各级人民法院"的"地方性"具有制度构成的正当属性。具体而言，地方各级人民法院的"地方性"是由地方治权实践、行政型司法区域制度和法制地方化惯例三个方面的因素造成的。

（一）地方治权的制度实践

中华人民共和国成立之后，我国建立了"一府两院"的治权结构，产生了与地方自治理念相适应的地方政权体系。[①]《宪法》第 133 条规定："最高人民法院对全国人民代表大会和全国人民代表大会常务委员会负责。地方各级人民法院对产生它的国家权力机关负责。"地方各级人民法院是地方政权组织的重要组成部分，司法权被楔入地方国家权力格局之中。地方权力机关决定法官的任免，法官的待遇和法院的物质设施均来自地方财政，在政治惯例和实践行为等方面造成了人民法院是地方的法院，人民法官成为地方干部体系的组成部分。由地方国家权力机关设立、决定和监督人民法院及其法官的行为确立了我国司法权地方化的一般格局，使司法权地方化不可避免具有某种程度的正当性。

保障人民法院依法独立审判要求人民法院免于任何形式的非法干预，袪

[①]　《中华人民共和国监察法》生效后，我国政权组织形式由原来的"人大领导下的一府两院制"转变为"人大领导下的一府一委两院制"。

除办理人情案、金钱案和领导干部干预案件等司法腐败行为。① 不过，人民法院依法独立行使审判权在制度层面是有限度的，同级国家权力机关对人民法院的工作进行监督和审查是一种合法"干涉"。换言之，人民法院免受非制度化干预，却被要求在制度化干预下获得其存在的空间，这种实践模式使人民法院在把握依法独立行使审判权宪制含义时产出了较大的模糊空间。《宪法》第 131 条规定："人民法院依照法律规定独立行使审判权，不受行政机关、社会团体和个人的干涉。"地方各级人民法院从同级国家权力机关那里获得其合法性，其司法权在规范意义上来源于同级权力机关。人民法院向产生它的国家权力机关负责表明，人民法院首先要获得产生它的国家权力机关的满意并获得产生它的国家权力机关的支持，这解释了地方法院及其法官有责任参与地方政治实践（如早年驻村抓计划生育工作或扶贫）而不能置身其外的原因，而拒绝所在地政府指派的工作和任务是不可思议的。二十世纪九十年代人大监督司法个案的提议在理论上并非空穴来风，今天，人大代表质疑司法个案的情况也屡见不鲜。事实上，缺乏司法个案，人民法院向人大汇报工作并接受人民代表质询，就将显得空洞和不真实。

（二）行政型司法区域的形成

如果说地方法院司法权在横向上受制于同级权力机关，在纵向上则受制于行政型司法区域。② 依据宪法规定的行政区划类型，全国人大及其常委会决定省、自治区和直辖市的建置；国务院决定省、自治区、直辖市的区域划分，决定自治州、县、自治县、市的建置和区域划分；省、自治区、直辖市的人民政府决定乡、民族乡、镇的建置和区域划分。县级行政区域的建置和行政区域划分权限在国务院，乡镇行政区域划分权限在省级人民政府。③ 省、市、

---

① 2015 年 3 月 18 日，中央全面深化改革领导小组第十次会议审议通过了《领导干部干预司法活动、插手具体案件处理的记录、通报和责任追究规定》，事实上，该规定第 8 条的领导干部"违法干预司法活动"基本上属于为案件当事人请托说情的腐败行为。

② 《宪法》第 30 条规定，中华人民共和国的行政区域划分如下：（一）全国分为省、自治区、直辖市；（二）省、自治区分为自治州、县、自治县、市；（三）县、自治县分为乡、民族乡、镇。直辖市和较大的市分为区、县。自治州分为县、自治县、市。"市"分为直辖市、市和较大的市三类，且仅有直辖市和较大的市才能设区、设县。

③ 2019 年 1 月生效的《行政区划管理条例》是对实施多年的《关于行政区划管理的规定》的完善和发展，该条例赋予省、自治区、直辖市人民政府审批县、市、市辖区的部分行政区域界线的变更，以及县、不设区的市、市辖区人民政府驻地的迁移等权力，原则上未改变县级和更大范围的行政区域的划分权力主体。省、自治区、直辖市人民政府所拥有的上述权力是国务院授权行为而非省级地方政府的自主行为。

县和乡镇级行政区划构成了我国行政区划的法定类型，形成了我国特有的行政型司法区域，除了最高人民法院，我国三级法院体制是与行政区划制度相适应的，行政区域建置、变更和更名等直接决定或改变司法区域的设立或撤销等。

行政区划建置主要是指新设一级行政区划，即在我国国土范围内增加行政区划（如设立重庆直辖市、海南省三沙市等）；行政区划的变更是指对原有的行政区划的范围、主体和隶属关系作出调整，使原有行政区划通过新设合并和吸收合并的方式不复存在。2009 年天津市原塘沽区、汉沽区、大港区三个行政区域被撤销，设立天津滨海新区行政区域，这是新设合并的例子；2010 年北京市东城区和崇文区行政区域调整，取消了崇文区建置，扩大了东城区的行政区划范围，这是吸收合并的例子。行政区划更名是指在不涉及原有行政区域面积的情况下，改变原有行政区域的称谓、隶属关系和级别性质，其典型是撤地设市与地市合并、撤县设市、撤县（市）设区、市辖区调整、乡改镇与乡镇撤并等类型。新设一级行政区域同时触及的是对相关行政区域的调整（如新设的重庆直辖市获得的行政区域从四川省的原有行政区域中划拨而来），如果在行政区域更名的同时也产生了更名之后的行政区域的范围调整问题，同样面临行政区域的变更问题。

透过行政区划的建置或变更的表象，可以发现，行政区划的改变不仅面临原有行政区划在地理空间的调整，也面临原有行政区划调整之后权力空间的调整，后者本质上是地方政权建设问题。行政区域在地理上确立了地方国家权力的行使范围和界限，随之而来的是在这一特定区域内的地方国家权力的设立和实施。行政区划内的原有司法机关及其行政型司法区域也随之发生调整，因此，对行政区划性质的理解绝不能局限于行政区域地理上的变化，也不能将其简单地理解为行政权力的调整。法定的行政区划类型承载了人民代表大会在地理空间上的宪制价值，完成建置的行政区域不是单纯的地理空间，而是具有宪法意义的"一级地方国家权力区域"，这种建置使司法权隶属于地方政权组织，从制度层面强化了司法地方化的属性。一旦一级行政区域得以确立，地方自治制度及其实践就会随之确立和展开，但地方自治应建立在法制统一和司法统一的基础上，以地方自治之名排除或否定统一的司法区域是对司法地方主义的辩护策略。由此可见，行政型司法区域制度不会必然产生司法地方化问题，却能够影响甚至决定地方司法实践的性质和进程。

（三）法制地方化作为一个问题

长期以来，在对中央和地方关系的认知中，司法问题不是最重要的关系维度，而在国家集权和放权的讨论和实践中，司法权也不是优先考虑的选项。造成这种局面的原因有多个方面，在笔者看来，有两个方面的因素不容忽视。首先，人民法院地方性观念源于大多数案件在地方上被解决的客观事实。根据人民法院的级别管辖以及较为严厉的再审制度，除了最高人民法院受理和审理的极少数二审和再审案件，大多数诉案被消化在地方各级人民法院，大多数当事人主要通过地方各级人民法院来维护他们的合法权益，通过地方各级人民法院"生产"的一个个案件感受公平正义。其次，从地方政府的职责看，解决日常纠纷被认为是地方政府最重要的职责之一，一个稳定有序的地方秩序有赖于包括地方人民法院的审判工作。司法习惯性地被认为是地方的组成部分，而不是中央的。不是全部司法都属于地方事权，但司法不是作为中央事权进入决策者的思维结构之中。① 换言之，在对中央与地方的关系阐释中，地方作为一个整体出现在中央面前，司法既不会被作为国家权力结构中的"条条"因素，也不会被作为国家权力结构中的"块块"因素。

如果认识到地方保护主义方式之一是通过司法途径实现的，而司法又借助了"法律的名义"，一种称为法制地方化的现象就会出现。虽然上述司法地方化的重要因素不必一定会导致司法保护主义，却强化了司法地方化倾向，容易为司法地方性知识提供认识论理据。法制地方化是立法、行政和司法地方化的必然结果，与地方法制化或法治化行走了不同的路线。② 作为一种特殊的法制，法制地方化错置人民法院与当事人之间的关系性质，把发生于本行政型司法区域内的案件视为本地人与外地人的纠纷，而不是国人之间的纠纷，法律统一适用的法治原则受到主体性损害。此外，在一些涉及地方特殊利益的案件上，由于缺乏系统、完备的合法性审查制度和实践，一些与上位法相违背的地方性法规、规则和规范性文件难以遭到制度性否决，以致"依法审判"的地方法院易于以"法律名义"维护地方的特殊利益。③ 法治国家需要

---

① 在对中央与地方关系的原则性思考中，毛泽东看到了立法权分权对发挥"两个积极性"的作用，也涉及行政权乃至企业管理权的划分问题，但未触碰司法问题。参见毛泽东《论十大关系》，《毛泽东选集》（第7卷），人民出版社，1999。

② 对"地方法制"与"地方法治"的概念作出谨慎区分，能够显示学者防止法治碎片化带来的不利后果。相关讨论参见杨解君《法治建设中的碎片化现象及其碎片整理》，《江海学刊》2005年第4期；葛洪义《"地方法制"的概念及其方法论意义》，《法学评论》2018年第3期。

③ 《甘肃祁连山国家级自然保护区管理条例》自颁行后经过了三次立法性修改，但部分规定始终与《中华人民共和国自然保护区条例》不一致。如果按照与《中华人民共和国自然保护区条例》抵触的《甘肃祁连山国家级自然保护区管理条例》审理案件，有些明显的违法行为不仅不会受到制裁，反而可能会被作为合法行为予以保护。

与之相适应的统一的司法型司法区域,多元化司法区域形成了潜在的"法律割据"现象,消解了需要不断强化的一元化司法权威。

二 司法区域与司法国家化

司法体制改革的终极目标是要建构公平正义、权威高效的司法制度,这是一个涉及治国理政的大格局、大思维,呈现了法治中国的"局气"。[①]司法改革的"局气"追求的是与司法规律相适应的司法权威,强化司法国家化的战略意义。没有司法集权就没有司法权威,司法集权必然要求司法权国家化。

(一) 作为顶层设计的跨行政区划法院制度

深刻把握司法体制改革顶层设计意图体现了新一轮司法体制改革的基本属性。[②] 2013 年 11 月《中共中央关于全面深化改革若干重大问题的决定》指出:"改革司法管理体制,推动省以下地方法院、检察院人财物统一管理,探索建立与行政区划适当分离的司法管辖制度,保证国家法律统一正确实施。"2014 年 10 月《中共中央关于全面推进依法治国若干重大问题的决定》确立了如下跨行政区划法院的原则:改革司法机关人财物管理体制,探索实行法院、检察院司法行政事务管理权和审判权、检察权相分离。……最高人民法院设立巡回法庭,审理跨行政区域重大行政和民商事案件。探索设立跨行政区划的人民法院和人民检察院,办理跨地区案件。在一系列具体的跨行政区划法院顶层设计的司法改革文件中,中央全面深化改革领导小组第七次会议审议通过的《设立跨行政区划人民法院、人民检察院试点方案》是基础性的文件。根据该文件而产生的原则性方案,探索设立跨行政区划的人民法院、人民检察院,有利于排除对审判工作和检察工作的干扰,保障法院和检察院依法独立公正行使审判权和检察权;有利于构建普通案件在行政区划法院审理、特殊案件在跨行政区划法院审理的诉讼格局。对于跨行政区划法院而言,不在于这样的法院是超级法院或高级别的法院,这里的"跨"是指跨越行政

---

① 北京方言"局气"一词有仗义、大方、豪爽之意,也有公平、公正、守规矩、讲道理的精神内涵。
② 党的十八大以来的司法体制改革的一个重要特征是司法改革的顶层设计属性。据统计,2014 年至 2017 年 9 月,习近平总书记主持召开 38 次中央全面深化改革领导小组会议,审议通过 48 个司法改革文件,为人民法院推进司法改革提供了根本遵循。

区域，因不受制于同级的行政区划的制约，因而具有不同凡响的改革意义。①

在"两个有利于"话语背后暗示了地方权力成为干扰审判工作和检察工作的体制机制因素，而这种因素不再能用领导干部干涉案件等非体制性因素来解释。② 在一般意义上，就审判机关与权力机关的宪制关系而言，人民法院受制于同级权力机关，然而，至少有三种情况表明审判机关与人民代表大会之间不存在严格的同级对应关系，也并非一定要向产生它的国家权力机关负责：（1）专门法院、全国人大常委会决定产生的法院（如知识产权法院）、全国人大常委会授权最高人民法院决定产生的法院（如海事法院）等法院不向产生它的全国人民代表大会负责；（2）直辖市中级人民法院和不设区的基层人民法院不由同级人民代表大会产生，无向同级国家权力机关负责的对象；（3）已经构建的跨行政区划法院（如北京市第四中级人民法院和上海市第三中级人民法院）不由同级人民代表大会产生，也无向相关国家权力机关负责的对象。

如果认识到上述法院由广义的中央政府（全国人大常委会或最高人民法院）来设定，并受指令而由所在地的权力机关代为监督，一种宽泛意义上的非地方性法院体制就呈现于眼前。我国法院的正当性和合法性归根到底来源于人民的授权，但这种授权方式并非一定要与同级的人大机构相关联。一些法院未与一府两院呈现同级对应关系不是法院体制的特殊和例外情况，它们自身是我国法院体制的构成性要素。设立跨行政区划的人民法院是保障人民法院依法独立公正行使审判权的必要条件。虽然设立跨行政区划的人民法院不能保障人民法院依法独立公正行使审判权，但缺乏这一建制或条件，则不能保障人民法院依法独立公正行使审判权。事实上，跨行政区域法院和检察院的设置方案改变的是人民法院和人民检察院的行政型区域管辖制度，建构的是新型的司法区域管辖制度。跨行政区划法院体制最终确立的是与司法规律相适应的新型司法体制格局，它将司法权从中央和地方的两元体制中释放

---

① 陈卫东将地方人财物由省统一管理和设立超行政区域法院视为司法机关依法独立的表现，前者"切断了省以下司法机关和地方之间的利益关系，使得司法机关摆脱了地方掣肘，确保了独立性"，后者"隔离了司法机关和地方党政机关间的联系，在使法院摆脱地方保护主义和行政干预方面具有积极效果"。陈卫东：《十八大以来司法体制改革的回顾与展望》，《法学》2017 年第 10 期。

② 党的十八大以来，一个令人瞩目的司法改革现象是设立专门法院步伐加快，除了已有的海事法院、军事法院等，知识产权法院、互联网法院和金融法院等新类型的专门法院逐渐设立起来。在 2017 年 11 月，《最高人民法院关于人民法院全面深化司法改革情况的报告》设立最高人民法院巡回法庭、北京第四中级人民法院、上海第三中级人民法院、知识产权法院等是设立跨行政区域法院的成果，也被认为是确保人民法院依法独立公正行使审判权的成就。

出来，确立了人民法院才有的司法领域，形成了"全国法院一盘棋"的司法大格局。为此，需要重新认识和解释司法对国家统一性的规范理解，强化司法权威作为国家治理方案的重要性。

（二）司法区域的中央集权属性

司法规律的一个显著特征是司法权的高度统一性，这种统一性决定了司法权不像立法权和行政权那样可以授权行使。举凡司法的一个重要特征是国家对司法享有专属权，但司法权只有在特定司法区域之内才是有效的，缺乏特定的司法区域或超出特定的司法区域就会使司法权失去其支配力和影响力。一个主权国家在其领土范围内可以设置多个行政区域，但只能有一个司法区域。司法有其固有的"司法性领土"，拥有这一"领土"的权力具有排他性，只能由法院根据宪法和法律"专行"，而不与其他个人、社会团体和机构分享或共享。通过相对独立的司法区域宣示司法主权显示了现代国家依法治国的基本路径。从世界各国的司法制度来看，不同审级的法院共同拥有统一的司法区域，这个统一的司法区域或与行政区域相重合，或根据司法需求而与行政区划分离，但即使司法区域与行政区域相重合，也不会导致司法区域隶属于行政区划情况的发生。

拥有自身司法区域的司法权从法治的角度保障了法律的统一，维护了现代国家的权威。统一的司法体制不仅是法律统一，也是国家统一的体现和标志。以普通法国家为例，具有约束力的判例发挥了肯定或否定立法和行政行为的实际效力，在一国范围内不断显示所有社会成员一体遵循的行为规范。在英国法律史上，在王室法庭基础上形成的判例制度满足了法律国家化及其国家统一的历史需要。就其词义而言，普通法就是指法律能够在一个国家之内普遍适用，换句话说，普通法是对长期存在封建体制下的惯例法、习惯法等特殊规范的克服和超越。惯例法或习惯法等特殊规范具有地方性或源自地方，从来都是地方性知识规范体系的重要组成部分。福山认为，普通法代表了英国法律发展过程的中断。在诺曼底征服之后，向全国颁布统一的普通法，变成扩展国家权力的主要工具。普通法可能是分散在各地法官的业绩，倘若没有强大的中央政府，它首先不会形成，之后也得不到执行。[①] 因此，普通法在起源时加强了王权，王室法庭通过行使司法权实现了国家权力的集中。

---

① 〔美〕福山：《政治秩序的起源：从前人类时代到法国大革命》，毛俊杰译，广西师范大学出版社，2012，第252—256页。

美国司法审查制度在制约立法权和行政权的同时，通过司法的力量巩固和强化了全国性法律的统一适用，从一个角度开创了国家权力中央性的趋势。比之立法权和行政权，具有司法审查权的司法机关更能体现国家权力的集中性和中央性，但与在立法机构中设置合法性审查权的机制相比，司法性质的合法性审查制度则具有更少的民主性。① 我国不是判例法国家，人民法院亦无司法审查权力，但这并不意味着我国不存在通过案例强化法律统一实施的司法实践行为。司法解释不具有立法性质，但将其视为一套抽象性案例是恰当的，它替代或规范了个案批复制度以及内部请示制度，保障了法律在具体应用中的统一标准，为"同案同判"提供了规范依据。② 与这种抽象性案例相辅相成的是指导性案例制度的构建和运用，有序展开的指导性案例制度无意复制或移植普通法国家的判例制度，在法律效力上指导性案例仅具有参考效果，但对法律统一适用的规范理解强化了司法权在全国范围内的普遍效力。③ 其通过对个案背后的法律及其价值的发现而将地方的案件提升至国家的案件。④ 换句话说，最高人民法院对来自地方法院的案件做出背书，肯定了原判决的效力，保障了司法权的统一性，更为重要的是，通过这一背书行为，它宣示了一个统一司法区域的存在。

（三）中央和地方关系视野中的司法权

司法"去地方化"的目标是建构司法权"国家化"，在国家范围内使不同层级的审判权拥有统一的司法区域。针对司法权地方化现状和弊端，司法改革顶层设计者提出了超越司法权地方化的改革方案，以便使司法权拥有自身支配的场域而不再借助于其他的场域，并对"当地"的观念和行为提出质疑和挑战。⑤ 在司法权地方化和司法权国家化议题的背后是中央和地方的关

---

① 司法审查是由几个不直接对选民负责的法官审查多数选民选举产生的议会制定的法律，存在"反多数主义难题"。相关讨论参见张千帆《认真对待宪法：宪政审查的必要性和可行性》，《中外法学》2003 年第 5 期。

② 全国人民代表大会常务委员会《关于加强法律解释工作的决议》赋予最高人民法院司法解释权的目的在于保障对法律条文"一致"性理解，保障法律的"正确实施"。

③ 《最高人民法院关于案例指导工作的规定》第 7 条规定："最高人民法院发布的指导性案例，各级人民法院审判类似案例时应当参照。"

④ 根据《最高人民法院关于案例指导工作的规定》，只要符合指导性案例的实质要件，基层人民法院做出的已经发生法律效力的裁判也是可以被推荐、入选和发布的指导性案例的合格对象。

⑤ 2014 年 1 月，习近平同志在中央政法工作会议上的讲话中指出，"目前，我国司法人员和经费实行分级管理、分级负担的体制，司法权运用受制于当地，司法活动易受干扰。我国是单一制国家，司法权从根本上说是中央事权。……司法机关人财物应该由中央统一管理和保障"。

系。如上所述，对中央和地方关系的讨论往往集中于经济关系、政治关系或意识形态关系等，相对忽视了司法关系的维度。如果放权和集权的关系构成了改革开放以来的一条主线，但通过司法集中国家权力从来就缺乏统一的认识。从司法权的角度看待中央和地方的关系，需要加强的是司法集权而非放权。缺乏或不善于以法治思维处理中央与地方的关系，对司法作为统一的全国性力量认识不足，以致在反对司法独立的同时丧失了对司法地方化的警惕。作为一个选择性集权的过程和机制，司法集权的目的在于将"地方公民权"转变为"国家公民权"。①

从宪法属性上来看，我国各级人民法院都是具有国家属性的审判机关。《宪法》第 128 条规定："中华人民共和国人民法院是国家的审判机关"。人民法院是国家的审判机关，地方各级法院是国家设立在地方的审判机关，而不是地方政府的附属部门。从这个意义上说，司法权在性质上既不属于中央事权，也不属于地方事权，而是属于国家事权。② 摒除司法权地方化的方向是司法权国家化，司法权国家化带来的是统一的司法权，而作为统一的司法权需要与之相适应的司法区域。不同审级的法院不是多个司法区域的体现，而是统一的司法区域在不同审级法院中的体现。存在多个行政型司法区域，而不存在多个司法型司法区域。就对外效力而言，一个派出法庭终审裁决效力与最高人民法院的终审裁决相同。同时，作为国家事权的司法权不意味着所有审判机构都是最高人民法院的派出机构或最高人民法院在地方设立的分支机构。法院的审级划分是司法规律的客观反映，但不应将审级视为不同等级司法权的体现，换言之，基层法院、中级法院、高级法院和最高法院的划分是不同审判等级的划分，而不是不同审判者行政级别上的差异。法院去地方化改革，使各级人民法院成为国家的法院，而不是地方的法院，每一名法官是国家的法官，而不是地方的法官，有利于落实各级人民法院是国家审判机关的宪法原则。

事实上，"两个有利于"透露出司法体制改革祛除地方性的预设，这种具有前立法性质的司法改革意图揭示了司法改革的方向和最终要达到的效果。③

---

① 关于中央再集权或选择性集权的讨论，参见郑永年《中国的"行为联邦制"：中央－地方关系的变革与动力》，东方出版社，2013。

② 司法权并不完全符合中央事权的特征，参见姚国建《中央与地方双重视角下的司法权属性》，《法学评论》2016 年第 5 期。

③ 前立法行为不是制定和修改法律的程序性权力，而是制定和修改法律的政治建议权。相关讨论参见贺海仁《法律下的中国：一个构建法治中国的法理议题》，《北方法学》2015 年第 4 期。

对司法"主客场"隐喻的批判吁求的是统一司法永远的"主场"。① 习近平指出："随着社会主义市场经济深入发展和行政诉讼出现，跨行政区划乃至跨境案件越来越多，涉案金额越来越大，导致法院所在地有关部门和领导越来越关注案件处理，甚至利用职权和关系插手案件处理，造成相关诉讼出现'主客场'现象，不利于平等保护外地当事人合法权益、保障法院独立审判、监督政府依法行政、维护法律公正实施。"② 消弭本地当事人与"外地当事人"之间的不平等对待需要完成体制机制的重大转化，如此看来，"两个有利于"原则的目标和国家治理方式之间产生了内在的关联。需要透过司法保证国家法律统一正确实施从技术上解决同案不同判的现象，确立国家的当事人的平等权利保护机制。③ 重要的是，依赖于统一国家的司法权威获得了其应有的空间，维护司法权威就是维护宪法法律的权威，维护党领导下保障人民当家作主的法制体系的权威。司法改革的顶层设计者开始用司法的逻辑治国理政，这是前几次（轮）司法体制改革未明显显露的重大法制改革成果。

三 构建中国特色司法区域体制"三步走"方案

从行政型司法区域转向司法型司法区域，表明司法资源不再与其他国家权力资源捆绑在一起，从而为落实中央提出的"构建与行政区划适当分离、审级科学合理、适合我国国情的、完整的跨行政区划人民法院体系"目标提供法律空间。跨行政区域法院的制度构想为构建中国特色司法区域制度提供了方向性指引，一个合理、科学和适当配置跨行政区域的法院体系是中国特色司法区域体制形成和发展的重要标志。不过，跨行政区划法院的提出、试点和最终成型是一个实验和完善的过程，不能一蹴而就，毕其功于一役，为此，需要消除跨行政区划法院建设"三大"误解，实施跨行政区划法院的改

---

① 诉讼或司法"主场"和"客场"的隐喻借用了足球比赛术语，如果考虑到在足球比赛中使用主场或客场是某种符合赛事的正当性表述，那么诉讼和司法的主客场也同样具有某种"合法性"。因此，破除诉讼或司法的主客场壁垒不仅仅关乎法官和法院的个体行为，还涉及具有体制性的结构因素。

② 习近平：《中共中央关于全面推进依法治国若干重大问题的决定》，人民出版社，2014，第57页。

③ 法律规范不统一是产生"同案不同判"的一个重要因素，但法律规范不统一产生的因素在于不同地方的法官在个案中对法律规范解释上的不统一，而司法保护主义是造成这种个案解释的一个重要方面。对司法地方保护主义的制度性考察和批判，参见刘作翔《中国司法地方保护主义之批判：简论"司法权国家化"的司法改革思路》，《法学研究》2003 年第 1 期。

革"三步走"方案，构建中国特色司法区域体制。

（一）设立审理特殊案件且与行政区划相结合的跨行政区划法院

人们已经注意到，在跨行政区域法院概念正式提出之前，从地域管辖的角度看，直辖市中级人民法院和不设区的基层人民法院都可视为跨行政区域法院。在某种程度上，最高人民法院是跨省级行政区域的法院，高级人民法院是跨地市级行政区域的法院，中级人民法院则是跨县区级行政区域的法院。最能够体现跨行政区域性质的法院是专门法院，如海事法院、知识产权法院、互联网法院和金融法院等。专门法院在其管辖范围上超越了县区级和地市级行政区域，在功能上如同最高人民法院巡回法庭在跨省级行政区域中发挥其司法职能。因此，在设立跨行政区划法院问题上，需要消除的第一个误解是，跨行政区划法院不是设立更多专门法院，尤其不能将跨行政区域法院的设置局限于在直辖市内增设的特殊中级人民法院。

应当看到，中央提出建立"跨行政区划法院"不是对已经设立的人民法院现状的重述，更不是单纯对铁路法院等专门法院体制转型给予顶层设计安排，毋宁说，跨行政区划法院着眼于去地方化的整体目标，让地方各级人民法院都能够摆脱司法机关地方性地位，具有十分显著的体制性改革因素。有鉴于此，就不能简单把跨行政区域的法院与特殊案件挂钩，将跨行政区域法院等同于设立特殊的专门法院。不过，对已有的专门法院和新设成立的专门法院进行整合并做出跨行政区域法院的解释是推动形成中国特色司法区域的重要一步。在中央顶层设计的谋篇布局之下，人民法院体制性改革的成就是建构配置合理的超行政区域法院体系，最大限度地实施司法机关去行政化和地方化的司法改革战略。事实上，在"普通案件在行政区划法院审理、特殊案件在跨行政区划法院审理的诉讼格局"的构想中，以特殊案件作为切入点确立跨行政区划法院意味着不依法定的行政区域设置司法机关，即只要满足"特殊案件"这一基本的需要，就能够获得设置跨行政区域法院的资格。

（二）设立审理普通案件且与行政区划相结合的跨行政区划法院

如果跨行政区划法院只涉及法律规定的特殊案件，而不触动大多数普通案件，其效果和影响力就会被压缩，失去设立跨行政区域法院最初的动因。因此，在设立跨行政区划法院问题上，需要消除的第二个误解是，不是只有特殊案件才会受到地方权力因素的干扰，普通案件同样会受到地方权力因的干扰。除了专门法院管辖和审理的案件之外，对什么是特殊案件缺乏规范的衡量标准，对于每一个当事人而言，其所涉及的案件都是重大和特殊的。同时也要防止将跨行政区域法院改革限定于法院的级别管辖领域，以致在提级管辖和指定管辖等原有司法规定范围内打转转、兜圈子。

探索设立审理普遍案件的跨行政区划法院，应将其重点放置于县区级行政区域内的基层法院设置。以司法规律为指向的跨行政区域法院改革满足的是包括特殊案件在内的所有案件，只有建立了跨县区行政区域的基层法院，才能满足去地方化的司法体制目标。设立跨行政区划法院不限于省、市级行政区域范围，也需要在县区级内设立，从而建立多层级跨行政区域人民法院机制。① 其基本方案和路径是，由中央全面依法治国领导委员会出台进一步健全跨行政区划人民法院、人民检察院试点方案，总结跨行政区划法院设立以来的经验和做法，增加规定设立跨县区级行政区划的基层人民法院，该等基层人民法院受理辖区内的普通案件，并由跨县区级行政区划所在市的人大决定该等人民法院的设置、人员任免和监督机制。

（三）设立审理普通案件且与行政区划分离的跨行政区划法院

建构跨行政区划法院体制第一步和第二步方案突破了"同级"政权体制的规定，推动了省以下地方法院、检察院人财物统一管理，尝试在省级范围内建立与行政区划适当分离的司法管辖制度，但未能摆脱省级的地方权力因素对审判工作和检察工作的干扰。因此，在设立跨行政区划法院问题上，需要消除的第三个误解是，地方权力因素包括县区级、地市级和省级三个层次，不能说只有县区级或地市级地方权力因素才能对审判工作和检察工作有干扰，作为地方权力组成部分的省级权力同样会对审判工作和检察工作有干扰。② 如果超行政区划法院改革停留在省级的层次，只是制约了县区级和地市级地方权力的因素，而未能触动省级作为地方权力的因素，甚至强化了省级地方权力因素。因此，作为地方的省级权力因素同样需要"去地方化"，其方向是人财物的司法管理体制统归于中央具体管理和保障，建构与行政区域分离的多层次跨行政区域法院体制。

---

① 事实上，这方面的探索正在逐步展开，例如，新《行政诉讼法》第 18 条第 2 款规定，"经最高人民法院批准，高级人民法院可以根据审判工作的实际情况，确定若干人民法院跨行政区域管辖行政案件"。

② 对省级地方保护主义的担忧及分析，参见陈瑞华《司法改革的理论反思》，《苏州大学学报》（哲学社会科学版）2016 年第 1 期。

（四）在跨行政区域法院"三步走"的基础上，构建中国特色社会主义司法区域体制

建立统一的司法区域制度需要根据社会主义初级阶段的国情，遵循党的统一领导，充分发挥顶层设计的作用，其具体路径如下。（1）建立最高人民法院统一领导和监督全国各级法院的工作机制，由全国人大常委会授权最高人民法院在全国范围内设立、撤销或合并多层次跨行政区域法院权力，建立终审案件在全国范围内获得充分有效保障的制度环境。（2）在全国范围内有效配置最高人民法院巡回法庭，在条件成熟时，将巡回法庭按照大区原则改建为跨行政区域高级人民法院。（3）根据各省份具体情况，在各省份内设立若干跨行政区域中级人民法院和若干跨行政区域基层人民法院。改革人民法庭制度，除了在边远地区和出现特殊情况，不再设立人民法庭，并通过增设跨行政区域的基层法院弥补撤销人民法庭之后留下的空白。（4）依法保障法官职务及其权益。制定"中华人民共和国法官遴选法"，以省份为单位，设立法官遴选委员会，增大法官遴选委员会的职权，赋予法官遴选委员会对各层级法官的任免、晋级或降级等的决定权。首席大法官、大法官、高级法官和法官及其内部的划分不与行政级别挂钩，在同一考核标准的前提下，低审级法院的法官有望获得高级法官乃至大法官的资格。一项理想的法官制度，必须是"法官之上无法官，法官之下亦无法官"，而检验法官的标准应该是一元的。[①] 实施法官长期任期制，非经弹劾事项及其程序不得罢免法官；高薪养廉，加大对法官的薪酬报偿数额；等等。

四　结语

司法权去地方化的标志是构建具有中国特色的司法区域制度，落实不同审级的法院作为"国家的法院"的宪法原则。司法权国家化司法体制是作为"国家的人"的当事人的权利救济体系，各级人民法院在司法区域内面对的是"国家的当事人"，而非"地方的当事人"。解决法制地方化的方向是地方法治化，司法不再成为地方事权，而无可置疑地成为国家事权。善于用司法逻辑治国理政，学会用司法力量强化国家权威。面对新时代国家治理的需要，在一些关键领域实施国家集权实属必要，这些关键领域涉及以平等为诉求的

---

① 对法官的定位和角色的规范认识，参见信春鹰《中国需要什么样的司法权力?》，《环球法律评论》2002 年第 1 期。

基本权利和自由。这意味着，从国家治理能力现代化角度，司法集权不可避免，而对当下中国而言，司法集权不是再集权，而是要集权，因为司法权地方化或法制地方化的实践未能使司法权中央化和国家化。

跨行政区域法院不是"超行政区域法院"，也不是在真空中建立法院。越是强化司法权力，就越要加大对司法权力的有效制约，将司法权关进制度的笼子里。建构与跨行政区域法院体制相适应的司法权力的制约和监督机制，在法院内部建立主审法官、合议庭办案责任制，探索建立突出法官主体地位的办案责任制，让审理者裁判、由裁判者负责，做到有权必有责、用权受监督、失职要问责、违法要追究。在法院外部把对司法权的法律监督、社会监督、舆论监督等落实到位，构建阳光司法、美好司法和信任司法的新格局。

第十章

论"小人"的权利

　　第二次世界大战以来，人权成为世界各国人民普遍接受的"伟大的名词"和普遍理想。[①] 基于对人权价值及其应用的探究，从文化的角度审视人权议题显示了不同社会和国家的知性自觉与文明自信。借助于现代性命题和逻辑，新儒家获得了诠释中国国家现代化目标的文化资源，开发出越来越多可与现代价值观相契合的创造性成果，而人权是新儒家开发出的一个不可忽视的新外王。由内圣开出外王的论证方式显现了新儒家呈现自身思想资源的逻辑脉络，作为人权的新外王需在内圣的宅第中安放和配置人权的质料。

　　然而，新儒家意在建构以君子、贤人和圣人等为主体的道德世界。德性主体与权利主体是不同范式的主体类型，从儒家的小人观中开不出人权的主体，作为权利主体的小人与作为德性主体的君子受制于不同的人的哲学，但从君子圣贤等理想人格主体中解读出人权的因子，有以美德缘饰人权的降格之嫌，其"自我坎陷"的色彩过于浓厚。甚或，由非人论和禽兽论确立的"真正的人"的儒家人权观可能是一种非人权或反人权理论。如果儒家人权观能够成立，就要遵循主体开出说的立场，对被鄙视和轻视的小人作出创造性的主体转化，把小人与君子置于同等的真实的人的地位。

　　换言之，面对人权这一新外王，着眼于从德性主体向权利主体的转化，儒家不仅要对人权的正当性和基本含义进行自我证成，而且要对长期以来被轻视、蔑视和否定的小人给予同情性理解。从权利角度审视儒家眼中的小人是理解和证成中国人权哲学的出发点。君子和小人作为人人的权利的主体，

---

① 1991 年我国政府发布的第一个人权白皮书声称："享有充分的人权，是长期以来人类追求的理想。从第一次提出'人权'这个伟大的名词后，多少世纪以来，各国人民为争取人权作出了不懈的努力，取得了重大的成果。"

在人权法学中是平等和等值的。在最低层次上，小人的权利中包含了君子的权利。小人的权利构成了当代人权哲学的逻辑起点，只有维护了小人的权利，人权哲学的体系架构才是可能的。

一 儒家人权化与人权儒家化

一般认为，人权观念源于西方，是西方文化传统长期演变之后的产物。中国社会要接受和适用人权，需要改造的不仅是其制度结构，还要接受与人权观念相适应的文化。儒家人权观主张，自我更化的儒家文化与当代人权相容并包含了人权的某些生成性要素，甚或认为儒家的某些传统资源是人权的根源之一。① 通过对人权和儒家经典学说的调适性解释，儒家人权观获得了儒家人权化和人权儒家化的阶段性成果，澄显了人权背后的中国本土资源。

（一）通向人权相容说的调适性方法

儒家人权化的集中体现是人权相容说。从方法论上讲，生成性要素是决定事物性质的主要因素，构成性要素是次要的非决定性因素。调适性解释是一种将事物的生成性要素与构成性要素做出相互转化的解释类型，是新儒家创造性转化的方法和抓手。② 儒家人权相容说认为，在儒家思想中虽不存在人权概念，但存在构成人权的某些要素，对这些要素的整理和发扬就能够使儒家思想获得与人权话语相协调的效果。

儒家人权相容说的基本逻辑是：其一，人权是关于人的尊严及其平等的学说，而儒家思想中包含了人的尊严及其平等的因素；其二，儒家思想中至少包含与某些经济、社会和文化权利相契合的因素；其三，在儒家思想特别是在孟子和黄宗羲的学说中，可以发现反暴政的观念和主张。这种论证方法

---

① 有关儒家人权观的集中成果，参见梁涛主编《美德与权利：跨文化视域下的儒家与人权》，中国社会科学出版社，2016。

② "创造性转化"是指使用多元的思考模式，将一些中国传统中的符号、思想、价值与行为模式选择出来，加以重组与/或改造（有的重组以后需加改造，有的只需重组，有的不必重组而需彻底改造），使经过重组与/或改造过的符号、思想、价值与行业模式，变成有利于革新的资源；同时，使得这些（经过重组与/或改造后的）质素（或成分），在革新的过程中，因为能够进一步落实而获得新的认同。见林毓生《"创造性转化"的再思与再认》，载刘军宁等编《市场逻辑与国家观念》，三联书店，1995，第234—235页。在创造性转化概念的基础上，墨子刻针对政治思想史提出了"创造/调适"的分析框架，傅伟勋基于"创造的诠释学"方法论，针对更为广泛的文化思想史提出了"创造的发展"。相关介绍和讨论参见陈来《"创造性转化"观念的由来和发展》，《中华读书报》2016年12月7日第5版。

建立在既定的人权概念前提下，将儒家的构成性要素等同于人权的生成性要素，把一个提倡德性的哲学思想纳入人权话语之中，以获取儒家资源与人权概念会同的逻辑结果。

相似不等于相同，相同也未必同一。儒家思想与人权思想是否存在结合点，不仅要考察构成这两种思想的质素和因子（质料因），也要考察这两种思想通过其整全结构而具有的功用（目的因）。对目的因的儒家思想的解释人云亦云，儒学内部的差异通常游离于小康礼教制度规范和天下为公的道德想象之间，前者开发出先秦儒家维护君权的专制主义面向，后者导出人人成圣的君子主义面向。① 对儒家思想功用的早期权威解释莫过于司马迁："儒者博而寡要，劳而少功，是以其事难尽从；然其序君臣父子之礼，列夫妇长幼之别，不可易也。……若夫列君臣父子之礼，序夫妇长幼之别，虽百家弗能易也。"② 在司马迁看来，不仅早期儒家，而且百家都带有礼别论的共相，而儒家独有的"寡要"和"少功"缺陷不妨碍其构建一个精心设计和诠释的差别性社会，遵循礼别论打造的理想社会是以尧舜禹为想象的礼治秩序（法先王，美尧舜）。

通过对孔孟仁义论、性善论的精细解读，作为"不可易""弗能易"的礼别论被替换为内圣学说，并在宋明理学中发凡，成就了新儒学以内圣的规模定外王格局的方法论。在儒学内圣源流镜像背后，是人从礼别论的角色关系中脱离出来，借助于这一新型主体，新儒家开发出不同面向的儒家本体论（如以心为本、以理为本或以仁为本等）③，打造了儒家平等观借以成立的生成性要素，儒家学说也转身变为支持和提倡平等的思想体系。不难看出，现代新儒家承接宋明理学的一个重要动因，不仅在于宋明理学重视修心养性的内圣功夫，还在于包含礼别论的原始儒家观不大可能入现代民主法治之眼而难逃被创造性抛弃的命运。

不过，对儒家做出调适性解释只是儒家人权观自我修正的一个方面，要获得现代人权观的认可，儒家人权观还需要对人权本身做出调适性解释。如果说对儒家学说是通过缩小儒家整体规模或面向来完成的，对人权则扩大了适用范围，从而在人格权和政治权之外，将经济、社会和文化权利以及某种

---

① 熊十力认为，孔子五十岁后转而同情天下劳苦小民，独持天下为公之大道，但其早年积极倡导宗法思想、偏重"天下为家"的"小康礼教"。参见熊十力《原儒·原外王第三》，岳麓出版社，2013。

② 《史记·太史公自序》。

③ 参见陈来《仁学本体论》，三联书店，2014。

意义上的发展权纳入儒家文化。在这方面，支持儒家思想与人权协调论的是一种薄人权理论，也被称为"经过修正的人权观念"，以区别于厚人权论或较为充分的人权观。"人权在很大程度上属于一种'薄理论'，它使文化的内在多样性得以保存；同时，也消解了那种试图将人权与某种单一的道德—政治理论相挂钩的理论冲动。"① 薄人权理论添附了人权正当性的多元化根据，以便平等地观照不同文化背景下的社会理解和运用人权的合理性。

如果缺乏对人权的同一性假设，无视最小公分母或最低限度的人权观共识，就无从区分薄人权和厚人权。从薄人权和厚人权分类本身就可以合理推测，对不同时代的不同社会而言，人权有程度之分但无性质之别。借助于新儒家的精神脉络和调适性的解释方法论，在一减（缩小儒家的整体规模）一增（扩展人权的解释内涵）之间，儒家人权观努力显示其对人权理论的智性贡献。

（二）"西学中源"的人权面向

人权儒家化的集中体现是人权根源说。借助于狄百瑞的论证，突维斯认为，"即便缺乏人权概念，儒家传统仍然具有充足的资源，能够认可并证明人权的主要问题，更准确地说，比如强调满足人们社会经济需求的重要性，赋予满足社群自治与个人修养所需的公民政治权利"。② 这就是说，在儒家思想体系中虽然缺乏人权或权利概念，却不妨碍儒家思想中存在未言明的权利、自由和平等的要素。"从儒家之肯定天下非一人之天下，并一贯相信道德上，人皆可以为尧舜为圣贤，及民之所好好之，民之所恶恶之等来看，此中之天下为公人格平等之思想，即为民主政治思想根源之所在，至少亦为民主政治思想之种子所在。"③ 倘若儒家传统作为现代民主政治和人权思想的种子论可以成立，就可以在儒家学说中发现民主和人权思想的源头。

不同于以儒家思想论证人权正当性的儒家人权化理论，以人权论证儒家思想正当性是人权儒家化的表现。如果说儒家人权化意在表达儒家与人权相互之间的协调状态，从根源上消解中国社会认可和接纳人权的观念障碍，人

---

① 〔美〕萨姆纳·突维斯：《儒家与人权讨论的一个建设性框架》，载梁涛主编《美德与权利：跨文化视域下的儒家与人权》，中国社会科学出版社，2016，第33页。
② 〔美〕萨姆纳·突维斯：《儒家与人权讨论的一个建设性框架》，载梁涛主编《美德与权利：跨文化视域下的儒家与人权》，中国社会科学出版社，2016，第43页。
③ 张君劢：《中西印哲学文集》（下），台湾学生书局，1981，第8826页。转引自秋风《儒家宪政与民生主义》，载秋风等《儒家与宪政论集》，中央编译出版社，2015，第15页。

权儒家化则走得更远，就将儒家的某些资源视为人权的一个源头。它向世人暗示或表明，儒家在两千多年前就包含了人权意识和精神。透过调适性地解读儒家的某些思想资源，人权在儒家学说体系中找到了其安身立命的根基。

通过创造性转化或调适性解释，新儒家推动传统经典概念有意识地向现代性概念靠拢，以形成比附性的同一效果，这种靠拢或比附的成果大致可以概括为：（1）从仁的概念中厘出自主性的主体性命题（"为仁由己"）；（2）从心的概念中探寻到自由的属性（严复将"自由"翻译成"自繇"）；（3）从心性论中解读出自治（"率性而为"）；（4）从理或天命观中读取自然权利或天赋人权的意蕴（徐复观"人权补人格说"）。儒家思想中增添了一些自主、自由、自我以及自治等在自由主义哲学中才能读到的概念。人权儒家化呈现了"西学中源，古已有之"的论证方式①，遵循了"儒家开出说"的套路，沿用了在此之前的"儒家开出民主""儒家开出平等""儒家开出人权"等新外王议题。

不同于儒家人权化的解释方向和诠释策略，人权儒家化获得了超越人权涵盖范围的普遍主义的成就。人权根源论是对人权要素论的进一步深化，但它不是构成性要素，而是生成性要素。在生成性要素论的前提下，人权作为一种特殊文化需要获得儒家思想的支援，缺乏来自儒家的渊源性正义资源，人权就是有缺陷的和不完整的。人权儒家化提升了儒家思想的普适性，扭转了人权普遍性与特殊性讨论的方向，人权是一种地方性知识，应当将其纳入儒家抽象理想主义体系。要之，人权儒家化以一种普遍主义话语代替了另一种普遍主义话语，确立了儒家在当代社会价值体系中的统领地位，使现代国家和社会才有的人权观念穿越般地成为儒家思想的次级理论，达到了"人权王道两翻新"（鲁迅语）的理论和解释效果。

（三）美德是一种权利吗？

美德（Virtue）之所以能够成为美德，是因为美德指向行为人自觉意义上的利他主义，当这种自觉意识或行为成为富勒所称的愿望的道德时，就演变为一种向善的利他主义的道德义务。② 从改善他人生活境况角度看，未伤害他

---

① 在自由主义哲学文本和儒家最初相遇时，翻译者采纳了"翻译即等同化策略"，认为古典自由主义核心概念是通过中国传统文化术语转译过去的，对于中外读者而言，其都会以为中国思想传统中早已包含了现代自由观念。相关讨论参见马恺之《"儒家自由观"的悖论与可能性：从严复到牟宗三》，《杭州师范大学学报》（社会科学版）2016年第4期。
② 参见〔美〕富勒《法律的道德性》，郑戈译，商务印书馆，2005。

人是一种道德但不是一种美德，明哲保身、自扫门前雪是一种道德但不是一种美德，即使作为道德，它们充其量是一种消极道德或义务的道德。然而，权利不是美德，权利之所以不是美德，最重要的原因在于权利出发点上的非利他性。

对于权利论者而言，如果不妨碍他人的权利和自由，他人在享有权利和自由的时候也不妨碍自己的权利和自由，权利的正当性就会获得强有力的理论和制度支撑。权利展示的是一种为己的精神气质，这是列维纳斯所称的"自我的人道主义"而非"他者的人道主义"。[1] 相比之下，对于美德论者而言，只是不妨碍他人的权利和自由是不够的，倘若不能把某种利益自觉地惠及他人乃至更多的人，从自我走向超我，作为美德的道德就无从体现。儒家伦理是一种美德的伦理、单边的义务叙述，以他者为取向，对此，梁漱溟称其为"以他人为重"的道德。在价值趋向上，儒家人权观有将权利转化为善的强烈动机，它或将权利等同于儒家之善（人权儒家化），或者用儒家之善统摄权利（儒家人权化），这两种情况都将威胁权利和义务概念的存在，使权利不成为权利，使义务不成为义务。

通过对儒家道德自主性和社群成员间相依性责任的解读，成中英自问自答道，"因为对儒家所说的自我的这一理解，或许有人会大胆提出一个哲学问题：我们是否可以将美德视为权利而非责任？如果采取一种相依性的视角，我倒觉得视美德为权利并非不可"。[2] 成中英消解了美德和权利之间的界限，这或许是儒家人权观提倡者默认的共识。美德是义务也是权利，以道德为基础的权利是儒家思想体系中众多的美德之一。安靖如批评新儒家把静态的资源与中国传统相等同，对经典儒家思想和权利思想的解读"太过于随意"。[3] 将中国古代民本思想、人道主义思想与人权思想等同起来，其实忽视了"人权"里的"权利"一词，或者背离了权利的本义。[4] 权利是可以选择放弃的，而义务却不能由主体自主选择履行或不履行。赋予美德以权利属性，消解了美德的道德规范的义务属性。古今中外，有哪一个社会和文化认可人们有放弃美德的自由呢？

---

[1] 列维纳斯哲学关于他者命运的相关讨论，参见杨大春主编《列维纳斯的世纪或他者的命运》，中国人民大学出版社，2008。

[2] 〔美〕成中英：《将儒家美德转化为权利：儒家伦理观中人之实践能力与潜能研究》，载梁涛主编《美德与权利：跨文化视域下的儒家与人权》，中国社会科学出版社，2016，第 161 页。

[3] 〔美〕安靖如：《人权与中国思想：一种跨文化的探索》，黄金荣等译，中国人民大学出版社，2012，第 24—25 页。

[4] 夏勇：《人权概念起源：权利的历史哲学》（修订版），中国政法大学出版社，2001，第 41 页。

当以"辨异"为指向的比较研究失去了中西文化相遇时的那种"诧于异"的真切时，新儒家走向了以开现代性要素的新王为圭臬的"求同"道路。极端的辨异论激发了一种趋向保守主义的文化优越论，纯粹的求同论显示了丧失文化主体性的屈服或投降路线。然而，儒家人权观在策略上既没有走极端的辨异之路，也没有鲁莽地寻找求同的模式。毋宁说，通过人权相容说、人权根源说和人权美德说，儒家人权观展示了其既辨异又求同的双重策略。儒家人权观追求一种逆求同性，而这种逆求同性本质上是一种西学中源的思维方式，同时也与纯粹的保守主义的辨异思维方式拉开了距离。①

不同的文化和哲学建构了不同的理想社会以及与之相适应的实现路径，但以权利为重的社会不是每一个民族和每一种文化都认同的理想社会。麦金泰尔暗示人类社会经历过一个德性的社会状态，而在"德性之后"开启的是倚重权利的社会。立足于道德断代史的启蒙批判主义者认为，由权利维系的社会充其量是一个正常社会，与传统主义者眼中的德性社会相去甚远乃至不能相提并论。事实上，在当代民主政治社会，退回到私人领域的佛教、基督教、伊斯兰教等宗教文化没有放弃追求由各自教义引领的往往具有彼岸性的理想社会。以仁为本体的儒家作为一个独立发展的思想体系，在没有也不需要人权、自由和宪制等现代性概念介入的情况下，为一个理想社会确立了完整的方案和路径，这就是说，构建儒家的理想社会不必一定借助于权利的理念和路径。如果做相反的考虑，假如通过人权的方法理解和实现大同社会，或有降低儒家身段、放宽儒家理想社会条件之嫌。

二　人的哲学：真正的人与真实的人

陈来说："儒家学说的中心是'做人'，儒家不仅提出了许多道德规范和道德德性的条目，儒家还提出了整全性的人格形态，即士、君子、圣贤。"②

---

① 二十世纪九十年代以来，随着中国国力的增强，新儒家通过其自我理解的历史叙述主张本土哲学的权利，其矛头指向接引其发轫和成长的现代新儒家（包括我国港台新儒家、海外新儒家以及未能体现制度性儒学的其他新儒家）。蒋庆的"三重合法性"设计给选举民主制留下了空间，"三院制"让人首先想到的是西方两院制的基本功能，这种方案无疑启用了以"权力分立之同"求"权力目的之异"的同中求异的论证方式。苏力在《大国宪制》中采取的是异中求同的论证方式，即用"家国天下之异求宪政效果之同"。相关论述分别参见蒋庆《政治儒学：当代儒学的转向、特质与发展》，三联书店，2003；苏力《大国宪制：历史中国的制度构成》，北京大学出版社，2018。

② 陈来：《仁学本体论》，三联书店，2014，第469页。

对儒家来说，要做君子，要成圣成贤，就要造就理想的人格，塑造作为道德主体的真正的人。与新儒家的逻辑脉络一致，儒家人权观追求的是理想的人格主体，而不是中人或芸芸众生，更不要说小人了。杜维明承认："儒家成为君子或'成圣成贤'的'为己之学'、'身心之学'、'天道性命之学'，与作为现代人类繁荣基础的价值观可能存在紧张与冲突。"① 剔除了礼别论的新儒家只有坚守君子主义，高标准地推进"进德修业之学"，才能不断获得创造性转化的道德资源，但这样一来，儒家人权观虽为儒家与人权的融合提供了思想质料，但为人权设置了或许对大多数人来说难以逾越的门槛。

（一）"禽兽"隐喻下的儒家小人观

因推崇君子理想人格，并映衬君子的伟岸和光辉，小人不得不成为儒家文化的核心概念。限于篇幅，本文虽不能将儒家圣贤所言小人处，一一体认出来，却可类聚观之。自有立论以来，儒家对小人的理解有以位言者、有以利言者、有以格局言者、有以年龄言者、有以道德言者，或以综合情况言者。大致看来，以格局、利益和道德等要素论述小人特征者居多，最终以道德言者最能体现小人在中国文化中之能指和所指。②

在孔子义利说的基础上，朱熹宣告，"义利之说，乃儒者第一义"。③ 如果儒家第一义在内涵上呈现的是"义"与"利"关系命题，那么在主体性上就是君子和小人关系命题，因而也可以说，君子小人关系之说是儒家的第一义。"土""惠""利"等都可以归于广义的"利"，可与广义的"义"相对。义利之说营造了小人与君子的对偶关系④，不同于"大人与小人""大者和小者"的对举，从这种对偶关系中产生的是判断人之所以为人的道德标准。虽然义利观潜在地包含了划分人的道德标准，但只有在君子与小人的对偶关系成立之后，义利关系中的道德因素才向世界敞开。在此前提下，"义利离"和"义利合"的命题突出了儒家处置道德与利益关系的辩证立场，显示了儒家处

---

① 梁涛主编《美德与权利：跨文化视域下的儒家与人权》，中国社会科学出版社，2016，第2页。

② 值得注意的是，中国文化中的小人们虽然总是不受欢迎、被鄙视和不断被谴责的人群，却与罪人、恶人或恶棍等社会主体有所不同，尽管有时候这些主体概念之间也存在相异的情况。

③ 朱熹：《与延平李先生书》，载《朱子全书》（第21册），上海古籍出版社、安徽教育出版社，2002，第1082页。

④ 余英时指出："《论语》及后世文献中'君子'与'小人'也还兼有'德'与'位'的，但儒家理论中则强调'德'的一面。"余英时：《士与中国文化》，上海人民出版社，2003，第543页。

置公共领域与私人领域的独特方法。① 因此，只有将儒家的小人观置于儒者第一义之下，才能顺着儒者的逻辑思维理解小人的真实含义。

通过独尊君子之德否弃小人之德②，儒家哲学以"人之所以异"的思维方式区隔了人、非人和禽兽等主体性概念，但将小人从君子的概念中剥离出来并走进非人或禽兽的概念之中是一个逐渐发展变化的过程，也证实了孟子对原始儒家学说的继承、改造和发展。《易·系辞下传》言，"小人不耻不仁，不畏不义，不见利不劝，不威不惩。小惩而不诫，此小人之福也"。孔子由此断定，"君子而不仁者有矣夫，未有小人而仁者也"。③ 不仁的君子依然是君子，而对小人永远充满了鄙视和失望，这在"唯女子与小人难养"的表达中尤为显著。孟子说："人之所以异于禽兽者几希，庶民去之，君子存之。"④ 孟子用"庶民"而非"小人"作为君子的对立面，犹如孔子言，将"女子与小人"作为一类主体面对君子。

对孟子用"庶民"而非"小人"对偶于君子，王船山作出了进一步解释，"不言小人而言庶民，害不在小人而在庶民也。小人之为禽兽，人得而诛之。庶民之为禽兽，不但不可胜诛，且无能知其为恶者，不但不知其为恶，且乐得而称之，相与崇尚而不敢逾越"，并得出结论说，"庶民者，流俗也。流俗者，禽兽也"。⑤ 凡是流俗者，皆为禽兽，庶民如此，小人不在话下。王船山将小人列入非人之列合乎孟子的禽兽观，但将庶民作为比小人更恶劣的存在，就从根本上否定了民之存在的正当性和合法性，或未必尽显孟子的圣贤说的立论原旨。

面对不同于儒家之道的主张、观念、学说和思想，"拒杨墨"的文攻姿态就会不断显现。韩愈驳斥佛道学说的思维方式未因历史场域不同而有所变化，"辟佛老"与"拒杨墨"的逻辑思维具有同一性。韩愈在"禽兽人"与"人"之间所做的区别强化了儒家的正统地位，显示了一种文化优越论。⑥ 忧虑于西方文化的霸道和强势，从拯救中国乃至世界的动机出发，牟宗三开出儒家圣

---

① 陆九渊说，"凡欲为学，当先识义利公私之辨"（《象山语录》），将"义利之辨"扩张解释为"公私之辩"是儒家大公观的必然逻辑。

② 《论语·颜渊》中有"君子之德风，小人之德草"的表述。

③ 《论语·宪问》。

④ 《孟子·离娄下》。

⑤ 王夫之：《船山全书》，第 12 册，岳麓书社，1988，第 479 页。

⑥ 《原人》："天者，日月星辰之主也；地者，草木山川之主也；人者，夷狄禽兽之主也。主而暴之，不得其为主之道矣。是故圣人一视而同仁，笃近而举远。"

贤之道的药方："人不志于圣贤，能免于禽兽乎？人以圣贤自居，能免于禽兽乎？"① 这种圣贤—禽兽之分的道德决断论思维，即使在现代性来临之时也依然无视绝大多数人既非圣贤也非恶人的真实存在。

从"未有小人而仁者"至"小人难养"再到小人庶民与禽兽同等阶段性判词使君子小人区隔一步步落入文明—野蛮话语体系之中。借助于自然状态的思维方式考察人的存在，禽兽论或许暗示了社会、文化和道德精英等少数人步入文明的社会状态，而被称为小人或庶民的大多数人依然滞留或自我流放于自然状态，等待君子圣贤的召唤、启蒙和救赎。与这种儒家自然状态理论不分仲伯，禽兽说在历史实践中开启了将某种治乱策论作为唯一正确学说的理论指引，打造了独尊儒术的学术意识形态。② 通过"距杨墨"而"学孔子"或许正是"僻违而无类"的表现。③ "距杨墨"凸显了儒家垄断思想市场的功利性目的，树立了用正统思维批驳异端思想最早的学说案例，率先消解了被后世不断缅怀和称颂的百家争鸣的多元思想市场。④

（二）抽象的人与道德形而上主体

对于一些人权比较文化论者而言，现代人权观以个人主义作为理论预设和论证前提，儒家的基础在于社群主义和基础主义，因而人权与儒家思想在根基上或在理论规模上是相互对立和相互冲突的。然而，如上所述，这种理论根基上的分野不妨碍儒家人权观的倡导者继续调和人权与儒家之间的内在联系，而无论这种调和技术采用的是西学中源的同中求异说还是异中求同说。倘若儒家人权观和个人主义人权观存在某种相关性，是因为它们都建立在抽象的人的基础上，前者营造了道德原子论主体，后者则形构了非道德的原子论主体。

---

① 牟宗三：《人文讲习录》，台湾学生书局，1996，第 185 页。

② 这是一个令人诧异的重大转变，也是心性儒家难以回避的思想文案或思想史事件。杨海文认为，作为思想史事件，孟子挚信"杨墨之道不息，孔子之道不著"，又把距杨墨跟禹抑洪水、周公兼夷狄、孔子成《春秋》相提并论，就不再是就事论事，而是要纲举目张。就孟子文化守成主义的整体结构而言，纲举目张乃其理论建构所必需，但其负面效果则是独断性被强化，而宽容性有可能被扼杀。杨海文：《"距杨墨"与孟子的异端批判意识》，《北京师范大学学报》（社会科学版）2014 年第 2 期。

③ 儒家内部对思孟学说的整体性的理性批判，以荀子的发言最甚。荀子认为，"子思、孟轲之罪"在于"略法先王而不知其统。……案饰其辞，而祗敬之，曰：'此真先君子之言也'"。《荀子·非十二子》当然，非难孟子从来都不是儒学的传统，也不是中国文化思想史的传统，这从另一方面看出孟子发明"正统—异端"说的正统地位。

④ 赵广明认为，孟子无情攻击墨家兼爱，有强词伐异之嫌，属门户之见。赵广明：《自由儒学：儒家道德根基批判》，《云南大学学报》（社会科学版）2018 年第 6 期。

个人主义人权观将人的范式设定为纯粹理性、自立、自主的个体,这被认为是现代性主体性原则的体现。个人主义人权观主张,每一个人都拥有不可剥夺的自然权利,人是无社会、无国家和无历史的人,这样的人拥有如同在自然状态下拥有的自然权利。事实上,支撑个人主义人权观的古典契约理论(霍布斯、洛克和卢梭等社会契约论)和现代契约理论(罗尔斯等新契约论)预设了人在自然状态下或不知其社会状态的无知之幕下的抽象存在形式。

从纯粹的知性论角度看,儒家营造的主体性原则以及建立在这个原则之上的道德自主性话语,展示的是一个自我存在和自我实现的道德主体。孟子说,"仁义礼智根于心"①,"仁义礼智,非由外铄我也,我固有之也"。② 人人具有不可或缺的道德禀赋不因人的角色的变化而变化,人之四端与人的社会角色、政治地位、经济状况等差别性因素无涉。熊十力的本体现象不二说建立在道德形而上的一元论基础上,天地万物之性即在我自性,"吾人一切善行与智慧等等德用,皆是自性固有潜在因。若本无其因,云何凭空发展得来?"③ 蒋庆认为,新儒学关注的是生命的终极托付,人格的成德成圣,存在的本质特征,万有的最终依据,因而心性儒学具有个人化、形式化、内在化和超越化的倾向。④ 受黑格尔异化学说影响的牟宗三,借助于自我坎陷说,指明了一个孤立的道德理性主体如何通过自我降格"曲通"地达到理论理性,从而转出同样孤立的知性主体。⑤ 良知呈现的儒家个人主义(Confucian individualism)范式并没有脱离作为孤立的个人主义的嫌疑,虽然后者作为问题在纯粹个人主义发轫之初就配备了自我反省的功能。经由对自由主义的个人主义观念和立场的哲学上的吸取或统摄,儒家获得了确认抽象的人的逻辑起点和基础。

儒家人权观和个人主义人权观体现了某种形而上的哲学主体性,前者获得的是道德的抽象的人,后者获得的是非道德的抽象的人。儒家人权观和个人主义人权观都认为人的某种资格是天赋的,前者建立在天、理、性、心等本体论基础上,后者在自然权利、理性和不变的人性理论中寻找根据。⑥ 在表

---

① 《孟子·尽心上》。
② 《孟子·告子上》。
③ 熊十力:《原儒》,岳麓书社,2013,第26页。
④ 蒋庆:《政治儒学:当代儒学的转向、特质与发展》,三联书店,2003,第24—25页。
⑤ 有关牟宗三良知坎陷说及其评论,参见蒋庆《政治儒学:当代儒学的转向、特质与发展》,三联书店,2003,第57—95页。
⑥ 林安梧认为,新儒家将心性主体理论化、超越化、形式化、纯粹化,这与原先儒学之重真存实感、社会实践有了极大的分隔。参见林安梧《"内圣"、"外王"之辩:一个"后新儒学"的反思》,载杜维明等《儒家与宪政论集》,中央编译出版社,2015。

达方式上，儒家的天赋论是他者的、第二人称的天赋论，对人的道德资格的表达方式是"你有不可剥夺的善的资质"。个人主义人权观是自我的、第一人称的天赋论，对个人的表述方式是"我有不可剥夺的天赋资格"。如同纯粹的个人主义观念，新儒家未能否定自我实现的预言本性，这种本性无可置疑地在自我的意向性行为中获得了普遍性。

新儒家用力开发的内圣之学预设了个人道德主义的路线，这或许是儒家人权观始料未及却不得不承受的结果。从道德原子论主体向非道德原子论主体转化是儒家人权化未言明的隐蔽路径，但这种转化尚未触及从主体性向主体间性转化的现代性问题。因为面向关系的主体转化不仅要求儒家的他者主体论与自我的主体论相结合，也要求个人主义的人权观与文化、社会和国家产生关联。然而，除非罔顾儒家的基本教义，例如，天爵论的主张者或许没有意识到，一旦天爵论碰触实践地气，就会落入礼的差序格局之中，平等、抽象的道德人就会变成不平等且具体的社会人。此外，儒家学说并非不预设特殊的他者的立场，存留在儒家哲学中的禽兽说折射出儒家某种他者立场，而对"远人"的怀疑性观望而非平等性观照在儒家伦理中也具有毋庸置疑的态度。

（三）"人人"而非"仁人"

对人权之"人"的理解构成了人权学说和人权制度的重要前提。人权是近代人类社会特殊历史时期的产物，但人权的实践理性经过二次世界大战后才似乎呈现。[1] 在《联合国宪章》基础上，《世界人权宣言》确立了当代人权的制度体系框架，宣言规定的人权准则是绝大多数国家和民族认同的共同标准，而对人的根据的定义获得了争议较少的观察起点。[2] 值得注意的是，《世界人权宣言》第 2 条宣称，"人人有资格享受本宣言所载的一切权利和自由，不分种族、肤色、性别、语言、宗教、政治或其他见解、国籍或社会出身、

---

[1] 《联合国宪章·序言》宣称，"欲免后世再遭今代人类两度身历惨不堪言之战祸，重申基本人权，人格尊严与价值，以及男女与大小各国平等权利之信念……"；《世界人权宣言》并称，"对人类家庭所有成员的固有尊严及其平等的和不移的权利的承认，乃是世界自由、正义与和平的基础"。

[2] 在起草《世界人权宣言》过程中，对人权道德基础的争论并非不存在，有关讨论参见〔挪威〕托雷·林霍尔姆《第一条》，载〔瑞典〕格德门德尔·阿尔弗雷德松等编《〈世界人权宣言〉：努力实现的共同标准》，中国人权研究会组织翻译，四川人民出版社，1999。米尔恩认为，《世界人权宣言》的普遍的理性标准其实是西方的标准，它由若干体现西方社会里的价值和制度的权利构成。参见〔英〕米尔恩《人的权利与人的多样性》，夏勇、张志铭译，中国大百科全书出版社，1995。

财产、出生或其他身份等任何区别"。该规定剥离了人的一切社会属性、政治社会角色等差异性规定，从人类动物的角度确立了人是其人的构成性符号。人固然不是无国家、无历史和无文化的抽象人，但无疑是圆颅方趾的生物学意义上真实存在的人。在圆颅方趾的人的概念之下，真正的人是差别性存在的真实的人，但每一个人首先是"人人"，虽然每一个"人人"或许应当成为"仁人"。从人类历史上看，这种从"类"意义上确立人的属性和地位具有里程碑式的意义。

在漫长的人类历史发展过程中，不是所有的文化和民族都将圆颅方趾的生物视为人，情况或许相反，人类发展史展示的是以"种族、肤色、性别、语言、宗教、政治或其他见解、国籍或社会出身、财产、出生或其他身份"九种区隔性身份区别对待圆颅方趾生物的历史。以这些区隔性身份中的一种或几种作为标准（无论这些标准是否以文化、习俗、法律、伦理、道德等形式出现），有些圆颅方趾的生物是人，有些圆颅方趾的生物就不是人，为此产生了真正的人的历史和非人的历史的历史观。如何处理和对待人的这九种区隔性身份是衡量人权理论和人权实践的重要视角和维度。

造成道德身份论规制下的真正的人的因素、性质和机制各有不同，但都不能为人权视野下的人提供根基。在儒家的道德理论中，人之为人固然不是靠社会地位或财富，但确实要倚重人的道德品质。儒家的道德品质是一种趋向圣人的德性论，本质上是一种变相的身份论。在君子小人问题上，贝淡宁指认了儒家的精英主义思维和路线图，蒋庆认为这是儒家的德性差异这一"天然权利"的重要表现，"人类有君子小人与圣贤百姓之别是天地生物之不齐，是人类存在的自然真实处境，天地生物时将其灵气更多地集中在人类中的优秀人物身上，让这些优秀人物因其优秀性——贤能——获得更多的政治权力，以便使其能够为民众承担更多的社会责任与政治责任"。[①] 儒家人权观关注的是真正的人，而不是真实的人，缩小了《世界人权宣言》确立的人的范围，从道德身份角度排除了某些人为人。

人的区隔性身份使人成为文化的人、历史的人、社会的人和经济的人等具体的人，人因而是真实的人，也是被马克思所称的"有血有肉的人"或"有生命的个人"，而不是"口头说的、思考出来的、设想出来的、想象出来

---

① 参见蒋庆《德性、权力与天道合法性：答清华大学贝淡宁（Daniel A. Bell）教授问》，载儒家网，https://www.rujiazg.com/article/15452，2018年12月14日。

的人"。① 这样的人是被社会和历史条件给定的人，因而是虽然不高尚却真实的人。换言之，这些真实的人既不是天使，也不是恶魔，但根据社会的某些理想标准往往是有缺陷、软弱和不完美的人。在亚当·斯密看来，分配给人的是一种虽低级但适合于他软弱的力量和狭隘的理解力的事情——关心他自己的幸福以及他的家庭、朋友和国家的幸福。他忙于关注更崇高的事情决不能成为他忽视更低级的事情的理由。② 亚当·斯密从两个方面讨论了人性的普遍性问题。一是人在本性上的软弱、无力以及自我理解的狭隘性，这一点契合了康德对人性恶的倾向的判断。在康德看来，从人的本性的脆弱、心灵的不纯正等无意的恶的标准出发，即使在"最好的人"中也存在趋恶的倾向。③二是亚当·斯密没有因为提倡"崇高事情"而疏忽"低级事务"，关心自己的幸福、家庭和朋友以及祖国，虽有缺乏大局观或天下观之嫌，但并非不正当。相比于"人心的恶劣"，人的脆弱性、不纯正性以及人对"低级事情"的追求和关注，未必都要上升到人性恶的"高度"。事实上，只有承认人的有限性、缺陷或恶的倾向方能使人向无限性、自我纠错或善的倾向转化和发展。④

三 认真对待人权关系：儒家人权观的出路和理论可能性

踏入现代性轨道的新儒家，在对现代性诸价值进行创造性转化之前，依然需要诉诸"反求诸己"的自我反省、自我反思和自我否定的自省逻辑，并对儒家的主体性概念实施自我转化方案。现代性的重要命题之一是重新厘定人与国家的关系，儒家人权观要获得正当性，就应当满足人与现代国家的关系的一般规范，更新儒家人权观的理论资源和思考方式。这意味着，仅仅对儒家整体规模或人权概念本身作出逻辑性调适是不够的，只有正确诠释人权关系的属性和界限，通过人权关系透视和界定现代国家，既不夸大也不缩小人权关系的功能，才能在儒家思想与人权观念之间建立同情性理解、观念重构和理论重光的通道。

---

① 马克思、恩格斯：《德意志意识形态》（节选本），中共中央马克思、恩格斯、列宁、斯大林著作编译局编译，人民出版社，2018，第17页。

② 〔英〕亚当·斯密：《道德情操论》，余涌译，中国社会科学出版社，2003，第267页。

③ 〔德〕康德：《纯然理性界限内的宗教》（注释本），李秋零译注，中国人民大学出版社，2012，第15—18页。

④ 《传习录》："人须有为己之心，方能克己；能克己，方能成己。"在笔者看来，王阳明的这个判断与他提倡的"人皆可以成尧舜"的成圣观具有较强的正相关关系。

（一）无辜的人权意义

通常认为，人的生命权、自由权和财产权是三项最重要的人权。不过，依法剥夺人的生命、自由和财产难道不是一种未被禁止的国家行为？死刑不是以合法性之名剥夺生命的国家行为？为什么以国家之名合法地剥夺人的生命、自由和财产不总是一种侵犯人权的行为？对此，人权理论和实践并没有统一的标准答案。我们首先要做的是在概念上将剥夺与侵犯做出区分，以便为一些以合法之名剥夺生命、自由和财产的国家行为留下空间。① 剥夺之所以不同于侵犯，是因为剥夺是规范意义上的合法干预，只有这种合法干预突破了被设定的某种行为边界，其才能变为一种非法侵犯。正由于不是所有的剥夺都是一种侵犯，还存在一种对人的生命、自由和财产等事项的合法干预，在合法干预与非法侵犯之间才产生了人权悖论。人权悖论显示的问题是，国家一方面不能任意剥夺人的基本权利和自由，另一方面无权侵犯决定人的自主性的人的符号性因素。

例如，"士可杀不可辱"是对人权悖论的有效注解，然而，如何在"可杀"与"不可辱"之间作出恰当的平衡呢？在什么意义上一项剥夺才能被认为是合法的又不被认为是非法侵犯？如何在"非任意"和"无权"之间做出无矛盾律的抉择呢？如果说"非任意"是指有条件地可以剥夺，"无权"则是无条件地不能剥夺，但在不同的文化中，依据不同的道德法典，对什么是"任意""有权"的回答是很不同的。例如，血族复仇、决斗、人工流产所涉及的剥夺生命现象，按某种道德规范是非任意或有权的，按照另一种道德规范则是任意的或无权的。

合法干预和非法侵犯都采用了剥夺的形式，它们的行为使得某些人或事务呈现不完整或灭失的后果，但它们面对的抽象对象是不同的。合法干预是对权利的剥夺，而不是对权利的权利的剥夺，而非法的侵犯不仅是对权利的剥夺，也是对权利的权利的剥夺，这意味着，剥夺权利的权利的行为（无论是立法的、司法的和行政的）是非法侵犯的行为，因而构成了一种实质性的越界行为。对于人权而言，它是否构成了一个所有事物的终极目的的概念，

---

① 应当注意的是，即使自由至上主义者也不否认某种干预的正当性。密尔认为，"伤害原则"是他人或集体实施干预的正当性理由，"人类之所以有理有权可以个别地或集体地对其中任何成员的行为进行干涉，唯一的目的就是自我保护。权力能够违背文明共同体任何成员的意志而对他进行正当干涉的唯一目的，便在于防止他对于他人的伤害"。参见〔英〕密尔《论自由》，于庆生译，中国法制出版社，2009，第 14 页。

这不可能是无关紧要的。作为目的的人产生了普遍的人权概念，而不是产生了作为人权的基础。人权是人的目的性存在的现代符号，它体现了人的完整性、主体性和自主性以及与人的自我存在相关的一系列价值。在这个带有强烈现代道德意蕴的权利符号谋划之下，任何超越人的目的性的行为都被认为是非法侵犯。

被视为不可剥夺（包括在紧急状态下也不可克减的权利）的某些权利，一方面表明这些权利的不可侵犯性（例如人格尊严权利），另一方面表明这些权利在被侵犯后无法获得充分救济的效果。换言之，即权利的权利之所以不能非法干预或侵犯，除了干预者无权超越自身所拥有的无论是道德、自然还是法律的界限，或干预者不能用任何社会的其他目的性的理由越界①，还因为纯粹的非法干预指向赔偿不能。人权意义上的赔偿不能不是说在形式上不能赔偿，而是指客观上不能通过权利救济使被损害事务恢复原状。一种制度只要给予赔偿就允许越界，表明它把人用作手段。② 某些越界行为之所以不能获得充分的赔偿，是因为它们依赖于恐惧、焦虑和担忧等情感特征，这些情感一旦产生就不会消失，也不会从一种消极情感转变为积极情感。因此，在诺齐克看来，不同于私人性的权利侵犯，公共性的权利侵犯是这样的，人们对它们充满了恐惧，即使他们知道，如果权利侵犯发生了，他们将获得充分的赔偿。

从人作为目的的角度看，能够被救济的是体现了人的目的性的特权或某些特定方面的权利，但人基于人自身的特性既不能被侵犯也不能被充分救济，从而在人的目的性存在与合法性存在之间形成了一种人权难题。人权难题是人权悖论的结果，它是指公权力不是因为被侵犯之人的行为而是仅凭人作为其人的区隔性身份而受到不公正对待，这是说一个人受到惩处或被不公平对待是因为触发了人的肤色、宗教信仰、国籍、经济状况、性别等人之作为人的区隔性身份因素。

无辜的基本含义是指，人不能为他不能控制的事物或不能归因于他的过错的行为负责并受罚。由于区隔性身份与人权主体的主观权利没有内在关联，

① 人们对人的不可侵犯性以及道德理由和基础存在不同的认识，对于罗尔斯而言，"每个人都拥有一种基于正义的不可侵犯性，这种不可侵犯性，即使以整个社会的福利之名也不能逾越。因此，正义否认了为了一些人分享更大利益而剥夺另一些人的自由是正当的，不承认许多人享受的较大利益能绰绰有余地补偿强加于少数人的牺牲"。〔美〕罗尔斯：《正义论》（修订版），何怀宏等译，中国社会科学出版社，2009，第4页。

② 参见〔美〕诺奇克《无政府、国家和乌托邦》，姚大志译，中国社会科学出版社，2008，第79—84页。

区隔性身份不应当成为社会主体受"合法性"处罚的过错因素。例如，当一个人不能决定他的出身或肤色却要承担对他不利的后果时，抽象的人权悖论就转化为具体的人权难题，这种具体性境况透过历史的或社会的受害人面貌而展现。在人权意义上，公权力的越界行为之所以构成一种人权难题，是因为人作为其人的区隔性身份因素遭到有罪指控，使人不再无辜，也不再清白，这种使人不再无辜和不再清白的状况是在公权力名义下进行的，这是权利难题或道德难题所不能比拟的。

在中国传统法文化语境中，法律正义是主导人的无辜性的本质性特征，而法律的正义性又与水源、水流等表达纯净事物的隐喻紧密相关。因此，在隐喻的意义上，非法侵犯不仅是一种越界行为，也是污染正义之水和正义源泉的行为。一个遭到非法侵犯的人获得公力救济，被视为"洗冤"的过程，从而享有新的洁净，重新回到人的清白状态。总之，区隔性身份因素是不能归责于人自身的客观因素，人不能因为区隔性身份的一个因素或几个因素而成为不受欢迎之人、过错之人、有罪之人等。在区隔性身份因素面前，人人都是无辜者。无辜不是简单的无罪或无错，而是纯粹的无罪和根本的无错。无辜的就是清白的，并且自始至终都是清白的。

（二）以人权思维刷新人与国家之间的关系

人权需要一种与世界的新的关系，而不仅仅是新观念。人权关系虽然不代表或不能代表所有的社会关系，也不是认识和维系社会关系的唯一视角，但在一系列显而易见的历史和社会条件限定之下，人权关系重新确立了现代国家的性质、功用与目的。面对由市场经济决定而形成的新的社会生态系统，人与人、人与团体、阶级与阶级之间的关系需要重新调整，更为重要的是要刷新人与国家之间的关系。从宗教权威、传统熟人关系和旧的国家政制束缚中解放出来的个体要求国家发挥与新时代相契合的功能。在新时代来临的前夜，苏格兰启蒙思想家敏锐地意识到，"现代经济将会导致某种形式国家的出现，而较之封建国家，这种新的国家具备影响人民生活的无可比拟的较大潜力，解释了为什么他们如此关注阻止权力滥用的政治安排"。① 如果说重塑人与国家之间的关系是现代社会的重要特征，那么人权是体现人与现代国家合法性关系的显著标志。

---

① 〔英〕桑托斯：《迈向新法律常识：法律、全球化和解放》，刘坤轮等译，中国人民大学出版社，2009，第446页。

在十七、十八世纪，自然权利是作为不受干预的权利被界定的，这是与一种被认为强大或日益扩大的国家权力抗衡的消极权利观。国家既有能力对个人行为实施干预，也会借助于合法性名义实施干预。在某种程度上，一个人享有不受干预的权利意味着不受国家的干预，而借助于人权概念和人权关系，国家对人的自由和权利是否干预、干预到何种程度做出了规范性界定。根植于市场经济的自由主义国家哲学既依赖国家维持基本的市场秩序，又防范这只看得见的手阻碍正常的市场行为。然而，看不见的手没有公然宣布抛弃作为国家和政府的看得见的手，市场经济的理性人不是不需要国家和政府，只是不需要妨碍实现其利益的国家和政府。

虽然权利在场不认可义务缺位，但一种权利思维和权利制度改变了人的认知方式，增添了维系新时代人际关系的说理力量。重要的是，权利义务关系相反相求而有所对待，赋予了不同事物在认识论和价值论上平等相处的机会，而这是采用权利方法之后才能够获得的历史成就。按照现代人权标准，儒家眼中的小人可鄙、可悲乃至令人生厌，却无须把他们看成非人和禽兽，更不能以对待非人和禽兽的方式对待他们，而将君子和圣贤们的衣食父母老百姓看作比小人更加恶劣的人群有违道德直觉主义。市场经济的理性人更像"喻于利"的小人，他们获得了权利意义上的正当性，不再成为被道德排除和社会忽视的人，并借助于像人权这样的观念站到了历史潮流的中心位置。

正如上面讨论权利与美德的关系时指出的那样，人权不是一种美德，人权在形而下的意义上呈现的是人与国家关系的机制，这种机制未否认人的道德性和追求美德的愿望，提供了多元化社会的人们自主追求美德的条件，只是不能形成大多数文化和宗教能够一致认同的理想社会。按照人权理念建构的政治共同体不指望或倚重"君子"和"好人"，其运行逻辑毋宁说通过法治方法把国家为恶的可能性降到最小。需要重视的是国家应同等对待道德上的君子和小人，只有对小人的基本权利的尊重和保障做出与所有人的同等安排，才能实现人权所承诺的人人共享的权利和自由。德沃金认为，基本权利的价值因其具有同等关心和不歧视等核心因子而具有了"王牌"地位，厘定了作为人权的权利与作为权利的人权之间存在的根本性权利与派生性权利的关系。①

长期以来，人权视野下的国家功能始终被置于不干预主义的理论预设之

---

① 关于权利的性质、定义和分类的详细论证，参见〔美〕德沃金《认真对待权利》，信春鹰等译，中国大百科全书出版社，1998。

下，随着物质主义、消费主义和福利主义时代的来临，国家不再局限于消极的"守夜人"角色，积极国家角色观要求国家为民众提供兜底或更多的福利保障，以满足民众日益增长的基本公共服务需要。换言之，国家消极"尊重"人权已不能有效支撑一个现代人"做人"的基本条件，国家还应当提供条件从经济、文化和社会等方面满足民众日益增长的基本公共服务的需要。人权关系从单一的尊重维度走向多元的保障维度，使人权功能越来越呈现复合性的多元特征，在这一点上，尽管争议和批评不少，但福利国家历史实践为积极人权法律关系预留了合法的空间。因此，人人享有的平等权利受国家的无差别的既尊重又保障的属性揭示了现代人权的双重功能。

（三）重构儒家人权观的观念资源

基于儒家的道德理论和德性实践，新儒家同样不能有效区分人的无意的恶和有意的恶，不屑平等对待现实社会中的每一个真实存在的人。在儒家文化的视野下，小人一词演变为判断社会成员道德地位的主体性概念，但这并不能代表中华文化全貌，也不认为儒家内部就这个问题达成了一致性和解。早在春秋战国时期，以杨朱为代表的非德性论者肯定了非君子的价值观，赋予了儒家眼中的小人必要的正当性资源。杨朱曰："古之人损一毫利天下不与也，悉天下奉一身不取也。人人不损一毫，人人不利天下，天下治矣。"① 不拔一毛而利天下被认为缺乏公德，但这种主张不损一毫的利己主义观念接近了现代社会的基本权利观。换言之，在精神实质上，杨朱学派的"为我""重己"等主张接近于耶林的权利斗争说。

不宁唯是，在义与利关系的大是大非问题上，作为儒家的集大成者，荀子打破了君子小人之别，"材性知能，君子小人一也。好荣恶辱，好利恶害，是君子小人之所同也"②，进而提出"人之生固小人"的本性平等主义和中国式的生而平等论。为杨朱鼓与呼的梁启超指认说，"杨朱者，实为主张权利之哲学家"，又说，"无权利者禽兽也。奴隶者，无权利者也，故奴隶即禽兽也"。③ 此外，"天生物而赋之以自捍自保之良能，此有血气者之公例也"之语是霍布斯话语的中国呈现。

在很大程度上，人权之人是一种儒家不屑的小人，而人权共同体是相互自保的利己主义者建立起来的世俗且脆弱的利益共同体，并通过制度的力量

① 《列子·杨朱》。
② 《荀子·不苟》。
③ 梁启超：《新民说》，商务印书馆，2016，第88页及第93页。

使之成为不拔一毛、不欲利天下之人的庇护所。正是人权观念和制度不遗余力地维护和保障了小人"长戚戚"的"乐"与"利",如此,这种凭借维护小人的权利和利益所做的儒家人权重构努力,岂不是与儒家德性逻辑观截然对立吗?事实上,儒家人权命题本身与重建的可能性并不发生必然冲突。儒家古典教义学赋予每一个人自我完善的权利,否认生命心性与智慧德性的差异被看作某一类社会成员单方面的缺乏。学以成人面向所有圆颅方趾的人,无关区隔性身份要素的主观或客观的条件制约。

如果儒家自始至终没有否定人的不完善性,且潜在地承认君子圣贤的非天生性,在君子与小人、圣贤与百姓之间就不存在逻辑上的对立。在君子与小人、圣贤与百姓之间存在一个没有完全封闭和隔绝的道德通道,在小人的世界里或老百姓的世俗生活中不缺乏美德之光。一个具体的人,只要不是被公认的恶人或恶棍,在不同的实践场域中可能兼具君子、小人、圣贤、百姓等多重潜在的身份。如果王阳明是正确的,人皆有良知,即使一个盗贼亦是如此,那么引述康德的下述发言也不显得突兀,"即使一个最狭隘的人,也能造成敬重合乎义务的行动的印象,而他越是在思想中使行动摆脱通过自爱可能对行动的准则产生影响的其他动机,上述敬重就越大"。① 如同现代性自我反思着眼于从主体性到主体间性转化的主体关系思维,重构儒家人权观也需要遵循主体间性思维,强化对儒家眼中小人的人权化认识,赋予小人与君子同等的人权地位和人权资格。如果现代人权观尊重和保障犯罪嫌疑人、被告人和罪犯等被羁押人拥有某些不可剥夺、不可克减的基本权利,儒家眼中的小人自然可以纳入人权主体的组成部分。②

在中国文化语境下,如何对待小人的处境对确立中国人权哲学意义重大。捍卫小人的权利就能够保障社会中被公认的高尚的人,之所以如此,不是因为进入现代性轨道的中国社会不再需要美德和高尚,而是因为追求美德和高尚的权利以及对美德和高尚的解释权利不再分配给特定的人和阶层。然而,为什么从君子的权利中就推不出小人的权利呢?君子的权利或许是一种被称为高尚的少数人的权利,与其说这是一种权利,不如说是一种包含了使命感的责任和义务。追求修齐治平路线的君子或圣人负有为天地立心为生民立命的责任而不是享有如此的权利,即使被认为是一种权利,这样的权利也不是

① 〔德〕康德:《纯然理性界限内的宗教》(注释本),李秋零译注,中国人民大学出版社,2012,第33—34页。
② 《中国司法领域人权保障的新进展》指出,"切实保障被羁押人的人格尊严、人身安全、合法财产和辩护、申诉、控告、检举等合法权利"是中国司法领域人权保障的重要组成部分。

所有人都有能力和有资格享有的。由此看来，不放弃以君子的权利作为衡量人权的标准，儒家人权观就等同于君子的人权观，人的尊严就等同于君子的尊严，这样的人权观和尊严观是与现代人权价值和理念相悖的。

由天爵说与人爵说建构的君子人权观和小人人权观虽然不必然发生冲突，却指向了不同的方向、道路和语境。① 在一个多元共同体和利益多元化的当代社会，人人都有追求高尚的责任和义务，而在不妨碍其他人和社会利益的前提下，人人有追求各种趣味和偏好等主观性情感的权利。以自我利益为取向的人权观包含了儒家眼中小人的权利，而不限于君子和圣贤的权利。从权利的立场出发，一个人虽有为善的责任，但有不为善的"缺席的权利"——如果把善理解为一种美德意义上的利他主义行为。杨朱之"不损"与"不与"建立在自愿自觉的前提下，是权利主体处分权利的表现，而受人驱使或支配而行利他之事是无权利无自由的表现。

作为一种规范理论和实践，张扬和提倡权利建立在权利和义务对峙的知性认知和实践限度的基础上。② 权利主义者固然维护了"以自我为重"的价值观，却不必然导致"以自我为中心"的偏好路径，而义务主义者追求的"以他人为重"的价值趋向也不必然走向"以他人为中心"的单一模式。规范的权利主义者没有丧失其应有的社会责任关切，正当的义务主义者也不会武断地否认个人的合理的利益。即使人权等同于小人的权利的命题成立，鉴于权利自身的内在规范性以及权利与义务一致性和对称性的外部平衡，对小人权利的界限也是可以把握的，任何人（包括"小人们"）不能因为其享有人权而得意忘形、忘乎所以和为所欲为。与高尚缺席的权利相对应的是一种在场的道德义务，一个人不能为恶，亦不能散发阿伦特指认的平庸的恶，更不能在作恶中获利。

四 结论和讨论

以上通过对儒家人权观的德性主体与权利主体相关性的讨论，揭示了儒

---

① 在同一篇文章中，梁启超提出，"权利思想，譬如根也。其根既拔，虽复干植崔嵬，华叶蓊郁，而必归于槁亡"，试比较王阳明在阐释"心即理"时的比喻，"譬之树木，这诚孝的心便是根，许多条件便是枝叶。须先有根，然后有枝叶"。参见王阳明《传习录》，中国画报出版社，2012，第 17 页。

② 《世界人权宣言》第 29 条设置了人权主体对社会和对他人负有的法律义务。从《世界人权宣言》的起草者的角度看，主张、提倡和张扬人权既不是唯一的社会团结方法，也不是独一无二的社会整合路径。

家人权观与现代人权观之间的根本性差异，论证了人权关系存在的规范理据，为此，可以得出如下的基础性结论。

第一，以权利为基础的道德和以美德为基础的权利并非不能共存，但人权与德性是在不同层面发生作用的。美德意在构建一个良好的道德社会，人权的功用则是赋予现代国家不同于传统国家的新功能新使命。国家平等地保护每一个人的自主性和完整性是人权的要义，其理论旨趣不必建立在否认人的自利的前提之下，即使考虑到人性善的基本假设，人人有天爵的潜质也不能保证一个人的权利和自由不受来自公权力的侵扰和破坏。

作为一种新的思维方式，权利是体现保障利益（私人利益、国家利益和公共利益）的排他性理由和受保护的理由。以君子为指向的儒家人权观抬高了的人权主体的入门资格，错判了人权的权利属性，忽视了不是君子、仁者和圣人的芸芸众生，这些人包括自利的人、儒家眼中的小人乃至孟子指认的非人或禽兽。注重"主体的开出"方法论的新儒家，如果从儒家眼中的小人出发，认真尊重和维护小人的权利，结出的应是当代中国国家人权哲学的硕果。把小人纳入儒家人权的主体范畴之内，或不失为"主体的开出"的新的形式。

第二，从不同视角出发可以开发出不同的人的哲学。对个人主义人权观的批评虽可获得改善人权状况的道德资源，但对君子人权观不加以约束和反思，经由儒家人权观所获得的结论逻辑上将潜在地把某些人排除在人的范畴之外，尽管在理论动机上这是儒家人权观提倡者不愿意看到的。

未经重构的儒家人权观在分析性构思中呈现了前所未有的悖论。一方面，尊重和保障儒家眼中的小人契合了当代社会的世俗价值观，但把儒家的尊严观转化成一种人权观或许恰恰降低了儒家理想世界的高度。未被重构的儒家人权观是对现代人权观的低姿态迎合，是以降低其自诩的高品位道德身段为代价的。另一方面，由儒家思想支配的社会不是人权社会，不意味着一定不会产生人权的某些效果（如对人的尊严的非人权方式的维护），但一种文化传统和文化资源与人权不冲突、协调乃至呈现支援性效果不能证明前者就具有了人权保障和人权救济制度。纸张和印刷术的发明不会自动产生公共领域，以儒家方式保障人的尊严不会保证人权在这样的社会就能够产生和发展。

第三，人权的国家性虽然不只是一个国家学和国家哲学问题，但首先应当是一个国家学和国家哲学问题。作为人权的权利不是一般的权利，也不是一种特权，而是一种被恩格斯所称的普遍的权利。人权是人类社会发展到一定阶段的产物，人权仅仅表明，人的某些利益即便政府和国家以合法性之名也不能剥夺和侵害。尊重人权显示了国家为人人享有的普遍的权利提供制度保障,并从消极救济和积极救济两个方面履行国家的保障义务。通过人权观念、人权制度和人权救济实践,人与国家的关系获得了新的解释,归根结蒂,这种解释建立在马克思关于"不是人为法律而存在,而是法律为人而存在"的人的目的论基础上。① 重要的是,作为手段的现代国家失去了其来源上的神圣性、权重上的至上性和行为过程的无错性。

保护小人的权利,不是保护小人的行径及其所导致的丑陋或不堪的后果。保护小人权利是保护小人作为人的权利,作为小人的权利与作为君子的权利是一致的。即便被保护对象被证实是道德上的小人或生活中的非高尚者,他们作为人的特性,也不因为德性的匮乏或溃败而丧失。这是落实人权责任的重要方式,或许也是避免伪善横流的实用主义方法。

第四,重视中国国家视域下的人权文化基础的多元性。中共中央办公厅、国务院办公厅《关于实施中华优秀传统文化传承发展工程的意见》指出:"丰富多彩的多民族文化是中华文化的基本构成。"儒家文化是传统中国的主流文化,也是需要大力倡导的文化传统。儒家文化不能等同于中国优秀传统文化,也不能将"汉家制度"与中国制度相提并论,防止落入儒家替代中国传统文化乃至优秀传统文化的窠臼。倡导儒家优秀文化作为中国社会接受人权的文化基础,不能忽视在中国本土的佛教、伊斯兰教、基督教等文化的长期存在和对相关人群的影响力或支配力。儒学(教)只能安顿接受了儒学精神的人群,对那些以其他宗教和文化为安身立命之本的人群而言,需要在宗教自由的宪法原则指引下,探寻与现代人权制度相契合的本土理论和文化资源。

儒家人权观的立论能够成立,也只能表明信奉儒家文化的人群可与人权相适应,但不能说全体中国人都能够以被调适的儒家文化作为接受人权观念的可靠资源。面对由多民族文化构成的中华文化,体认到儒家思想资源与人权不冲突、相容乃至可以是人权的构成要素是不够的,还要论证我国少数民族的宗教和文化是否与人权不冲突、相容乃至可以是人权的某些构成要素。在佛教、伊斯兰教、基督教等宗教与人权相容相合的问题上,人们是否可以得出具有相同意蕴的佛教人权观、伊斯兰教人权观、基督教人权观等结论呢?答案不言而喻。

---

① 《马克思恩格斯全集》(第 3 卷),人民出版社,2002,第 40 页。

第十一章

论民事认可

一　问题的提出

"法是由国家制定或认可的、以国家强制力保证执行的行为规范的总和。"[①] 按照这个支配我国法学和法律体系的法的经典定义，法律分为国家制定规范和国家认可的规范，法律创制也有国家制定和国家认可两种方法。该定义的优点在于，对什么是法律的认识并未局限于制定法或成文法，国家法虽以制定法为主要构成要素，但未以制定法作为规范体系的唯一要素，从而为习惯、惯例、判例等不成文法在国家法体系中预留了空间。然而，法学界虽然接受上述对法的定义，但重点在于国家制定的规范，对国家认可的规范缺乏必要的分析，或将国家认可的规范等同于国家制定的规范，或轻率地将国家认可的规范作为制定法的例外状况来处理。例如，虽然民法总则按照大多数人的意见给予了"习惯"必要的地位，但并未意识到习惯作为不成文法在民法总则体系中的性质。由于缺乏对习惯等不成文法的"法位"的总体判断，习惯虽进入立法者的"法眼"，但至多是将习惯作为对制定法的补充，而未意识到包括习惯在内的非法律规范在社会自治中的空间及其重大意义。

需要进一步追问的是，什么是国家认可的规范、国家如何体现被认可的规范、国家认可的规范的性质，以及国家认可的规范能否作为国家法或成文法的组成部分。如果国家制定的规范体系被理解为成文法规范体系，如何为国家认可的规范体系留下空间？成文法规范体系是否能够容纳不成文法规范

---

① 孙国华主编《法学基础理论》，法律出版社，1982，第48页。"国家制定的法，指成文法；国家认可的法，指习惯法和判例法。"李步云主编《法理学》，经济科学出版社，2000，第26页。

体系，一个容纳了不成文法规范体系的成文法规范体系还是成文法规范体系吗？倘若不成文法规范体系通过国家制定的形式转化为成文法规范体系，被转化的不成文法规范体系还是不成文规范体系吗？这些问题将我们引向对国家认可的规范的学理思考，促使我们认真对待国家制定的规范与国家认可的规范的关系。就本章的目的而言，笔者希望借助于对国家认可概念的分析，探讨民事认可在民法典中的性质、地位和意义。

二 民事制定与民事认可

法的形式渊源理论是法学的基本理论，有关法的形式渊源的标准答案很容易在一本法理学或民法学教科书中找到。对习惯、惯例、判例法、学理等不成文法的认可是民法的基本共识。然而，与法理学界一样，民法理论中同样缺乏对民法认可的规范的深入讨论。民法学界承认习惯、判例或学理等是民法的形式渊源，但只是将其作为成文法的补充和特殊形式。民法认可的规范未在民法学说中获得其应有的地位，民法学家对不成文法的认识还没有上升到国家认可或民事认可的理论高度，而这个问题不仅是决定民法典编纂技术的重要因素，也是理解不成文法规范作为非法律规范体系的理论工具。

法典编纂是一种特殊形式的成文法的创制活动，民法典是作为形式民法的创制活动在民法领域中的体现。当下我国对编纂民法典结构的讨论，大致出现了两种方案。一是民法典非体系论（所谓"松散式、邦联式"思路），即只要把已经形成的单行民事法律按照某种逻辑汇编在一起，就可以完成民法典的创制。二是民法典体系论，其特征是作为体系化和逻辑性统一的民事法律规范，将涉及民众生活的私法关系，在一定原则之下作通盘完整的统一规划。[1] 民法典体系论内部的争议在于对特别民法进行识别、定位和安排。[2] 将所有可能的特别民法纳入民法典的提议，显示了批评家所指责的民法帝国主义思维。限于篇幅，本章不介入这种讨论，但认为无论是民法典的体系论还是非体系论，都是对民事制定法作为编纂要素、对象和范围的技术考量，而民事习惯或民事不成文法不作为编纂的要素和对象。

---

① 王利明：《关于我国民法典体系建构的几个问题》，《法学》2003 年第 1 期。
② 再法典化或法典重构的意图在于最大限度地将民法典纳入和整合更多的特别民法。相关讨论参见谢鸿飞《民法典与特别民法关系的建构》，《中国社会科学》2013 年第 2 期。

　　民法典体系论的倡导者之所以未将不成文法作为编纂的要素和对象，其缘由首先在于，把习惯或民事不成文法纳入民法典在技术上是难以完成的使命。以习惯为例，我国幅员辽阔，礼俗互殊，错综不全，不像民事成文法律是显而易见的存在，习惯至少在编纂时难以归纳、整理。在这里，问题并不在于秋风所指责的那样，民法典的编纂者或立法者在当下缺乏"文化"或没有去做习俗的社会学调查。① 即便参与民法典编纂的立法者都是儒家鸿儒，在编纂之前也下了像满铁调查者的功夫，获得了在编纂时的我国各地的习惯资料，也无法将这些习俗转化为民法规范。习惯只有与特定的人群和地域发生关联，才能发挥其被承认的合理性效力。

　　以制定的方法创制法律产生的是成文法规范体系。就民事立法而言，民法通则、物权法、合同法、担保法、侵权责任法、环境保护法等是单一的成文法律，将这些单一的民事法律加以编纂形成的是体系化的民法典。无论单一的民事法律还是民法典都是成文法。我国自春秋战国以来便具有制定成文法的传统，所谓唐律情结很大程度上是制律或制定成文法的情结。② 如果中国人的法律观中存在唐律情结，其实质在于制定法情结。质疑立法者制法能力以及当下制定民法典、制度环境、条件和技术的反对者不反对制定民法典，也不反对将民事习惯转化为民事法律规范，但这种不能论未能意识到民事认可的规范相对独立的存在。制法无能论与制法不能论不可相提并论，前者涉及的是制定法律的能力强弱问题，后者则表达了立法者虽有高超的立法技术，却无法体现其立法能力。③ 将习惯等不成文法的功能归于弥补法律漏洞的补充说混淆了制法无能论与制法不能论，法律漏洞产生的根本愿意在于立法疏忽所造成的制定法上的不完全性。

　　基于民法与经济生活和日常生活（可以统称为民事生活）紧密关联的属性，民法是所有法律体系中最能够体现或接近民情的法律规范，也是易于将情理、天理和法理统一起来的法律。情理和天理在中国传统文化中具有理和

---

①　秋风：《中国法律人普遍没文化，没能力制定民法典》，澎湃网：http://www.thepaper.cn/newsDetail_forward_1354819，2016 年 5 月 28 日。

②　苏亦工：《得意忘形：从唐律情结到民法典情结——中国当前制定民法典的前鉴与省思》，《中国社会科学》2005 年第 1 期。

③　萨维尼认为不特定的多数人无法制定体现民族精神的法律，不仅是因为他们不可能实际见面，也缺乏法产生的能力，为此表达了另一种形式的立法不能论。参见〔德〕萨维尼《当代罗马法体现 I》，朱虎译，中国法制出版社，2010，第 20 页。

道的大问题观，也细微地体现在民间社会的具体的生活方式之中。① 中国传统社会没有单行的民法，更没有法典化的民法，如果有一种规范最能发挥民法的功能和作用，这样的一种规范就是礼。不过，人们很难说礼是国家立法机关制定的成文法，在大多数情况下，礼具有不成文法的特征，"礼从俗"。倘若未来的民法典考虑要将像习俗、惯例、民情等不成文规范纳入民法典之中，立法者将采用何种立法技术实现该目的？有两种意义上的纳入方法：一是收编民事习惯，将民事习惯的内容转化为法律规范的内容；二是认可习俗规范，使习俗规范获得法律上的效力，但被认可的习俗规范不是法律规范。

民事习惯制定论的典型例子是中国传统社会的"以礼入法"的事例。研究证实，《唐律》的部分律文几乎为礼之翻版。《唐律·名例律》之"八议"乃《周礼·秋官·小司寇》"八辟"直接照搬，这种立法现象和立法技术虽不是唐朝独有的，但开了"一准乎礼"进而引礼入法的制定法先河。然而，礼的内容庞杂繁复，立法者虽有心将礼的所有规范转化为法律规范，在事实上却无法做到这一点，"非不为也，实不能也"。《唐律》力求"以孝治国"，但不孝异文以及"修礼入法"的立法技术难免使《唐律》"得意忘形"——得礼义之意，忘礼制之形。② 以制定法的形式大规模地将礼的规范转化为法律规范，显示了立法能动主义或唯理主义。

民事习惯认可论主张，国家虽不能将民事习惯转化为民事法律规范，却在民事立法和民事司法中承认了民事习惯的效力，并给予国家强制力的保障。将礼的规范通过制定法形式体现出来与法官用礼的规范裁判案件不能相提并论，后者可将未转化为制定法的礼的规范作为裁判依据，正如判例法系国家的法官在一些案件中把判例、习惯、学者学理等作为裁判依据。与唐朝奉行的立法能动主义相比，春秋决狱与其说是一项立法制度，不如说是一种司法能动主义的体现，其功能如同判例法，赋予法官更大的自由裁量权。春秋决狱允许法官运用儒家教义裁判案件，并未表明法官在具体案件中所依据的儒家教义或礼的规范在事前被转化为法律规范。不成文法具有裁判规范的效力是不成文法获得法律强制力保障的重要特征，但不成文法并不因此具有像法

---

① 情理和天理所具有的规范事实被有些学者冠以民间法的称谓，正如这个名称所暗示的那样，民间法生长于民间社会，其与普通民众日常生活秩序的关系更为有机和密切，以至于当政体变更，国家的法律被彻底改写之后，它仍然能长久地支配人心，维系民间社会的秩序。参见梁治平《乡土社会中的法律与秩序》，载梁治平《法律何为：梁治平自选集》，广西师范大学出版社，2013。

② 赵晓耕等：《〈唐律疏议〉之不孝制度——"得意忘形"》，《广东社会科学》2012 年第 4 期。

律规范那样的普遍的行为规范效力。

不成文法之所以具有法律上的效力，是由于它们所具有的非普遍的约束力以及通过个案所体现出来的公平性和妥当性。在很大程度上，被国家认可的规范与其说补充了制定法的不足，不如说是对制定法的"反动"，其目的在于实现个案中才具有的公平正义。我国某些少数民族所实施的独特的婚姻惯例，一些农村中通行的"出嫁女没有继承权"、毁约的订婚男方不能收回彩礼钱等，从制定法的角度看是违反法律规定的行为。① 法律中的"变通"和"例外"制度虽不乏法律上的效力，但其适用范围则是被严格限定的。对不成文法的司法认可强化了法律原则性与灵活性的协调功能，但这种状况不能被认为司法认可行为就是一种立法行为。

国家制定的规范有别于国家认可的规范，若将国家认可的规范等同于国家制定的规范或将国家认可的规范视为国家制定的规范的特殊方式，那么国家认可的规范就没有存在的必要。国家认可的规范只能是未被、不能或不便被国家制定法吸收的规范。国家制定法吸收某一习惯作为其内容，被吸收后该习惯就不再是习惯而是制定法的一部分。对待民事习惯或民事不成文法既不能简单地将其作为民事制定法的例外，也不能笼统地将民事习惯全部或部分转化为民事法律规范。将民事习惯或民事不成文法作为编纂的要素需要赋予民事认可在民法典中的地位。民事认可的对象是非民事制定法、不成文法或"行动中的法"。民事认可是编纂民法典不可或缺的技术，也是体现理想民法典的标识。

三　民事认可关系

民事习惯制定论和民事习惯认可论的差异实质上是民事制定论和民事认可论的差异。民事认可之所以不同于民事制定，乃在于前者所承认的规范不是纯粹的法律规范，不能通过法律识别的方法归属于法律规范体系之中，进而民事认可所调整的关系在本质上不是一种单纯的法律关系。民法典包含了国家制定的民事规范和国家认可的民事规范两个方面，前者体现的是纯粹的民事法律关系，后者则体现的是非纯粹的民事法律关系。当一种关系具有了

---

① 主持民国民事立法的胡汉民主张严格适用习惯的一个理由是，"我国的习惯坏的多，好的少"。参见胡汉民《新民法的精神》，载吴经熊等编《法学文选》，中国政法大学出版社，2003，第434页。徐国栋认为，当今中国一般习惯法少，而特殊习惯法多，过分注重特殊或地方习惯法是"可怕的立法陷阱"，参见徐国栋《认真地反思民间习惯与民法典的关系》，载徐国栋《认真地对待民法典》，中国人民大学出版社，2004。

两种以上的关系属性时，人们很难说这种关系就一定归属于某种关系领域，因此增加了人们认识涉及这种关系属性的难度。

按照纯粹法学的观点，一个规范之所以是法律规范，乃在于该规范具有源于上位阶规范的授权，最终来自基础规范的授权。"法律的'渊源'，并不像这一词语所可能示意的那样，是一个不同于并且总是独立于法律之外存在的本体；法律的'渊源'始终是法律本身……在这个意义上讲，任何'高级'法律规范就是'低级'法律规范的'渊源'。"① 一个人或组织的行为之所以具有法律上的效力，乃在于其行为的依据来源于法的基础规范的标准。然而，一个行为的有效性虽不来源于法的基础规范，仍然具有法律上的效力的命题是成立的。这就是说，某些行为规范不是法律规范，不具有法律规范成员的身份，但仍然具有法律上的效力。不过，不能说所有符合法的基本规范的行为都出自基础规范的授权，我们需要将来源于基础规范授权的行为与符合基础规范原则的行为做出区分，后者使人们意识到一些行为的有效性虽不来自基础规范的授权，仍能获得像基础规范授权一样的法律上的效力。

> 1999年《合同法》第60条规定："当事人应当按照约定全面履行自己的义务。当事人应当遵循诚实信用原则，根据合同的性质、目的和交易习惯履行通知、协助、保密等义务。"

诚实信用原则是一项古老的道德原则，该原则不因合同法的规定而存在，也不因合同法的未规定而不存在，甚至该原则的存在也不依赖于宪法的授权。合同法认可了作为道德法则之一的诚实信用原则的存在，但由诚实信用原则所调整的行为和关系不唯是法律行为和法律关系，无论法律行为还是法律关系，从纯粹法学的视角看，它们都是具有基于基础规范标准的行为。一个行为规范"基于"基本规范和"合乎"基础规范具有不同的意义。例如，单纯地认可诚实信用原则并不能实现合同法作为制定法的立法意图，毒贩之间的毒品交易在形式上完全可以做到诚实信用的原则。把诚实信用原则作为合同法或民法的帝王条款是不全面的，不同的社会规范有可能共享一个基础规范。按照凯尔森的观点，如果非要找到国际法的基础规范，这个基础规范就是约定必须遵守，这个约定必须遵守是诚实信用原则的内核，故而也成为人类社

---

① 〔奥〕凯尔森：《国家与法的一般理论》，沈宗灵译，中国大百科全书出版社，1996，第149页。

会所有规范的帝王条款。①

作为制定法,合同法的帝王条款需要在法的基础规范中寻找。诚实信用原则是市场交易领域中的基础规范或帝王条款,正如孝是传统社会礼的基础规范或帝王条款。市场领域和家庭领域分别形成了各自的独有的规范体系,它们无非是某种意义上的习惯在这些领域中的再现,而人们也很难用成文法的明确、规范等要素去衡量这些习惯性法则。就制定法所体现出来的国家意志而言,国家既可以认可也可以不认可市场交易或家庭领域中的规范,前者正如国家在计划经济时代的做法。即使是有条件地认可也不意味着被国家认可的规范就必然是法律规范,除非像《唐律》那样的国家制定法以孝入律,将孝的某些规范直接转化为明确的法律规范。

制定法以其特有的方式创设了法律关系,但法律所认可的关系不是由法律创设的。认可是对一种已经存在的事物或关系的承认,当一种事物或关系还不存在时,就谈不上认可或承认,至于说法律对某种已经存在的关系的承认是否附条件则是另外一个问题。国家认可的规范先于认可本身。一般认为,民事法律关系是民法规定的法律上的权利和义务关系。② 如果将"规范"等同于"创设",就会忽视认可的地位。民事认可没有改变被认可的规范的性质和基本内容,而只是赋予了其法律上的效力,这种效力揭示了民事合法行为的构成要素不限于国家制定的规范。民法的规定只有包括法律创设和法律认可两个方面才能获得完整的意义。民事认可表示,民事法律对已存在的调整非民事法律关系进行肯定、支持、赞扬,并对其自有的效力给予法律强制力的保障。民事不认可则表明民事法律限制、禁止或否认某一规范所调整的行为的效力。

民法的形式渊源不同于民法制定法的形式渊源,民法制定法的形式渊源是宪法,民法非制定法的形式渊源则各有其主。其他任何社会规范体系,如宗教规范、经济规范、伦理规范等,都有其自己的基础规范。许多道德规范以习惯或不成文法的形式存在,诚实信用、不欺诈、信守承诺等都可以归属到道德规范之中,它们大体上可以成为良好习俗的组成部分,但很难说这些良好的习惯法是根据作为终极效力的某一个宪法创制出来的,它们也不因该宪法的改变而变化。如果不成文法的形式渊源不是来自制定法或制定法的基本规范,由国家认可的这些规范还是法吗?凯尔森说:"除习惯法之外,其他

---

① 〔奥〕凯尔森:《国家与法的一般理论》,沈宗灵译,中国大百科全书出版社,1996,第403—404 页。

② 梁慧星:《民法总论》(第 4 版),法律出版社,2011,第 58 页。

方式所创者皆为成文法，而习惯所生之不成文法乃法律创制之特例。"① 把习惯或不成文法作为法律创制的特殊情况使"纯粹法学"不再纯粹，但也为国家认可理论说预留了空间。

当我们说某些行为规范虽不是法律规范却具有法律上的效力时，是指国家尊重这些行为规范的自治效力，而不按照法律的方式干涉这些行为规范，并在这些行为受到来自其他主体的干涉时提供必要的救济。这就意味着，被法律认可的某些行为规范以其自有的方式调整和约束相关的行为人，国家对因此而产生的相应的规范后果（不是法律后果）给予必要的认可。说民事认可的行为不是法律行为，民事认可所调整的关系不是法律关系与用国家强制力保障民事认可的行为并不矛盾。以民事法律关系说解释民事制定说成立，但说明民事认可说则不成立。倘若以民事法律关系作为民法典编纂的原则，必然会忽视民事认可在民法典中的地位，从而牺牲习惯等不成文法的合理存在。

四 民事认可方式及其意义

从国家不能将所有的社会规范转化为法律规范到国家有意识地通过认可的方式肯定非法律规范的存在，为社会规范提供了合法性空间，确立了非国家中心主义的法律体系观念。从国家视角出发并不会必然导致国家中心主义，国家法体系也不必然是国家制定法体系。不过，为了确立民事认可的地位，仅指明民事制定与民事认可的区别是不够的，我们还需要分析民事认可的表现形式。简单地讲，民事认可分为民事立法认可和民事司法认可两个方面。

（一）民事立法认可

在通常情况下，民事制定法在其条文中直接援引的源于其他规范的原则和精神，就大体上属于民事立法认可的范畴。

> 《民法通则》第 4 条规定："民事活动应当遵循自愿、公平、等价有偿、诚实信用的原则。"第 7 条规定："民事活动应当尊重社会公德，不得损害社会公共利益……"

《民法通则》第 4 条和第 7 条分别确立了诚实信用原则和公序良俗原则。

---

① 〔奥〕凯尔森：《纯粹法理论》，张书友译，中国法制出版社，2008，第 82 页。

民事行为需要遵守两个原则：一个是自愿、公平、等价有偿、诚实信用原则；另一个是社会公德和不得损害社会公共利益的原则。或许有人问，民法通则以条文形式规定的这两个原则为什么就不能被认定为民法制定的规范，而是要被解释为民事认可的规范呢？前一个原则是市场交易的通用法则，凡有商品交易的地方，就会有这些法则的存在，哈耶克把这些原则归属于自生自发的规则。在某种程度上，这些法则也是一个良好社会公认的道德法则和公共利益。按照亚当·斯密的逻辑，真正的市场经济也是利他的经济，因而也是真实的道德经济。在我国，"童叟无欺"的古老法则体现了诚实信用的交易法则，也是某种社会美德在市场经济领域中的再现。

凡是有社会的地方，就有民事活动，民事活动可以等同于民事行为，但民事行为不限于民事法律行为。民事制定法包括民法典从其他社会规范中获得其内容并不必然可以将所有民事社会规范收编或同化。民事规范体系包括了民事法律体系，民事法律行为的"合法性"与非民事法律行为的"有效性"可以并行不悖。

> 《物权法》第 85 条规定："法律、法规对处理相邻关系有规定的，依照其规定；法律、法规没有规定的，可以按照当地习惯。"第 116 条规定："法定孳息，当事人有约定的，按照约定取得；没有约定或者约定不明确的，按照交易习惯取得。"

虽然物权法对习惯的使用范围做了严格的限定，将习惯局限在相邻关系和法定孳息的领域，但以成文法形式明确规定习惯的地位，这在新中国物权立法上尚属首次。然而，习惯进入物权法制度中并不表明被称为"当地习惯"或"交易习惯"就可以转变为"正式法律"。物权法既没有确定习惯的内容，也没有改变习惯的内容。"当地习惯"和"交易习惯"一旦形成，就会对相关当事人产生与该习惯相适应的后果。无论正式的法律是否承认习惯的后果，习惯都以其自有的方式发挥效力，法律以认可的方式承认习惯的后果，也就是特定习惯"属人"和"属地"效力的保障。

无论诚实信用原则还是习惯都没有制定法意义上的立法者。当法律在其文本中规定了诚实信用或习惯时，就肯定了不同于法律规范的另外规范的合理性和效力，正如《民法通则》规定"民事活动应当尊重社会公德"时，就为一种道德规范的存在留下了自治的空间。对国际惯例的认可既涉及民事立法，也涉及民事司法。对其他规范体系的认可究竟属于立法认可还是司法认可虽不影响民事认可的效力，但这对缓解唐律情结或制定法情结是有助益的。

（二）民事司法认可

民法是行为规范兼具裁判规范，然而，并非所有的规范都具有行为规范和裁判规范的双重属性。[①] 就民法的渊源而言，那些非法律规范如习惯、法理等并非都具有统一的行为规范模式，至少不具有像民事法律规范那样的高度抽象性、普遍规范性和一致的可预期性。正如人们所观察到的，习惯、判例或法理等可以作为裁判规范单独发挥作用[②]，不成文法未因其缺乏法律规范的形式要件而不能成为裁判者依据的准则，民事司法的认可的意义在此一览无余。[③]

> 《民法通则》第 142 条规定："中华人民共和国缔结或者参加的国际条约同中华人民共和国的民事法律有不同规定的，适用国际条约的规定，但中华人民共和国声明保留的条款除外。中华人民共和国法律和中华人民共和国缔结或者参加的国际条约没有规定的，可以适用国际惯例。"

《民法通则》在"涉外法律关系的适用"一章下认可了国际条约和国际惯例的存在，然而，无论国家参加的国际条约还是国际惯例都不是国家立法机关制定的，国际条约和国际惯例只有在国家认可的情况下才作为国家法律体系的组成部分。与其说民法或民法典通过法渊规定和外接性条款赋予了包括国际惯例在内的不成文法以法律上的效力，不如说赋予了法官适用国际条约、国际惯例作为裁判案件规则的权力。国际惯例本质上就是习惯，正如有众多的习惯一样，也有众多的国际惯例。为使国内习惯获得与国际惯例相同的法地位，一些民法典草案的起草者扩大了习惯在民事法律中的适用范围。

中国法学会民法典编纂项目领导小组起草的《中华人民共和国民法典·民法总则专家建议稿（征求意见稿）》第 9 条规定："处理民事纠纷，应当依照法律以及法律解释、行政法规、地方性法规、自治条例和单行条例、司法解释。法律以及法律解释、行政法规、地方性法规、自治条例和单行条例、

---

① 梁慧星：《当前关于民法典编纂的三条思路》，《律师世界》2003 年第 4 期。

② 《瑞士民法典》第 1 条第 2、3 款规定："无法从本法得出相应规定时，法官应依据习惯法裁判；如无习惯法时，依据自己如作为立法者应提出的规定裁判。在前一款的情况下，法官应依据公认的学理和惯例。"

③ 刘作翔认为，凡是可以作为裁判依据的规范，同时就获得了行为规范的资格。裁判依据就是行为依据。参见刘作翔《传统的延续：习惯在现代中国法制中的地位和作用》，载刘作翔《思想的碎片》，中国法制出版社，2012。

司法解释没有规定的，依照习惯。习惯不得违背社会公德，不得损害公共利益。"梁慧星主持草拟的《中国民法典草案建议稿·总则》第9条规定："民事关系，本法和其他法律都有规定的，应当优先适用其他法律的规定；本法和其他法律都没有规定的，可以适用习惯；既没有法律规定也没有习惯的，可以适用公认的法理。前款所称习惯，以不违背公共秩序和善良风俗的为限。"

上述两个学界版本的民法典总则草案对习惯的地位给予了大致相同的规定，都强调了在法律适用过程中习惯所具有的效果。2016年6月，第十二届全国人大常委会第二十一次会议初次审议的《中华人民共和国民法总则（草案）》强化了习惯作为法律适用规则的意义，该草案第10条规定，"处理民事纠纷，应当依照法律规定；法律没有规定的，可以适用习惯，但是不得违背公序良俗"。[①] 需要注意的是两个学界版本及官方草案对习惯的承认的表述和方式。只有在"没有法律规定"即在缺乏成文法的前提下，执法者或司法者才能适用习惯。这就进一步说明了，习惯不是被法律或民法典"制定"出来的，习惯是法律规范以外的规范，而不是法律规范自身的规范性要素，但由此认为这样的表述就是将习惯或良俗转化为民事法律规范也同样是错误的。民事认可行为既不是制定成文法的行为，也不是制定成文法行为的特殊形式。一旦法官决定适用习惯，就是以制定法以外的行为规范作为裁判案件的依据，他需要依据该习惯调整人与人关系的特有方法及其相应的责任承担方式裁判案件。在这种情况下，尽管笼统地说，法官是在依法裁判案件，但依照习惯所适用的"法"已非"此"法而是"彼"法。

赋予法官必要的自由裁量权与认可法官造法是两种不同的政治哲学理念和国家治理方式。将法官在具体案件中适用习惯的认可行为视为制定法律的一个特殊形式不仅模糊了法律的创制的过程，其危险还在于变相地承认了法官造法的权力，这对于绝大多数的大陆法系的国家来说是难以接受的。《瑞士民法典》开创的习惯入法的先例赋予了法官"像立法者那样思考"的实质立法权力，但不能因此将法官等同于立法者。缺乏法律认可的总体性概念，单纯将习惯作为裁判规则赋权法官易于产生法官造法的危险。无论法律认可还是民事认可都是国家认可的一种方式，而国家认可的方式往往是通过立法形式进行的，这就决定了现代国家的法律认可方式保持了人民作为最终立法者的理念。在这种前提下，即使法官在适用法律或其他非法律规范时享有较大

---

① 2017年3月15日第十二届全国人民代表大会第五次会议通过的《中华人民共和国民法总则》第10条全部采纳了草案内容和表述。

的自由裁量权,该权力的行使仍然局限于司法和法律适用的范围,而不必为法官造法的合法性拓展不必要的另外的理论空间。

法官以某种习惯作为裁判案件的依据证明了而不是创制了法的不成文法渊源。萨维尼指出:"如果判决特别以习惯法作为根据,那么此判决就有效作为此习惯法存在的重要证明。如果判决只是一般性地承认一个法规是真实的和确定的,而并没有明确地表明此法规则的来源,那么情形也同样如此。"①证明行为以被证明的对象的存在为前提,对国家认可的规范的证明则还要建立在合法性基础上,而不唯以纯粹事实为凭借。两个学界版本对良俗和恶俗做出了必要区分,《中华人民共和国民法总则(草案)》以公序良俗限定所适用的习惯的规定也建立在良俗与恶俗二分法的基础上。何为良俗需要法律适用者根据个案作出判断。如果法律适用者是法官,法官就拥有了较大的自由裁量权。与此同时,将习惯的选用、审查和甄别的权力赋予法官,免去了民法典立法者调查习俗的责任。随之所产生的问题是,法官何以认为哪一个行为规范就是习惯,或者说,虽然是习惯,但何以认为就是良俗呢?法官拥有的采纳习惯作为裁判依据的权力需要设置必要的制约制度,这将是另行专门讨论的问题。

(三) 民事认可的延伸意义

以上我们提纲挈领地讨论了民事认可的方式。然而,民事认可乃至国家认可的意义不能单纯地从法律适用或个案公平的角度考虑问题。习惯、惯例或国际惯例等不成文法本质上是一种社会规范,具有约束相关当事人的属性,发生的是一种该类规范自有的效力。在某些情况下,由国家认可的规范反过来也可以成为判断民事法律行为合法的准则。② 未被法律认可的社会规范自始没有法律上的效力,但不因此丧失其规范的自有效力。被认可的规范的效力是指,该规范具有了合法性上的效果,可以满足国家强制力保障其实施的条件。不妨说,被民事立法认可或民事司法认可的习惯是正当性与合法性结合的恰当例子。无论是国家的立法认可行为还是司法认可行为都只是肯定了被认可的规范的效力。只有法律尊重了被认可的规范的自有效力,该规范才是该规范。倘若法律改变了被认可的规范发生作用的方式,该规范就不成为其规范。

---

① 〔德〕萨维尼:《当代罗马法体现 I》,朱虎译,中国法制出版社,2010,第139—140 页。
② 《德国民法典》第 138 条规定,"违反善良风俗的法律行为无效",在这里,非由国家制定的规范成为判断法律行为的标准。

国家认可或民事认可的规范在形式渊源、效力和规范后果等方面异于国家制定的规范。人们不能随意地将国家认可的规范理解为国家制定法技术的一种方式，也不能将其视为法律规范的补充。由国家认可的规范的效力开辟了非国家法律规范的自治领域。当引入民事认可或国家认可这一概念性的思考维度，并在此基础上考察民法典的编纂技术时，就与司法能动主义、民间自治、法治社会、全球治理等理论发生了内在关联。虽然国家认可某些社会规范作为民法典的组成部分，没有改变这些规范的非法律规范的性质，但无疑使这些原本是非正式制度的社会规范转化为正式制度。非正式制度是相对于正式制度而言的，正式制度不是专指成文法，经由民事认可而获得正式制度身份的不成文法享有了与成文法的平等地位。与此同时，认可其他非源于法的基础规范的社会规范无疑承认了法律权威以外的权威的存在，如道德权威、宗教权威、国际法权威等。

随着近代国家主义和理性主义的产生，国家通过制定法将越来越多的社会规范通过制定创制的形式转化为法律规范，这是近现代法形成的主因，但也出现了"国家"与"市民社会"的对立和紧张，个人的自治和民间社会的活力受到压制。事实上，讲求形式理性和确定性的法律体系本身，并不足以维持法律的纯粹和自足。在现代法律形式主义自足的外表之下，非法律因素（如政治、经济、社会、伦理等）依然活跃，而对这些因素中"非法律"性质的确认和强调，构成了二十一世纪许多新兴法学思想的源头。① 国家认可或民事认可的范围越大，社会的自治领域就越广。一个有序又充满活力的社会应当在法律关系和非法律关系之间得到应有的平衡，去"生活世界的殖民化"（哈贝马斯语）有赖于国家承认和保障社会自有的治理方式。在全球化背景下，国家认可的方式可以有效地协调全球性、国家性、区域性、跨国性、社区间、次国家和非国家地方性之间的多种规范的并存，促进多元化秩序的和谐发展。

五 结语

中国传统文化深深支配了当代中国人的生活方式。倡导中国优秀传统文化入民法典不是重现以礼入法的景观，而是要用民事认可的方法维护传统文

---

① 参见梁治平《礼教与法律：法律移植时代的文化冲突》，广西师范大学出版社，2015，第68—69页。

化的自治效力，体现法律对传统、习俗和惯例的尊重和保障。在民法典的立法技术上，与其在民法典的法条中谦卑、恭敬地将传统文化精华转化为具体的法律规范，为制定法所用，不如通过民法典承认源于传统文化精神的其他规范的相对独立性和自足性。一旦民事认可在民法典中获得了必要的位置，科学地处理法律制定与法律认可的互动关系，中国传统文化的历史光辉就会照进民法典，最大化地在民法典中呈现中华民族的精神基色和底色。

摆脱西方大陆民法典有关习惯的狭隘定义，适应二十一世纪规范多元以及现代化中国的发展需求，有必要在民法典中处理好国家制定和国家认可的规范之间的关系。民法典每一个具体条文背后都需要相应的法理支持。制定法不可能将所有的社会规范都转变为法律规范，民法典也无法将所有的民事行为都确立为民事法律规范，以至于奢望地使之全部成为民事制定法王国的成员。民法典不是包罗万象的民事行为的总汇，也不是无所不包的法律容器。一部理想的民法典在垄断必要的民事法律行为的同时，应当以法律认可的方式尊重其他民事规范的地位。通过民事立法和民事审判行为，承认和保障其他民事规范的效力，有助于完善民法典的立法技术。

第十二章

称职国家的中国实践

　　国家哲学的一个重要面向在于考察国家拥有权力的正当性、属性及其运行方法，以便揭示和界定国家的基础性权力的性质、范围和方向。基础性国家权力包括制定基本规则、裁决纠纷和对外抵御侵略等方面的权力。不同版本的自由主义哲学在基础性国家权力的大小问题上持有不同的主张，霍布斯的利维坦国家和洛克的有限政府国家就具有难以弥合的差距，但自由主义国家理论在描述国家权力的消极功能方面是一致的。国家的消极功能涉及这样一个问题，通过设定和限制基础性国家权力保护个人免遭公权力侵犯，此外，对国家消极功能的定位不因个人主义的自由主义理论和共和主义（公民或组成成员）的自由主义理论的区分而有所不同。

　　着眼于国家的消极功能及其所保障的国家目的，自由主义哲学成就了自由主义称职国家理论的基本假设。根据这个假设，理想国家被塑造为守夜人式的被动、消极形象，如果国家未能发挥其基础性权力或超越基础性权力都可以视为不称职，为此产生了不及说和超职说两个理论和实践的敌人。不及说认为国家未能发挥基础性权力导致国家弱势而不称职，超职说认为国家在维持刚性秩序方面是合格的，其因干涉私人领域和社会领域事物而不称职。在"不及"和"超职"的两端中显示了自由主义称职国家理论的力量、张力和内在矛盾。对称职国家自由主义理论的替代方案源自工业社会日益增长的物质文化生活水平与公共治理服务之间的矛盾，在这一矛盾面前，纯粹的自由主义国家理论不是通常理解的纯粹，历史进步的法则也未按照自由主义哲学家心目中的理想标准展开。一个没有有效履行消极功能的国家固然是一个不称职的国家，单纯地履行了消极功能的国家同样不是称职的国家。

一　诺奇克的称职国家理论及其转向

通过坚守方法论个人主义理念，自由主义国家观被作为理想的称职国家理论而被描述和重塑。在纯粹的自由主义哲学家中，诺奇克是系统论证守夜人式国家最重要的哲学家，他继承和发展了洛克的国家理论，提出了低限度国家是唯一正当的国家类型的观点。对诺奇克低限度国家理论的考察是瞭望自由主义称职国家理论的有效窗口，也是透视这种类型的国家理论思维方式较为便捷的路径。这意味着，探讨诺奇克的国家理论不仅把他看作一个单一的理论家，而且还视其为自由主义称职国家理论的代表。

追随韦伯的定义，诺奇克从国家的存在性理由出发，肯定了国家垄断强制性权力的必要性，这种被垄断的强制性权力就是通常所理解的基础性国家权力。然而，有了对强力的垄断并不能必然使一个国家成为理想的国家。私人性保护机构虽然在一定地域内处于垄断性的支配性地位，但缺乏"为其领土内的每一个人都提供保护"的合法性功能，"它只向购买了它的保护和强制保险的人提供保护和强制服务。没有向这个垄断机构付钱以得到保护契约的人们则得不到保护"。① 超低限度的运营者在道德上有义务制造出最低限度的国家②，从支配性的私人机构过渡到超低限度的国家是必然的，也是道德的。低限度国家不多不少地既通过垄断性强力保护全体人，也未因其行使过多的国家权力而侵犯个人的基本权利，但比最低限度的国家具有更多权力或功能的国家都不是合法的或能够得到证明的。

在具有理想类型的"超低限度的国家"、"低限度的国家"和"超限度的国家"的概念分类中，诺奇克用"边界约束"和"再分配"来解释国家权力的限度。边界约束的功效类似于康德的绝对命令，任何人、机构和国家都不能侵犯他人的基本权利。确立边界约束的标准是对再分配做出重新解释，这是诺奇克反驳超限度国家的重要理据。诺奇克用一种弥尔顿·弗里德曼的担保和保险理论作为称职国家行为的正当性理由，以这种方式，国家的收税行为就不是一种再分配理论，或即使是一种再分配理论，也仅是唯一"合法的"再分配理论。诺奇克指出："'再分配的'这个词适用于某种安排的理由类型，而不适用于某种安排本身。……一个机构从一些人那里收取金钱

---

① 〔美〕诺奇克：《无政府、国家与乌托邦》，姚大志译，中国社会科学出版社，2008，第32页。
② 〔美〕诺奇克：《无政府、国家与乌托邦》，姚大志译，中国社会科学出版社，2008，第63—64页。

然后把它给予另外一些人，我们是否把它视为再分配的，依赖于我们如何看待它这样做的理由。归还盗窃的金钱或者对侵权做出赔偿，其理由不是再分配的。"① 国家为了维护其合法强制权的垄断和运作，收取经民众同意的税是必要的，但不应超过维持国家发挥消极功能所需要的范围。如同保护费，税具有了与国家交易的政治契约属性。再分配通常是一种增值的概念，而经过解释的再分配概念等同于亚里士多德的矫正正义。权利受到损害的人所获救济的意义在于恢复原状，他既没有损失也没有多得，而那些权利未受到损害的人则获得了一种被担保的资格，以便他在权利受损时获得不多不少的补偿。

低限度国家之后无国家。诺奇克的国家理论刻画了自由主义哲学视角下的称职国家的理想类型，宣告了低于或高于低限度国家的国家都是不合格的国家。低限度国家是国家发展的必然结果，也是体现了乌托邦理想性质的国家。诺奇克将低限度国家与乌托邦理念发生关联，指设了低限度国家尚待努力，以克服超低限度国家保护性不足和超限度国家保护过度的问题。超低限度的国家不能发挥正常的国家职能，或所发挥的国家职能只服务于一部分人而不是全体人。国家的强制垄断权未能获得必要的统一，而是被其他组织和团体分享，或者国家的强制垄断权被某一个阶级用于自己的特殊利益，这些都是超低限度国家的表现形式。事实上，就国家是统治阶级意志和利益的代表观点而言，马克思主义国家观同样得出这类国家不称职乃至不合格的结论。从历史唯物主义的视角和立场出发，马克思主义国家理论要求超越超低限度的国家，从低限度国家过渡到超限度国家，最终也要消灭国家本身。在马克思主义看来，国家是否称职是相对的，称职国家无不具有历史的局限性，社会主义国家相对于资本主义国家而言是称职的国家，但最终因国家自身的缺陷而必然要从历史视野中消失。诺奇克的国家理论超越了超低限度的国家，在低限度国家的阶段则停止下来，并且永驻此阶段。

不过，诺奇克为低限度国家辩护的重点还不在于克服超低限度国家保护不充分的问题，而是警惕和防范超限度国家的出现。诺奇克提出了不同于罗尔斯分配正义的持有正义概念，包括获取原则、转让原则以及相应的矫正原则，指向持有者的权利而非接受者的权利。任何指向接受者权利的分配正义都必然是一种模式化的分配正义，这些讨论"倾向于只关注人们是否（应当）

---

① 〔美〕诺奇克：《无政府、国家与乌托邦》，姚大志译，中国社会科学出版社，2008，第33页。

拥有继承的权利，而非人们是否（应当）拥有遗赠的权利"。[①] 诺奇克提问道："如果一种税收制度为了帮助贫困者而夺走一个人的某些闲暇（强迫劳动）是不合法的，那么一种税收制度为了同样的目的而夺走一个人的某些物品怎么就是合法的？"[②] 在诺奇克眼里，实施了某种社会保障制度的国家是模式化的分配原则制度化的国家，这个国家拥有一种最低限度社会保障制度的义务，以帮助最贫困者（或者它如此组织起来以便最大限度地提高处境最差群体的地位）。那么，坚守持有正义观念的人应当如何存世呢？诺奇克借助哈耶克的说法认为，在这种情况下，任何人都拥有移民的权利，"如果移民到他国是允许的，那么任何人都可能愿意移居到另外一个国家，而这个国家除了没有义务的社会保障制度以外其他方面都是（仅可能）相同的"。[③] 这个解决方案仿佛是《诗经》中"逝将去女，适彼乐土"的自由主义哲学的现代转译。

　　1989 年诺奇克出版了第三本书《经过省察的人生》，书中他承认其自由论立场在论证上不够充分，部分原因在于它未能考虑民主社会中公民的相互合作及团结的重要性，"对于有些事情，我们选择通过政府，以严肃地标示人的团结一致性的方式去共同完成……自由论的观点一心只盯住政府的目的，而不是它的意义；因此，它也对目的持过分狭隘的看法"。[④] 从他同意政府征收遗产税等主张中，可以看到他的思想开始从低限度国家转向超限度国家。事实上，在与罗尔斯差异原则论辩的过程中，面对历史原因造就的最差群体的处境问题，诺奇克认为基于矫正正义的特殊转移支付体制是必要的，"虽然引入社会主义作为对我们罪过的惩罚走得太远了，但是过去的不正义是如此严重，以致为了矫正它们，一种更多功能的国家在短期内是必要的"。[⑤] 对守夜人式国家的修正使诺奇克放弃了将低限度国家视为理想的称职国家的主张。这一变化提醒人们注意理论自身的限度及其局限性，保持学术批评性和独立思考对学人的价值，在此可以存而不论。需要进一步追问的是，如果放弃了对守夜人式国家的理论追求，理想的或称职的国家是什么，人们将用什么标准来衡量一个国家是称职的国家？超限度国家是一种诺奇克回应罗尔斯正义理论的例外情况，还是可以论证超限度国家正当性的普遍模式？

---

① 〔美〕诺奇克：《无政府、国家与乌托邦》，姚大志译，中国社会科学出版社，2008，第 201 页。
② 〔美〕诺奇克：《无政府、国家与乌托邦》，姚大志译，中国社会科学出版社，2008，第 203 页。
③ 〔美〕诺奇克：《无政府、国家与乌托邦》，姚大志译，中国社会科学出版社，2008，第 207 页。
④ 〔美〕诺奇克：《经过审察的人生》，严忠志等译，商务印书馆，2007，第 268 页。
⑤ 〔美〕诺奇克：《无政府、国家与乌托邦》，姚大志译，中国社会科学出版社，2008，第 278 页。

二 作为理想类型的第四种国家权力

从功能主义角度界定基础性国家权力，意味着给定的国家权力在满足一个国家的正常秩序需求方面是必要的，国家是否称职取决于它所负有的时代职责和历史任务，以及国家在给定权力前提下是否做到职责相符。传统国家和现代国家在强力垄断方面具有共性，但现代性的来临使国家的给定的权力不是越来越小，相反，现代国家的法定职权因民众日益增长的多样化需求、市场机制的局部失灵以及全球化背景下风险社会的形成等因素而与日俱增。表 1 显示的国家功能是 1997 年世界银行厘定的称职国家的标准。

表 1   1997 年世界银行厘定的称职国家的标准

最低功能		中等功能		积极功能	
提供纯粹公共物品	国防、法律和秩序	管理外部性	教育、环境保护	行业政策	财富再分配
	产权		监管垄断		
	宏观经济管理		克服信息不对称		
	公共健康		保险、金融监管		
	促进公平		社会保险		
	保护穷人				

资料来源：世界银行发展报告：《变化世界中的国家》，1997。World Bank, *World Development Report 1997: The State in a Changing World*, New York：Oxford University Press, p. 27.

表 1 列举的最低功能、中等功能和积极功能相互之间有重复和交叉的地方，其中，最为明显的是在保护穷人（最低功能）和财富再分配（积极功能）之间较难划出明确界限。如果说公共健康和保护穷人的公共政策涉及财富再分配问题，那么教育、环境保护和社会保险等同样面临财富再分配的问题。世界银行要求当代国家比历史上存在的任何类型的国家都应有更多的职责，这种既不同于传统国家，也不同于守夜人式国家的新国家，显示了在全球化、工业化和城市化背景下国家的新的功能。假如立法权、行政权和司法权等国家权力是维系基础性国家权力的三种具体权力，发挥着诺奇克的低限度国家的职能，那么行使了管理外部性和行业政策功能的新型国家就获得了第四种权力。第四种国家权力是理想类型式的概念表达，目的在于描述和理解超限度国家的存在及其权力属性。拥有第四种国家权力的国家指向现代国家量多质新的国家任务，提示了国家功能在结构上的变化，国家只是维系与

平等权利原则相契合的秩序是不够的，还需要为这种公平的秩序的条件的生成和运行提供保障。透过第四种国家权力，古典国家哲学理论就会呈现内在悖论、背离或矛盾。

第一，国家"干预"与提供公共服务的悖论。基础性国家权力是传统意义上的统治权，发挥着否定性的消极功能，第四种国家权力可以被宽泛地理解为国家的治理权，体现了肯定性的积极功能。国家治理通常是指政府式公共服务，重在向社会成员提供公共服务和公共产品，最大化地实现基于公平的公共利益。现代国家的积极功能因国家或政府提供范围越来越广的公共服务而不断出现，以便使国家或政府获得满足提高民众物质生活水平、保障民众社会福利的治理权。毋庸置疑，国家在公共治理中不是公共服务的垄断供应商，超政府组织、非政府组织、跨国公司等主体也能够提供相关的公共服务，但国家提供的公共服务是具有强制性的、兜底式的基本公共服务，它甚至被要求均等化地提供基本公共服务。国家提供基本公共产品突破了诺奇克再分配的范围，如果这种再分配在过去被称为一种外部的干预，那么国家干预理论就需要获得重新解释。

"干预"从字面上讲是一种越界的侵入行为，然而，从国家行使积极国家职能角度看，简单认为国家"入侵"了经济、社会和文化的行为不足以解释第四种国家权力的性质。干预不总是一个贬义词，福山认为，"所有现代的自由民主国家都涉及某种程度的再分配，只是干预的程度有别，从斯堪的纳维亚的社会民主国家，到更古典的自由主义美国"。① 华盛顿共识倡导一种弱势国家理论，重申了国家权力对市场经济不干预的立场。然而，弱势国家需要强大的国家秩序才能进入这种看上去十分超然的境界，显示了一种无法突围的困境。桑托斯论证说，"一旦这样的弱势被产生出来，它就会产生超出预先要达到的外溢效果，直至危及新发展模式赋予国家的任务之履行"。② 对于纯粹的市民社会而言，它不是不要国家的干预，而是将国家干预锁定在一定范围内并采用积极不作为形态。面对全球经济和风险社会的压力，发挥了中等功能和积极功能的国家要克服政府失败和市场失灵的双重危机，前者需要确立国家维系社会秩序的基本功能，后者则要重新审视自由、平等与发展之间的平衡关系。

不对市民社会干涉而实施的国家干预揭示了市民—国家二元论悖论，但

---

① 〔美〕福山：《政治秩序与政治衰败：从工业革命到民主全球化》，毛俊杰译，广西师范大学出版社，2015，第51页。

② 〔英〕桑托斯：《迈向新法律常识》，刘坤轮等译，中国人民大学出版社，2009，第418页。

通过国家干预来补充和部分取代市场机制的论证则标志着自由资本主义的终结，哈贝马斯就此指出，"与自由资本主义不同，（晚期资本主义的）国家机器不再只是一般的生产保障条件，也就是说，不再是保证再生产顺利进行的前提，而是积极地介入到再生产过程当中"。① 一方面，无论立法权、行政权和司法权都需要得到必要的维护，以防止社会陷入无序、混乱或霍布斯式的自然状态；另一方面，为满足经济增长和社会保障的需求，基础性国家权力应当服务于第四种国家权力，并通过第四种国家权力重新证成国家基础性权力的正当性，从而型构一个诺奇克、哈耶克等古典自由主义学者不愿看到的唯理主义的国家秩序，预示一种新的国家哲学的形成和发展方向。

第二，国家理论与政治实践的背离。现代国家因承担满足民众福利和社会保障的需求而负有公共服务和保障的功能。我们已经看到，世界银行关于称职国家的标准显示了重塑国家控制能力的趋势，这自然是建立在对现代国家的重新定位、认识和阐释的基础上。比之传统国家，现代国家的权力没有人们想象的弱小。通过一系列的比较，戴维·赫尔德认为，"专制主义国家和现代国家的差别并非如人们认为的那样大，这里有两个原因：一是专制主义国家对于市民社会的权力，并没有所声称的那么强大；二是现代国家很难为自身的宪法和疆界所束缚，经常会像'傲慢的'专制主义国家那样行事"。② 赫尔德暗示了不受制约的现代国家与专制主义国家同样"傲慢"。如果专制主义国家总是"傲慢"地行事，其对市民社会的权力就会十分强大，但专制主义国家权力没有规范意义上的强大。同时，现代国家虽然没有像专制主义国家那样"傲慢"地行事，却拥有比专制主义国家更多更大的职权而呈现另一种傲慢。为什么会出现这种情况呢？

首先，从传统国家角度看，传统国家缺乏现代国家所拥有的积极职责。基于儒家教义，称职国家的标准是仁政，这是自孔子以来就形成的衡量理想国家的标准。《孟子·梁惠王上》："王如施仁政于民，省刑罚，薄税敛，深耕易耨。壮者以暇日修其孝悌忠信，入以事其父兄，出以事其长上。"仁政在实践层面体现在体恤民间疾苦、饬刑罚、轻徭薄赋等方面，成就了"己所不欲，勿施于人"的消极道德命令。传统中国的统治者对民众有仁爱和体恤的责任，但对于这种性质的责任，民众不具有法律上的请求权，国家也不具有法律上的救济义务。顾炎武在《郡县论》中向各级官僚和政府提出了称职的考核标

---

① 〔德〕哈贝马斯：《合法化危机》，曹卫东译，上海人民出版社，2000，第50页。

② 见〔英〕戴维·赫尔德《民主与全球秩序：从现代国家到世界主义治理》，胡伟译，上海人民出版社，2003，第53页。

准。"何谓称职？曰：土地辟，田野治，树木蕃，沟洫修，城郭固，仓廪实，学校兴，盗贼屏，戎器完，而其大者则人民乐业而已。"传统国家在提供纯粹的公共物品方面发挥功能，较少或基本不承担管理外部性和行业政策的功能。

其次，从现代国家角度看，在资本主义逐渐兴起的过程中，资本主义国家替代封建国家不只是使国家权力来源发生改变那样简单。从历史上看，英国是工业革命和自由市场经济的发源地，但也是世界上最早着手实施社会福利制度的国家。1601 年英国制定了具有社会救济属性的《济贫法》，无论人们对该法的实际效果和动机有什么不同的评判，无疑都确立了国家负有宽泛意义上社会福利的法律义务。①

十九世纪以来，欧洲国家的权力因国家责任的增强而扩大，托克维尔敏锐地观察到，"在古代欧洲，几乎所有的慈善事业都由私人或团体掌握；而在今天，所有的慈善事业都或多或少地依存于国家，在某些国家全由国家管理。向饥饿者施舍面包，救济和收容病残，安排无业者就业，几乎全由国家办理。国家成了一切灾难的几乎唯一的救济者"。② 十九世纪的西方国家见证了社会、经济立法以及大范围的国家机构的增长，这种增长建立在国家与其臣民或公民直通车式的权利与义务的规范关系之上。由国家承担保障民众基本福利职责的典型例子是斯堪的纳维亚国家的高福利模式，这种模式满足了民众"从摇篮到坟墓"的基本需求。虽然北欧模式越来越受到质疑并呈现不堪重负的疲态，也不是所有国家都像北欧国家那样有能力为民众提供高福利的社会保障，但程度不同地提供民生和福利保障是几乎所有现代国家的基本职责。

再次，从国家治理的实践角度看，自由主义哲学即使在其高歌猛进的时代也没有实现其纯粹守夜人式的国家梦想。在为市场的扩张和秩序创造制度和法律条件方面，国家的作用并不是消极的，而是积极的。二十世纪八十年代的里根经济学和撒切尔夫人经济学曾风靡一时。在提倡古典自由主义思想，推行国家不干预政策方面，里根和撒切尔夫人决心与凯恩斯主义决裂。就理论能指而言，诺奇克的低限度国家理论无疑为二十世纪八十年代的里根和撒切尔夫人的自由新政提供了理论资源，但其政治实践的结果没有想象的那样

---

① 也有评论认为，《济贫法》所实施的"济贫是地方性的，慷慨程度不等，并有意侮辱人格"。参见〔英〕霍华德·格伦内斯特《英国社会政策论文集》，苗正民译，商务印书馆，2003，第 10 页。

② 〔法〕托克维尔：《论美国的民主》（下卷），董果良译，商务印书馆，1988，第 855 页。

富有成效。① 里根上台之初意欲推行的消减社会保险开支的承诺，因政治上安定需要而以失败告终。② 撒切尔夫人试图缩小国家权力的主观愿望与实际做法背道而驰，"撒切尔夫人及其政府并未能成功地削弱流入福利国家的国民收入份额。中央国家权力在 1980 年代大大增强。权力从地方政府转向中央政府，从负有责任的中央部门移向各种权力分立出来的国家委托的机构。中央国家被看作是培养特定的共同生活方式、恢复'传统的'家庭价值观的合适的机构"。③ 里根和撒切尔夫人改变的是国家提供福利保障的方式，而不是国家提供福利的目标。政治理论与政治实践、政治家的竞选承诺与反诺言的实效之间出现了巨大的差异，将这些现象归于政治家的策略和偶发因素则是有缺陷的。

最后，生活系统的殖民化和自我殖民化的矛盾。传统的自由竞争理论认为，国家应对涉及私人领域的事务保持中立，政府只在被请求时才能启用其维护基本秩序的基础性权力。家庭领域、市场领域乃至改革后的宗教领域等都被视为纯粹的私人领域。随着传统家庭的衰落、马克思主义和福利国家的兴起，国家承担起保障民众基本福利和基本公共服务的功能。为满足现代国家民众的基本福利权利（主要包括社会救济、社会保险和社会保障等权利），如应对全球范围内的毒品贸易、金融监管和气候变化等越来越重大的外部问题，现代国家拥有了超越国家基础性权力的治理权。国家只有拥有提供社会福利的相应的权力，才能满足日益增长的社会成员的需求和欲望。从对国家的权力严防死守以避免对个人权利实施侵害到国家有义务保障民众的基本福祉扩大了现代国家正当性的范围，改变了古典自由主义哲学眼中的消极国家的形象。

在哈贝马斯看来，对系统生活领域的殖民是晚期资本主义的重要表现，这种分析建立在公域和私域的传统两分法基础上，捍卫的是私人领域的自主性和独立性。按照委托 - 代理关系理论，享有主权的人民将维护公共安全和公共秩序的权力委托给国家代为行使，第四种权力的出现表明，民众以某种默示的方法将私人领域的某些事项赋予国家承担，国家无形之中获得了进入

---

① 里根政府经济顾问委员会成员威廉·尼斯康恩认为，"政府管控的势头明显减缓，但并未逆转"。而该委员会的首任主任穆雷·威登鲍姆认为，"很明显，在罗纳德·里根入主白宫以来，美国更有贸易保护主义色彩"。参见〔美〕罗伯特·希格斯《反利维坦：政府权力和自由社会》，汪凯译，新华出版社，2016，第 311—312 页。

② 陈宝森：《美国经济与政府政策：从罗斯福到里根》，世界知识出版社，1988，第 770—775 页。

③ 〔英〕霍华德·格伦内斯特：《英国社会政策论文集》，苗正民译，商务印书馆，2003，第 24 页。

传统私人领域的正当性权力。在传统的公领域和私领域之外出现了相对独立的第三领域，这个领域关注民众普惠的民生、社会保障和社会福利，国家有义务按照公平的正义原则落实社会财富再分配。倘若民众将某些过去被认为不属于国家职能的事项赋予国家行使，继续维持私人领域被殖民的结论就勉为其难。国家的基础性权力因国家存在而恒有，而第四种国家权力是倒逼出来的新的权力，尽管这种权力总是以服务的面貌出现。

透过扩大化了的立法权、行政权和司法权等不足以有效表达这种新的结构主义国家功能。随着传统国家的消亡，现代国家接管了私人领域的部分权利或权力，其情形如同传统社会的家长要对其家子的生存和生活负有实质性责任。在十九世纪六十年代，在论证民主社会的发展前景时，托克维尔预测到了国家作为全权监护人角色的出现，"作为一项普遍的原则，国家权力不应当干涉私人事业；但是，作为一项例外，他们每个人都希望政府对它们进行的特殊事业给予援助和指导，同时又想限制政府对他们进行其他一切干预。由于成千上万的人同时对他们进行的不同事业都有这样的看法，所以尽管每个人都想限制中央政权的活动，但中央政权的活动范围却日益扩大"。① 身份平等的民主社会的民众注重自身利益，他们相互之间不信任，唯有将维护公共利益的职责委托给国家，以及将保障自身利益不受侵犯的职责同样委托给国家，才能满足民众的期望。这种基于不信任其他公民而被迫或主动相信政府导致了社会资本向政治资本转移，易于在民众中产生单一的中央权力的观念和制度。民主扩展与国家权力扩大是同时发生的，国家获得来自公民的额外授权。对国家既不信任又严重依赖的矛盾，产生了国家被迫殖民私人领域的局面。

由此可见，国家、政府或执政党只发挥"守夜人"的角色是远远不够的，按照既定的宪法原则和程序正义原则公平执法只能判定政府合格，还谈不上称职。一旦经济增长和社会福利不能满足民众的期望，或者出现经济衰退、生活质量下降等外部性问题，政府或执政党的威信就会受到威胁。当然，没有证据显示，拥有第四种国家权力的现代国家可以重新承担起社会一体化的力量，如同西方宗教改革前宗教作为一体化力量，以及儒家社会的仁作为一体化力量，自然也不意味着拥有这种权力的国家是独自肩负起满足社会发展和民众需求的唯一主体。然而，作为一种规范意义上的担保者，现代国家在越来越多的领域中自觉或被迫地履行了兜底者的使命。换言之，由于市场环

---

① 〔法〕托克维尔：《论美国的民主》（下卷），董果良译，商务出版社，1988，第845页下脚注。

境、民主需求和全球格局等综合因素，国家既承担补充市场的任务，同时又取代了市场的某些功能的任务。第四种国家权力因其带有服务型功能以及以立法、行政和司法能动主义的面貌而出现，作为另外一只看不见的手在发挥实质性的作用，这为称职国家的判断标准带来新的难题。

三　称职国家与国家能力的辩证法

在汉语中，才能与职责协调一致是谓称职（Competent）。称职一词主要是指"有能力的"或"能干的"，其反义词是"不称职的"或"无能的。"国家有权与国家有能力之间并不能自动产生关联，国家有能力也不必然导致国家称职。国家有权是国家有能力的必要条件，国家有能力则是称职国家的必要条件，但缺乏对国家权力的必要制约，既不会产生有能力的国家，也不会产生称职的国家。称职国家的命题包含了国家权力、国家能力与权力制约等方面的议题。为此，有必要反思和重新诠释以下三个方面的议题。

第一，小政府、有限政府和国家权力。"小政府，大社会"的提倡者支持了小的国家权力的说法，同时暗含了少的国家权力存在的理论假设。除非小或少的国家权力的范围或与现代国家的基础性权力的范围相当，否则国家就面临无权可用或衰弱的状况，使社会陷入无政府主义状态。然而，从国家享有的基础性权力角度看，只有诺奇克所言的超低限度、低限度和超限度的国家权力之分，而不存在小或大的国家权力之分。现代国家的基础性权力受制于法治原则，即立法权、行政权和司法权都应当在法定范围和法律程序的安排下发挥其效能，这种安排可以厘定国家权力的大小，但不妨碍国家权力发挥其垄断性、强制力的集中性效力。国家权力的内部划分和相互之间的制约是国家权力良性运转的必要条件，但这种对国家权力的内部划分和再委托不以国家权力少或小为前提。孟德斯鸠认为美德和理性是权力，对美德和理性要加以限制，但不意味着他希望少一点美德和理性。事实上，不同国家权力内部的效力等级划分和行使范围建立在基础性国家权力统一的基础上，在对外的效力方面，一个派出法庭行使的司法权与最高法院的司法权是相同的，一个派出所行使的行政处罚权也不低于其上级机关行使的处罚权，它们均对相关当事人产生国家权力意义上的效果。

毋庸置疑，国家拥有必要的垄断性权力是国家之所以成为国家的前提，并且只有在这个前提下讨论国家的意义才具有现实性和规范性。首先，国家权力的大或小与国家垄断权力没有因果关系。相比于大的国家权力，小的国家权力同样具有自主性、集中性和集权性的特征。其次，国家垄断公共权力与国家如何使用垄断的公共权力是两个不同的问题，前者为国家垄断权力的事实问题，后者是国家垄断权力的艺术问题。由谁代表国家权力不影响国家垄断权力的事实，被垄断的国家权力是统一行使还是分工行使也不影响国家垄断权力的实质。最后，国家垄断的公共权力不同于非国家公共权力，但从国家通过认可方式允许非国家公共权力合理存在的视角看，国家维持并强化了其对公共权力的垄断地位。

以上讨论，将使我们对有限政府理论作出新的解释。有限政府是法治理论的核心概念，"有限"包含了两个要素：一是国家和政府只拥有宪法和法律赋予的权力；二是依法享有的国家权力受到与国情相适应的制度性约束。前者表达的是国家和政府权力的"限度"问题，后者预示了"有限制"的权力规范问题。一个全权政府固然不是有限政府，但即使一个只有"有限"权力的政府如果缺乏必要的限制，也将失去"有限"政府尊重和保障人民自由和权利的目的。国家无权就不存在对国家权力的制约问题，重要的是，国家有权却无相应制约，或者国家权力看上去足够小而无制约，都会产生绝对权力必然导致绝对腐败的效果，在这个意义上，绝对权力更多地与权力限制挂钩，而不单纯指向权力大小命题。总之，"有限政府"理论厘定了国家行为的边界，而"有限制的政府"理论则为国家的行动提供了不能越界的制度规范，但后者不必建立在国家权力小或少的基础上。

第二，中央国家权力的理论定位。与托克维尔一样，哈耶克发现多数人的民主将导致无限民主，其后果是使国家权力越来越集中于中央。哈耶克注意到，"中央政府不仅成了几乎所有国家的典型政府样式，而且还一步一步地把越来越多的活动纳入到了它的排他性权力的范围之内"。① 哈耶克还看到："各国政府利用宪法手段所摄取的权力，恰恰是孟德斯鸠和《美国宪法》的创制者们认为不能由政府享有的权力。"② 哈耶克不满于中央政府的权力在中央计划者推动下得到了扩大，以及中央一级的立法机关拥有无限权力。不过，哈耶克对中央集权的解决方案是矛盾的，一方面他主张将中央政府提供的大多数服务性活动下放给地区性或地方性权力机构去承担，另一方面哈耶克通过提议废除国家发行货币的权力而间接取消了所有政府的服务性活

---

① 〔英〕哈耶克：《法律、立法与自由》，邓正来等译，中国大百科全书出版社，2000，第481页。
② 〔英〕哈耶克：《法律、立法与自由》，邓正来等译，中国大百科全书出版社，2000，导论，第2页。

动。① 由哪一级政府享有垄断性服务权力与政府不享有这样的权力是性质不同的两个问题，因为地方性政府的权力不受相应的制约同样会产生权力不受控制的问题。

对于纯粹的自由主义而言，对国家权力的讨论不仅显示了其内在的矛盾，事实上也把现实世界撇开不管了。无论是否愿意，美国宪法最终赋予联邦政府更多权力。在制宪会议上，"基本问题是怎样既能维护各州的权利，同时又能授予中央政府足够的权力"。② 考虑到各州有权而联邦无权的事实，制宪会议的主题乃是赋予联邦政府必要的权力。阿伦特评论说："美国宪法的真正目标不是限制权力，而是创造更多的权力，实际上是要成立和正式建构一个全新的权力中心，该权力的权威曾覆盖辽阔地域的联邦共和国，但在殖民地脱离英王的过程中丧失殆尽。"③ 当宪法最终获得各州批准时，联邦政府享有有限却强有力集中的权力，这种结果为托克维尔提出其著名的政府集权和行政集权提供了基础。联邦政府拥有一切国家具有的基础性权力，如在全国范围内适用的立法权和司法权、战争和和平权、外交权、铸币权等。相对于地方政府和公民个体而言，这些基础性权力十分强大且不是地方政府和公民能够分享的。在回顾了美国十八、十九世纪联邦政府在通信设施、农业生产力、公立大学教育制度、国家金融监管、交通基础建设等方面的成就之后，《1997年世界银行发展报告》质疑"管得最少的政府是最好的政府"（"That government is best that governs least"）的信条，"即使在美国，尽管自由放任主义和不信任政府的理念对国家功能观念的形成发挥了中心性作用，但国家行为对市场的增长和发展仍然是不可或缺的"。④ 国家权力尤其是中央权力没有因自由主义理念的扩展而减少，反而随着复杂社会和风险社会的来临而为一种"不得不干预"的国家行为提供了理论依据。

第三，国家能力与权力制约。国家或政府为什么必要与国家或政府的权力为什么受到约束是两个既有区别又有联系的问题。帕特森指出，民主政府首先是有能力的政府，政府不仅是一个最低纲领派的守夜人，而且还是有能

---

① 哈耶克对该议题的讨论，参见〔英〕哈耶克《法律、立法与自由》，邓正来等译，中国大百科全书出版社，2000，第483—485页。

② 〔美〕威廉·罗斯科·塞耶：《乔治·华盛顿传：美国宪法与国家的缔造者》，杨义强译，江西教育出版社，2012，第129页。

③ 〔美〕阿伦特：《论革命》，陈周旺译，译林出版社，2007，第138页。

④ World Bank, *World Development Report 1997: The State in a Changing World*, New York: Oxford University Press, p. 21.

力为人民做事的政治主体。① 给定的国家权力与其目标之间的相称性和一致性是国家能力理论的关键性要素。失败国家的表征体现在国家无能力、国家能力下降或国家能力孱弱。失败国家不能有效履行其基础性的国家权力，更不能发挥国家的第四种权力，它无力阻止地方势力、私人武装力量以及变相的封建势力，不能提供全国性的基本的公共秩序和有质量的基础设施，也不能满足与这些国家的经济发展水平相适应的民主的民生和福利需求。换言之，国家无能既与不能正常发挥给定的国家权力有关，也与给定的国家权力不受制约有关，为此导致了失败国家自身才有的弱点，这些弱点包括但不限于大规模的避税、范围广泛的腐败、公共服务文化的消亡、对国家领土控制力的丧失、黑社会和私人武装组织与国家对暴力的垄断之间的冲突、野蛮的金融和贷款等。国家有职无权、有权无责以及职权失调都会导致失败的后果。成功国家做到了其国家职责与其职权相称，失败国家则相反。在人民主权论的指导下，当今世界上绝大多数国家都拥有宪法和法律赋予的国家基础性权力以及必要的国家的第四种权力，而缺乏对国家的这些权力的民主科学有效制约是国家失败的重要成因。

　　衡量国家能力的强弱的标准不完全取决于国家权力少或小，不能未经反思地在国家权力多或大与国家能力之间建立必然的逻辑关系。福山在《政治秩序与政治衰败》一书中讨论的主题是使当代国家能达到丹麦式国家："政治发展的讨论最近几年均集中于制度约束——法治和民主的负责制。但政府在受到约束之前，必须要有实际做事的能力。换句话说，国家必须能够施政。"②不同国家落实政治发展三维度的顺序和路径各有不同，从到达丹麦的理想国度的角度，福山的政治发展三维度说是以国家有权和有能力为前提的。当今世界一些被称为"失败的国家"，如撒哈拉以南的非洲国家、部分拉丁美洲国家等，虽有形式法治和选举民主，却未能建立有能力的国家。"集权的政府与强政府不是一个等同的概念。一个集权的政府，即享有宽泛权力的政府，完全可能是一个在能力上比较软弱的政府。"③ 在中国历史上，郡县制是国家权力大而全的一个实例。对郡县制下的权力主体（包括皇帝自身）不是没有约束，受儒家教义的教导，一个有效、理性的官僚体系实施的条件之一是权力

① 参见〔美〕奥兰多·帕特森《自由反对民主国家：论美国人不信任的历史根源与当代根源》，载〔美〕马克·E. 沃伦编《民主与信任》，吴辉译，华夏出版社，2004。
② 福山：《政治秩序与政治衰败：从工业革命到民主全球化》，毛俊杰译，广西师范大学出版社，2015，第46页。
③ 李强：《国家能力与国家权力的悖论》，《中国书评》1998年第2期。

主体自我修身的内在制约。然而，一旦权力主体缺乏修身的功夫或解除自我约束的内在机制，公权私人化、封建化或盈利化的局面就会落地。在权力内部制约与外部制约的较量中，后者的实际性缺失导致了国家能力弱化和国家的失败。制约国家权力是为了实现国家权力在设置之初的目的，使拥有国家权力的机构充分发挥作用。需要再次强调的是，无论国家权力大或小，如果不能实现对给定的国家权力的稳定、规范的有效制约，就会走向国家权力目标的反面。

对国家基础性权力的制约在不同国家有不同的制度设计和路径，未实行三权分立的国家同样不缺乏对国家基础性权力的制约方法。在新功能主义国家观的背景下，真正需要面对的是对国家第四种权力的有效制约。第四种权力或通过立法能动主义而发挥功效，但由于现代国家受制于程序正义原则，其实效不能满足日益增长的社会经济发展的需要。如果对国家权力的传统制约以公权力不越界为标准，对第四种国家权力来说，仅仅要求它不越界是不够的。第四种国家权力涉及更多的规划、预防、积极监管或防范等内容，超出了简单的不作为的行为范围。在实现方式上，第四种国家权力是通过行业政策或与其他非政府组织的互动来完成的，立法者的授权行为和司法能动主义尚不能完全满足对第四种国家权力的有效制约，前者仍然受制于预先设定的立法者的固有职权，而后者无论怎样能动和积极，都不能违背不告不理的事后治理特征。此外，现代国家干预的限度除了认定国家权力在适用范围和适用过程中要受到制度性制约外，还存在国家干预不能的问题。在复杂社会的背景下，因科学、技术和网络技术等新兴事物的日新月异，国家在客观上无法发挥与之相匹配的作用，为此，需要另文讨论在风险社会背景下非国家主体能力在国家治理和全球治理中的地位和作用。

四　称职国家的中国实践与规范表达

现代国家权力总体上从积极地不作为向积极地作为转化显示了国家以灵活、主动和科学方法满足民众日益增长的美好生活需要的现代趋势。中国近代以来，"东亚病夫"的形象从病理学的角度反映了东方型失败国家的具象。新中国成立特别是改革开放以来，中国对内和对外形象随着国家实力增强而在国际社会中获得了大幅度的改善和提升，一跃成为世界发展中国家的翘楚，即使不实的"中国威胁论"话语背后也透露出中国改善其失败国家形象的历史性成就。走向现代化的中国之所以能够摆脱过去的失败国家形象，是因为其遵循了规范意义的称职国家的标准，注入了中华民族的智慧和创造性思维。中国特色的称职国家标准既是中国自我发展和自我选择的产物，也是中国全面改革开放背景下深度介入现代性的必然逻辑。笔者将从基本公共服务制度、中央统一领导下的地方自治制度、依宪治国、人类命运共同体等方面确认和衡量中国作为称职国家的命题。

（一）基本公共服务需求与国家积极权力对应性

满足与中国国情相适应的人民群众的基本公共服务需求体现了中国作为称职国家的经济职责。国务院《"十三五"推进基本公共服务均等化规划》指出："享有基本公共服务是公民的基本权利，保障人人享有基本公共服务是政府的重要职责。"这一表述既是规范性的，也是描述性的，因而具有重大理论和现实意义。首先，基本公共服务是与我国国情相适应的公平型公共服务。基本公共服务中的"基本"主要表现在两个方面：一是要对社会的弱势群体给予优先的照顾和安排，以使得这一部分人群能够获得生存的坚实保障；二是社会经济的发展应当保障每一个人获得机会平等的资格，使得每一个人都站在相同的起点上。基本公共服务涵盖教育、劳动就业创业、社会保险、医疗卫生、社会服务、住房保障、文化体育等领域，这些领域贯穿每一个公民从出生到死亡的各个阶段。与改革开放前我国计划经济时期的国家职能相比，现阶段国家提供的公共服务克服了过去那种平均主义、全能主义和城乡差别等弊端，而走向差异化、均等化和兜底化的公平型公共服务。

其次，保障和完善制度供给是国家基本公共服务的组成部分。《宪法》第45条规定："中华人民共和国公民在年老、疾病或者丧失劳动能力的情况下，有从国家和社会获得物质帮助的权利。国家发展为公民享受这些权利所需要的社会保险、社会救济和医疗卫生事业。"作为一项宪法义务，国家为公民提供物质上的基本的公共服务需求就不再是简单的"物质帮助"能够完全说明的。衣食住行、生老病死是每一个人生存和发展都会面临的问题，克服这些人生问题的责任不再局限于个人和家庭的自我实现和自我保障，国家和政府作为第一义务人承担起满足和保障公民基本公共服务需求的职责。基本公共服务的供给方是国家，国家有义务为每一个适格的公民提供基本的公共服务。基本公共服务是由政府主导、保障全体公民生存和发展基本需要、与经济社会发展水平相适应的公共服务。公平型基本公共服务的确立是一项历史成就，这项历史成就是我国生产力水平大幅提高的结果，也是改革开放以来人民群众的公平意识、民主意识、权利意识不断增强的结果。从执政党的政治承诺和政策语言上讲，公民共享基本公共服务是人人享有改革开放成果、增强全体人民在共建共享发展中的获得感的体现；从国家制度建设角度讲，它是落实公民宪法权利、强化政府法律责任的体现。中国特色社会主义进入新时代之后，满足人民群众日益增长的多元化美好需求，在国家提供物质公共产品的基础上逐渐、有步骤地开始向"民主、法治、公平、正义、安全、环境"等制度性公共产品转化，预示着新时代国家职能的重大转变和新发展。

最后，满足人民群众基本公共服务需要是有效解决我国社会主义初级阶段主要矛盾的主要举措。改革开放以来，我国的综合国力显著增强，生产力发展水平日新月异，科学技术突飞猛进，极大地改善了人民群众的物质文化水平。低下、落后的生产力状况正在得到改善或已经得到明显的改善。我国社会主义初级阶段主要矛盾从"人民日益增长的物质文化需要同落后的社会生产之间的矛盾"向"人民日益增长的美好生活需要和不平衡不充分的发展之间的矛盾"转化，以此决定了三个方面的国家的职责。一是进一步提高生产力的发展水平，继续强化以经济建设为中心的发展战略，为人民群众的物质文化生活水平的不断提高提供坚实的基础。夯实和巩固全面小康社会的根基和成果，防止某些人群或地区实现小康之后再次返贫。二是保持理性的务实精神，不随意改变社会主义初级阶段的历史定位，以与国力相适应的公共服务满足人民群众真实的需求，不提倡不切实际的超出国家供给能力的需求。三是以社会主义市场经济作为满足人民群众基本公共服务的物质提供方式，在确立起点公平和兜底公平的基础上，创造满足人的需要多元化和利益多样化的条件。

（二）权威性中央与自治性权力结构相称性

正确处理中央性国家权力和地方性国家权力是中国作为称职国家的宪法安排。满足公民基本公共服务的需求强化了第四种国家权力，提升了中国作为积极国家的形象，走向了诺奇克在早年反对而在晚年承认的超限度国家，这一国家定位与世界银行对当代称职国家的要求相契合。国家积极职能的运用需要与之相适应的权力政制安排，其在纵向上表现为权威性中央与地方自治相结合，在横向上表现为立法权、行政权、司法权和监察权的分工和合作。中国改革开放以来取得的巨大成就和社会发展有赖于重塑国家权力，而重中之重又在于理顺了中央职权与中央事权的关系，走向了满足人民群众日益增长的美好生活需要的新时代中国特色社会主义的道路。

对于一个大国而言，在面临稳定和发展的双重需求时，合理且有效的国家权力结构及其制度设计就会呼之欲出。① 中国近代的衰落有反侵略战争失败等多方面的原因，但缺乏一个强有力的中央政府是其中最重要的原因之一。② 我国中央权力的规范性体现在宪法的制度性结构之中。基于宪法规定的国家权力分配原则，国家权力被划分为"中央国家权力"和"地方国家权力"两个方面。宪法中没有中央国家权力字样，但从《宪法》第 96 条规定的"地方国家权力"概念中可以合乎逻辑地导出中央国家权力的实际存在。无论中央国家权力还是地方国家权力都是宪法赋权的产物。根据定义，赋权是依照宪法的规定，赋予不同的国家机构享有的相应的国家权力，授权是指授权者将其固有的法定权力依法授予被授权人行使，使被授权机构获得了原本只有授权机构才有的国家权力。由赋权而获得的权力是一级权力，由授权获得的权力是二级权力。全国性政府不能等同于中央性国家政府，但中央国家权力是被法律赋权的最重要的国家一级权力，相比于同样是被法律赋权的地方国家权力，它在国家权力体系中享有"不被抵触"的法定最高权威。

从制度层面重视中央国家权力和地方国家权力有助于人们进一步理解我国的国家权力结构。改革开放以来，发挥中央和地方两个积极性是对中央统一领导下的地方自治制度实践的政策表述。从法律赋权和法律授权的双重结构看，中国在国家结构上既不是纯粹的单一制国家，也不是一般意义上的联邦制国家，而是在中央统一领导下的自治性国家。少数民族区域自治、特别行政区高度自治以及基础群众自治制度体现了中央领导下的地方自治的宪法方案，而在少数民族区域、特别行政区和基层领域等以外的普通地区，由宪法和法律赋权和中央授权形成的地方分权和自主形态也是显而易见的。在中国现有的宪制格局之下，各级地方国家机构不是中央国家机构的派出机构或分支机构，前者向产生它们的同级国家权力机构负责并汇报工作。在郡县制的国家结构中，各级地方政府及其官员都由中央政府产生或由中央政府直接委任或指派，地方政府只是朝廷或中央政府的派出机构。联邦制国家厘定了联邦政府与各州政府之间的权限，确立了多层级的政府格局，却没有构建出

---

① 在论述建立全国性政府的正当性时，汉密尔顿强调了强有力的政府的重要性，"正是幅员广大这个难点本身，构成了强有力的论点，说明需要建立一个坚强有力的政府，任何其他办法，显然都不能继续维系像联邦这么广阔的庞大帝国"。〔美〕汉密尔顿等著《联邦论：美国宪法述评》，尹宣译，译林出版社，2016，第 152 页。

② 马敏：《现代化的"中国道路"：中国现代化历史进程的若干思考》，《中国社会科学》2016 年第 9 期。

联邦政府在国家中的中央性权力。[①]

中央性权力是中央职权和中央事权的有机统一，前者体现在法定的中央国家职权之中，通过行使中央职权，国家获得了宪制意义上的集中统一。中央事权则是根据发展需要，对事关全国的政治、经济和文化等重大事项作出调整和规划，并在条件成熟或经过局部的试验之后纳入或调整出中央职权的范围。郡县制国家的中央事权等同于中央职权，缺乏建制意义上的规范性。联邦制国家有中央职权而无中央事权，在面对复杂社会局面时缺乏应有的灵活性、协调性和效率。中央事权的法治化意味着将中央的政治、经济、文化等事权通过立法程序规范化，从中央事权转变为中央职权。

无论是中央国家权力还是地方国家权力，其在横向形态上分为立法权、行政权、司法权和监察权。任何层级的立法权、行政权、司法权和监察权都具有国家属性，是国家权力在不同权力区域的具体运用。改革开放尤其是党的十八大以来，对立法权和行政权的"下放"是与对司法权和监察权的"集中"同时进行的。就立法权而言，1982 年宪法确立了多层次的国家立法权分享体制，这种多元化的立法者主体在 2015 年《立法法》修订之后扩展至更多的地市级的国家权力机关。地方国家机构之间、地方国家机构与中央国家机构之间的权力关系不以相互冲突和相互抵触为原则。就行政权而言，党的十八大以来的政府实施了改革开放以来规模最大的系统性的行政权力下放实践，以行政审批权改革为突破口，地方政府和社会获得了较大的自主权和能动性。就司法权而言，强化司法权威与司法统一性命题紧密结合在一起，新一轮的司法改革注重的是司法的国家性、中央性而非地区性、地方性的特质，以克服弊端丛生的非国家意义上的司法保护主义。就监察权而言，正在形成和完成的国家监察制度以法治方式确立了监督公权力统一运行的规范机制。总之，着眼于实现民族独立、国家富强和人民幸福"中国梦"的历史目标，履行法定的中央职权以及灵活适用中央事权，保障了中央统一领导下自治制度在中国的实践，最大限度地破解和理顺了稳定、改革与发展的现代化难题和关系。

（三）法律权威高于政府权力的规范真实性

从制度的角度构建并规范国家权力是中国国家制度的核心要素。无论中

---

① 郑永年指认中国的国家结构是"行为联邦制"，他看到了地方政府因中央授权发挥积极能动性职责的一面，却忽视了"行为联邦制"背后的"中央性权力"因素的存在。有关中国"行为联邦制"的实践及其解说，参见郑永年《中国的"行为联邦制"：中央—地方关系的变革与动力》，东方出版社，2013。

央国家权力还是地方国家权力都需要在法治轨道上运行，这是中国作为称职国家实施"有限制"政府理论的必然结果。中国共产党在全国事务中拥有领导核心的宪法地位，依宪治国是起始于并围绕于依宪执政的元命题，以此保障国家权力以及扩展之后的权力在法治的轨道上运行。依法执政是时代的要求，也是执政党自我改革的重要方式，其目的在于规范建设有中国特色的社会主义，保障人民当家作主的主体地位。习近平指出："我们党是执政党，能不能坚持依法执政，能不能正确领导立法、带头守法、保证执法，对全面推进依法治国具有重大作用。"[①] 在正当性秩序已经解决或预设解决的条件下，以正当性为诉求的不断革命论不再具有生命力，党对国家和社会的领导需要走向"合法性的正当性"道路。[②] 通过国家治理和社会治理实现党的领导主要体现为具有顶层设计意义的"三善于一支持"主张："善于使党的主张通过法定程序成为国家意志，善于使党组织推荐的人选成为国家政权机关的领导人员，善于通过国家政权机关实施党对国家和社会的领导，支持国家权力机关、行政机关、审判机关、检察机关依照宪法和法律独立负责、协调一致地开展工作。"[③]

党的十九大提出建立全面依法治国领导小组、启动合宪性审查机制等措施进一步强化了社会主义法律的一体实施，确保了宪法和法律权威，维护了社会主义法制的统一和尊严。立法机关、行政机关、司法机关和监察机关是国家的政权机关，是负有法定职责的国家机构，其权力和责任体现在宪法、各级人大、政府、司法机关和监察机关等组织法律之中。党的领导只有借助于法定程序和法律规定的条件才能完成从党的主张到国家意志、从推荐人选到法定领导人员、从指挥国家机关工作到支持国家机关工作的转变以及借助于国家政权机关实施党对社会的领导。通过国家政权机关实施党对国家和社会的领导本质上是依法实施对国家和社会的领导，国家政权机关而不是党的组织和机关只有依照法律的规定才能表达其行为的合法性和有效性。

对国家权力的制度性制约，不同国家有不同的方案。党的十八大以来，对中国国家权力的制约被提高了顶层设计的高度，把权力关进笼子是我国对国家权力制约的通俗表达。习近平指出："对各级党政组织、各级领导干部来

---

① 《习近平关于全面依法治国论述摘编》，中央文献出版社，2015，第110页。
② 关于合法性的正当性命题的具体论证，参见〔加〕大卫·戴岑豪斯《合法性与正当性》，刘毅译，商务印书馆，2013，第9章。
③ 习近平：《习近平谈治国理政》，外文出版社，2014，第142页。

说，权大还是法大则是一个真命题。"① 这个真命题包含了对事实上行使国家权力的各级党的组织和各级党员干部的制约问题。党的执政权是规范化的党的领导权，也是特殊的国家权力。在法律与国家权力、法律与执政权等重大关系上，依法治国和依法执政的命题显示了法律高于权力并是制约国家权力正确、有效行使的规范力量。国家治理体系和治理能力现代化的方案包含了在国家有权前提下的对国家权力制约的理念。面对因维护社会稳定和保障民生双重职责而使国家权力扩大的事实和可能性，如何体系化地将权力制约理念落实到国家制度层面，跳出以国家权力大小作为衡量理想或称职国家的老套的争论模式，是当代中国社会科学长期面对的重要课题。

（四） 中国国际形象与人类命运共同体理念一致性

称职国家在国内法意义上表现为国家的人民性、经济性和法治性，面对全球一体化的历史背景，中国国家的称职标准还需要注入国际因素和全球维度。全球化趋势将越来越多的国家和民族联系在一起，形成了利益相关的命运共同体。习近平指出："当今世界，人类生活在不同文化、种族、肤色、宗教和不同社会制度所组成的世界里，各国人民形成了你中有我、我中有你的命运共同体。"② 世界正处于大发展大变革大调整时期，和平与发展仍然是时代主题。同时，世界面临的不稳定性、不确定性突出，人类面临许多共同挑战。没有哪个国家能够独自应对人类面临的各种挑战，也没有哪个国家能够退回到自我封闭的孤岛。人类命运共同体的理念不仅要求关注国内的稳定和国际的和平，反对一切霸权主义和侵略行为，更为重要的是要在人类意义上建构共同发展、繁荣和进步的世界格局。

康德的人类和平论从国家的民主性和法治性角度讨论国家的形象和称职问题，其落脚点局限于消极和平，避免国与国之间发生冲突和战争。民主国家之间不发生战争是这种理念的体现。然而，这种理论无视历史上所谓的民主国家不断侵犯和殖民被视为非民主国家的历史，"事情的真相是，政府为了他们自己的好处而发动战争，并且因此（极为不义地）为了他们自己的利益而牺牲其他人。或者，即便那些政府进行干涉是为了所谓的其他国家善（为了维护'民主'或者诸如此类的事物），这种干涉也仅仅是帝国主义在道德上的托词，这种帝国主义恰恰代表了自由的真正维护者所反对的家长主义"。③

---

① 《习近平关于全面依法治国论述摘编》，中央文献出版社，2015，第37页。
② 习近平：《习近平谈治国理政》，人民出版社，2014，第261页。
③ 〔美〕杰弗里·墨菲：《康德：权利哲学》，吴彦译，中国法制出版社，2010，第156页。

墨菲的上述发言在国际政治关系理论的领域中并非孤例。民主法治国家是当代称职国家的必要条件而非充分条件，要达至康德的国家之间永久和平这一最高的政治善，还需要与之相适应的经济善和文化善。人类命运共同体的理念包含了推进政治之善、经济之善和文化之善，通过诸种全球范围的善举，推进消极和平论向积极和平论的转化。国家治理和全球治理有效结合才能落实一个国家在现代社会和全球格局的称职要素。

其一，人类永久和平的政治之善体现在《联合国宪章》及主要的世界人权宪章等规范性文件当中。人权保障是构建人类命运共同体的重要组成部分，应思考如何加强和改善全球人权治理，推动国际人权事业健康发展，助力人类命运共同体宏伟目标的实现。中国始终秉持平等互信、包容互鉴、合作共赢的精神，全面深入参与国际人权合作，推动建立公正、合理的国际人权体系。中国加入包括《经济、社会和文化权利国际公约》等 6 项核心人权公约在内的 26 项国际人权公约，认真履行国际人权义务，多次接受国别人权审查和人权公约履约审议。中国同近 40 个国家举行人权对话与交流，同联合国人权机构开展建设性合作，为国际人权治理注入了动力。

其二，人类永久和平的经济之善体现在全球经济一体化背景下国家之间的经济贸易合作。中国是国际人权事业的助力者。截至 2016 年，中国累计对外提供援款 4000 多亿元人民币，向 69 个国家提供医疗援助，派遣 60 多万援助人员，为 120 多个发展中国家落实千年发展目标提供帮助。中国 - 联合国和平与发展基金已投入运营，南南合作援助基金正式启动，将为促进世界和平与发展事业作出新的贡献。2017 年 5 月在北京主办"一带一路"国际合作高峰论坛，让这一倡议更好地造福世界。习近平主席指出，世界好，中国才能好；中国好，世界才更好。中国的发展将为全球人权事业作出新的更大贡献。[①]

其三，人类永久和平的文化之善体现在和而不同的文明之间的联系和合作。习近平强调："丰富多彩的人类文明都有自己存在的价值。要理性处理本国文明与其他文明的差异，认识到每一个国家和民族的文明都是独特的，坚持求同存异、取长补短，不攻击、不贬损其他文明。不要看到别人的文明与自己的文明有不同，就感到不顺眼，就要千方百计去改造、去同化，甚至企图以自己的文明取而代之。历史反复证明，任何想用强制手段来解决文明差

---

① 参见王毅《共同促进和保护人权 携手构建人类命运共同体》，《人民日报》2017 年 2 月 27 日，第 21 版。

异的做法都不会成功，反而会给世界文明带来灾难。"① 一个国家的经济发展模式、政治经济制度和价值观等与这个国家的文化传统和因素密切相关，一个包容、开放和谦卑的文化是所有国家和民族履行人类和平义务的软法诉求。秉承中国优秀文化传统，借鉴吸收其他国家和民族的文化和制度，是当代中国走向世界的文化自信和中华文明自信的体现。当代中国国家哲学反对一切文明冲突论，倡导和而不同的文明合作论。作为负责任的大国，中国反对一切形式的霸权主义，不断倡导国家之间在重大问题上的合作、交流和对话，走中国特色的社会主义发展方向。

五 余论

称职国家理论包含了国家是什么和国家应当是什么两个方面的议题。称职的国家如同称职的人一样既具有正当性的品质，同时具备以资评判的规范标准。与意识形态化的原国论调不同（如"邪恶国家""专制国家""流氓国家"等），也与中国传统国家的原国论不同（如把国家视为家庭的扩大化），现代社会的原国论应当把握国家的一般性特征，在此基础上考察现代国家应当如何的标准。国家基础性权力的正常运转可以保障一个国家是正常国家，却不能保障国家不转变为衰败国家，更不能使正常国家永远处于持续性发展的状态。

弱势国家没有与之相对应的概念，除非这种意义上的概念建立在不平等的霸权主义的逻辑之下。以华盛顿共识为标识的新自由主义强调弱势国家理论，支持发展中国家或转型国家落实守夜人式国家的治理方案。弱势国家共识与新自由主义经济政策紧密相关，它一方面回避了在发达资本主义国家中强势国家存在的基本历史和事实，这样的国家从早期资本主义发展到晚期资本主义，走向桑托斯指认的"后国家"形态或弗里登所称的"新型自由主义"国家；另一方面无视发展中国家在维系基本的社会、政治、经济和文化秩序的同时，承担不断改善民生和提高民众福利的重任。对自由主义国家哲学的反思和批判需要借助于更为广阔的理论和实践资源。一种新的国家哲学要求重新审视和反思守夜人式国家理念、国家与市民二元论以及弱势国家思想。在政治哲学和思想方面，以中国为代表的新的正义论描述了一种超越

---

① 习近平：《在纪念孔子诞辰 2565 周年国际学术研讨会暨国际儒学联合会第五届会员大会开幕会上的讲话》，2014，第 8—9 页。

"福利国家"、"自由放任国家"和"计划经济国家"的新国家类型，为反思和走出自由主义哲学支配下的守夜人式国家提供了必要的经验和方案。

从被拒绝介入私人领域到被请求介入私人领域，现代国家在承担更多职责的同时拥有了更大的权力。国家在现代社会的重要性和有效性在于其发挥了消极和积极的双重功能。衡量国家称职的标准不是其权力大或小，无论何种意义上的国家权力，都需要受到制度性的制约。一个合目的且受到制约的国家制度是人类朝向更加文明的时代不可或缺的要素。国家角色从"统治"向"治理"的转变赋予国家更多更大的责任和权力。在称职国家的命题之下，国家治理能力现代化命题指向称职的现代国家的命题，它涉及两方面的内容：一是构建有序的正常国家，使当代处于民族国家的人民不至于生活在丛林法则支配的自然状态之中；二是超越自由主义哲学的消极国家概念，在既有的现代性正常国家的基础上，防范"没有发展的现代化"，避免国家和政府衰败。对于面向二十一世纪的政治与法律哲学而言，正确处理作为第五个现代化的国家治理能力现代化与第四种国家权力的关系是一个亟待破解的难题，这是中国的难题，也是现代国家都需要解决的难题。

第十三章

中国特色社会主义法治的历史境域

中国特色社会主义法治理论是中国当代法理学不能回避且需要认真对待的历史现象和重大课题。从法学理论角度考察、审视中国特色社会主义法治观念、实践和话语表达是理解当代中国社会的重要视角。任何一种以理论面貌出现的话语体系都会涉及超越经验性知识和情景性话语的溢出效力，其前提是要与封闭的垄断性知识结构划清界限，同时要与理论的自我普遍化倾向保持距离。开放性、反思性和历史意识构成了理论之所以是理论的基本品格，唯其如此，理论才能超越其所指面向，走向未来理想社会的能指领域。笔者对中国特色社会主义法治自身话语与关于中国特色社会主义法治的话语做出了适当区分，前者是解释性的，后者则是评价性的。就中国特色社会主义法治理论的自身话语而言，它是作为执政党的中国共产党对执政规范的自我表达和系统论述，显示了执政党将执政实践理论化和体系化的自觉意识，对这种自我表达和系统论述的评价区分出了两种类型的解释模式。

一种解释模式是解读性或理解性的评价。解读性评价是中国特色社会主义法治自身话语的体系化过程，主要表现在对党的决议、重要领导人讲话以及对党章党规性质的再认识。理解性评价借用了法理学上的重要术语和概念，或者对法理学上一些重要概念和术语重新予以界定，借此对中国特色社会主义法治做出辩护性解读。这两种意义上的评价没有超出中国特色社会主义法治自身话语的范畴。与此相对应，作为另外一种理论尝试和研究范式，关于中国特色社会主义法治的话语要将中国共产党对执政实践的自我表达的话语体系以及解读性或理解性的评价作为考察对象，重要的是在此基础上，按照唯物史观的要求，在历史事实、现实需要和未来社会之间建立联系和平衡，寻求内在超越的可能性，回答中国特色社会主义法治理论在什么意义上具有一般法理学才具有的品质及其能指价值。

一　社会主义法治的自我表达和几种学理解释

中国特色社会主义法治既是一种文本知识，也是一种实践知识。作为一种文本知识，中国特色社会主义法治的论述体现在党的历次代表大会决议、党的规范性文件以及重要领导人的讲话之中；作为一种实践知识，中国特色社会主义法治是正在实践中运行的规则体系。这种话语体系的形成和发展应归功于作为执政党的中国共产党。中国共产党是中国现代历史的重要参与者和领导者，也是中国现代历史的理论、思想和意识形态体系化等方面的创造者和书写者，这是马克思主义政党与其他政党的一个重要的区分。中国特色社会主义理论是中国共产党对社会主义建设的历史实践体系化和理论化的自我表达和系统阐述，中国特色社会主义法治理论同样归功于作为执政党的中国共产党。如同对任何作品的解读，无论对作者"隐蔽的意图"的揭示还是创造性解读首先应当建立在探究作者原意及尊重作者的基础上，其情形如同挖掘立法者的立法意图一样始终具有意义。

（一）中国特色社会主义理论、法治体系与法的本质

中国特色社会主义法治理论是马克思主义法学原理与中国社会主义实践尤其是改革开放实践相结合的产物，具有高度的政治性、中国性和现实性。马克思主义法学揭示了法作为统治阶级意志和利益体现的政治性，社会主义法治是无产阶级/工人阶级的意志和利益的体现，显而易见，体现了无产阶级意志和利益的法治是中国的社会主义法治，不是苏联社会主义法治，也不是别的社会主义国家的法治。从历史国家的角度看，中国的问题是当下的问题，既不是旧民主主义革命和新民主主义革命时期的问题，也不是"百代都行秦政制"时期的问题。当下中国具有严格的历史阶段性特征，它大体上属于新中国建立之后尤其是改革开放之后形成的法律制度、法律体系和法治思想的总称。讨论中国特色社会主义法治自身话语首先应当关注中国特色社会主义法治的历史起点和时代背景。

1. 1982 年的历史地位

中国特色社会主义法治理论源于中国特色社会主义理论，是中国特色社会主义理论在法治领域的延伸和表达。中国特色社会主义理论是在二十世纪八十年代由执政党提出并一以贯之的思想体系，这种思想体系总结了新中国成立后建设社会主义的经验和教训，并在改革开放的背景下提出了中国在社

会主义初级阶段的发展目标、道路和方向。党的执政原则、改革开放、社会主义初级阶段分别指向中国特色社会主义理论的创造者、时代精神和历史背景。在完成了拨乱反正、平反冤假错案和真理大讨论的时代任务之后，尤其是在1978年通过了十一届三中全会公报和1981年通过了新中国成立以来党的若干历史问题决议之后，1982年发生了足以影响中国未来格局的三件大事：执政党正式提出中国特色社会主义的概念、修改党章和修改宪法。① 这三件大事分别发生在中国当代的思想领域、政治领域和法律领域，中国特色社会主义理论、党章和宪法成为理解当下中国基本规范的三个关键词。中国特色社会主义理论贯穿于宪法和党章，宪法和党章从国家根本法和党的根本法角度体现和巩固了中国特色社会主义理论。

1982年不是新的建国行为的年份，却是首次规范建设社会主义的年份。1982年宪法规定："社会主义制度是中华人民共和国的根本制度。禁止任何组织或者个人破坏社会主义制度。"新中国成立以来颁行的前三部宪法都没有关于中国根本制度的规定。从政治角度看，社会主义制度分为根本政治制度和基本政治制度；从经济角度看，社会主义制度建立在以公有制经济为主体的多元经济秩序的基础上；从精神角度看，社会主义制度是马克思主义中国化的表现，毛泽东思想、邓小平理论、"三个代表"、科学发展观和"中国梦"等都是马克思主义中国化在理论、文化和思想方面的具体形式。对社会主义制度具体形式的表述构成了中国当代的基本规范体系。

规范建设社会主义要求将社会主义作为我国的根本制度予以维护，任何人和任何组织都不能偏离社会主义的方向，对于不同时期的执政党来说更是如此。1982年以来，党的历届代表大会的主题在中国特色社会主义思想上的内在连续性，表明了执政党遵守和实践社会主义制度的合宪性。倘若按照实质宪法和形式宪法的划分标准，社会主义制度是实质宪法，它是中国人民在历史时刻的决断，也是中国人民主权的象征。作为最高国家权力机关的全国人民代表大会也不能通过修宪程序将"社会主义制度"改为"资本主义制度"或"君主立宪制度"等。无论有什么根本法或第一根本法的概念，都不如社会主义制度提法或指称更为名实相符。

2. "党内法规体系"进入中国特色社会主义法治体系

2011年官方宣布中国特色社会主义法律体系形成，三年之后即在2014年

---

① 1982年9月1日，邓小平在《中国共产党第十二次全国代表大会开幕词》中提出，"把马克思主义的普遍真理同中国的具体实际结合起来，走自己的道路，建设有中国特色的社会主义，这就是我们总结长期历史经验得出的基本结论"。

党的十八届四中全会提出中国特色社会主义法治体系的概念。中国特色社会主义法律体系和中国特色社会主义法治体系都是对中国特色社会主义理论和实践的法律化，但将法律体系改进为法治体系具有两个方面的显著意义。一是启用了具有普遍意义的法治概念，它在语用上与宪法规定的"依法治国，建设社会主义法治国家"的精神一致，同时这一概念与西方法理学所通用的概念一致。二是执政党和法学家将"法律体系"和"法治体系"做出区分不仅在于说明法律体系形成之后的实施问题，即如何从静态的、"纸上"的法律体系转变为动态的、行为中的法律体系，更为重要的是，"法治体系"被权威性地解释为包括法律规范体系、法治实施体系、法治监督体系、法治保障体系和党内法规体系等方面，其理论的张力就显得极为特殊、重要和引人注目。① 在阐释社会主义法律体系这一较为独立的概念时，法律的实施、法律的监督和法律的保障等内容本身就是题中应有之义，在法治体系中加入"党内法规体系"拓展了法治的适用范围，也为法治研究增添了对象。

在中国特色社会主义法治体系中，党内法规体系与法律法规体系是法治体系中并列的组成要素，它们与其他的法治体系的要素共同构成了中国特色社会主义法治体系的结构，也同时作为这一结构之下两个相对独立的构成要素而存在。"党内法规体系"进入法治体系一方面表明党内法规体系从属于法治体系，党内法规体系是法治体系的组成部分，法治体系不是党内法规体系的组成部分；另一方面着眼于党的建设理论形成了党的法治建设观，党通过自身的规范体系并借助于法治体系的概念强化了党建的自我规定性和法治之间的统一性，将党章规定的"党必须在宪法和法律范围内活动"转化为国家的行为，从而赋予了党的话语法理的属性。

3. 法的本质与中国特色社会主义法治

马克思主义法学关于法的本质说解释了法的普遍性规律和所有国家与民族的法律体系的共同现象。中国特色社会主义法治的本质性规定揭示了中国当下法治的性质、功能和运行方式。党的十八届四中全会通过的《中共中央关于全面推进依法治国若干重大问题的决定》指出："党的领导是中国特色社会主义最本质的特征，是社会主义法治最根本的保证。"法的本质是统治阶级的意志和利益的体现，党没有自身的特殊利益，也没有自身的特殊意志。如果存在一种党的利益、党的意志，这种利益和意志则来源于或归属于人民的利益和意志。党对社会主义法治的领导与党作为社会主义法治的保证者没有

① 张文显：《建设中国特色社会主义法治体系》，《法学研究》2014 年第 6 期。

必然的矛盾，从社会主义法治的本质说和保证说的区分性关系中，可以探究中国特色社会主义法治的具体经验和法治的运作规律。

从规范的角度看，党的领导一词源于宪法规定的"工人阶级领导"。中国共产党是工人阶级的先锋队，是工人阶级的内在组成部分，它以政党的方式代表了工人阶级。这种代表性，从历史的角度看，先于新中国的成立，并在新中国成立和成立之后继续作为领导阶级的先锋队而存在。党的领导经历了新民主主义革命、社会主义建设和改革开放的各个阶段和过程，宪法对这种历史事实的确认保障了法的本质的规定性。法学界关于宪法序言是否具有宪法效力，以及宪法序言中党的领导的宪法规范化讨论，无论结果有何差异，均不影响党的领导与工人阶级作为领导阶级之间的内在统一性。党是领导党，工人阶级是领导阶级，强化党的领导就是巩固我国工人阶级的领导地位和作用。"三个代表"理论对党的代表性的扩大仍然建立在党是工人阶级先锋队的判断的前提之下，中国共产党首先是工人阶级的先锋队，进而也是中国人民和中华民族的先锋队。总之，中国特色社会主义的法治体现了我国工人阶级作为领导者或统治阶级的现实状况和属性。党的领导不是社会主义法治的本质特征，而是社会主义法治的根本保证。

（二）中国特色社会主义法治理论的几种学理解释

在对中国特色社会主义法治的权威性解释中，中国特色社会主义法治包含党的领导、人民当家作主和依法治国的有机统一。"三统一"的核心是党的领导，作为法治的手段的完善，作为目的的人民当家作主的愿望的实现皆依赖于党的领导。换言之，党的领导的发展和完善是法治的完善和人民当家作主的根本保证。在这种历史事实和宪法的规范性规定之下，对中国特色社会主义法治的学理分析和研究产生了一些成果，这些成果基于不同的视角和研究方法论证了党的领导的正当性学理和构思。

1. 主权结构论

政治宪法学从法社会学的角度审视了党的基础规范在规范体系中的最高效力属性。"中国人民在中国共产党领导下"的表述首先是一种历史事实和社会实践，其要义是中国共产党是领导中国人民事业的核心力量。如何把一种存在的事实转化为一种规范的行为，不能从其自身中获得正当性。借助于对人民主权论的重新阐述，第一根本法是政治主权的产物，以此与一种被称为法律主权代表的概念相对比。"双重主权代表制"一方面遵循了人民主权论的现代社会的正当性原理，另一方面则描述和解释了党的领导作为一种正当性权威的历史事实和社会实践。第一根本法的理论主张成为论证党的基础规范的学理。第一根本法是根本法结构中的首要根本法，它规定了其他次要的根本法的性质和方向。

2. 宪法惯例论

宪法惯例论将党的领导作为一种不成文宪法的表现。通过对宪法的重新分类，宪法的类型从过去的成文宪法和不成文宪法的结构性属性转化为宪法—不成文宪法—成文宪法的线性属性，不成文宪法享有了高于成文宪法的效力特权。党的领导实践是一种宪法惯例或不成文宪法，其在效力上不仅高于成文宪法，也具有宪法上的正当性。虽然宪法惯例论无意在"党大还是法大"的伪命题上做出判断，正如下面所分析的那样，这种论证方式更多地采用了法律一元论的思维方式，即通过学理的分析而在规范体系中确立最高的规范，并以该最高规范为标准衡量其他次级规范的合法性和有效性，纯粹的法律一元论是指那种寻找和确立社会的最高规范并从最高规范那里获得规范效力等级的学说。

3. 党导立宪论

党导立宪论认为我国的政治制度事实上是党的权力和人民的权力同时存在的二元政治体制。就其历史的、实践的或实然状态而言，党导立宪论与党章作为不成文宪法的主张在精神上是一致的，强调了党的领导作为有约束力规范的现实存在。不过，党导立宪论没有沿袭党的领导作为不成文宪法的主张，它认为，"党导立宪制是中国的现实，只不过现在是以潜规则形式存在，不规范的地方很多。……既然党导立宪制已经是中国的现实，也将是不短的未来的选择，我们就既不能掩耳盗铃，也不能拿着民主立宪制标准来批判中国的现实。正确的道路也许应该是怎么有效地规范现在的党导立宪制，将潜规则的党导立宪制变成明规则的党导立宪制"。① 从规范和法渊的角度看，以潜规则形式出现的党导立宪行为不属于成文的法律规范的范畴，也不是不成文宪法的解释对象，它一开始就偏离了法律一元论的视角，而试图在规范多元论中获得解释力。

主权结构论、宪法惯例论和党导立宪论等是对中国特色社会主义法治论的学理解释，这些解释在法学界引起了不同意义上的反应，虽产生了较大的争议，仍不失为构建型法理学的一种尝试和努力。其他的一些理论同样表现了构

---

① 柯华庆：《中国式宪政：试论党导立宪制》，爱思想网：http://www.aisixiang.com/data/84804.html，2016 年 10 月 29 日。

建意义上的中国当代法理学的智性努力，如集体总统制、先进性团体理论等。①

（三） 中国特色社会主义法治与特殊法理学

1. 一般法理学和特殊法理学

通常来说，法理学是以整个法律现象的共同发展规律和共同性问题作为研究对象的学科。一般法理学是指法的概念、原则和精神不仅适用于特殊的人群，也适用于一般的人群；不仅适用于一个特定的国家和地区，也适用于全人类。一般法理学关注的是人类法，而不是较为具体的国家法和地方法。一般法理学从地方法、区域法、国家法、国际法等特殊的法律体系中发现和获得普遍适用的法的原则。特殊法理学分别在地方法、区域法、国家法中解说立论。特殊法理学研究具体国家和民族的法律观念、法律行为、法律制度和法律关系等一般性方面。从历史国家的角度看，有传统中国的法理学、民国法理学和当代中国的法理学；从国家的性质看，有奴隶制国家的法理学、封建制国家的法理学、资本主义国家的法理学和社会主义国家的法理学；从政体类型的角度看，有君主制国家的法理学、贵族制国家的法理学和民主制国家的法理学；从法系的角度看，有大陆法系的法理学、普通法系的法理学、中华法系的法理学、伊斯兰法系的法理学等之别。

有关特殊法理学和一般法理学的区分是否存在以及是否有价值，在学理上是存在争议的，这取决于人们对法理学性质的不同定义。从法的功能说的角度理解，法理学因服务于特定历史时期和国家而具有特殊性。从法的形式主义和法的自然说角度，似乎就会呈现法的一般性特征。对前者而言，不同国家和地区的法律都共同拥有一套法律概念，如权利、义务、法律关系、法律责任、犯罪、惩罚、侵权、效力、无效、占有等，这为近代以来法律科学主义的产生提供了学理基础。对后者而言，法是正义的化身而被认为具有超越时空的一般性效果，这在自然法理论中得到了充分的体现。审视法律科学的命题，即使不同国家和地区的人们共享一套法律术语和概念，对这些法律术语和概念的具体解释也是不同的，同样的，对正义的理解在不同时代和不同国家也是不同的。法律科学论和法律正义论因其在实践中的巨大差异而丧失了其理论的解释力。

---

① 由胡鞍钢首次提出的"集体领导制"在国内外产生了巨大反响，一篇严肃的评论性文章出自美国的白柯教授。见〔美〕白柯《为21世纪的中国设计社会主义民主理论：中国宪政国家兴起语境下对胡鞍钢"集体领导制"理论的思考》，《清华大学学报》（哲学社会科学版）2015年第4期。

究竟有没有一个适用于全部人类历史并揭示法的共同现象和共同规律的一般法理学呢？如果答案是否定的，法理学就是特殊法理学的代名词，区分特殊法理学和一般法理学就没有意义。如果答案是肯定的，在否定了法律科学论和法律正义论的情况下，又从哪里去发现和展示法的一般性规律或所具有的普遍解释力呢？

在特殊法理学和一般法理学之间存在既相互冲突又相互结合的三个方面的张力。首先，特殊法理学与一般法理学的张力表现在特殊与一般的相对主义的层面。特殊性和一般性都是相对的，没有绝对的特殊，也没有绝对的一般。相对于地方法理学，国家法理学是一般的；相对于国家法理学，国际法理学是一般的。其次，特殊法理学与一般法理学的张力表现在前者是实然的经验性研究，后者是应然的价值研究。最后，也是最为重要的是，特殊法理学和一般法理学的张力表现在研究范式的差异，这取决于论者对法律一元论、法律多元论和规范多元论的判断和理解。如果在法理学中区分了一般法理学和特殊法理学，就会呈现规范多元论的方法论，而不是法律一元论和法律多元论的方法论。从纯粹的法律一元论的角度看，党的基础规范连同其他党的规范不是法律，不具有法的属性；从规范多元论角度看，党的基础规范如同其他规范体系一样则具有平等的在其固有领域的最高价值；从法律多元论的角度看，党章只有获得了来自宪法和法律的认可，才具有其自身规范上的效力。

2. 党内法规体系概念辨析

讨论中国当下的法治，一个不能回避的重大理论问题是，适用于9000多万党员的党的规范体系如何对全体公民发生领导意义上的后果。法律效力之不同于领导实效就在于前者对所有受法律管辖的社会成员都有普遍的强制约束力，而党的领导对全体社会成员只具有间接的也是引导性的作用。一般认为，党规不是国法，紧随其后的问题是，如果党规不是国法，党规是什么？将党内规范性体系称为党内法规是否意味着前者获得了法律的属性？对于"党内法规"的属性，有的学者认为，其基本定位属于社会法和软法，而非国家法和硬法。然而，中国共产党的组织可以根据宪法和法律直接行使某些国家公权力，如党对军队的绝对领导，党管干部（包括国家的干部），党对国家经济、社会重大事务的决策，等。[①] 人们既不能简单地将党的法规界定为一般的社会法和软法，更不能将其等同于源于国家的一般法规，与一般的国家法

---

① 姜明安：《论中国共产党党内法规的性质与作用》，《北京大学学报》（哲学社会科学版）2012年第3期。

相比，无论软法还是社会法，都不具有在国家范围内的普遍强制力。① 将"党内法规及其体系"植入"法治体系"之中，而未同时把其他社会法体系或软法体系纳入其中，显示了对多元规范体系研究所呈现的阶段性的时代特征。

不同于二十世纪末二十一世纪初中国法学界对民间法、习惯法和不成文法等非国家法的热情讨论，其时受后现代法学、改革开放松绑型社会的形成以及传统文化复兴等影响，从非国家视角看待人的实践行为赋予了自下而上社会变迁的能量，② 党内法规概念重新引发了法学家对非国家制度法的重视，但其视角首先是执政党的，因而是自上而下的。用党内法规及其体系描述党组织、党员行为以及相互关系，可以用来解释党成立以来的自我规定、自我约束和自我管理的行为。当然，在一般意义上，这种状况适用于任何党、非政府组织以及其他的自组织行为。例如，二次革命之后，孙中山重组国民党时明确提出了"依主义治党"，以期强化党内团结，规范党内行为，以别于"以法治国"。党规与国法分离说从一个角度解释了不同规范在不同场域中的作用和效力，但没有回答党规与国法之间的效力等级和可能存在的冲突。③

用法律一元论不能回答党规与国法之间的效力等级关系，较为纯粹的法律一元论排除了国家立法者以外的任何规范是法的主张。例如，奥斯丁认为法律是主权者的命令，一个国家只有一个主权者，也就只有一套由主权者命令组成的法律体系。规范多元论则认为，一个社会和国家的秩序是由不同的规范构成的，国法只是其中的一个规范，不过，规范多元论同样面临不同规范之间的冲突的最终解决方案。在规范体系的概念之下，制定法的渊源应当从不同规范那里获得其质料，同时制定法本身以认可的方式允许国法以外的规范的合理存在，这种方案试图调和法律一元论与规范多元论之间的紧张关系。在法律多元论的命题之下，国法一方面如同在法律一元论之下有其最高效力的价值，又可以通过"认可"的法的产生方式而赋予非国家法法律上的效力。法律上的认可行为没有创立新的规范，它只不过通过立法或司法行为对已经存在的规范赋予了法律上的强制力。

① 关于软法的性质和意义，参见罗豪才、宋功德《软法亦法——公共治理呼唤软法之治》，法律出版社，2009。关于软法的实施效力，参见方世荣《论公法领域中"软法"实施的资源保障》，《法商研究》2013 年第 3 期。

② 有关讨论见苏力《法治及其本土资源》，中国政法大学出版社，2004；梁治平《乡土社会中的法律与秩序》，载梁治平《法律何为：梁治平自选集》，广西师范大学出版社，2013。

③ 孙中山把国法与党规分开预示着将国事与党事分开，其立意在于强化治党需要遵循以主义为统领的人治主义。见孙中山《我们要国事与党事分开来办》，载孙中山《孙中山在说》，叶匡政编，东方出版社，2004。

法律一元论、规范多元论和法律多元论还会继续争论下去，但从上面有限的区分中可以看到，如果用法律多元论的视角去理解融合了"党内法规体系"的"中国特色社会主义法治体系"意味着国法与党规都是"法"，国法通过认可的方式赋予了党规自身规范上的效力，党规只有在宪法和法律的范围内才能获得其自身规范上的效果。在这个意义上，把党规称为"法规"不会显得唐突，也因此获得了法理上的支持，这样一来，我们就获得了在中国场域讨论法律多元主义的一个结果，这个结果可以属于规范多元论或法律多元论的一个结果，但与法律一元论相去甚远。

3. 法律一元论与多重主权代表论

宪法是国家的根本法和基本规范，党章是党内法规体系的根本法和基础规范。在这里，问题不在于是否可以将党章称为根本法或基础规范，而是要在两种不同性质的根本法或基础规范之间产生具有效力等级的规范体系，这个问题延续了上面关于法律一元论、规范多元论和法律多元论的讨论，但在理论上更具根本性和基础性。主权结构论认为，中国人民是事实上享有主权者，中国共产党和全国人民代表大会分别是主权者的政治代表和法律代表。从思想渊源上看，多重主权代表制继承了施密特关于历史决断论的实质宪法主张，但它改变了布丹主权不可分割，以及卢梭主权不可代表的主张。主权的不可分割性是指主权只能由主权者排他性地占有和享有，不可分享性是主权的唯一标识。① 主权者的代表或类似的主权者代表人等说辞，如果是为了强化主权者的唯一性是成立的，但将主权者的代表人说成主权分殊性是不成立的。一旦双重主权代表制（更不要说是多重主权论了）得以成立，主权的唯一性就会受到动摇。

主权不可代表，也不可分割，国家权力可分割、可代理。国家权力的代表者和代理者享有了由主权转化而来的国家权力。主权是一个绝对性的整体权力，它不能等同于属于国家权力的立法权、行政权和司法权，也不是这些国家权力的总和。执政权在本质上属于国家权力，执政党间接地行使了抽象意义上的国家权力。在委托关系的约束条件下，一个受托行使国家权力的个人或机构不是不同形式的主权者，也不能以主权者自居。中国共产党是国家权力的政治代表，不是政治主权者；全国人民代表大会是中国人民的立法代

---

① 布丹说："君主的首要性特征就是为全体臣民制定普适性的法律和专门适用于某些个别人的特别法令。……（君主）如果要经过他的臣民的同意，如元老院或全体民众，那么他就不是一个主权者。"〔法〕让·布丹：《主权论》，〔美〕朱利安·H. 富兰克林编，李卫海等译，北京大学出版社，2008，第107—108页。

表，不是法律主权者。拥有终审权的最高人民法院、香港终审法院和澳门终审法院以"法律的名义"宣判，它们是国家权力的司法代表，不是不同形式的司法主权者。混淆主权和国家权力的关系是主权能否像国家权力那样受到限制争论的主因。

毋庸置疑，无论是双重主权代表论还是多重主权代表论所组成的主权结构都呈现了法律一元论的思维方式，其所包含的效力等级因素的垂直规范体系也是显而易见的。中国人民和中国共产党的领导是事实主权者，是第一根本法，次一级的根本法应当服从于高一级的根本法。把党的领导的实践解释为不成文宪法赋予了党章及其规范以最高法律效力来源的特质，形成了不成文宪法（党的领导）、成文宪法（1982 年宪法）、基本法律、法律、法规等效力等级规范体系。对于党导立宪制而言，姑且不论用潜规则和明规则的分类解说规范多元论是否成立，潜规则在通常意义上是一个反规则的概念，在任何意义上潜规则都是一个难以正当化的概念。将党导立宪制中的"潜规则"通过制定"第五部宪法"而被提升到"明规则"的高度，维系的是党导立宪论的核心命题，即党章与宪法的二元体制，但在学理上未能说明两种不同的规范体系效力等级问题。颇为矛盾的是，将党章作为一个附件列入宪法之后的修宪提议，强化的是宪法的权威，只不过党章已经变为成文宪法的一个组成部分了。按照党导立宪论的自身的逻辑，不是将党章作为宪法的附件，而是将宪法作为党章的附件更具理论上的连贯性，但这是论者无论如何也不会做出的选择。

二　西方文化背景下的欧美法理学

倘若把中国特色社会主义法治论视为一种源于中国并在中国有效的特殊法理学，那么是不是就可以认为西方法理学是一种一般法理学呢？对这个问题的回答将议题引向对西方文化背景下的欧美法理学的重新审视和性质判断。就法治的历史实践看，法治源于西方并在西方社会中获得了较大的成功。然而，对西方的法治是否等同于法治却是有疑问的，正如对源于西方的现代性是否等同于现代性是有疑问的。在对西方的法治属性做出具体的判断之前，笔者首先把法治理解为一种现代性的历史成就。在对前现代社会和现代社会做出区别性特征的分析时，法治作为一种现代社会的新的秩序观发挥了关键性作用。在描述西方资本主义国家法治理论时，泰勒提出了社会想象在法治生成和发展中的构成性功能。法治的社会想象形成了特定地区和人群关于未来社会理想秩序的意识流、观念束和精神指引，指向一种时代背景和社会趋势。[①] 社会想象既具有韦伯所讲的理想型的特征，也体现了有意识接纳传统文化和异域文化的自觉精神，重要的是，一种社会想象要求从历史的维度审视社会成员所处时代的国家观和社会秩序观。

（一）西方的社会想象

按照泰勒的解释，西方现代化的社会想象是以方法论个人主义为主要内容的。方法论个人主义不同于原子论个人主义，后者是把个人在社会和政治层面上看作孤立的和自足的。方法论个人主义一方面从道德关怀的层面平等地对待每一个人，其逻辑起点和终点都预设了个人权利和个体自由的抽象价值，然而，连接这种逻辑起点和逻辑终点的方法却是"集体主义的"或"共同体的"，这一点成为我们解读古典自由主义哲学的新的视角。为此，西方法哲学的视域被有效地分解为三个方面：一是以启蒙为主线的强化个人权利的道德和政治哲学，为此确立了现代法哲学的逻辑起点；二是捍卫这个逻辑起点而形成的现代法哲学的逻辑终点；三是从单纯的逻辑起点出发，如果不能借助于适当的方法，就难以达到逻辑的终点。在这个问题上，产生了现代主体性和现代主体间性的关联和区隔。过程集体主义意味着享有权利和自由的个体通过重新联合的方式抵达其目的地。通过民主的方法建构现代国家，即以一种新的政治共同体形式在现代法的逻辑起点和逻辑终点之间获得沟通的正当性话语。

逻辑起点、逻辑终点和方法论个人主义都被纳入理论假设或前设的框架之下，论证这些相关的理论假设起初借用了直觉主义的方法论或直接从唯心主义那里获得了解释性的工具概念。从西方历史中，也只从西方历史中为源于西方的现代法观念做出反思性辩护成就了现代性法治的西方性、独特性和地方性，其结果是西方国家的法治观从其历史中获得了合法性话语，并在不同历史时代寻求法治的共性。以方法论个人主义为社会想象的西方法治观一旦确立，就需要重新解释历史和发展方向，而不是在中断历史的口号下建构全新的社会秩序。罗马法赋予十六、十七世纪大多数法学家极大的灵感和素材，几乎每一个法学家都是罗马学家。法治的渊源至少与古罗马息息相关，并从古罗马的政制那里获得了质料，同时，仅仅将历史推进到古罗马是不够的，如果不是从柏拉图，至少从亚里士多德的法治观来看，西方国家的法治

---

① 参见〔加拿大〕泰勒《现代性中的社会想象》，李尚远译，商周出版社，2008。

观又向前推进了一步。

这种历史连续性的法史观对"黑暗的中世纪"不再做出全然否定的评判。基督教的神人立约体现了契约精神，封建制维护的则是封建主与其属臣之间的契约关系。契约关系建立在西方特有的自然法传统的叙事思维结构之中。对自然法的分类——古典自然法、中世纪自然法和自由主义自然法——和区分没有掩饰其仍在的一致性精神。中世纪的自然法被认为体现了这样一种思想，教皇统治和世俗统治关于管辖权的争论因为是作为相互制约的外部力量而获得了应有的历史地位，考文说，"美国宪法理论直接从中世纪继承了这一观念"。① 尼摩强化了这一点："美国革命的原创思想是在该革命发生前一个世纪的英国共和主义者的思想，它们本身直接来源于宗教改革和反改革运动，以及源自'教皇革命'的整个神学和法律传统。"② 法哲学家们通过重新解释古希腊罗马法的精神，从理论上服务于新社会和新国家。西方法哲学家关于国家和法治秩序的建构乃是在历史连续性的方法论中进行的，西方国家的法治从古希腊、古罗马和基督教文化中获得其思想和文化根基。

（二）西方的中国想象

古希腊古罗马基督教特色的资本主义法治从自身的历史中寻找材料，是与对异域文化的法治经验或无意识地拒绝或有意识地排斥同时展开的。人们可以从几乎所有的西方政治法律哲学的论述中看到一个现象，中国（也可以延伸到印度或东方国家）是作为一种"差异"的比较对象而登场的。差异即不足，不足即落后。理论分析的路径从"差异"论走向"不足"论产生了理论优劣论的格局。一个典型的例子是，在清末，基于一系列不平等条约，西方列强借口中国法律落后设立的治外法权和领事裁判制度，清末法律改革的一个重要标识是要满足西方列强对一种理想法律体系的主观要求，这种主观要求以西方性为背景并以一种普适性的强制性话语发生作用，遂使清末的法律制度丧失了应有的自主性和中国性。③

阿玛蒂亚·森认为西方文化不是西方社会纯而又纯的产物，支配西方文

---

① 〔美〕考文：《美国宪法的"高级法"背景》，强世功译，三联书店，1996，第15页。
② 〔法〕尼摩：《什么是西方：西方文明的五大来源》，阎雪梅译，广西师范大学出版社，2009，第131页。
③ 相关讨论见公丕祥《司法主权与领事裁判权——晚清司法改革动因分析》，《法律科学》2012年第3期。

化的现代性吸收了包括印度、中国在内的非西方国家的经验①，但这种认识不足以改变西方国家法治观的叙述和方法。事实上，将中国作为"不足"的分析对象并不是一开始就形成的，欧洲的中国想象从中国文明论向中国"野蛮"论的集体转变是在一个具体的历史阶段发生的。根据程艾兰的观察，十七世纪末和十八世纪初的亲华热在 1750 年前后急剧降温，并开始朝着排华热的方向逆转，加上许多其他因素，"中国"在十八世纪和十九世纪欧洲思想界的位置终于产生了重大的转变。当哲学家们追随孟德斯鸠的《论法的精神》（1748年首次出版）而开始关注政治理论时，对中国的祛魅便逐渐成形。②《论法的精神》将"中华帝国"描绘成一个"专制国家"和非文明国家，这一判断在黑格尔的思想体系中达到了高峰，与此前莱布尼茨等人对中国文化的推崇形成了鲜明的对比。黑格尔从世界历史的维度出发，认为"世界历史不过是自由意识的进步罢了"，中国因其缺乏起码的个人自由意识，与其说中国文明是世界历史的开端（哪怕是早已停滞了的文明），不如说是"处在世界文明之外"。黑格尔认为波斯帝国、古希腊、罗马帝国和他所处的日耳曼世界呈现了自由意识进步的各个环节和过程。③

　　将中国的落后从制度、习俗和行为规则等单纯的历史材料上升到历史哲学即精神和意识的高度，使西方社会对中国的想象发生了叙述范式上的重大跳跃。并非所有的人都认同黑格尔对中国文明的判断和结论，重要的是要注意黑格尔的叙述模式作为西方普遍的思维方式的存在。这种思维方式在泰勒的社会想象论、安德森的想象的共同体乃至今天依然潜伏着的亨廷顿的文明冲突论中都有不同的表现。根据孔飞力的观察，十八世纪中叶前后恰恰是中国开始走向衰落的时期。伴随着中国国力的衰落，先前描述中国文化和中国制度的词语不再作为其他国家和民族学习和效仿的对象。支撑日本现代化过程中的"脱亚入欧"论是在扬西贬中的叙事逻辑中呈现的，这个逻辑本身没有超出黑格尔将中国文明排斥在世界历史之外的判断。工业革命发生以来，世界历史的格局发生了重大变化，先有欧美国家在国力方面的强大，后有理论的猫头鹰的起飞，再有欧洲的中国想象的"祛魅"潮流。理论和文化的自信源于国力的增强以及来自异域文化和观察者的自觉认同。十九世纪三十年

---

① 〔印〕阿玛蒂亚·森：《身份与暴力》，李凤华译，中国人民大学出版社，2009。
② 程艾兰：《欧洲的中国想象：从"哲学王国"到"东方专制国家"》，彭湃网，http://www.th-epaper.cn/newsDetail_forward_1315350，2016 年 10 月 8 日。
③ 〔德〕黑格尔：《历史哲学》，王造时译，上海人民出版社，2001。对黑格尔历史哲学观的经典解读，参见〔澳大利亚〕彼得·辛格《黑格尔》，张卜天译，译林出版社，2015。

代，年轻的托克维尔以外来观察者的身份概括和赞扬了美国的民主。这是美国民主文化自信和他信结合的成功范例。如果不是美国在经济和国力等方面日益显示的强大局面，以及相比之下当时欧洲特别是法国总是笼罩在飘摇不定的革命气氛之下，托克维尔对美国的赞誉就不会发自内心，有可能与他的其他欧洲访客们得出相反的评价。在文化自信和他信之间存在不可分割的联系，没有自信就没有他信。只有自信而没有他信，自信就有可能走向自我满足和自我陶醉的幻想。托克维尔对美国民主和法律制度的概括属于他信的范畴，有了这种他信，美国人自身对其正在实践中的民主自信就确立了。不过，一种文化的自信和他信固然建立在国力强盛的基础上，但国力强盛自身不是原因而是结果，这是另当别论的问题。

（三） 西方法理学：特殊法理学还是一般法理学

自从英国第一次工业化产生以来的二百多年时间内，西方国家获得了在全球意义上的主导行为，这种主导行为表现在经济、文化、思想和制度等各个方面。西方的成功与西方的优越性同时产生。西方的成功伴随着对落后国家的剥削和殖民，这种状况维持了一百多年的时间。从后殖民主义时代至今，全球化的历史背景未能缩小发达国家与不发达国家的差距，而且这种差距与日俱增。虽然国家分类学呈现了更多的视角和判断标准，但无论是"核心国家、半外围国家和外围国家""发达国家、发展中国家和落后国家"的划分，还是带有意识形态的划分，如"自由民主国家、社会主义专制国家"以及"文明国家和野蛮国家"等的划分，都聚焦于一个结果，即核心国家、发达国家、自由民主国家和文明国家等都属于西方国家。

史书美认为，西方的概念具有特定的地域和文化特征，"'西方'除了用来指代欧洲和北美国家，我还将西方当成是一种象征性建构。……西方是'被一种历史进程创造出来的强大的想象性实体，而这一历史进程将西方权威化为理性、进步和现代性的故乡'。西方实际是由一种帝国主义和民族主义推广和普及的想象性建构"。① 韦伯在《新教伦理与资本主义精神》中论证了新教对资本主义产生和兴盛的实质作用，西方的法治只能适用于拥有新教宗教意识的人员和地区。伯尔曼在《法律与革命》中讨论了西方法律传统正在走向衰落，但支配西方法律传统的学理仍然在发挥作用。以古希腊罗马及基督

---

① 史书美：《现代的诱惑：书写半殖民地中国的现代主义》，何恬译，江苏人民出版社，2007，第2页。

教为文化背景的欧美法理学排除了不是拥有古希腊罗马和基督教背景的国家和地区的人们适用其学理的可行性，除非这些国家和地区的人们获得了具有前意识的古希腊罗马和基督教的知识和背景。

西方法理学的代表人物、学派和主义支配了西方法理传统，西方法理学的经典则代表和延续了西方法理学的学派和主义。古典法理学的代表人物有格劳秀斯、孟德斯鸠、霍布斯、洛克、卢梭、康德、萨维尼等。新古典法学的代表人物则有哈特、德沃金、罗尔斯、菲尼斯、奥斯丁、边沁、凯尔森、卢埃林等。将这些代表进行学派上的归类，就可以提炼出欧美法理学视野中的各种主义的差异：自然法学、实证主义法学、现实主义法学、功利主义法学、历史法学、社会法学、法经济学、后现代法学等。不同的法理学经典就其作者写作的背景和时代来看，着眼于特定的国家和地区，它们首先并且最有可能是地方性知识。波斯纳指出："对法理学颇有影响的那些作者，比如H. L. A. 哈特、罗·纳德·德沃金和尤根·哈贝马斯，全都声称是在抽象意义上描述法律，但实际上哈特谈论的是英国的法律体制，德沃金谈论的是美国的，哈贝马斯谈论的是德国的。"[①] 作为自由主义经济理论的代表人物，哈耶克心目中理想的自生自发秩序的国家是英国而不是德国。罗尔斯的正义理论，自称是关于自由社会或至少是"文明"社会中制度和文化的理论，其晚期的代表作《政治自由主义》强化了这一点。

受特定的历史和其他条件的限制，写作者及其阐释者的精神倾向于将地方性的、有限的洞察普遍化。研究特殊法理学与一般法理学关系的英国法学家退宁承认："西方的法学和法律理论的传统，在很大程度上专注于工业社会中作为国内法与国家法的民法和普遍法体系，对其他法律传统却很少关注。"[②] 古典法理学经典与新古典法学经典具有传承和内在的关联，它们都是建立在自由主义哲学基础上，从不同的角度阐述了方法论个人主义。问题不在于维护人的自由和权利有什么不妥，自由的主题是马克思主义的不变主题，而在于维护谁的自由、谁的权利以及如何维护人的自由和权利。特殊法理学所维护的自由和平等适用于特定的国家、地区和人民，即使在同一国家、地区和人民之中，真正平等地享有权利和自由也未能适用于全体社会成员。推翻了封建社会不平等的资本主义社会在形式上确立了在法律面前人人平等的原则，但并未因此而实现人与人之间的实质平等。资本主义社会内部的法律平等与

---

① 〔美〕波斯纳：《法律、实用主义与民主》，凌兵等译，中国政法大学出版社，2005，第11页。
② 〔英〕威廉·退宁：《全球化与法律理论》，钱向阳译，中国大百科全书出版社，2009，中文版序言，第2页。

事实平等之间的对立也从来没有消除过。托马斯·皮凯蒂撰写的《21世纪资本论》用翔实的数据证明，美国等西方国家的不平等程度已经达到或超过了历史最高水平，不加制约的资本主义加剧了财富不平等现象，而且这种现象将继续恶化下去。[①]

西方法理学产生、成长和服务于工业化的资本主义系统，这种意义上的特殊法理学的自我普遍化不能与一般法理学相提并论。按照桑托斯的理解，资本主义的自由资本主义、有组织的资本主义和去组织化的资本主义的发展变化没有改变西方法理学的内在精神和方向。一种有"西方之根"的现代性危机因其无法兑现现代性承诺（如平等的承诺、自由的承诺、永久和平的承诺、控制自然及这样做有利于人类共同利益的承诺等）而丧失了历史的合法性。现代性与资本主义历史性的结合关系，存在对于社会转型的四种解读方式：（1）中立的自由民主的胜利（如福山）；（2）未完成的现代性（如哈贝马斯）；（3）在资本主义内部产生的现代性崩溃论（如后现代主义的论述）；以及（4）对抗式后现代主义。前两种解读是话语的内部范式，没有触动这一范式本身；后两种解读试图超越西方现代性范式，但又不同于激进的后现代主义。对桑托斯而言，对抗式后现代主义是一种"非资本主义的、新社会主义的"范式，其目的在于揭示、创造和促进这一为社会转型所可能需要的进步性选择方案。[②] 进入社会主义叙事的对抗式后现代主义包含了解放的因素，而这种因素本身是社会主义理论命题的内在构成要素。

三 历史唯物辩证法视角下的中国特色社会主义法治理论

（一）两种方法论视角下的最低限度的法治概念

中国特色社会主义法治理论是对中国法治的文化渊源、中国法治的性质和方向以及中国法治的规范性问题的总体思考和系统表达，然而，推动我国当代哲学社会科学走向世界，增强我国哲学社会科学在国际舞台上的话语权和影响力是检验每一个社会科学学科的理论成就的重要标志。中国特色社会主义法治理论作为我国哲学社会科学的重要组成部分，如何走向"世界"以及走向"世界"的标志是什么？"法治理论"能够像技术产品或革命输出论

---

① 参见〔法〕托马斯·皮凯蒂《21世纪资本论》，巴曙松等译，中信出版社，2014。
② 相关讨论参见〔英〕桑托斯《迈向新法律常识：法律、全球化和解放》（第2版），刘坤轮等译，中国人民大学出版社，2009，第78页。

那样在世界范围内"引入"或"输出"吗？中国特色社会主义法治是描述和表达当下中国法治理论和实践的核心概念。在法治前面冠以中国特色社会主义限定词，表明这种意义上的法治是中国的，也仅是中国的；不仅是中国的，也是当代中国的。这种意义上的解释规定了中国特色社会主义法治的实践行为和惯习，它只对中国有效且不具有可复制性和向其他国家推广的价值。不过，基于对法治一词本身所具有的普遍规定性的解释，也因为社会主义法治在历史唯物辩证法中的地位，中国特色社会主义法治内在地包含了一般法理学的要素。

所谓法治的普遍的规定性是在对法治的"理想主义"和"法律实证主义"的学术分类的前提下展开的。基于对源于西方的法治宗教激进主义的批判，以及对绝对法律实证主义的担心（如希特勒时期的"法治国"），中国学者从法治的概念中梳理出"最低限度的法治概念"。通过对最低限度法治构成性要素的阐述并以这一概念为基础，中国当代的法治建设或许就可以从内在视角开发出中国法治的"中国性"，为此，王人博重估了中国法家法律观的价值①，梁治平论述了"党的领导"与"依法治国"的相互兼容性。② 对最低限度的法治论者而言，无论是法家眼中君主制定的法律，还是党领导制定的法律，都应当建立在包括法律制定者在内的所有人都必须服从于法律的逻辑前设的基础之上，而不必一定诉诸抽象的价值观，更不需要用现代西方的法治标准衡量中国的法治建设。最低限度的法治概念由于抽离了与法律实质性的内容联系而获得了一般法理学的性质。

从逻辑上来说，存在"最低限度"的法治概念，必然有"最高限度"的法治概念，或者至少存在高于"最低限度"的法治概念的概念。最低限度法治论者在这个问题上并没有做出回答，其结果是将最低限度法治概念与形式主义法律秩序画上了等号。形式主义法律秩序，正如哈贝马斯批判的资产阶级形式法一样无法反映复杂社会或风险社会的真实要求，未能在法律平等与事实平等之间建立时代所呼吁的平衡原则。最低限度的法治概念如同纯粹的形式主义法治概念既无历史，也无未来。一旦与具体国家、民族和历史阶段相结合，这种看似体现了一般性的法学观就落入特殊法治观或特殊法律制度的范畴，失去了理论发展的动力，也丧失了理论应有的批判性。尽管如此，

---

① 参见王人博《一个最低限度的法治概念：对中国法家思想的现代阐释》，载王人博《法的中国性》，广西师范大学出版社，2014。

② 参见梁治平《"中国特色"的法治：是什么，为什么，以及如何可能？》，载梁治平《法律何为：梁治平自选集》，广西师范大学出版社，2013。

最低限度的法治概念仍然具有其解释力，但首先应当把它置于历史辩证法的维度之中，以便从最低限度的法治向更高一级的法治的层级递进和转换。如果把中国特色社会主义法治作为最低限度的法治概念，它就需要获得向更高一级的法治阶段过渡和进入的内在动力。

抛开法的形式主义意义上的最低限度的法治概念，走向历史唯物史观视野中的最低限度的法治概念，首先要做的就是在方法上把法治定位于社会主义法治的历史阶段——一种在理念上不仅超越资本主义法治，也超越社会主义法治具体阶段的更高层次的概念。把中国特色社会主义法治简单等同于"中国"、"特色"、"社会主义"和"法治"的相加将不能正确理解这一复合概念对中国法治建设和法治发展的历史意义。对中国特色社会主义法治组合概念的分解可以分为两个方面。一是复合语由"中国特色社会主义"与"法治"两个概念组成，其重心在于"中国特色社会主义"，用"中国特色社会主义"作为定冠词来规定和说明"法治"，可简单概括为"中国特色社会主义的法治"。二是对复合语做出"中国特色"和"社会主义法治"的组合理解，它表明中国当下践行的法治是社会主义法治，其理解重点在于"社会主义法治"，用"中国特色"作为定冠词来修饰和说明"社会主义法治"，可简单概括为"中国特色的社会主义法治"。"中国特色社会主义的法治"概括了具有政治法学性质的特殊法理学的定义和性质，指明了这一概念自身所具有的时空上的具体性和特殊性。"中国特色的社会主义法治"高于"中国特色社会主义的法治"，包含了自身所具有的普遍规定性，体现了最低限度的法治向高一级法治迈进的历史法则。对中国特色社会主义法治概念的组合和再组合不是随心所欲的概念游戏，而是试图呈现思维方式的转换。

（二）历史终结论的不同表达

把中国特色社会主义法治的讨论语境从"中国特色社会主义的法治"转向"中国特色的社会主义法治"是从特殊法理学向一般法理学转化的尝试。在这种新语境之下，中国特色社会主义是社会主义初级阶段的社会形态，社会主义初级阶段不能等同于社会主义，社会主义作为一个整体包含了初级、中级和高级等阶段。中国特色社会主义的法治即社会主义初级阶段的法治，它仅仅适用于中国，并适用于当下的中国。中国特色的社会主义法治不仅适用于中国，也适用于全部的社会主义历史阶段。那么，为什么"中国特色的社会主义法治"比"中国特色社会主义的法治"具有更为普遍的解释力呢？这涉及社会主义历史自身的定位、道路选择和最终目标问题。

　　在新中国成立前夕，毛泽东写下了《论人民民主专政》一文。在文章的第一自然段，毛泽东"顺便"提了一下"人类进步的远景的问题"。何为人类进步的远景？其指向的是"大同境域"，即共产主义社会。"全世界共产主义者"懂得辩证法，比资产阶级高明和看得远，这是因为"我们和资产阶级政党相反。他们怕说阶级的消灭，国家权力的消灭和党的消灭。我们则公开声明，恰是为着促使这些东西的消灭而创设条件，而努力奋斗。共产党的领导和人民专政的国家权力，就是这样的条件。不承认这一条真理，就不是共产主义者。没有读过马克思列宁主义的刚才进党的青年同志们，也许还不懂得这一条真理。他们必须懂得这一条真理，才有正确的宇宙观。他们必须懂得，消灭阶级，消灭国家权力，消灭党，全人类都要走这一条路的，问题只是时间和条件"。① 毛泽东的远景论契合了马克思主义世界历史哲学的一般原理。作为马克思主义重要组成部分的马克思主义法治观包括三个方面的内容，一是以暴力方法打碎资本主义国家及其法律体系；二是建立体现无产阶级意志和利益的社会主义国家及其法律体系；三是最终消灭国家和法律本身。这三个方面的合力都指向同一个目标，即从世界历史的角度和全世界范围建立共产主义社会。按照这种理解，推翻资本主义国家之后建立的社会主义法治是一个过渡阶段，它是朝向共产主义社会的一个中间阶段，是为进入共产主义社会创造条件。如果把中国特色社会主义法治理解为实现共产主义的一个必经阶段，建构中国特色社会主义法治在逻辑上就成为在全人类意义上建构"自由人的联合体"的一个方法，这个方法不仅是中国的，也是世界的。

　　社会主义法治是一个包含了中国特色社会主义在内的历史概念。在自由主义哲学和马克思主义哲学讨论中都有资本主义和社会主义的比较性叙事，抛开纯粹的意识形态之争，关于资本主义和社会主义的存在价值和历史意义建立在不同的历史终结论的基础上。自由主义哲学历史观终结于资本主义的自由民主社会，就如同福山在二十世纪九十年代所宣称的那样。马克思主义哲学同样讨论历史终结的问题，就其最终指向而言，马克思主义哲学的历史观应当或需要终结于共产主义社会。不是所有的自由主义哲学家都采用马克思主义关于社会历史形态的划分，这种社会历史形态的划分是否一定适用于像中国这样的古老的东方国家也有争论，但自由主义哲学将社会主义社会作为其分析问题不可或缺的对象是普遍的，更不用说像西方马克思主义、法兰克福学派以及其他马克思主义的流派在这一问题上的共同坚守。两种不同的

① 毛泽东：《论人民民主专政》，载《毛泽东著作选编》，中共中央党校出版社，2002，第369页。

历史终结论都包含人的自由的最终目的的价值，但止步于资本主义阶段的自由主义哲学因为自我的指涉性规定而不能克服现代性的困境。马克思主义哲学看到了资本主义社会自身无法克服的内在矛盾，即私有制与社会化大生产之间的矛盾将导致熊彼特所谓的"创造性毁灭"，向社会主义社会过渡是其必然。

　　社会主义社会是资本主义社会和共产主义社会之间的过渡社会形态，社会主义社会与资本主义社会一样都不是历史的最终阶段。马克思主义法学属于马克思主义历史唯物主义和历史辩证法的思想范畴。马克思主义合理吸收了黑格尔的否定辩证法。建构社会主义国家及其法治体系发挥了自我肯定和自我否定的双重作用。在关于社会形态的划分问题上，马克思主义对奴隶社会、封建社会、资本主义社会和社会主义社会的划分抛弃了历史进化论逻辑，从历史唯物主义的视角，解释了每一个社会形态是对前一个社会形态的否定之否定，为社会进步论提供了新的解释力。马克思主义肯定了资本主义社会的历史进步性，抛弃了其阻碍社会进步的因素，提出了打碎资产阶级国家机器的革命方法，进而建立无产阶级国家的设想。建立无产阶级国家既是打碎资产阶级国家的结果，也是朝向无国家的共产主义社会的必要阶段和方法。建立高度发达的社会主义国家最终是向无国家、无法律的共产主义社会过渡。

　　讨论中国特色社会主义法治需要以共产主义社会为社会想象和背景。一旦屏蔽了共产主义的背景和设想，有关资本主义和社会主义的争论就只能陷入具体社会之间优劣性的意识形态之争。福山的历史终结论是在苏东剧变的历史背景下得出的具体结论，这之后，西方面对的则是中国模式的挑战。他断言，五十年后中国在政治上更像美国和欧洲而不是相反，其理据之一乃是因为"中国不再像毛泽东所处的革命时期那样，展现一种超出自己边界的普遍主义理想"。① 对资本主义的否定和对社会主义的自我否定是否定之否定的辩证法在共产主义学说中的具体运用。无产阶级对资本主义的否定，以及无产阶级对社会主义自身的否定，是对特殊规定性的超越。对资本主义国家的否定只是体现社会主义国家优越性的一个方面，而且只能是一个方面，在朝向共产主义社会的运动当中，建构高度发达的社会主义国家与自觉消灭已经高度发达的社会主义国家自身是同时发生的。为了消灭事物本身而建构事物乃是从特殊性走向普遍性的一个重要方法论。如果认为中国特色社会主义法

---

① 〔美〕福山：《历史的终结与最后的人》，陈高华译，广西师范大学出版社，2014，新版序，第 4 页。

治是特殊法理学，并需要不断强化这个特殊法理学的论点可以成立，那么超越这个特殊法理学而走向一般法理学的命题也是可以成立的。

中国特色社会主义法理学要想获得其优越性的道德品质，就要从具有普遍性的马克思主义法理学中获得精神养料，超越一切资本主义法理学的特殊性和局限性。一方面，中国特色社会主义法治包含了作为阶级工具的政党、国家权力和法律等学说的思想和制度体系，就其适用范围和有效条件而言，它仅能在中国产生并在中国国家范围内发挥效力；另一方面，基于作为向共产主义社会过渡的一个方法和侧面，中国特色社会主义法治决不能被理解为中国孤立主义的一个范例。只要马克思主义法学还是中国特色社会主义法治的指导思想，只要马克思主义法学还包含最终消灭社会主义法治的内容，正如一切实施社会主义的国家和社会，中国特色社会主义法治就有其超越中国的思想张力和理论诉求。如此看来，中国特色社会主义法治理论作为马克思主义法学在中国的表现和实践方式，内在地包含了一般法理学的基本要素和特征。

（三）开放性的中国特色的社会主义法治理论

共产主义作为远景具有全人类的视角和全球观。马克思主义的出发点和终点都在全人类的视域下展开其方法和原理。如果说社会主义国家可以在一个国家甚至一个落后的国家率先建立（例如根据列宁思想建立的苏联），共产主义社会在全球范围内才能建立。然而，正如退宁指出，"从全球的视角观察法律，以及构建在全球语境下的观察法律的一般法理学，并不需要诉诸天真的普世论。而是要把相互依存、文化和理论相对性、文化多元性的问题，置于研究日程的顶端"。① 哲学社会科学从特殊走向一般、从具体走向抽象在全球化背景下具有了真实的场域。从文化的角度看待中国法治就是从历史的角度看待中国法治的根基。对中国法治是否"有根"的讨论应当建立在短历史主义和长历史主义的分野基础上。建立在短历史主义基础上的中国法治观从"是"的角度表达了中国现代法治的经验和教训，而建立在长历史主义基础上的中国法治观则要复杂得多，后者更多地具有"应当"的成分和想象。

短历史主义从辛亥革命特别是从中国共产党成立之后开始叙述，它包括的历史阶段和历史质料是：根据地和边区的法治经验、苏联的法治经验和

---

① 〔英〕威廉·退宁：《全球化与法律理论》，钱向阳译，中国大百科全书出版社，2009，第130页。

"优秀的"西方国家的法治经验。长历史主义从中国历史的源头寻找根据，包括了以儒家为代表的传统文化、以孙中山思想为核心的民国法治、中共根据地和边区的法治建设、苏联的法治经验以及被认可的西方"优秀的"法治经验等。短历史主义的法治观从根本上讲是一种革命的法治观，浸透了更多的革命文化。长历史主义的法治观则是试图超越革命的法治观，将中国法治的源头延伸到更早的中国传统文化。中国学术界关于新老传统的讨论大体没有偏离革命传统和反革命二分法。如何对待来自异域的文化和思想在中国近现代不是可不可能的问题，而是如何可能的问题。以长历史主义的内在视角作为衡量标准，苏联的法治经验和指导苏联法治经验的马克思主义学说无疑都是来自异域的制度和思想。

如果把法治作为一种有别于传统中国的新的社会秩序的社会想象，由孙中山领导建立的中华民国是具有中国特色的资本主义法治秩序，旧民主主义革命在意识形态上属于资产阶级革命的范畴，它的历史局限性和其后的扭曲、变形和最终的消亡有待别论，但它与1949年以后建立的中国特色社会主义法治秩序鲜有承继关系，即使我们从短历史主义的法治观看待历史，也只能从革命的内在视角寻找历史的渊源。虽然中国特色资本主义法治与中国特色社会主义法治观从中国传统文化和异域法律制度中寻找其渊源，皆保持了制定法的传统，但从长历史主义法治观角度看，断裂而不是连续性成为中国近现代法治建设的特征。如果放弃了来自异域的法律制度和法律思想而要阐释近现代中国的法治建设，我们将不能或不会表达中国特色的法治制度。

无论短历史主义还是长历史主义的中国法治观都没有忽略异域法律文化作为其构成要素，区别或许在于对所谓的异域优秀文化的汲取程度。步入现代社会以来，面对落后和不同的历史背景，中国社会有两次大规模的对异域法律制度的移植运动。清末民初的维新变法并未因其自身的失败而一无所获，在民国成型的六法全书在一些重要方面采纳了异域的法律制度。新中国成立以后，在原有根据地和边区的法治经验基础上，同时面对世界冷战的格局，新中国自觉地以苏联的政治和法律制度为圭臬，建构了中国特色社会主义的基本规范体系的雏形。无论是否事实上或潜在地承接了传统法律文化的一些要素，法律移植运动都形成了异域法律制度和法律思想大规模进入中国制度的格局。

中国特色社会主义法治的文化具有多元性，在很大程度上是自觉地从异域国家借鉴、吸纳或移植的结果。与西方法治叙事的逻辑相比，中国特色社会主义法治文化很难谈得上具有内生性。中国特色社会主义法治文化的非同质性孕育包容的精神，反而为一种特殊法理学向一般法理学的过渡提供了经验性的历史知识。这种状况与近现代以来"师夷长技以制夷"的强国策略有关，也与中国传统文化的天下观念密不可分。全球化的背景下，这种多文化、超地域的法治源流观更有助于参与全球治理。在对待异域法律制度的态度上，中国比之西方更懂得尊重，更愿意学习，因而也更具有开放精神。

（四）有待发展的后小康社会法理学

对中国特色社会主义法治论做出"中国特色社会主义的法治"与"中国特色的社会主义法治"之分意在指出它们各自在社会主义和共产主义历史中的阶段性地位，但没有说明"中国特色的社会主义法治"与"中国特色社会主义的法治"在内容上的差异。笔者将通过小康社会这一概念解释其中的联系和差异。

细心的分析家可以观察到，在邓小平同志首次代表执政党提出中国特色社会主义概念的前后，小康社会这一中国人所熟知的古老概念也随之呈现。小康社会是儒家"三世说"的中间阶段，是继"乱世"之后的"升平世"，在"升平世"之后是"太平世"。儒家眼中的"自然状态"是乱世，其历史终结于"太平世"。当毛泽东用"大同境域"指称"共产主义社会"时，马克思主义的历史终结论就与儒家的历史终结论巧妙地结合起来。与康有为用"乱国、小康、大同"比拟"君主专制、立宪君主和民主共和"的托古改制的理想类型不同，邓小平眼中的小康社会更具有经济的意义。借用小康的概念并不意味着社会的发展要借用儒家思想来表达社会进程的合法性，小康社会的经济意义建立在经济基础决定上层建筑的马克思主义的范畴之中。

新小康社会的概念及其内容要接受马克思主义关于历史进程的划分原理。社会主义初级阶段等同于新小康社会中的第一个阶段，这一阶段的实现标准是通过"两个一百年"的执政党的承诺来表达的。按照这种表述，2021 年中国共产党成立一百年的历史时刻，将全面建成小康社会，2049 年中华人民共和国成立一百年的历史时刻，将实现层次更高的小康社会。"两个一百年"是执政的中国共产党对中国人民自改革开放至二十一世纪的政治承诺，但这种政治承诺不是中国历史终结论的标志，也不意味着在实现"两个一百年"之后，中国社会不再发展。一种后小康社会意味着，中国社会要在小康社会的基础上提出新的政治承诺。需要注意的是，对社会主义优越性的讨论建立在与西方国家的比较的基础上，西方国家，尤其是西方发达的资本主义国家是其重要的参照对象。更高层次的小康社会是在与发达的资本主义国家的比较中产生的，它的比较对象不是纵向的中国历史，而是横向的世界历史，这就把小康社会的任务和抱负置于全球化的历史视野中。早在改革开放之初，邓小平就提出，必须用"在经济上赶上发达的资本主义国家，在政治上创造比资本主义国家的民主更高更切实的民主，并且造就比这些国家更多更优秀的人才"① 这三条来检验社会主义的优越性。经济上"赶上"、政治上"更高更切实"、人才观上"更多更优秀"等包含了两种社会形态之间的唯物辩证法，而不是纯粹的否定辩证法。超越不是单纯地否定，而是包含了接受其合理内核的否定之否定的辩证法。这种认识论，与马克思恩格斯在《共产党宣言》中对资本主义的认识具有一致性，即把资本主义社会理解为一种文明形态，同时在世界历史上不乏其应有的历史地位。

在全面实现小康社会的基础上，后小康社会理论假定，新的政治承诺必定要从经济意义上的小康概念中演化出政治和文化意义上的小康，而这只有在一种唯物史观中才能获得。相比于小康社会，后小康社会在经济上更为繁荣发达、在政治上更为民主、在法治上更加具有普遍性、在文化上更具有包容性等等。事实上，小康社会的政治承诺已经包含了后小康社会政治承诺的萌芽。人权、法治、民主、生态环境、全球治理等被赋予了不仅超越资本主义社会，也超越于小康社会的动力和方向性的指引。超越资本主义社会是性质问题，超越小康社会是程度问题，这种性质和程度只有在唯物辩证法的视野下才能成立。

小康社会的法理学是改革的法理学，而不是革命的法理学。革命的法理学的主题词是解放，是一种消极意义上的自由，即免于被压迫、被剥削和被剥夺。经过新民主主义革命胜利的中国人民，在获得了民族解放和国家独立之后，从解放的历史进程进入后解放时期，改革成为后解放时期的主要精神特质。革命是对旧有制度的全面否定，是对其对立面的全面否定，但改革则是基本规范确定执行的自我革命和自我否定，其指向一个积极的自由观。从消极自由走向积极自由是从形式自由向实质自由转换的历史进程，其最终导向马克思主义从必然王国向自由王国的发展路径。自由主义哲学在面对积极自由时显露了其自有的局限性。当代欧洲国家的福利法治观侵染了法律实质化的因素，在马歇尔关于第三代人权观的论述中得到了充分的论证。后小康社会的法理学既要坚守由解放而获得的中国人民的消极自由，更要注重积极自由的历史地位。

① 《邓小平的实践辩证法》，人民出版社，2004，第98页。

四　结论

上述分析表明，中国特色社会主义法治论是中国特色社会主义理论的组成部分，而中国特色社会主义理论是社会主义初级阶段论的系统表达。社会主义初级阶段是社会主义发展的起点和一个环节，从"中国特色社会主义的法治"向"中国特色的社会主义法治"过渡呈现了特殊法理学向一般法理学过渡的规律。"中国特色社会主义的法治"是描述性的，属于特殊法理学的范畴；"中国特色的社会主义法治"是评价性的，属于一般法理学的范畴。当然，不能由此认为，中国特色的社会主义法治就代表了一般法理学，从马克思主义历史终结论角度看，中国特色的社会主义法治乃至社会主义法治本身也是历史发展的一个环节，属于特殊的一般法理学的范畴。

关于法的理想性问题，法的理想性不是一个与本章论旨不相关的话题。自从韦伯的理想类型的学术范式产生之后，自命为中立的价值无设的科学主义研究便占据了包括法学在内的哲学社会科学。法学研究失去了其应有的理想性，它缺乏应有的对未来社会的哪怕一点点的展望。法律理论对现实缺乏解释力，存在方法论上的偏颇或单一性，重要的是缺乏了基于人之解放的人文关怀。马克思主义法学的批评精神丧失殆尽，以致只剩下一些未经反思的概念、几个反复被咀嚼的公式和越来越多的法律条文。任何理论，包括法学理论，都需要给人希望，哪怕这种希望最终被证明是"乌托邦"。学者的角色之所以不同于政治家，是因为理论的自洽性注定了学者的使命要超越具体性和历史阶段性。

第十四章

论美好生活的权利

党的十八大以来，中国共产党通过提出"民族独立，国家富强和人民幸福"中国梦的执政关键词，不断表达和强化人民幸福的主题。借助于人民美好生活需要的发展趋势，党的十九大对我国社会主要矛盾的转变和定位做出了历史性重大判断，我国社会主要矛盾已经转化为人民日益增长的美好生活需要和不平衡不充分的发展之间的矛盾。[①] 中国梦、人民幸福论、美好生活论等治国理政话语是立党立国初心论的分层次展开。从权利的角度看，人民幸福生活是最大的人权，让老百姓过上好日子是党和国家的基本义务。人民向往的美好生活与党和国家创造条件实现人民对幸福的追求构成了相辅相成的权利诉求和政治责任。

一般认为，需要是权利构成的重要内容，以需要作为基点认识和讨论权利是权利理论的经典主题。不过，对需要与权利的关系应当给予必要的限定。首先，与泛权利论者不同，虽然需要是权利的重要组成部分，但需要并非都能形成权利或有必要转化为权利，而转化为权利的需要不仅仅是权利问题；其次，与道德权利论者不同，转化为美好生活需要的权利不仅要获得应有的道德价值判断，还要获得来自公权力的消极和积极的制度支持[②]；再次，与具体权利不同，美好生活的权利是一种类权利或概括性权利，作为一种权利束，

---

① 党的十九大报告在多处涉及美好生活的概念，它们分别对应"初心"、"社会主要矛盾"、"新时代"、"发展不充分不平衡"、"中国特色社会主义"、"人的全面发展"、"人民的主体地位"、"文化发展"、"改革发展成果"、"社会治理"、"人民群众满意"、"生态文明"和"天下为公"等主题性概念，这些概念都能诠释重建美好生活的范式以及实现美好生活的方法。

② 任何公共权力在不同程度上都承担和履行满足社会成员温饱、安宁、公正、自由和福利等多种需要，但是，需要不等于权利，责任不等于义务。需要之成为权利，责任之成为义务，有赖于包括权利主体、公共权力等社会发展的总体水平。相关讨论参见夏勇《走向权利的时代：中国公民权利发展研究》（修订版），中国政法大学出版社，2000，第619—951页。

美好生活的权利体现在公民、政治、经济、文化和社会、发展权利等各个方面;最后,与绝对权利论者不同,作为权利的需要与相应的义务构成了权利义务关系,一个满足其需要的权利主体只有在与其他权利主体根据一个普遍的法则相互共存的情况下,才能获得权利自身的正当性。本章对美好权利思考的总体意义在于,美好生活权利作为一种表达幸福感的正当话语预示着中国社会精神结构的巨大变化,中国社会开始从苦难的话语体系走向愉悦的话语体系①,而对美好生活权利的肯定性认识及其对它所做出的法哲学分析,为从以生存权和发展权为核心的国家治理体系向以美好生活权利为导向的国家治理体系转化提供了理论框架。

一 小康之乐的唯物史观

在中国政治文化语境中,"物质文化"不是"物质"与"文化"的叠加词,它重点表达了一个人、民族和国家等主体的生存状况以及与生产力、生产方式等相关的经济问题。② 如果物质需求是本能的、生理的,文化则是有意义的和人为构建的。"物质文化"不排斥这一概念在内涵上具有的精神因素,但它首先和必然的是一种作为物质的文化或作为生存方式的文化。满足物质文化需要的是作为物质的文化,而不是作为文化的物质。对作为文化的物质的系统性阐释产生了形式各异的生存哲学,这些生存哲学与不同形态的自然权利认识论发生了某种关联。

从中国主流文化传统看,儒家对人的自然本性的肯定性表达成为其德性理论的前提。对原始儒家来说,"食色"和"饮食男女"是"性"的形式,反映了人的存在的自然合理性,呈现了中国式的自然权利观。在政治理论中,把现代自然法学派的自然状态学说理解为某种"原始主义"(primitivism),从而将古典传统思考人类自然本性的描述理解为类似的原始主义(无论是纪年意义上的原始主义,还是所谓的"文化原始主义"),是混淆和滥用"自然状态"概念的主要症状。③ 如果一种政治哲学将人从安放其自然本性的自然社会

---

① 在庆祝改革开放 40 周年大会上,习近平指出:"忍饥挨饿、缺吃少穿、生活困顿这些几千年来困扰我国人民的问题总体上一去不复返了!"

② 从党的十一届三中全会到 2017 年党的十九大,执政党对我国社会主要矛盾的判断沿用了党的八大对我国社会主义矛盾的判断,略有不同的是,1956 年党的八大报告在提出我国主要矛盾时使用了"经济文化"的概念,但"经济文化"与"物质文化"不存在本质上的差异,"经济文化"反而能与"社会生产"构成严丝合缝的关系范畴。

③ 参见李猛《自然社会:自然法与现代道德世界的形成》,三联书店,2015,第 92—93 页。

中带出来，步入对自然本性加以修饰或美化的人为社会，从而在更高的层次上保留和提升人的本性，那么它就离政治科学不远了。事实上，不同的文化哲学都暗示了由生存需要决定的自然社会不仅先于道德社会和政治社会，而且也是道德社会和政治社会的基础。

> （物质文化需要－1）物质文化需要与德性：满足一种物质文化需要的是一种德性理论，无限制地满足物质文化需要则被视为一种非正当文化而遭非议。
>
> （物质文化需要－2）物质文化需要与自由：人的自由成为第一位需要，只有赋予人自由选择权，满足人的物质文化需要才是可能的。
>
> （物质文化需要－3）物质文化需要与美好生活：美好生活需要建立在对德性需要和自由需要的双重基础上，但并不否定满足物质文化需要的历史法则。

——德性之乐的精神要素。物质文化需要－1暗示了一种基于非物质文化需要导向的理想社会类型，它不必是导致国家和政府存在的政治社会，但必定是一种相互合作、相互尊重的社群共同体，这种共同体有助于实现对人的自然性存在的超越。儒家文化倡导不为五斗米折腰的节气观、不吃嗟来之食的乞丐天爵论以及其与义不食周粟相关联的原始礼治主义理念。[1] 不同主体对愉悦和快乐的侧重点是不同的，例如仁者乐山，智者乐水，但不能违背儒家之乐的本质性规定。依照德性生活就是美好生活，儒家之乐是体现了仁、义、礼、智、信等德性规范的精神之乐。与此相对比，西方哲学在其早期所表达的美好生活观中同样呈现了非物质需要的规范追求。在柏拉图哲学中，美德（arête）是达到存在的终极和最高目的即幸福（eudemonia）的手段，即美德作为某种可欲求的善，其目标在自身之内而非作为一种手段从而导向超越自身之外的东西。对于亚里士多德来说，最完美的美德是智慧（sophia），并且行使它的方式是理智活动或沉思，因此，人们认为这种活动应当足以使某人达到其幸福的终极目标。[2]

---

[1] 孔子高度肯定西周政权的正当性，同时对伯夷、叔齐也给予高度评价，认为他们是"古之贤人也"，"求仁而得仁"。分别参见《论语·述而》《史记·伯夷叔齐列传》。

[2] 古希腊哲学家对美德与幸福关系的讨论的最新成果，参见〔希腊〕Paul Kalligas《从美德到幸福：新柏拉图主义的转变》，载《世界哲学大会论文集》，哈佛大学出版社，2018。

　　——自由之乐对美好生活的构成性功能。与美德幸福论形成鲜明对比的是自由幸福论。与物质文化需要－1相比，物质文化需要－2反映了自由主义哲学对待生存和生活关系的态度及其方法。以诺奇克为代表的自由至上主义者论证了一种不受干涉的消极自由的正当性，一旦国家和政府对社会生活的干预超越了被认定的低限度界限，对自由至上主义者而言，逻辑上既不存在真正的生活，也不存在美好的生活，对此，诺齐克们就会建议自由的主体到其他国家寻求和实现自己认为好的生活及其自由。① 以自由为导向的权利观是个体手中的王牌，确立了自我的优先性和基础性，因而纯粹的自由之乐既高于福利考虑和欲望满足，也不受任何目的论和特殊正义论的限制。

　　——寻求德性之乐和自由之乐的存在根基。物质文化需要－3是对物质文化需要－1和物质文化需要－2的调和，表达了集体自主和个人自主之间的辩证关系，试图在德性之乐与自由之乐之间寻找中间项，以便平衡共同体主义与个人主义之间长久以来就存在的对立关系。就其指涉性内涵而言，德性之乐满足了一种共同体需要的内在伦理，但心无旁骛地追求美德的道德家，倘若缺乏自我反思的能力，即缺乏追求完美、崇高和至善的自由意志力，就会像通常人一样失去道德自主的可贵品质。而我们对自由之乐是否只是关切到个体人的快乐、愉悦和满足等个人主观感受则是有疑问的。反观自由之乐的实质性观念，单就审查一项自由的构成要件而言，规范的理论家不大可能把自由界定为不负责任的为所欲为。给自由设定理性的界限或提供实现自由的条件，蕴涵了某种不同于私人自主的集体属性和德性力量。②

　　需要重视的是，在德性生活和自由生活背后的是物质文化及其满足的方法、体制和认知，这是一种历史唯物主义视角下的权利哲学。面对生存和生存需要，为生存而斗争的历史运动是人类社会的主要历史运动。物质文化需求及其生产方式构成了一种权利的根基，对此，探讨美好生活面临的首要问题不是优先论（权利对于善的优先性或相反）和基础论（物质生活需要的决定论）之间的孰优孰劣命题，而是无论何种优先论都要共同面对真实存在性问题。当代法哲学关于善优于自由和自由优于善的前沿争论只有在物质文化需要获得满足的前提下才是有价值的问题对象，而在美好生活的基础论没有夯实之前，讨论美好生活的优位次序不仅是奢侈的，而且也会因缺乏历史的

_____

　① 〔美〕诺奇克：《无政府、国家与乌托邦》，姚大志译，中国社会科学出版社，2008，第207页。
　② 例如，康德在表达自由概念时启用了普遍的法则、自由意志相互共存以及自由行为相协调等自由的限制性概念和术语。

根基而沦为一种单纯的乌托邦想象。① 马克思主义从历史的客观现实出发，肯定了生产关系对其他社会关系（包括物质和非物质的）决定性的作用，指明了不同社会对美好生活的自我定义和多元化呈现方式，赋予了任何论证生存需求正当性的学说和哲学主张牢靠的物质经济基础。② 马克思阐释道："这些生产关系的总和构成社会的经济结构，即有法律的和政治的上层建筑竖立其上并有一定的社会意识形式与之相适应的现实基础。物质生活的生产方式制约着整个社会生活、政治生活和精神生活的过程。"③

源于儒家理想的小康社会概念成为改革开放执政党政治承诺的一个重要原因，在于解决生存需要的小康国家工程实现了人们对物质文化的"有"的问题，赋予并提供小康之乐应有的内涵和物质根基。物质文化需要论回答的是人的"活着"的问题，接下来才是"如何活"和"为什么活"的"活法"问题。"活着"涉及生存需要及其满足问题，"活法"涉及的是生活需要及其满足问题。维系生存需要的是数量上的"有"和"无"问题，人的生活则要面对"好"和"坏"的质量问题。改革开放以来，我国稳定解决了十几亿人的温饱问题，总体上实现了小康，不久将全面建成小康社会。对于这一历史过程的抽象思维，或可以用李泽厚的"吃饭哲学"作大致概括。④

在李泽厚看来，吃饭哲学是其历史本体论的重要组成部分，是一种民生哲学，也是马克思唯物史观在中国当代社会的呈现和发展。对于吃饭哲学的提法，或有人认为其庸俗或促狭，李泽厚也认为"粗卑"，但不妨碍这一词语对中国社会挨饿的共同记忆以及以解决温饱为宗旨的小康社会路线的解释力，同时也针对那些轻视、鄙视物质生存、日常生活，侈谈道德理性、精神生命、灵魂拯救之类的各派理论学说。

吃饭哲学不是中国特有的哲学，没有从整体上解决其物质需要的社会都要受制于这种吃饭哲学。因为吃饭哲学本质上是一种匮乏哲学，它源于并基

---

① 桑德尔指责两种意义上的优位论犯了相同的错误，即它们都试图回避对权利所促进的目的内容作出判断，持有这两种错误立场者分别是权利问题应该对各种实质性的道德学说和宗教学说保持中立的自由主义者，与那些认为权利应当基于普遍盛行的社会价值的共同体主义者。参见〔美〕桑德尔《自由主义与正义的局限》，万俊人译，译林出版社，2001。

② 马克思对人类社会的一个重大贡献是"发现了人类历史的发展规律"，这个规律是直接的物质的生活资料的生产，而人们的国家设施、法的观点、艺术以及宗教观念，就是从这个基础上发展起来的。《马克思恩格斯选集》（第3卷），人民出版社，1972，第574页。

③ 《马克思恩格斯选集》（第2卷），人民出版社，1995，第32页。

④ 李泽厚：《李泽厚近年答问录》，天津社会科学院出版社，2006，第269页。衣食住行与历史本体论的具体讨论，详见李泽厚《历史本体论》，三联书店，2002。

于经济学对匮乏与丰裕关系的论证，呈现了经济需求或物质需求对人的生存的基础和生存德性的双重合法性。物质匮乏的社会是典型的经济匮乏的社会，从物质短缺到物质丰裕的转型和发展是必然的，也是可欲的，这一切都可以归属于作为实用理性的吃饭哲学范畴，这意味着，活着不仅是事实判断，也是一种价值判断，因而生存权和发展权的属性就可以归属于道德权利的范畴。①

　　总之，吃饭哲学导向解决贫困、温饱和基本生存问题意识，在生存之"有"的基础上讨论生活之"好"涉及的是生活能力、生活品质、生活环境问题。在小康之乐的基础上才能走向更高层次的小康之乐，从物质之乐到精神之乐、从自然之乐到制度之乐、从独乐乐到众乐乐等。不同于纯粹的德性之乐和自由之乐，中国化的马克思主义美好生活观表现为小康之乐和后小康之乐。小康之乐是对物质文化需要的满足感和实现程度，而后小康之乐是对更高层次的物质文化需要以及礼节观和荣辱观的满足。

二　美好生活的能指与所指

　　人类社会对"美好生活"的需要既是描述性的，也是规范性的。美好生活的描述性意义在于社会成员对美好生活的需要从来都是一种客观存在，甚至可以说，自有人类社会以来，对美好生活的需要和追求就一直存在。然而，没有最美好的生活，只有更美好的生活；不存在单一的美好生活的定义，也不存在经过运动之后停滞不前事物的最佳状态。在人类社会任何的历史阶段，与多样化美好生活相比，发展的不平衡和不充分将是永恒的矛盾。在马克思主义看来，平衡和充分是运动着的事物的暂时状态，平衡和不平衡、充分和不充分是事物运动的常态。平衡发展的事物与充分发展的事物既各有所指又紧密相关：一方面，平衡发展确立了事物之间的非冲突、协调和均衡的状态，充分发展则规定了事物自身的完善性和完美性；另一方面，充分发展既依赖于平衡发展的动力机制，也是平衡发展的逻辑结果。一个事物如果脱离了事物之间的平衡关系因素将是畸形的，或者说是不充分的。例如，缺乏对水、气候、土壤等系统性支持因素的考察，就不会理解一棵参天大树。究其实质，

　　① 中国国家人权观坚持以生存权和发展权作为首要的基本人权，"消除贫困是中国人权保障的重中之重"。参见《改革开放40年中国人权事业的发展进步》（国务院新闻办公室2018年12月12日发布）。

追求美好生活是一个动态的、创造性的过程，而在人类社会的历史阶段，多样化美好生活与发展不平衡不充分是永恒的矛盾。

（主要矛盾－1）：物质文化需要与发展不平衡不充分之间的矛盾。
（主要矛盾－2）：物质文化需要与美好生活需要之间的矛盾。
（主要矛盾－3）：美好生活需要与发展不平衡不充分之间的矛盾。

主要矛盾－1显示了物质文化对于人的生存即"活着"的永恒意义，它不仅从平衡发展的外部关系中确立了生存与发展不平衡不充分的关系，也从充分发展的内部关系中巩固了物质文化需要的基石。从生命科学的角度看，维系人"活着"的一系列指标，如维生素、卡路里、蛋白质、热量、睡眠等因素及其组合成为衡量人的生存的科学指标。维持生命的必需品与一种最低限度的物质文化需要是有差别的，后者可以被称为一种"亚麻衫需要"——一种能够"体面地出现在公共场合"的功能性需要。亚当·斯密分析了必需品的丰富含义："……不但包括那些大自然使其成为最低阶级人民所必需的物品，而且也包括那些有关面子的习俗，使其成为最低阶级人民所必需的物品。"① 因此，对美好生活的定义不能等同于满足基本生活需要——只有处于饥寒困顿状态的人们才将满足基本生活需要等同于美好生活——也不能将美好生活定位为更高的物质文化需要。不过，也同时需要警惕的是，在后物质主义时代，如果社会成员对满足生存的物质文化的需要走向对物的依赖，就会产生人的异化问题，在这种被马克思批判的商品拜物教大众消费文化之下，以货币或商品为媒介的物的关系不仅使人丧失了自由，也剥夺或威胁到了一些人的生存权利，从而在原有的匮乏基础上增添了新的匮乏。②

主要矛盾－2形成了不同于主要矛盾－1的矛盾结构，并增添了新的质的规定性。美好生活需要不仅包括"基本需要满足"、"生活质量"或"人类发展"等效用需要，也包括超越单纯物质福利的非物质文化或生活水准需要，

---

① 〔英〕亚当·斯密：《国民财富的性质和原因的研究》，郭大力等译，商务印书馆，1972，第431页。

② 随着工业社会的推进和科学技术的发展，人类正在解决它的经济问题。然而，物质匮乏的旧时代被精神匮乏的新时代替代，匮乏的本质即某种事物的稀缺依然存在，不因科学技术的发展和生产力水平的提高而自动消失。有关后工业社会所带来的一系列全新的社会匮乏或丰富的匮乏的讨论，参见〔美〕丹尼尔·贝尔《后工业社会的来临》，高铦译，江西人民出版社，2018，第439—440页。

这些需要指向民主、法治、公平、正义、安全、环境等方面。① 假定完成了主要矛盾－1 的历史任务，也假定主要矛盾－2 所涉及的物质文化与非物质文化有了认识论基础，在这样的假设条件下，主要矛盾－3 面临的一个重要维度是处理非物质文化需要与发展不平衡不充分的关系。

借用索绪尔语言学关于能指和所指符号的指代性功能概念，美好生活的能指包括更高层次的物质文化需要以及包含民主、法治、公平、正义、安全、环境等因素的非物质文化需要。经由美好生活能指，美好生活指向了一个更具包容性和想象力的多层次美好生活秩序。民主、法治、公平、正义、安全、环境等方面的需要虽然各有所指，但都能够恰当地归于非物质文化需要，从而对不同形态的美好生活秩序提出了与其功能相符的要求。

——多元化的美好社会。人的多重社会生活关系规定了人的社会性存在，而作为一种非政治性的社会性存在，社会成员的私人属性成就了个人在婚姻、家庭、友情、趣味、宗教信仰等领域内的意义。这种自治性的社会生活的实现程度或幸福程度是衡量美好社会的重要标志。难以想象，一个人在婚姻破裂、家庭冲突和与友交恶的情况下还能刻画出一幅美好生活的愿景。从人的生活态度以及不同的生活情趣角度看，人们对趣味的追求是与特定审美观联系在一起的。在多样化的现代社会中，个人拥有的情趣、个人习惯和看上去颇为新奇的癖好只要不成为妨碍他人的因素，就是可以理解的。

同理，对于由自生自发规则决定的市场秩序来说，只要市场经济法则对一个社会的经济继续发挥内在的指导性功能，"童叟无欺"的金科玉律就是社会性的，也始终是社会性的。此外，人类社会在完成政教分离的制度实践之后，宗教信仰就被置于纯粹个人的事务范畴之内，并承担着社会规范的功能。在不同的宗教面前，国家被要求保持其中立的地位，并在给定的权限内尊重和保障每个有信仰的人的基本权利。总之，婚姻、家庭、友爱、趣味、市场交易、宗教信仰等各个方面都为社会成员在特定历史条件下提出、规划和设置自我的人生意义和价值提供了背景和条件。一个以自我决定、自我实现为特征的社会共同体既是自治社会的内在要求，也是美好生活的重要体现。

——生态人类视野下的美好自然。自然世界是人类得以生存和绵延的根本居所，因此需要从根本上理解"自然世界"之为"人类生态"的存在暨本

---

① 以商品或"物质性的功能活动"表现出来的所谓"基本需要"是工具性的而非内在性的，内在性的基本需要保护了阿马蒂亚·森所称的可行能力，这是一种与"亚麻衫需要"具有同等价值的尊严型需要。有关生活水准的可行能力的研究，参见〔印〕阿马蒂亚·森《生活水准》，徐大建译，上海财经大学出版社，2007。

体论意义，以面对人类进入工业社会后的生态压力和环境困境。① 人类生态理论旨趣指向了一种生态人类，以便揭示和规定人类自身与自然的一体性。② 事实上，生态人类学在生态文化、生态哲学和生态治理等方面形成了自然世界的认识论基础。生态文化是一种自然、和谐、绿色的文明；生态哲学表达了人与人、人与自然、人与万物和谐共处的理念；生态治理则体现了自然、历史和社会协同发展规律的公共制度安排。

在当下中国，生态人类的含义是与美丽中国等美好生活概念相联系的，这使得生态人类不仅具有生态文明的本义，而且也增添了美学的意义。在此基础上，党的十九大强调我国建构的现代化"是人与自然和谐共生的现代化"，从而确立了人与自然是生命共同体的理念。生命共同体理念既契合了当代环境保护、生态文明与自然生活的潮流，也是对中国传统优秀文化中关于人与自然和谐关系哲学的继承和发展。"道法自然""天人合一""民胞物与""天地万物一体之仁"等传统观念是对生态人类的智慧性贡献，它们以发扬人性内在价值与宇宙秩序的合德无间的生生精神为旨意。

人类虽然可以利用自然，改造自然，但终归是生命共同体的组成部分，在生命共同体理念面前，人既不能胜天，也不能将人类利益作为唯一合法的排他性利益。在和谐共生的理念之下，美好自然的要义在于处理人与自然的关系，抑制人对自然的无限制掠夺，修复人与自然本有的和谐关系。随着绿色政治、环保、生物多样性和动物福利等行为和理念的生成和发展，尊重自然日益获得了来自不同社会阶层的认同，这种观念逐渐动摇和瓦解了人类至上的功利主义思维。即使从人类利益的角度来思考，在把自然理解为外在于人类社会的客观秩序的情况下，依照客观法则运动的自然也就是一种美好的状态。"过一种自然生活"在很大程度上表达了人遵从或服从自然的生存法则，揭示了绿水青山的自然环境对人的生活质量所具有的构成性价值。

——基于良法的美好国家。厘定公民与国家之间的权利和义务关系是衡量美好政治生活的标准。作为现代型的美好国家通常显示了一个正义国家所具备的所有要素，而良法的法治思维和法治方式营造了作为公平的正义环境。

---

① 对生态文明的哲学蕴含的相关讨论，参见万俊人《美丽中国的哲学智慧与行动意义》，《中国社会科学》2013 年第 5 期。

② 恩格斯指出，随着自然科学的发展，"我们越来越有可能学会认识并因而控制那些至少是由我们的最常见的生产行为所引起的较远的自然后果。但是这种事情发生得越多，人们就越是不仅再次地感觉到，而且也认识到自身和自然界的一体性，而那种关于精神和物质、人类和自然、灵魂和肉体之间的对立的荒谬的、反自然的观点，也就越不可能成立了……"《马克思恩格斯选集》（第 4 卷），人民出版社，1995，第 384 页。

不同于君权神授的传统美好国家的构想，人民主权的实质正义原则、作为人权的权利正义原则和法治的程序正义原则确立了现代美好国家的权力来源、目的和方法论基础。从源头看，正义之美表现在人民主权原则得到正确、理性和规范的运用。

现代美好国家通过公民的主观感受和评判以及基本程序呈现国家之美、政治之美和法律之美，它有别于国家以外的社会实体对美好生活的追求准则。① 从法律之美的关系范畴看，美好国家是与好公民相辅相成的，但好公民不必拘泥于好人的范畴，这是自亚里士多德以来的西方社会对政治科学的一个基本判断。② 现代性原理之所以能够继承亚里士多德主义的某些要素，就在于其关于好或善的共同标准不因多元共同体主义就消失殆尽。好公民观念建立在他能够在以宪法法律秩序为依据的客观准则的前提下行为，而这种客观准则是以自我立法的阐释学面貌出现的。对那些坚守共和主义方案的人而言，其如果不能做一个好人，起码也得做一个好公民。在这个意义上，好公民不仅是一个单纯的理性的主体，还是一个共同的集合体标准或政治的目的善，它不难与哈贝马斯关于宪法爱国主义视野下的公民道德相匹配。

——人类共同体与美好世界。追求世界和平是人类社会在第二次世界大战之后重新规划自我秩序的强大动力。经过战争洗礼、经济全球化浸润以及全球社会成员交往的增强，在世界范围内寻求人类安宁、和平和共同发展变得越来越重要。相比战火纷飞的乱世来说，一个无战争的世界是美好的，但更为重要的是，对世界和平或人类安宁的需要为人类走出全球自然状态、构建世界社会提供了共同生活的必要条件。而那种规范的全球治理的意义和目标要求在国家的范围之上以及国家之间建构能够促进人类和平发展的正义制度。③

随着经济一体化和网络技术的发展，由全球化运动主导的世界不可逆转地形成了你中有我、我中有你的利益共同体格局。按照普遍性共享的理论逻辑，在世界范围之内对美好生活的诉求要求人与人、民族与民族、国家与国家之间共同面对苦难、分享幸福和促进繁荣。在汉语中，"命运"一方面揭示

---

① 对法美学及其法律之美的相关讨论，参见吕世伦《法的真善美：法美学初探》，法律出版社，2004。

② 亚里士多德认为，"城邦的长成出于人类'生活'的发展，而且实际的存在却是为了'优良的生活'"。参见〔古希腊〕亚里士多德《政治学》，吴寿彭译，商务印书馆，1965，第7页。好生活及其本质是亚里士多德另外一部重要的著作即《尼格马可伦理学》的主题。

③ 《世界人权宣言》第28条规定，人人有权要求一种社会的和国家的秩序，在这种秩序中，宣言所载的权利和自由能够获得充分的实现。

了休戚与共、同甘共苦的共同生活境况，另一方面则暗含人类共同面对苦难和共担风险的伦理责任。人类命运共同体概念恰当地表达了人类社会的现实状态和可能的发展方向。

与此同时，人类对自我的认知方式也发生了巨大变化。在辛格看来，从认识到地球是圆的（十五、十六世纪），到人权概念的诞生（十八世纪），进而从地球之外的一个地方观察地球（二十世纪），为人类社会在二十一世纪打造一个超越民族国家共同体的世界社会或世界政府的可能性积累了历史经验和道德知识。① 从"一个地球"到"一个世界"的转换表达并非无意义的同义反复，在地球村的地理想象中就包含一个伦理共同体。"一个世界"是伦理、人类和历史的，"一个地球"则是自然、地理和非历史的。然而，"一个地球"是"一个世界"的逻辑结果，只要"一个世界"的伦理法则没有建构起来，"一个地球"的梦想就难以实现。真正意义上的人类美好生活是"一个地球"与"一个世界"的共同体，即伦理世界和自然世界的统一体。

不难看出，在一个伦理世界的视域下，美好生活预示着如同具有家庭关系的人在一起共同生活的可能性和必要性。② 这种从我或我们的伦理目的向所有人的道德目的转化，与其说展示了另外的世界的可能性，不如说是我们的世界的扩大化。如果道德法则始终是普遍有效的，就不存在一个有别于我们的另外的世界，而只有一个我们的伦理世界。换言之，作为伦理共同体的我们的世界是一个具有层次结构性的世界而不是二元论下的两个世界或彼此冲突的多个世界。

三　作为非经济福利的制度需要

在美好生活或幸福的经验性目的及其构成上，人们有不同的观点。康德指出："没有人能够强迫我的幸福必须与他那种关于他人福利的观念相一致，因为每个人都能够以他自己认为合适的方式去追求幸福，只要他不侵犯他人也这样做的自由。"③ 功利主义者用一个标准和一个方法来衡量多样化的幸福和美好生活被证明是错误的，在美好或幸福生活内部建立等级价值（比如建

---

① 参见〔澳〕辛格《一个世界：全球化伦理》，应奇等译，东方出版社，2005，第 205 页。

② 借助家庭关系的隐喻证成人的族类的整体善并非只是儒家的成就，其他文化如基督教文化同样用家庭关系来比喻人与人之间的美好关系，因此，《世界人权宣言》第 1 条出现"兄弟关系的精神"的规定并不必然建立在某个单一文化的基础之上。

③ 转引自〔美〕桑德尔《公正：该如何是好？》，朱慧玲译，中信出版社，2012，第 154 页。

立低级、高级或更高级的快乐的等级序列）也被证明是无效的。① 事实上，不同人生阶段的人（少年、青年和老人）、不同经济收入水平的人（收入高的人、收入低的人）、不同偏好的人（个人生活习惯、阅历、审美情趣等）等对美好生活的回答是不同的，而同一人生阶段的人、具有相同经济收入以及相同偏好的人对美好生活的定义也是不同的。

滕尼斯把人类共同生活的基本形式分为共同体和社会，认为共同体是"一种亲密的，私人的和排他性的共同体"②，具有休戚与共、同甘共苦的特征，因而是一种持久的真正的共同生活。从福利经济学的角度看，福利是与一种生活需要满意度密切相关的概念，经济福利指向物质文化需要的获得感，而非经济福利是对非物质文化需要的获得感。究其实质，非经济福利价值追求的是一种普遍性共享的共同生活，这种共同生活有别于人的机械团结和偶然的利益组合。滕尼斯对共同体生活的探究从一个侧面反映了非经济福利需要对真正共同生活的规制功能。作为古典福利经济学的创始人，庇古敏锐地察觉到非经济福利对人的满意度的构成性作用："人们越来越认识到，如果造成'劳动者不安'这种不满意感的一个原因是工资率的话，那么第二个重要的原因就是对工资劳动基本条件的不满——人们感到现代的产业制度剥夺了工人作为自由人应当拥有的自由和责任，使其仅成为方便他人使用或抛弃的工具。"③ 对个人福利偏好的追求与对福利过程、机会的尊重同样重要。

一种对物质需要或更高的物质需要的持续满足有赖于非物质福利需要的充分发展，在"福利成就"（well-being achievement）和"福利自由"（well-being freedom）需要之间获得某种平衡，而不固执地将对美好生活的获得感局限在物质文化领域。④ 具体来说，美好生活秩序维度（美好社会、美好自然、美好国家和美好世界等）构成了对非经济福利价值的诸种面向。在基本物质文化需要得到满足的前提下，满足美好生活需要的重任落在了非物质文化需要上，同时否定了对更高的物质文化水平的无限制追求的正当性。

---

① 为弥补边沁功利主义平等对待偏好（"针戏与诗"）的缺陷，约翰·斯图亚特·穆勒对各种快乐做了等级性划分，认为"某些种类的快乐比其他种类的快乐更值得欲求，更有价值……"参见〔英〕穆勒《功利主义》，徐大建译，商务出版社，2014，第10页。

② 〔德〕滕尼斯：《共同体与社会》，林荣远译，商务印书馆，1999，第52页。

③ 〔英〕庇古：《福利经济学》（上册），金镝译，华夏出版社，2017，第14页。

④ 阿马蒂亚·森提示人们注意福利与自由概念的界限，对个人偏好、过程和机会的考察有助于理解自由的基本内涵。参见〔印〕阿玛蒂亚·森《理性与自由》，李凤华译，中国人民大学出版社，2012，第11—12页。

（非物质文化需要－1）民主法治需要：现代社会的法治观乃是良法之治，而决定良法的因素是基于商谈的民主机制。

（非物质文化需要－2）作为公平的正义需要：正义不仅是消极的程序意义上的平等关系，也是在满足和保障人的自由前提下的实质平等。

（非物质文化需要－3）安全需要和环境需要：安全环境包括安全的人文环境、安全的自然环境等。绿色公益运动在全球范围内的兴起回应了现代性的自我反思成就，也暴露了风险社会特有的危机。

因此，美好生活本质上是与正义社会、伦理学说和政治学说浑然一体的，这种形态构成了多元共同体的历史存在和历史记忆。① 对美好生活法哲学认识论体系来说，其既要研究美好生活与更高层次物质文化需要、不同层面的非物质文化需要之间的充分发展关系，也要研究更高层次物质文化需要、不同层面非物质文化需要内部之间的平衡关系，探讨美好生活与民主、美好生活与法治、美好生活与公平、美好生活与正义、美好生活与安全以及美好生活与环境之间的关系。在不完全对等的意义上，安全环境需要指向人们对美好社会和美好自然的要求，民主法治需要指向人们对美好政治生活或美好国家的要求，公平正义需要既指向对美好国家的要求也指向对美好世界的要求。满足美好生活的方式是与建构对美好社会、美好自然、美好国家和美好世界等非物质福利需要制度体系同步进行的，它同时契合了非物质福利需要的历史正义功用。

通过对法国大革命起因的研究，托克维尔认为，"革命的发生并非总因为人们的处境越来越坏"，或者说大革命是在人民对苛政感受最轻的地方爆发的。② 对于这一悖论，不能简单地从物质文化匮乏和法国人民的绝对贫困中寻找解释，法国人民日益增强的社会公平感是发生大革命的重要因素。人民的公平感指向了这样一种现象，面对不平等和特权，在过去可以被理解和被容忍，随着人们物质财富的增加和改革的不彻底，就变得不可理解乃至不可容忍，"法国人的处境越好就越觉得无法忍受"，托克维尔解释说，"人们耐心忍受着苦难，以为这是不可避免的，但一旦有人出主意想消除苦难，它就变得无法忍受了。当时被消除的所有流弊似乎更容易使人觉察到尚有其他流弊存

---

① 美好生活和幸福源自特定的共同体，也丧失于共同体的解体。相关论述参见周濂《政治社会、多元共同体与幸福》，《华东师范大学学报》2009 年 9 月号。

② 〔法〕托克维尔：《旧制度与大革命》，冯棠译，商务印书馆，1992，第 210 页。

在，于是人们的情绪便更激烈；痛苦的确已经减轻，感觉却更加敏锐"。① 事实上，不公平感只是一个结果而不是原因，随着社会经济的发展，原有的社会制度已经不能满足正在兴起且日益成熟的社会新意识和新观念，这也解释了"何以减轻人民负担反而激怒了人民"。②

经济增长和生产力提高是推动人类社会进步和发展的重要动力，然而，一些社会矛盾不是可以通过提高物质文化需要就能解决的。受困扰的社会（impacted society）或零和社会（zero-sum society）面临的精神困惑或社会顽疾则无法通过生产和经济增长来完成。在孔飞力看来，受困扰的社会的一个重要特征是冤冤相报，在这样的一个社会中，人们对自己能否通过工作和学习来改善自身的境况产生怀疑。这种情况由于腐败而不负责任的司法制度而变得更加无法容忍，没有一个平民百姓会指望从这一制度中得到公平的补偿。③

在从共同贫穷走向共同富裕的过程中，"患不公"的问题显得格外耀眼和突出。如果一种公共政策或制度无视或拒绝处理日益突出的不公平问题，就会使社会成员集体陷入一种相互受损的不能自拔的困顿局面。社会成员之间的相互受损不仅不是分摊苦难的形式，而且放大和扩展了苦难的面积和范围。走出受困扰社会的一个途径需要借助非物质文化需要体系。多样化美好生活需要包括物质需要和精神需要，也包括制度需要。归根到底，民主法治需要、作为公平的正义需要和安全环境需要是对一种正义性制度需要的不同层面的满足方法。一种最低限度的正义性制度，既要承认、满足和实现人的基本生存需要即活着的需要，也要为活得好和活得有意义提供制度保障。

四　实现美好生活的权利方法

不同社会和同一社会的不同人群对美好生活的需要、表达和实现方式等受特定的历史文化、经济状况和主观偏好等因素的制约。对中国当代美好生活哲学而言，社会主义初级阶段是其结构性的规范条件，其对处于这个阶段的任何人和任何组织设置了限制性的背景因素，根据这一背景因素，美好生活的提出、规划和实现方案都具有特定的内容指向和相应的实现方案。换言之，对美好生活的主观表达和意愿应当建立在能够实现的基础上，不能超越历史发展阶段，以致陷入盲目乐观的浪漫主义和不切实际的乌托邦主义。

---

① 〔法〕托克维尔：《旧制度与大革命》，冯棠译，商务印书馆，1992，第 210 页。
② 〔法〕托克维尔：《旧制度与大革命》，冯棠译，商务印书馆，1992，第 215 页。
③ 〔美〕孔飞力：《叫魂：1768 年中国妖术大恐慌》，陈兼等译，上海三联书店，2002，第 200 页。

（美好生活－1）谁的美好生活？赋予每一个人自我定义美好生活的权利，每一个人对美好生活的设定、期盼和愿望都构成其人生理想或个人梦想的组成部分。

（美好生活－2）谁来满足美好生活需要？：对美好生活的落实主体的设置产生了不同层面的责任和义务。

（美好生活－3）如何实现美好生活需要？：实现美好生活的方法、径路和策略取决于相应落实主体责任的实施状况。

"谁的美好生活"、"谁来满足美好生活需要"以及"如何实现美好生活需要"三个方面构成了认识和实现美好生活的一个视角主义的方法论。对美好生活－1来说，基于美好生活多样化的特征，不存在一个对美好生活的统一定义，也难以获得对美好生活的一致标准。成就美好生活－1模式的一个可靠的方法或许是赋予每一个人自由界定美好生活的权利。主观权利概念解释了个人自主的自由面向，契合了现代权利理论在其发轫时对市场经济合理性和扩展性的要求，进而满足了多样化的个人偏好的合理存在。对美好生活－2来说，既然不同的人对美好生活有不同的认识和要求，对实现美好生活的责任主体也就提出了不同要求。满足美好生活需要取决于相应的责任主体，否则任何一种美好生活都将沦为不切实际的幻想。美好生活－3表明，满足一种美好生活需要的方法根据责任主体的不同而有所不同。

在现代社会，权利是一种基于主张权的资格、利益、自由或权能，权利不同于请求、哀求或乞求，只有当需要主体获得了主张权时，一种对多元化生活需求的呈现、实现或满足才具有正当性。那么，"成为权利的需求和未成为权利的需求有什么不同？根本的不同就在于，成为权利的需求是可要求的或可主张的（claimability），未成为权利的需求则是不可主张的，它只能请求"。① 具有权利属性请求权是一种诉诸正当程序的主张权，显示了权利主体对他人、社会和国家的要求。然而，这种主张权不意味着拥有权利的主体可以无限制、随心所欲地向他人、社会和国家提出要求。任何权利主体在满足其权利的时候，基于平等、交换和尊重的需要，相互之间成了义务主体，这种在平等的主体之间形成的相互的权利义务关系构成了真正的自由法则的基石。

毋庸置疑，满足人的需要并非一定要借助于权利观念和权利制度，把需

---

① 夏勇主编《走向权利的时代：中国公民权利发展研究》（修订版），中国政法大学出版社，2000，第628页。

要转化为权利是一种现代法理学才有的逻辑和思维，这意味着满足需要以需要主体与权利主体同一为前提。首先，以自我利益和趣味等偏好为导向的生活方式作为一种权利在现代性社会中已经是不言而喻的事情，在这里需要把握的是需要主体、偏好主体及权利主体相互之间的行为界限、冲突协调等体制机制设置问题；其次，在特定文化背景下形成的多元价值生活方式（特定的信念、信仰或价值取向）以权利名义出现并因此获得正当性，为此，对多元共同体主义的认可就建立在彼此尊重各自正当性的基础之上；最后，通过现代宪法和法律确立了的生活方式是一种以权利为中心的规范生活方式，这种规范生活方式是对经济权利、政治权利、文化权利和生态权利等生活方式的法的呈现。

不难看出，诉诸权利的美好生活需要包涵了社会权利、道德权利、法律权利三个方面，大致对应于社会生活、德性生活和法律生活。美好生活权利向责任主体和义务主体提出了要求，也提出了实现多样化美好生活的方法，它们体现在美好生活权利的尊重观、保护观和保障观三个方面。

（实现美好生活－1）尊重与美好生活：社会生活是基于偏好和个人利益的生活，是应当被尊重的生活。德性生活是有价值的生活，它作为一种共同体偏好和公共利益是被同等尊重的生活。

（实现美好生活－2）保护与美好生活：对于法律生活而言，它一方面通过其特有的方法体现了基于个人和集体偏好的生活，另一方面则在个人和集体偏好发生冲突时给受损害的人提供权利救济。

（实现美好生活－3）保障与美好生活：由于人的发展的不平衡和不充分，对人的尊重和保护如果不注入一些可以解释的结果正义，就会使得一些社会成员（如残疾人等丧失劳动力的人）不仅无法满足基本需要，更不能满足美好生活需要。

——尊重与消极自由。在物质需要得到满足且仅当基本需要得到满足的情况下，实现美好生活－1的方式是对消极自由观的重述。尊重的基本含义是不被打扰、不被干涉和不被侵犯。福利结果主义将其视为社会选择理论的重要成果，保证个人在他们的"私人领域"或"个人空间"的偏好或价值得到最低程度的尊重。偏好包括精神满足、欲望、选择、审美经验和价值观等多种含义，偏好的这种多义性一方面将个人视为能够思考、感受、估价或对行为负责任的"决策者"，避免将人沦为"理性的白痴"，另一方面也为社会选择提供了不同的规范基础。① 对中国文化而言，对偏好的理解或许是一种"独乐"的表现，它有"一箪食，一瓢饮""回也不改其乐"之"独乐"，有在不妨碍他人和社会前提下的实现发家致富的个人梦，也不排除放弃优越城市生活而踏入信仰的空谷幽兰的空间或彼岸的精神世界。

相对于个人偏好和个人利益，存在某种形式的集体偏好和集体利益，以及个体人只要介入其中就会获得满足和幸福的集体空间。② "与人生活在一起"本身就是一种存在，但与什么样的人生活在一起决定了生活的品质。家庭、公司、协会、政党、民族和国家等共同体都超越了单纯的个人偏好和个人利益，使构成它们的个人获得了重新表达其美好生活的途径。相对于自然界，人类共同体能够形成只有人类社会才有的集体性偏好和利益（在逻辑上，与自然和谐共处本身是将人类社会视为不同于自然的话语表达）。因此，特定共同体相对于其他共同体具有其"独乐"的一面，对其采取不干涉的尊重立场同样是重要的。

——保护与权利救济。利益多元化、价值多元化和选择多元化源于个人和集体偏好的多义性，也只有在这个意义上，和而不同的和谐局面才能形成。个人之"独乐"和特定共同体之"独乐"具有其明确的界限，只有在一定的界限之内，各种形式的"独乐"才具有正当性。独乐的局限性显而易见，但体现了危害性的独乐则是指这样一种状态，即某种独乐超越了其界限而影响、妨碍和威胁到了其他独乐乃至众乐。为保证每一种形式的独乐的合理性存在，源于法律的外部性强制秩序是必要的，也是道德的。在某种程度上，法律生活是一种特定的集体偏好和集体利益的体现，它虽然不使人必乐，却可以成就人走向"乐土"的条件，这些"乐土"的要素包括但不限于作为非物质福利需要的民主法治国、作为公平的正义秩序以及广义上的自然和国际正义环境。

基于良法的法律之治既要体现不同偏好的合理存在，也要在已确立和认可的偏好受到威胁时提供充分、有效的救济。如何对待和处理少数人的偏好成为当代人权理论和实践的试金石。源于程序民主的立法体现了多数人的意志形成和意志表达的过程和结果，也认可了少数人偏好的合理性存在。在这种道德民主化的人权理念中，"一个人都不能少"指的是人权主体的非选择性。秉承功利主义的固有逻辑，规范功利主义认为，只要多数人的法律福利

---

① 个人偏好与社会选择关系的一般性概括和论证，参见〔印〕阿玛蒂亚·森《理性与自由》，李凤华译，中国人民大学出版社，2012，第284—294页。

② 例如，在被精致的利己主义环绕的网络社会，在微信上获得更多的赞就可以让人获得某种暂时的精神享受。

函数是正值或有余额，就是正当的。① 这种观点和立场为忽视、无视乃至侵犯少数人偏好和利益提供了理据。② 对多数人暴政的消除基于民主选择过程中的认可机制，法律生活的众乐面向不应成为阻却个人之独乐的因素。支撑当代法律哲学基石的法律面前人人平等原则只有首先确立了不同形式的偏好和利益才具有正当性。保护的实质是平等参与，这是一种程序性正当概念。

　　——保障与共享产权。相比一般程序意义上的保护，保障是一种强保护，其指向的是一种实质正义和结果平等。众所周知，不是所有人都有能力参与哪怕是体现了程序正义的制度设计。以自我决定和自我实现为价值取向的主观权利绝不是超越时空的抽象权利，个人主义价值观要想获得可欲的实践成果，就需要对自足自乐的个人主义幸福观设置必要的条件。不同于一般意义上的哲学思辨和批判性思维，自我反思作为一种生活方式，在避免人生偶然性和脆弱性的同时，也开始为既利己又利他的设身处地的法则保留空间。在人类历史发展的任何阶段和历史时期，基于主观的或客观的因素，总有一些人与其他人相比是、可能是或必定是社会中的弱者，即使被儒家念兹在兹的大同社会也存有矜寡孤独废疾者等弱势人群。简单地倡导起点公平和机会均等就有可能遗漏那些无论怎样努力也会落在起跑线的人群。

　　作为公平的正义的制度选择方案，共享产权或分享产权收益是产权民主的核心理念。罗尔斯用禀赋资源不平等分配对起点不平等等问题提出了改良禀赋资源的制度方案。通过产权民主的概念形成的是"生产资料与人力资本（受过教育与训练的能力和技艺）的广泛所有权"。③ 罗尔斯重申劳动对原始所有权的构成功能，重构了财富、资本（包括人力资本）等多元所有权体制。在这样一种制度规范的指导下，对弱势群体的平等对待既排除了自上而下的道德体恤观，也否定了单纯通过征收遗产税等强制性分散产权的法律机制。一种保障性的美好生活方案既展示了人类社会越来越强烈的联合或合作的需要，也为一种基于所有权概念的"劳动共和"构思提供了基础。

---

① 罗尔斯指出："功利主义并不认真对待人与人之间的差别。"参见〔美〕罗尔斯《正义论》（修订版），何怀宏等译，中国社会科学出版社，2009，序言，第22页。
② 基于一般的人类本性及其在每个历史时代的变化，马克思谴责功利主义"愚蠢的将人们之间的多样关系规约到一种有用的关系"，展示了马克思主义对有关人类活动与需要的多样性的幸福主义视角。相关讨论参见〔美〕吉尔伯特《马克思的道德实在论：幸福主义与道德进步》，郝亿春译，载〔美〕麦卡锡编《马克思与亚里士多德：十九世纪德国社会理论与古典的古代》，华东师范大学出版社，2015。
③ 〔美〕罗尔斯：《正义论》（修订版），何怀宏等译，中国社会科学出版社，2009，序言，第5页。

　　总之，通过权利方法，美好生活需要满足建立在对权利尊重、权利保护和权利保障三种制度径路基础上。值得注意的是，在尊重权利和保障权利之间需要为保护权利留下较为独立的空间，这是以往权利救济理论包含但未能甄别并单独处理的问题。给需要尊重者以尊重，给需要保护者以保护，给需要保障者以保障，形成了满足美好生活的复合规范体系。对公权力而言，这三种满足美好生活的体制机制分别为政府的"无为之手"、"扶助之手"和"更为有力的扶助之手"提供了安放的场域。制度设计和社会选择只有建立在尊重、保护和保障需要的满足结构体系基础之上，才能理性、务实地观照和实现不同的人或不同人群对美好生活的社会想象。

五　总结

　　综上，美好生活在本质上是一种普遍性共享的生活。人有其力其货是历史和社会的出发点，人之其力获得人之其货解释了人类社会进步的一般规律。分享社会的实质在于，劳动既是获得财富的正当性前提，也是相互支持而不是相互剥夺的互动过程。每一个人的劳动成果建立在其他人劳动成果的前提下，抽象劳动和具体劳动构成了某种广泛、复杂的所有权形态。

　　大同社会的思维逻辑提示了"众乐乐"特性对美好生活的概念构成性作用。对美好生活的不同哲学基础的理解，区分了德性需要和自由需要在不同文化语境中对美好生活概念的功能，还原了以生存本能为指向的物质文化需要的普遍性价值。对美好生活的能指和所指的分析建立在物质福利和非物质福利的福利经济学维度之上，这是与构建包括美好社会、美好自然、美好国家和美好世界等多维度的美好生活秩序相关的方法论。尽管在论证方式及其预设条件上存在差异，但无论善优于权利还是权利优于善的理论都是在权利话语背景下发生的，其并未否认善与权利的概念及其相对独立性。应当看到，在为权利奠定道德基础，夯实权利根基等方面，善优于权利论提供了人类行为正当性的重要思想资源。权利优先论则保持了精神领域的价值多元和选择的开放性，为人权理论倚重的多样性道德、文化和宗教保留了应有的位置。

　　满足社会成员美好生活需要在人类社会的不同历史阶段以及在不同的社会中有不同的方法，不同方法背后的理据也各有不同。权利方法确立了美好生活的规范路径，这是采用权利方法所能够获得的最大成果。从权利方法入手，我们将看到，在权利关系领域不存在一个无限制偏好领域或偏好束集（例如，满足某些人吸毒的偏好是非正当的）。对个人偏好和利益的法律保护建立在程序正义的基础上，而这只有在平等对待多元化的个人偏好和利益的情况下才能发生。保障性的美好生活权利开辟了个人领域和国家领域的第三种领域，它提出了一个公平的社会、国家和世界所需要的新的面向和境界。

作为权利的美好生活需要在本章讨论语境中显示了较强的中国问题意识和时代特征。在新时代依法执政的话语体系下，人民对美好生活的向往是执政党的政治责任，人民充分享有美好生活则是一项基本权利。全面实现小康为以美好生活权利为导向的人的全面发展权利提供了历史环境。美好生活权利是对生存权和发展权的肯定和超越。从以生存权为中心的人权观向以美好生活权为重心的人权观转化是必然的。作为人权的美好生活权以生存权和发展权为基础，以便平衡物质文化权利和非物质文化权利之间的关系。经济权利、社会权利和文化权利与公民政治权利互为条件，不可分割。根据我国经济社会发展实际和人民的需求，需要平衡推进两类人权，尊重每一个人和每一个共同体的自我发展权，将人权的普遍性和特殊性结合起来，统筹个人权利和集体权利，兼顾权利和义务。

参考文献

❧❦❧

著作类

〔法〕皮埃尔·布迪厄、〔美〕华康德:《实践与反思》,李猛等译,中央编译出版社,1998。

〔印〕阿玛蒂亚·森:《身份与暴力:命运的幻象》,李凤华等译,中国人民大学出版社,2009。

《列宁全集》(第43卷),人民出版社,1990。

〔英〕维特根斯坦:《文化和价值》,黄正东等译,译林出版社,2014。

〔美〕本尼迪克特·安德森:《想象的共同体:民族主义的起源与散布》,吴叡人译,上海人民出版社,2003。

〔英〕霍布斯鲍姆:《民族与民族主义》,李金梅译,上海人民出版社,2006。

〔英〕安东尼·史密斯:《民族主义:理论,意识形态,历史》,叶江译,上海人民出版社,2006。

施联朱:《民族识别与民族研究文集》,中央民族大学出版社,2009。

费孝通:《论人类学与文化自觉》,华夏出版社,2004。

葛兆光:《宅兹中国:重建有关"中国"的历史论述》,中华书局,2011。

〔奥〕凯尔森:《法与国家的一般理论》,沈宗灵译,中国大百科全书出版社,1996。

王铭铭主编《民族、文明与新世界:20世纪前期的中国叙述》,世界图书出版公司,2010。

〔美〕R. K. 默顿:《科学社会学》(上册),鲁旭东等译,商务印书馆,2003。

许倬云:《我者和他者:中国历史上的内外分际》,三联书店,2010。

赵汀阳：《天下体系：世界制度哲学导论》，江苏人民出版社，2005。

〔以色列〕玛格利特：《记忆的伦理》，贺海仁译，清华大学出版社，2015。

蒋庆：《政治儒学——当代儒学的转向、特质与发展》，三联书店，2003。

〔德〕马丁·布伯：《我与你》，陈维刚译，三联书店，2002。

《马克思恩格斯选集》（第3卷），人民出版社，1972。

〔德〕韦伯：《支配社会学》，康乐等译，广西师范大学出版社，2004。

中共中央文献研究室编《习近平关于全面依法治国论述摘编》，中央文献出版社，2015。

刘小枫：《儒家革命精神源流考》，上海三联书店，2001。

〔意〕葛兰西：《葛兰西文选》，李鹏程编，人民出版社，2008。

〔美〕阿伦特：《论革命》，陈周旺译，译林出版社，2007。

《毛泽东选集》（第4集），人民出版社，1991。

〔美〕达尔：《民主理论的前言》（扩充版），顾昕译，东方出版社，2009。

习近平：《习近平谈治国理政》，外文出版社，2014。

中共中央文献研究室编《十六大以来重要文献选编》（中卷），中央文献出版社，2006。

张恒山：《依法执政：中国共产党执政方式研究》，法律出版社，2012。

《马克思恩格斯全集》（第8卷），人民出版社，1958。

《毛泽东选集》（第3卷），人民出版社，1991。

夏勇：《人权概念起源：权利的历史哲学》（修订本），中国政法大学出版社，2001。

〔奥〕凯尔森：《共产主义的法律理论》，王名扬译，中国法制出版社，2004。

马岭：《宪法权力解读》，北京大学出版社，2013。

〔加〕大卫·戴岑豪斯：《合法性与正当性》，刘毅译，商务印书馆，2013。

俞可平：《依法治国与依法治党》，中央编译出版社，2007。

邓小平：《邓小平文选》，人民出版社，1994。

俞可平：《论国家治理现代化》，社会科学文献出版社，2014。

〔德〕康德：《法的形而上学原理——权利的科学》，沈叔平译，商务出版社，1991。

何怀宏编《西方公民不服从的传统》，吉林人民出版社，2001。

〔美〕罗尔斯：《正义论》（修订版），何怀宏等译，中国社会科学出版社，2009。

〔英〕拉兹：《法律的权威：法律与道德论文集》，朱峰译，法律出版社，2005。

〔美〕德沃金：《认真对待权利》，信春鹰、吴玉章译，中国大百科全书出版社，1998。

Lawrence Quill, *Civil Disobedience*, New York: Palgrave Macmillan, 2009.

〔古希腊〕柏拉图：《克力同篇》，张晓辉译，载何怀宏编《西方公民不服从的传统》，吉林人民出版社，2001。

〔美〕斯东：《苏格拉底的审判》，董乐山译，三联书店，2003。

Hugo Adam Bedau, *Civil Disobedience in Focus*, London: Routledg, 1991.

〔英〕拉兹：《法律的权威：法律与道德论文集》，朱峰译，法律出版社，2005。

季卫东：《法治构图》，法律出版社，2012。

Peter E. Quint, *Civil Disobedience and the German Courts: The Pershing Missile Protests in Comparative Perspective*, London: Routledge-Cavendish, 2008.

中共中央马克思、恩格斯、列宁、斯大林著作编译局编译《马克思恩格斯全集》（第21卷），人民出版社，2003。

江平、米健：《罗马法基础》（修订本第3版），中国政法大学出版社，2004。

〔英〕伯林：《启蒙的时代：十八世纪哲学家》，孙尚扬等译，译林出版社，2005。

〔英〕戴维·里奇：《社会契约论历史的贡献者》，载〔英〕莱斯诺夫编著《社会契约论》，刘训练等译，江苏人民出版社，2006。

〔法〕涂尔干：《社会分工论》，渠东译，三联书店，2000。

〔英〕鲍曼：《流动的现代性》，欧阳景根译，上海三联书店，2002。

〔英〕梅因：《古代法》，沈景一译，商务印书馆，1959。

〔英〕霍布斯：《利维坦》，黎思复等译，商务印书馆，1985。

〔美〕熊彼特：《资本主义、社会主义与民主》，吴良健译，商务印书馆，1999。

〔英〕莱斯诺夫编著《社会契约论》，刘训练等译，江苏人民出版社，2006。

〔德〕康德：《法的形而上学原理》，沈叔平译，商务印书馆，1991。

〔加〕查尔斯·泰勒：《现代性中的社会想象》，李尚远译，商周出版社，

2008。

〔德〕康德：《永久和平论》，何兆武译，上海人民出版社，2005。

〔英〕洛克：《政府论》（下篇），叶启芳等译，商务印书馆，1964。

〔美〕诺奇克：《无政府、国家与乌托邦》，姚大志译，中国社会科学出版社，2008。

〔法〕卢梭：《社会契约论》，李平沤译，商务印书馆，2011。

〔美〕布坎南等：《同意的计算：立宪民主的逻辑基础》，陈光金译，中国社会科学出版社，2000。

〔美〕桑德尔：《自由主义与正义的局限》，万俊人译，译林出版社，2001。

〔美〕郝大伟、安乐哲：《先贤的民主：杜威、孔子和中国民主之希望》，江苏人民出版社，2010。

《孟子》。

《论语》。

董仲舒：《春秋繁露》。

朱熹：《四书集注》，王浩整理，凤凰出版社，2008。

黄宗羲：《明夷待访录》。

《严复集》（第 2 册），中华书局，1986。

梁启超：《先秦政治思想史》，浙江人民出版社，1998。

梁启超：《论中国学术思想变迁之大势》，上海古籍出版社，2006。

《梁漱溟全集》（第 1 卷），山东人民出版社，1989。

广东省社会科学院历史研究所等合编《孙中山全集》（第 9 卷），中华书局，2011。

孙中山：《孙中山在说》，叶匡政编，东方出版社，2004。

费孝通：《乡土中国　生育制度》，北京大学出版社，1998。

费孝通：《中华民族一元多体格局》，中央民族学院出版社，1989。

唐德刚：《袁氏当国》，广西师范大学出版社，2004。

冯友兰：《新原道》，北京大学出版社，2014。

〔法〕马南：《民主的本性：托克维尔的政治哲学》，崇明等译，华夏出版社，2011。

〔英〕密尔：《代议制政府》，汪瑄译，商务印书馆，1982。

〔美〕汉密尔顿等：《联邦党人文集》，程逢如等译，商务印书馆，1980。

〔法〕托克维尔：《论美国的民主》（上下卷），董果良译，商务印书馆，1988。

〔美〕威廉·罗斯科·塞耶：《乔治·华盛顿传：美国宪法与国家的缔造者》，杨义强译，江西教育出版社，2012。

〔英〕休谟：《休谟政治论文选》，商务印书馆，1993。

吴思：《潜规则：中国历史中的真游戏》（修订版），复旦大学出版社，2009。

〔美〕皮特金：《代表的概念》，唐海华译，吉林出版集团有限责任公司，2014。

〔德〕卡尔·施密特：《宪法学说》，刘锋译，上海人民出版社，2005。

陈端洪：《制宪权与根本法》，中国法制出版社，2010。

〔美〕爱德华·S.考文：《美国宪法的"高级法"背景》，强世功译，三联书店，1996。

〔美〕列奥·施特劳斯：《自然权利与历史》，彭刚译，三联书店，2003。

〔英〕吉登斯：《现代性的后果》，田禾译，译林出版社，2000。

〔德〕哈贝马斯：《合法化危机》，刘北成等译，上海人民出版社，2000。

〔古希腊〕柏拉图：《理想国》，郭斌和等译，商务印书馆，1986。

〔德〕马丁·海德格尔：《尼采》（上卷），孙周兴译，商务印书馆，2002。

〔德〕尼采：《权力意志——重估一切价值的尝试》，张念东等译，商务出版社，2005。

〔英〕波普尔：《开放社会及其敌人》（第1卷），陆衡等译，中国社会科学出版社，1999。

〔美〕林·亨特：《人权的发明：一部历史》，沈占春译，商务印书馆，2011。

〔美〕阿尔伯特·赫希曼：《欲望与利益：资本主义胜利之前的政治争论》，冯克利译，浙江大学出版社，2015。

《马克思恩格斯文集》（第1卷），人民出版社，2009。

〔德〕尼采：《善恶的彼岸　论道德的谱系》，赵千帆译，商务印书馆，2015。

《马克思恩格斯选集》（第1卷），人民出版社，1972。

《毛泽东著作选编》，中共中央党校出版社，2002。

〔德〕卡尔·施密特：《宪法的概念》，刘锋译，上海人民出版社，2005。

〔印〕阿马蒂亚·森：《贫困与饥饿》，王宇等译，商务印书馆，2004。

〔丹〕努德·哈孔森：《立法者的科学》，赵立岩等译，浙江大学出版社，2010。

彭真：《彭真文选》（1941–1990），人民出版社，1991。

张庆福等主编《1954 年宪法研究》，中国公安大学出版社，2005。

〔德〕贝克：《风险社会》，何博闻译，译林出版社，2004。

张友渔：《学习新宪法》，天津人民出版社，1983。

〔法〕西耶斯：《论特权　第三等级是什么？》，冯棠译，商务印书馆，1990。

《邓小平文选》（第 3 卷），人民出版社，1993。

陈弘毅：《香港特别行政区的法治轨迹》，中国民主法制出版社，2010。

梁漱溟：《东西文化及其哲学》，商务印书馆，1999。

〔美〕福山：《政治秩序的起源：从前人类时代到法国大革命》，广西师范大学出版社，2012。

〔印〕阿玛蒂亚·森：《以自由看待发展》，任赜等译，中国人民大学出版社，2002。

〔美〕马斯洛：《马斯洛人本哲学》，成明编译，九州出版社，2003。

李泽厚：《李泽厚近年答问录》，天津社会科学院出版社，2006。

李泽厚：《历史本体论》，三联书店，2002。

〔德〕韦伯：《韦伯政治著作选》，阎克文译，东方出版社，2009。

〔美〕罗伯特·D. 卡普兰：《无政府时代的来临》，骆伟阳译，山西人民出版社，2015。

〔法〕古斯塔夫·勒庞：《乌合之众：大众心理研究》，冯克利译，中央编译出版社，2005。

阮炜：《不自由的希腊民主》，上海三联书店，2009。

〔美〕波斯纳：《正义/司法的经济学》，苏力译，中国政法大学出版社，2002。

〔美〕富勒：《法律的道德性》，郑戈译，商务印书馆，2005。

〔美〕沃尔泽：《正义诸领域：为多元主义与平等一辩》，褚松燕译，译林出版社，2002。

〔美〕曼瑟尔·奥尔森：《集体行动的逻辑》，陈郁等译，上海人民出版社，1995。

梁治平：《法律何为：梁治平自选集》，广西师范大学出版社，2013。

孙国华主编《法学基础理论》，法律出版社，1982。

李步云主编《法理学》，经济科学出版社，2000。

〔德〕萨维尼：《当代罗马法体现 I》，朱虎译，中国法制出版社，2010。

胡汉民、吴经熊等编《法学文选》，中国政法大学出版社，2003。

徐国栋著《认真对待民法典》，中国人民大学出版社，2004。

梁慧星：《民法总论》（第 4 版），法律出版社，2011。

刘作翔：《思想的碎片》，中国法制出版社，2012。

梁治平：《礼教与法律：法律移植时代的文化冲突》，广西师范大学出版社，2015。

期刊类

王晓华：《虔诚的建构意向与落后的文件抉择》，《中国青年研究》1996年第 5 期。

罗新：《走出民族主义史学》，《文化纵横》2015 年 8 月号。

黄兴涛：《民族自觉与符号认同："中华民族"观念萌生与确立的历史考察》，《中国社会科学评论》2002 年 2 月创刊号。

吴启讷：《中华民族宗族论与中华民国的边疆自治实践》，《领导者》2014 年第 4 期。

关凯：《内与外：民族区域自治实践的中国语境》，《清华大学学报》（哲学社会科学版）2015 年第 1 期。

康春英：《对中国伊斯兰教西道堂的最新调查和思考：兼谈宗教参与和谐社会建构的具体形式和实现方式》，《西北民族大学学报》2009 年第 1 期。

许章润：《公民模式的后民族主义国家政治命题》，《中国法律评论》2015 年第 2 期。

汪辉：《两种新穷人及其未来：阶级政治的衰落、再形成与新穷人的尊严政治》，《开放时代》2014 年第 6 期。

石泰峰、张恒山：《论中国共产党依法执政》，《中国社会科学》2003 年第 1 期。

夏勇：《中国宪法改革的基本理论问题：从"改革宪法"到"宪政宪法"》，《中国社会科学》2003 年第 2 期。

胡锦光：《论违宪主体》，《河南省政法干部管理学院学报》2004 年第 1 期。

强世功：《如何探索中国的宪政道路：对白轲教授的回应》，《开放时代》2014 年第 2 期。

Nicholas W. Puner, "Civil Disobedience: An Analysis and Rationale", *New York University Law Review*, 43.

John Morreall, "The Justifiability of Violent Civil Disobedience", *Canadian Journal of Philosophy*, 6 (1976).

杨泽波：《从以天论德看儒家道德的宗教作用》，《中国社会科学》2006年第 3 期。

刘同舫：《启蒙理性及现代性：马克思的批判性重构》，《中国社会科学》2015 年第 2 期。

葛兆光：《重建国家权威与思想秩序——八至九世纪之间思想史的再认识》，载《中国学术》2000 年第 1 期。

许耀桐：《民主集中制新论》，《战略与管理》2012 年第 1、2 合期。

高全喜：《政治宪法学：政治宪法理论，抑或政治立宪主义》，《清华大学学报》（哲学社会科学版）2015 年第 5 期。

李强：《国家能力与国家权力的悖论》，《中国书评》1998 年第 2 期。

王绍光、胡鞍钢：《中国政府汲取能力的下降及其后果》，《二十一世纪》1994 年 2 月号。

徐显明、徐详民：《毛泽东同志"人民立宪"思想的历史发展》，《法学论坛》1986 年第 1 期。

韩大元：《论"五四宪法"的历史地位与时代精神》，《中国法学》2014 年第 4 期。

曲星：《人类命运共同体的价值观基础》，《求是》2013 年第 4 期。

王利明：《关于我国民法典体系建构的几个问题》，《法学》2003 年第 1 期。

谢鸿飞：《民法典与特别民法关系的建构》，《中国社会科学》2013 年第 2 期。

苏亦工：《得意忘形：从唐律情结到民法典情结——中国当前制定民法典的前鉴与省思》，《中国社会科学》2005 年第 1 期。

叶汝贤：《每个人的自由发展是一切人自由发展的条件：〈共产党宣言〉关于未来社会的核心命题》，《中国社会科学》2006 年第 3 期。

张志铭：《转型中国的法律体系建构》，《中国法学》2009 年第 2 期。

王振民：《宪法政治：开万世太平之路》，《人民论坛·学术前沿》2013 年 8 月（上）。

赵晓耕等：《〈唐律疏议〉之不孝制度——"得意忘形"》，《广东社会科学》2012 年第 4 期。

马俊峰：《马克思世界理论的方法论意义》，《中国社会科学》2013 年第 6 期。

索 引

（索引条目以首字拼音为序）

图书在版编目（CIP）数据

法理中国论稿 / 贺海仁著. —— 北京：社会科学文献出版社，2019.9
ISBN 978 - 7 - 5201 - 5523 - 6

Ⅰ.①法… Ⅱ.①贺… Ⅲ.①社会主义法治 - 理论研究 - 中国 Ⅳ.①D920.0

中国版本图书馆 CIP 数据核字（2019）第 192313 号

法理中国论稿

著　　者 / 贺海仁

出 版 人 / 谢寿光
组稿编辑 / 刘骁军
责任编辑 / 关晶焱
文稿编辑 / 张春玲

出　　版 / 社会科学文献出版社·集刊分社（010）59367161
　　　　　 地址：北京市北三环中路甲 29 号院华龙大厦　邮编：100029
　　　　　 网址：www. ssap. com. cn
发　　行 / 市场营销中心（010）59367081　59367083
印　　装 / 三河市龙林印务有限公司

规　　格 / 开　本：787mm × 1092mm　1/16
　　　　　 印　张：20　字　数：359 千字
版　　次 / 2019 年 9 月第 1 版　2019 年 9 月第 1 次印刷
书　　号 / ISBN 978 - 7 - 5201 - 5523 - 6
定　　价 / 98.00 元